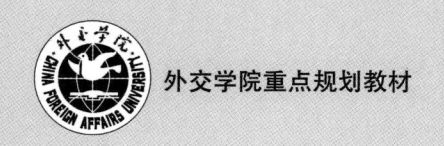

外交学院重点规划教材　　　本书获外交学院重点规划教材项目资助

国际争端解决

INTERNATIONAL DISPUTE SETTLEMENT

主　编◎许军珂

副主编◎王　佳

撰稿人（按章节顺序）

许军珂　王　佳　宋　岩　严文君

靳　也　刘子钰　季　华　杨　赟

陈南睿　孙　舒

中国政法大学出版社

2023·北京

声　　明　　1. 版权所有，侵权必究。

　　　　　　2. 如有缺页、倒装问题，由出版社负责退换。

图书在版编目（CIP）数据

国际争端解决/许军珂主编.—北京：中国政法大学出版社，2023.8
ISBN 978-7-5764-1136-2

Ⅰ.①国… Ⅱ.①许… Ⅲ.①国际争端—研究 Ⅳ.①D815

中国国家版本馆 CIP 数据核字(2023)第 184537 号

出 版 者	中国政法大学出版社
地　　址	北京市海淀区西土城路 25 号
邮寄地址	北京 100088 信箱 8034 分箱　邮编 100088
网　　址	http://www.cuplpress.com（网络实名：中国政法大学出版社）
电　　话	010-58908586(编辑部) 58908334(邮购部)
编辑邮箱	zhengfadch@126.com
承　　印	固安华明印业有限公司
开　　本	720mm×960mm　1/16
印　　张	23
字　　数	400 千字
版　　次	2023 年 8 月第 1 版
印　　次	2023 年 8 月第 1 次印刷
定　　价	88.00 元

作者简介

许军珂，法学博士，外交学院国际法系教授，本书主编，负责前言、第五章"能源宪章争端解决机制"的编写以及全书统稿。

王佳，法学博士，外交学院国际法系副教授，本书副主编，负责第一章"国际争端解决的政治方法"、第三章"海洋争端解决机制"的编写。

宋岩，法学博士，外交学院国际法系讲师，负责第一章"国际争端解决的政治方法"、第二章"国际争端解决的法律方法"的编写。

严文君，法学博士，外交学院国际法系讲师，负责第四章"人权争端解决机制"的编写。

靳也，法学博士，外交学院国际法系讲师，负责第六章"世界贸易组织争端解决机制"的编写。

刘子钰，法学博士，外交学院国际法系讲师，负责第七章"投资国际争端解决机制"的编写。

季华，法学博士，外交学院国际法系讲师，负责第八章"欧洲联盟争端解决机制"的编写。

杨赟，法学博士，外交学院国际法系讲师，负责第九章"《美国-墨西哥-加拿大协定》（USMCA）争端解决机制"的编写。

陈南睿，法学博士，外交学院国际法系讲师，负责第十章"《区域全面经济伙伴关系协定》（RCEP）争端解决机制"的编写。

孙舒，法学博士，中国政法大学国际法学院博士后，负责第十一章"《全面与进步跨太平洋伙伴关系协定》（CPTPP）争端解决机制"的编写。

前言

国际争端是指国际法主体（主要是国家）之间在某些问题上，基于各自对外政策和立场的不同而产生的事实上、法律观点上的分歧或政治、经济利益上的冲突。

国际争端是随着国家的出现，以及国家关系的形成和发展产生的。在不同的社会历史条件下，引起争端的原因各有不同。国际争端往往涉及国家和人民的重大利益，比其他任何争端都复杂并难以解决。

国际争端产生的原因相对比较复杂，既可能有政治因素，也可能有法律因素，还可能有事实因素和历史原因。因此，国际争端可以分为法律争端、政治争端、混合争端、事实争端。①法律争端在传统国际法上被称为"可裁判的争端"，是指争端当事国的各自要求和主张是以国际法为根据的争端，是可以通过法律方法解决的争端。这类争端通常关系到有关国家被国际法承认和保护的权利和利益。②政治争端在传统国际法上被称为"不可裁判的争端"，是指起因于有关国家的政治利益的争端，通常被认为是指不能通过法律方法或有关争端当事国不愿意通过法律方法解决的争端。这类争端一般对争端当事国的独立、主权等有重大影响，因此难以或者有关国家不能接受用法律方法来解决。③混合型争端是指既涉及争端当事国的法律权利，也涉及其政治利益。在国际关系中，大多国际争端都是混合型争端，即政治利益的冲突中往往含有法律的因素或者以法律争端的形式表现出来。混合型国际争端的解决，既可以用法律的解决方法，也可以采用政治的解决方法，还可以采用法律和政治方法并用的解决方法。④事实争端是指起因于有关争端当事国对某项事实、某种情况的真相争执不下的争端。通常是各争端当事国对事实问题不清楚或认识不一致。

国际争端解决

　　国际争端解决方法和程序是随着历史的发展而发展和变化的。和平解决国际争端是19世纪末创立的重要国际法制度，并逐渐演变为各国公认、具有指导意义的基本国际法原则，在各种国际法文件中都有所规定，如《联合国宪章》《各国经济权利和义务宪章》等。1899年第一次海牙会议签署的《和平解决国际争端公约》是国际社会树立和落实和平解决国际争端理念的开始，其第一次明确要求并极力倡导各国充分使用斡旋、调解和仲裁等和平的政治和法律手段解决国际争端。1899年和1907年海牙和会是以强制和武力为主的传统争端解决方法转向以和平为主的现代争端解决方法的拐点。1928年于巴黎签订的《关于废弃战争作为国家政策工具的一般条约》（以下简称《巴黎非战公约》）第2条规定缔约方只能用和平方法解决它们之间发生的任何性质的争端和冲突。其虽未明确指出和平解决争端的方法，但助力和平解决争端之理念演变为国际法基本原则。而《联合国宪章》第2条第3款则明确确认了和平解决争端的国际法原则，即维护国际和平与安全、以和平方式解决国际争端。《联合国宪章》规定，会员国为实现联合国宗旨和原则得"防止且消除对于和平之威胁""制止侵略行为或其他和平之破坏""以和平方法且依正义及国际法之原则，调整或解决足以破坏和平之国际争端"第33条第1款以宪章宗旨为指导向会员国推荐政治和法律方法。同样，《国际法原则宣言》明确规定和阐释和平解决国际争端原则。[1]如今，和平解决争端是国际法的一项基本原则，也是国家在处理国际事务时必须遵守的习惯国际法规则。[2]与20世纪之前国家动辄使用武力或发动战争的情形相比，20世纪之后国家使用武力的情形急剧下降，愈加青睐于和平方法解决争端。

　　进入21世纪，国际争端的范围也在不断扩展，传统的国际争端解决主要集中在领土、海洋、资源等传统领域，但是现在的争端已扩展到包括经贸、知识产权、外空、网络、人权等各个领域。国际争端主体也呈现出多元化，除国家外，国际组织、私人集团和个人都成了晚近国际争端解决机制的参与者。上述变化使得国际争端的数量前所未有地逐年增多，呈现复杂多样的特

---

[1] 叶兴平："试论和平解决国际争端的法律原则"，载《深圳大学学报（人文社会科学版）》1996年第3期。

[2] [英]劳特派特修订：《奥本海国际法》（下卷第一分册），王铁崖、陈体强译，商务印书馆1972年版，第141页。

性。为了有针对性地解决这些国际争端，国际社会纷纷在不同的多边国际条约中或不同的国际组织内，甚至在同一个多边国际条约中设置了不同的、有针对性的争端解决机制，以适应不同情形、不同类型的争端对于争端解决机制的差异化需求。国际争端解决呈现出有组织的发展趋势。争端解决的有效性对相应的裁判人员的争端解决能力提出了更高的要求。非常设性的争端解决机制以及非职业性的裁判人员已经越来越无法适应国际社会新的形势和需要。一方面，非常设性和非职业性影响了争端解决的高效与优质；另一方面，非常设性组织设计及其裁判人员的非职业化又容易诱发利益冲突问题，从而损害裁判人员的中立性与独立性。这就要求国际争端解决实现组织机构的常设性与裁判人员的职业化。不断涌现的新的国际司法机构正朝着多样化和专业化的方向发展，试图借助更为专业的专家以其更为精深的专业知识解决特殊领域的国际问题。国际组织开启和促进了各种解决国际争端方法有机结合的组织化、系统化和制度化进程，国际争端解决机构往往具有完整的争端解决程序，并采取组合的争端解决方法应对国际争端。

当前，世界正在经历百年未有之大变局，国际争端解决已成为各国博弈的"竞技场"，甚至成为部分国家行使霸权和长臂管辖的平台，国际竞争越来越体现为制度、规则、法律之争。对各种国际争端解决机制内部动态变化的规律性、特点进行梳理研究，做到在重大风险挑战面前善用国际争端解决机制，打好战略主动战，实现对国家利益的最大维护。

本教材基于以上目的，主要对现有系统化、制度化、组织化的国际争端解决机制分为三篇十一章进行研究介绍，方法篇对国际争端解决方法进行梳理，然后按照领域篇、区域篇分别介绍有组织的专业性的国际争端解决机制。

外交学院"重点规划教材项目"为本书的出版提供了资助。外交学院严帅东同学在本书的写作过程提供了大量帮助，在此一并表示感谢。最后，感谢中国政法大学出版社丁春晖等编辑老师在本书出版过程中的辛苦付出。

目录

前　言 // 1

◆ 方法篇 ◆

第一章　国际争端解决的政治方法 // 3
　第一节　谈判 // 3
　第二节　斡旋和调停 // 13
　第三节　调解 // 21
　第四节　调查 // 29
　第五节　联合国与国际争端解决 // 35

第二章　国际争端解决的法律方法 // 46
　第一节　国际仲裁 // 46
　第二节　司法解决 // 57

◆ 领域篇 ◆

第三章　海洋争端解决机制 // 85
　第一节　海洋争端解决机制概述 // 85
　第二节　国际海洋法法庭 // 93
　第三节　仲裁 // 107
　第四节　临时措施和迅速释放 // 112
　第五节　海洋争端解决机制评述 // 118

第四章　人权争端解决机制 // 121
  第一节　全球性人权争端解决机制 // 122
  第二节　区域性人权争端解决机制 // 141
  第三节　人权争端解决机制评述 // 159

第五章　能源宪章争端解决机制 // 165
  第一节　能源宪章争端解决机制概述 // 166
  第二节　投资方与缔约方间的争端解决 // 167
  第三节　各缔约方之间的争端解决 // 178
  第四节　能源宪章争端解决机制评述 // 185

第六章　世界贸易组织争端解决机制 // 192
  第一节　世界贸易组织争端解决机制概述 // 192
  第二节　世界贸易组织争端解决机制的诉因与管辖 // 197
  第三节　世界贸易组织争端解决机构 // 200
  第四节　世界贸易组织争端解决程序 // 206
  第五节　世界贸易组织争端解决机制中的救济方式 // 213
  第六节　世界贸易组织争端解决机制的危机与应对 // 215
  第七节　世界贸易组织争端解决机制评述 // 218

第七章　投资国际争端解决机制 // 224
  第一节　投资国际争端解决机制概述 // 224
  第二节　投资国际争端解决机制的管辖权 // 227
  第三节　投资国际争端解决机制的程序规范 // 232
  第四节　投资国际争端解决机制的执行与救济 // 242
  第五节　投资国际争端解决机制评述 // 246

区域篇

第八章　欧洲联盟争端解决机制 // 253
  第一节　欧盟法院的历史、组成与职能 // 253

第二节　欧盟法院的管辖权 // 257

第三节　欧盟法院的诉讼程序规则 // 266

第四节　欧盟法律争端解决机制评述 // 276

第九章　《美国-墨西哥-加拿大协定》（USMCA）争端解决机制 // 279

第一节　USMCA 争端解决机制概述 // 279

第二节　USMCA 一般争端解决机制 // 281

第三节　USMCA 投资争端解决机制 // 289

第四节　USMCA 其他争议解决机制 // 295

第五节　USMCA 争端解决机制的救济方式 // 297

第六节　USMCA 争端解决机制评述 // 300

第十章　《区域全面经济伙伴关系协定》（RCEP）争端解决机制 // 303

第一节　RCEP 争端解决机制概述 // 304

第二节　RCEP 争端解决机制的管辖权 // 308

第三节　RCEP 争端解决机制的基本程序 // 313

第四节　RCEP 争端解决机制评述 // 322

第十一章　《全面与进步跨太平洋伙伴关系协定》（CPTPP）争端
解决机制 // 327

第一节　CPTPP 争端解决机制概述 // 327

第二节　CPTPP 争端解决机制的管辖权 // 331

第三节　CPTPP 争端解决机制的程序 // 335

第四节　CPTPP 争端解决机制的执行程序 // 346

第五节　CPTPP 投资争端解决机制 // 350

第六节　CPTPP 争端解决机制评述 // 353

方法篇

第一章
国际争端解决的政治方法

《联合国宪章》第33条第1款规定："任何争端之当事国，于争端之继续存在足以危及国际和平与安全之维持时，应尽先以谈判、调查、调停、和解、公断、司法解决、区域机关或区域办法之利用，或各该国自行选择之其他和平方法，求得解决。"该条款列举了和平解决国际争端的常见方法，整体而言，可以将争端解决方法分为政治方法和法律方法两类。

政治方法也叫外交方法，是争端当事方直接或在第三方的协助下解决争端，争端解决的结果一般没有法律拘束力，取决于当事方的自觉遵守。政治方法主要包括《联合国宪章》第33条第1款所列举的谈判、调查、调停、和解，除此之外，斡旋和调停也属于实践中解决争端的政治方法。广义上，政治方法还包括了利用国际组织解决争端。[1]

第一节 谈判

一、谈判概述

谈判是解决国际争端的常见方法之一，争端当事方可以非常直接地参与其中，从而可能达成令双方均满意的结果。[2]在谈判中，利益对立的代表通

---

[1]《国际公法学》编写组编：《国际公法学》（第3版），高等教育出版社2022年版，第440页。
[2] Malcom N. Shaw, *International Law*, Cambridge University Press, 2021, pp. 882–883.

过辩论与讨论，提出各方的理由并反驳对方的论据。[1]需要注意的是，谈判的启动和进行在很大程度上取决于争端各方的互信，对于立场严重对立、关系恶劣、缺乏互信的情况，则可能难以进行有意义的谈判。

根据国际法庭的实践，不能认为当事方之间的任何接触都属于谈判。谈判不是单纯的抗议（protests）或争论（disputations），更强调当事方对争议问题的讨论和交换意见。谈判所涉及的不仅仅是双方法律观点或利益的明显对立，或者存在一系列指控或反驳，或者互相交换主张和直接反对相左的主张。谈判的概念不同于"争端"（dispute），至少要求一方与另一方真实地尝试进行讨论，以便解决争端。[2]因此，如果当事方之间只是表达抗议、发表反对意见并不能证明其进行了谈判。例如，在2006年刚果民主共和国诉卢旺达"刚果领土上的武装活动案"中，刚果民主共和国主张卢旺达违反了《消除对妇女一切形式歧视公约》下的义务，而该公约规定谈判是将争端诉诸国际法院解决的先决条件之一。[3]刚果民主共和国提出，其曾直接或者在国际组织框架内多次以抗议的形式向卢旺达提出了诉求。[4]国际法院虽然注意到这些抗议，但仍认为刚果民主共和国没有履行谈判义务，因为抗议不能表明该国实际上试图开始就条约的解释与适用进行谈判。[5]

谈判是非常灵活的争端解决方法，广泛适用于各类争端，包括政治、法律和技术等问题。通过争端各方的直接交流，有助于表明分歧，寻求解决争端的方法。[6]很多国际条约规定，如果产生与该条约解释和适用相关的争端，当事方有义务进行"谈判""协商""交换意见"或者通过外交途径解决，这

---

[1] Mavrommatis Palestine Concessions Case, 1924, PCIJ, Series A, No. 2, p. 91.

[2] Application of the International Convention on the Elimination of All Forms of Racial Discrimination (Georgia v. Russian Federation), Preliminary Objections, Judgment, I. C. J. Reports 2011, p. 132, para. 157.

[3] 1979年《消除对妇女一切形式歧视公约》第29条第1款规定："两个或两个以上的缔约国之间关于本公约的解释或适用方面的任何争端，如不能谈判解决，经缔约国一方要求，应交付仲裁。如果自要求仲裁之日起六个月内，当事各方不能就仲裁的组成达成协议，任何一方得依照《国际法院规约》提出请求，将争端提交国际法院审理。"

[4] Armed Activities on the Territory of the Congo (New Application: 2002) (Democratic Republic of the Congo v. Rwanda), Jurisdiction and Admissibility, Judgment, I. C. J. Reports 2006, p. 38, para. 86.

[5] Armed Activities on the Territory of the Congo (New Application: 2002) (Democratic Republic of the Congo v. Rwanda), Jurisdiction and Admissibility, Judgment, I. C. J. Reports 2006, pp. 40-41, para. 91.

[6] United Nations, *Handbook on the Peaceful Settlement of Disputes between States*, New York, 1992, p. 9.

些用语为当事方创设了通过谈判方法解决争端的条件，例如《联合国海洋法公约》第 283 条、《南极条约》第 8 条等。也有部分国际条约规定，如果谈判不能解决争端，当事方应当诉诸第三方争端解决机制，此时谈判构成了诉诸其他方法的前提条件，例如《消除一切形式种族歧视国际公约》第 22 条等。尽管如此，在国际法上，并不存在要求国家通过谈判解决争端的一般义务和习惯国际法。[1]《联合国宪章》第 2 条第 3 款仅规定了以和平方法解决争端的一般义务，并没有要求国家必须诉诸某一种具体方法解决争端，特别是《联合国宪章》第 33 条提到了众多方法，所以解决争端方法的选择权仍然属于争端各方。[2]需要注意的是，虽然先进行谈判不是一项一般国际法义务，但在很多情况下当事方先前进行的谈判对于确定国际法庭管辖权的意义重大，特别是对于确定争端的存在和识别争端的主要问题，[3]这些事项在很大程度上取决于当事方的立场，[4]而谈判是当事方表明和交流立场的最为有效方式之一。

二、谈判的程序和要求

（一）谈判的形式

谈判通常没有固定的形式或者程序，当事方一般会通过正式会谈或者互相送达官方文件的方式进行谈判，关键是当事方尝试讨论相关争议事项。[5]传统上，双边谈判一般由国家正式任命的代表或代表团直接进行，或通过书

---

[1] Martin A. Rogoff, "The Obligation to Negotiate in International Law: Rules and Realities", *Michigan Journal of International Law*, Vol. 16, 1994, p. 153.

[2] Obligation to Negotiate Access to the Pacific Ocean (Bolivia v. Chile), Judgment, I. C. J. Reports 2018, p. 560, para. 165; North Sea Continental Shelf (Federal Republic of Germany /Denmark; Federal Republic of Germany /Netherlands), Judgment, I. C. J. Reports 1969, p. 47, para. 86.

[3] Application of the International Convention on the Elimination of All Forms of Racial Discrimination (Georgia v. Russian Federation), Provisional Measures, Order of 15 October 2008, I. C. J. Reports 2008, p. 124, para. 131.

[4] Mavrommatis Palestine Concessions, Judgment No. 2, 1924, P. C. I. J., Series A, No. 2, p. 15; Fisheries Jurisdiction (Spain v. Canada), Jurisdiction of the Court, Judgment, I. C. J. Reports 1998, p. 448, para. 30.

[5] Application of the International Convention on the Elimination of All Forms of Racial Discrimination (Georgia v. Russian Federation), Provisional Measures, Order of 15 October 2008, I. C. J. Reports 2008, p. 388, para. 114.

面通信的方式进行。如果涉及多个国家之间产生的争端,则可以通过国际会议的方式进行谈判。谈判也可以在国际组织的框架中进行。国际法院认为,应当采取较少的形式主义要求,承认外交会议或议会外交(diplomacy by conference or parliamentary diplomacy)中的谈判。[1]例如,在1962年"西南非洲案"中,《西南非洲委任统治协议》第7条要求首先进行谈判,而相关国家在联合国大会和各种国际机构中已进行了超过10年的谈判。南非主张,此种集体谈判不同于其与请求国之间的直接谈判。但国际法院认为,重要的不是谈判的形式,如果争议问题涉及国际组织内两方国家集团的共同利益,那么议会或会议外交通常是最为实际的谈判形式。谈判双方的数量并不重要,关键是争议问题的性质(nature of the question at issue)。对于涉及多个国家共同利益的问题,如果它们已经充分参与了与同一对立国的集体谈判,将无需要求这些国家再进行形式上和虚假的直接谈判。[2]

(二) 谈判的地点

双边或者多边谈判通常在争端一方的首都或其他城市举行,也可在多国轮流举行。对于邻国之间的谈判,当事方有时会选择邻近边界的地点。此外,当事方也有可能选择其他国家作为谈判的地点,尤其是在双方没有建立外交关系或者关系紧张的情况下。如果通过国际组织进行谈判,谈判地点则通常位于相关组织所在地。[3]

(三) 谈判的时间进程

谈判的时间进程取决于个案的具体情况,有的谈判过程较短,有的谈判则可能持续若干年,甚至几十年,这主要取决于当事方的意愿。[4]部分国际条约会规定谈判的持续时长,如果超过规定的期限,当事方应当诉诸其他和平解决办法。例如,1978年《关于国家在条约方面的继承的维也纳公约》第42条规定,如果在谈判开始后6个月内不能解决争端,任何当事方可以将争

---

[1] Application of the International Convention on the Elimination of All Forms of Racial Discrimination (Georgia v. Russian Federation), Preliminary Objections, Judgment, I. C. J. Reports 2011, p. 133, para. 160.

[2] South West Africa Cases (Ethiopia v. South Africa; Liberia v. South Africa), Preliminary Objections, Judgment, I. C. J. Report 1962, p. 346.

[3] United Nations, *Handbook on the Peaceful Settlement of Disputes between States*, New York, 1992, p. 15.

[4] Mavrommatis Palestine Concessions, Judgment No. 2, 1924, P. C. I. J., Series A, No. 2, p. 13.

端提交该公约规定的调解程序。

(四) 善意履行谈判义务

除非另有规定,[1]谈判主要是行为义务而非结果义务,试图谈判并不要求争端各方必须达成实际协议。[2]如果谈判预设了达成特定的结果,那么作为一种当事方可以决定推迟、暂停甚至破裂的争端解决方式,谈判的概念将失去意义。[3]尽管如此,如果当事方承担了谈判义务,它们不仅应当进行谈判,而且还应当尽可能地进行谈判以期达成协议。[4]在这种情况下,当事方应当善意履行谈判义务,[5]诚如在"北海大陆架案"中国际法院的观点,"……(当事方) 不能仅进行形式上的谈判以满足先决条件……它们有义务进行有意义的谈判,而不是各方都固执己见不考虑任何变更"。[6]常见的违背善意谈判义务的行为可能包括不合理地中断对话、非正常地拖延以及系统性地拒绝考虑提议等。[7]

(五) 谈判的内容

一般由当事方自行决定谈判的具体内容。但国际条约一般要求国家关于具体问题进行谈判,例如关于具体条约的解释或者适用的争端,因此,当事方谈判的主题应当与争端的主要问题相关。尽管如此,并不要求当事方在谈

---

[1] 例如,《不扩散核武器条约》第6条规定:"每个缔约国承诺就及早停止核军备竞赛和核裁军方面的有效措施,以及就一项在严格和有效国际监督下的全面彻底裁军条约,真诚地进行谈判。"国际法院在1996年"威胁或使用核武器咨询意见案"中对该条款的解释是:"在法律上引入该项义务超越了纯粹的行为义务:这里涉及的义务是取得全面核裁军这一明确结果的义务,要求国家通过采取特定的行为,即对相关事项进行善意谈判。"Legality of the Threat or Use of Nuclear Weapons, Advisory Opinion, I. C. J. Reports 1996, pp. 263-264, para. 99.

[2] Pulp Mills on the River Uruguay (Argentina v. Uruguay), Judgment, I. C. J. Reports 2010, p. 68, para. 150. Martin A. Rogoff, "The Obligation to Negotiate in International Law: Rules and Realities", *Michigan Journal of International Law*, Vol. 16, 1994, p. 148.

[3] Obligation to Negotiate Access to the Pacific Ocean (Bolivia v. Chile), Dissenting Opinion of *ad hoc* Judge Daudet, p. 11, para. 55.

[4] Advisory Opinion on Railway Traffic between Lithuania and Poland, P. C. I. J., Series A/B, No. 42, p. 116.

[5] Obligation to Negotiate Access to the Pacific Ocean (Bolivia v. Chile), Judgment, I. C. J. Reports 2018, p. 538, para. 86.

[6] North Sea Continental Shelf (Federal Republic of Germany/Denmark; Federal Republic of Germany/Netherlands), Judgment, I. C. J. Reports 1969, pp. 47-48, para. 87.

[7] Lake Lanoux Arbitration, 24 ILR 101 (1957), p. 128.

判过程中必须明确提到争议条约或者具体条款。[1]例如，在1984年尼加拉瓜诉美国"军事和准军事活动案"中，尼加拉瓜援引了两国1956年《友好、通商和航海条约》第24条作为管辖权依据，该条款要求在诉诸国际法院之前应当先进行外交调整。美国对此表示反对，因为尼加拉瓜在谈判中从未提及该条约。而国际法院认为，在尼加拉瓜提起诉讼之前，美国已充分意识到尼加拉瓜对其行为的指控，在案件审理的过程中也已知晓尼加拉瓜所控诉的违反该条约的具体条款，再要求尼加拉瓜根据该条约提起新的诉讼是没有意义的。[2]国际法院还援引了常设国际法院的裁决，"法院不能仅因形式瑕疵而受到阻碍，该瑕疵的消除完全取决于有关当事方"。[3]

虽然不要求谈判的内容明确提及争议条约及具体条款，但谈判必须与条约的主要问题（subject-matter of the treaty）相关。[4]当事方在谈判过程中的交流应当涉及条约的适用范围，如果交流内容与条约规制事项完全无关，那么仍然不能认为当事方履行了某一条约要求的谈判义务。这也是国际法院在2011年格鲁吉亚诉俄罗斯"《消除一切形式种族歧视国际公约》适用案"中支持俄罗斯初步反对意见的理由之一。格鲁吉亚于2008年8月12日申请提起诉讼。尽管两国之前关于部分问题进行了谈判，包括相关地区的法律地位、领土完整、使用武力以及国际人道法问题等，但在2008年8月9日之前，双方并没有关于《消除一切形式种族歧视国际公约》中的事项交流过意见。[5]直到8月10日格鲁吉亚请求召开联合国安全理事会紧急会议，才明确提出相关指控，但如上文所分析，仅仅提出抗议或指控并不是进行谈判。

（六）谈判不能解决争端的判断

许多国际条约规定，如果谈判没有或者不能解决争端之后才能诉诸其他争

---

[1] Application of the International Convention on the Elimination of All Forms of Racial Discrimination (Georgia v. Russian Federation), Preliminary Objections, Judgment, I. C. J. Reports 2011, p. 133, para. 161.

[2] Military and Paramilitary Activities in and against Nicaragua (Nicaragua v. United States of America), Jurisdiction and Admissibility, Judgment, I. C. J. Reports 1984, p. 428, para. 83.

[3] Certain German Interests in Polish Upper Silesia, Jurisdiction, Judgment No. 6, 1925, P. C. I. J., Series A, No. 6, p. 14.

[4] Application of the International Convention on the Elimination of All Forms of Racial Discrimination (Georgia v. Russian Federation), Preliminary Objections, Judgment, I. C. J. Reports 2011, p. 133, para. 161.

[5] Application of the International Convention on the Elimination of All Forms of Racial Discrimination (Georgia v. Russian Federation), Preliminary Objections, Judgment, I. C. J. Reports 2011, p. 136, para. 170.

端解决机制,因此,当事方争议的焦点也会集中于谈判能否解决争端。如上文所述,除非有特别约定,谈判义务并不要求当事方达成协议,这也不意味着当事方一直存在谈判义务,或者有义务持续谈判。[1]如果在试图或开始谈判之后,事实表明谈判失败、变得徒劳或者陷入僵持(futile or deadlocked),则可以认为当事方满足了进行谈判的前提条件。[2]对该问题的具体判断不存在一般和绝对的标准,因为谈判成功的概率是一个相对问题,当事方有时会经历相对漫长的交流,有时可能非常短暂,因此主要需要考虑个案的情况。[3]

国际法院在2011年格鲁吉亚诉俄罗斯"《消除一切形式种族歧视国际公约》适用案"中的裁决认为,谈判能否解决争端并不是一种事实状态(state of fact),当事方应当实际尝试或进行过谈判才能判断争端能否被解决,而不能仅根据事实推断。该案的管辖权依据是该公约第22条,国际法院对此主要采取了有效解释的方法。第22条限制了国际法院的管辖权范围,仅限于不能通过该条款明确规定的和平方法(谈判是其中之一)解决的争端,因此,必须给予这些用语效力。[4]相反,如果按照格鲁吉亚主张的解释方法,即只需证明争端事实上没有通过谈判或该公约规定的其他程序被解决,第22条的关键用语将失去任何效力。[5]对于以谈判作为国际法庭管辖权先决条件的情况,坚持有效解释方法有时会显得过于形式主义和僵化,例如双方关系非常恶化

---

[1] Southern Bluefin Tuna Case between Australia and Japan and between New Zealand and Japan, Award on Jurisdiction and Admissibility, Decision of 4 August 2000, RIAA, Vol. XXIII, pp. 42-43, para. 55; Land Reclamation by Singapore in and around the Straits of Johor (Malaysia v. Singapore), Provisional Measures, Order of 8 October 2003, ITLOS Reports 2003, p. 19, para. 47.

[2] United States Diplomatic and Consular Staff in Tehran (United States of America v. Iran), Judgment, I. C. J. Reports 1980, p. 27, para. 51; Questions of Interpretation and Application of the 1971 Montreal Convention arising from the Aerial Incident at Lockerbie (Libyan Arab Jamahiriya v. United States of America), Preliminary Objections, Judgment, I. C. J. Reports 1998, p. 122, para. 20.

[3] Mavrommatis Palestine Concessions, Judgment No. 2, 1924, P. C. I. J., Series A, No. 2, p. 13.

[4] Application of the International Convention on the Elimination of All Forms of Racial Discrimination (Georgia v. Russian Federation), Preliminary Objections, Judgment, I. C. J. Reports 2011, p. 125, para. 133.

[5] Application of the International Convention on the Elimination of All Forms of Racial Discrimination (Georgia v. Russian Federation), Preliminary Objections, Judgment, I. C. J. Reports 2011, pp. 125-126, paras. 133-134.

或者当事方的主张已经明显对立的情况,[1]但体现了对国家同意原则的尊重,而该原则是国际法庭管辖权的基础。"法院的管辖权基于当事方的同意,并且限于当事方同意的范围。如果当事方通过国际协议的争端解决条款表明同意,这种同意所附的任何条件都必须视为对同意的限制。"[2]

国际法院在多个案件中指出,应当根据提交案件申请时的情况判断谈判能否解决争端,[3]提交申请的日期是关键日期。[4]这是因为国际法院应当确定在提交申请之时对争端具有管辖权。法院也指出,为了明确确定提交申请时的情况,有必要审查在该日期之前的事件,并且不必然排除考虑申请提交后发生的事件,特别是当事方之间的关系。[5]例如,当事方可以在案件审理的过程中选择恢复谈判,从而使谈判解决争端具有可能性。此外,当事方在诉讼过程中的声明和行为也可以确认谈判解决争端的可能性,例如在1962年"西南非洲案"中,国际法院认为,当事方的书面诉状和口头辩论进一步证实了谈判已经陷入僵局。[6]

多数管辖权条款不会规定判断谈判不能解决争端的主体。谈判作为先决条件与国际法院的管辖权直接相关,而有无管辖权的问题应当由国际法院自行裁决,[7]因此,一般情况下应当由国际法院判断该问题。然而,部分条款提到了当事方的意见,例如《美洲和平解决争端公约》(以下简称《波哥大公约》)第2条规定"如果两个或两个以上签署国发生争议,而当事各方认为通过通常的外交渠道直接谈判不能解决,当事各方有义务使用本条约所规定

---

[1] Questions of Interpretation and Application of the 1971 Montreal Convention arising from the Aerial Incident at Lockerbie (Libyan Arab Jamahiriya v. United Kingdom), Preliminary Objections, Judgment, I. C. J. Reports 1998, p. 17, para. 21.

[2] Armed Activities on the Territory of the Congo (New Application: 2002) (Democratic Republic of the Congo v. Rwanda), Jurisdiction and Admissibility, Judgment, I. C. J. Reports 2006, p. 39, para. 88.

[3] Case concerning Right of Passage over Indian Territory (Preliminary Objections), Judgment, I. C. J. Reports 1957, p. 148; South West Africa Cases (Ethiopia v. South Africa; Liberia v. South Africa), Preliminary Objections, Judgment, I. C. J. Report 1962, p. 344.

[4] Alleged Violations of Sovereign Rights and Maritime Spaces in the Caribbean Sea (Nicaragua v. Colombia), Preliminary Objections, Judgment, I. C. J. Reports 2016, p. 37, para. 93.

[5] Border and Transborder Armed Actions (Nicaragua v. Honduras), Jurisdiction and Admissibility, Judgment, I. C. J. Reports 1988, p. 98, para. 66.

[6] South West Africa Cases (Ethiopia v. South Africa; Liberia v. South Africa), Preliminary Objections, Judgment, I. C. J. Report 1962, p. 345.

[7]《国际法院规约》第36条第6款规定:"关于法院有无管辖权之争端,由法院裁决之。"

的程序",此时需要确定判断主体。国际法院在1988年尼加拉瓜诉洪都拉斯"边界和跨界武装行动案"中指出,由于第2条提到了当事方关于谈判解决争端可能性的意见,因此国际法院不必客观评估此种可能性,而是考虑当事方的相关意见。但国际法院之后认为该条款要求考虑双方的意见,所以指出国际法院不应受限于某一方主张其意见具有特定效果,在行使司法职能时,必须根据可获得证据自行裁决该问题。[1]在2016年尼加拉瓜诉哥伦比亚"侵犯加勒比海主权权利和海洋空间案"中,国际法院在解释同一条款时也采取了与该案相同的立场,并且分析了双方提交的证据。[2]然而,如果条约明确规定任一当事方认为谈判不能解决争端即可诉诸国际法院,那么根据上文分析的有效解释方法,则应当充分尊重条约的规定。

尽管一般情况下应当由国际法院判断谈判能否解决争端,但主要依据是当事各方对此的声明和行为,[3]相关国家的意见不能被忽视,因为它们最能判断妨碍外交谈判解决某一争端的政治原因。[4]例如,在1962年"西南非洲案"中,国际法院主要分析了双方坚持的观点、主张和理由,认为双方的谈判已经陷入了僵局,特别是1954年3月南非代表致西南非洲委员会主席的信件中明确表示,南非政府怀疑在委员会职权范围内进行的谈判是否有希望达成积极结果。[5]如果一方或双方明确拒绝参加谈判,或者坚持各自的主张,明确宣布不能或拒绝让步时,则很可能表明谈判不能解决争端。[6]例如,在2019年乌克兰诉俄罗斯两公约适用案中,国际法院认为,根据各种外交通信,各方主张基本保持不变,因此两国之间的谈判已变得徒劳或陷入僵局。[7]但

---

[1] Border and Transborder Armed Actions (Nicaragua v. Honduras), Jurisdiction and Admissibility, Judgment, I. C. J. Reports 1988, p. 95, para. 65.

[2] Alleged Violations of Sovereign Rights and Maritime Spaces in the Caribbean Sea (Nicaragua v. Colombia), Preliminary Objections, Judgment, I. C. J. Reports 2016, p. 37, para. 92.

[3] Alleged Violations of Sovereign Rights and Maritime Spaces in the Caribbean Sea (Nicaragua v. Colombia), Preliminary Objections, Judgment, I. C. J. Reports 2016, pp. 37-38, para. 96.

[4] Mavrommatis Palestine Concessions, Judgment No. 2, 1924, P. C. I. J., Series A, No. 2, p. 15.

[5] South West Africa Cases (Ethiopia v. South Africa; Liberia v. South Africa), Preliminary Objections, Judgment, I. C. J. Report 1962, p. 345.

[6] Mavrommatis Palestine Concessions, Judgment No. 2, 1924, P. C. I. J., Series A, No. 2, p. 13.

[7] Application of the International Convention for the Suppression of the Financing of Terrorism and of the International Convention on the Elimination of All Forms of Racial Discrimination (Ukraine v. Russian Federation), Preliminary Objections, Judgment, I. C. J. Reports 2019, p. 603, para. 120.

需要注意的是，分析当事方的相关立场不能仅关注其单独或偶尔的表态，而应当进行综合评判。例如在2016年尼加拉瓜诉哥伦比亚"侵犯加勒比海领土主权和海洋空间案"中，虽然哥伦比亚曾表示各方仍可以进行对话，但国际法院注意到2012年判决作出后，尼加拉瓜立刻坚决反对哥伦比亚在相关海域的立场，而哥伦比亚在整个交涉过程中的立场同样坚定，直到尼加拉瓜提起案件申请之日，各方都没有考虑或者能够进行谈判解决相关争端。[1]

尽管如上文所述，谈判并没有固定的时长，谈判的时间长短不是判断谈判解决争端可能性的绝对因素，但分析争端解决实践可以发现，时间因素仍是重要的考虑因素。特别是，如果当事方已经进行了长期或多轮谈判但仍没有解决争端，则很可能被认定为不能通过谈判解决争端。例如，在1962年"西南非洲案"中，双方在各种场合已经进行了十年多的讨论；[2] 在2012年比利时诉塞内加尔"或引渡或起诉义务案"中，比利时向塞内加尔送达了四份外交照会，并且进行了多轮谈判；[3] 在2019年乌克兰诉俄罗斯两公约适用案中，自2014年10月至2016年12月，双方进行了三轮会谈，国际法院认为谈判已经持续了两年，包括外交通信和会谈，但仍没有达成解决方法。[4] 这表明时间因素是判断谈判可能性的重要考虑因素，也可以反映当事方关于谈判长期和持续的立场。

三、对谈判的评价

谈判是实践中解决国际争端的最常见方法之一，被广泛适用于解决各种争端。谈判主要取决于争端当事方之间的直接交流和讨论，有助于表明分歧，寻求解决争端的方法，是一种具有很高灵活性的争端解决方法。谈判的形式、地点、时间安排、具体内容、解决争端的效果主要取决于当事方的意愿。但

---

[1] Alleged Violations of Sovereign Rights and Maritime Spaces in the Caribbean Sea (Nicaragua v. Colombia), Preliminary Objections, Judgment, I. C. J. Reports 2016, pp. 38-39, paras. 99-100.

[2] South West Africa Cases (Ethiopia v. South Africa; Liberia v. South Africa), Preliminary Objections, Judgment, I. C. J. Report 1962, p. 344.

[3] Questions relating to the Obligation to Prosecute or Extradite (Belgium v. Senegal), Judgment, I. C. J. Reports 2012, p. 446, paras. 58-59.

[4] Application of the International Convention for the Suppression of the Financing of Terrorism and of the International Convention on the Elimination of All Forms of Racial Discrimination (Ukraine v. Russian Federation), Preliminary Objections, Judgment, I. C. J. Reports 2019, pp. 602-603, paras. 118-120.

另一方面，对于当事方立场严重对立、关系恶劣、缺乏互信的情况，则可能难以进行有意义的谈判。

根据国际条约的规定和当事方的约定，谈判经常作为解决争端的首选方法或者作为诉诸其他争端解决方法的前提条件。因此，在近期国际法院审理的案件中，当事方多次主张通过谈判解决国际争端，以反对国际法院的管辖权。问题的关键在于判断当事方有无义务进行谈判、谈判与国际法院管辖权的关系、谈判的要求以及谈判解决争端的可能性。关于谈判义务的建立及其对国际法院管辖权的限制，当事方的意图至关重要，为此国际法院主要考虑当事方之间的明示协议或相关行为。关于谈判的履行，关键是当事方是否对争端的主要问题真实地尝试讨论以便解决争端。为了判断谈判解决争端的可能性，国际法院客观衡量当事方的相关声明和行为，特别是它们是否持续坚持各自的主张而拒绝妥协。总体而言，谈判主要取决于当事方的意图，国际法上的形式要求较少，并且不要求当事方一定通过谈判达成协议。因此，当事方通常不难满足谈判义务的要求，该义务对国际法院管辖权造成的实际限制较为有限。

第二节 斡旋和调停

一、斡旋

（一）斡旋概述

斡旋（good offices）是解决国际争端的政治方法之一，与调停和调解相比，斡旋的第三方参与程度较低，一般不会介入具体争端，主要作用是促成争端各方进行谈判以解决争端。[1]斡旋也是预防国际争端恶化和升级的重要手段之一。[2]在理论上，斡旋和调停的区别是调停方参与争端解决过程的程度更高，一般会参与争端各方的谈判并促成它们达成妥协，而斡旋方通常不

---

〔1〕《国际公法学》编写组编：《国际公法学》（第3版），高等教育出版社2022年版，第442页。

〔2〕 United Nations, *Handbook on the Peaceful Settlement of Disputes between States*, New York, 1992, p. 33. Nations General Assembly, Manila Declaration on the Peaceful Settlement of International Disputes, 15 November 1982, A/37/590.

会直接参与谈判。[1]然而,在实践中,随着争端解决进程的发展,进行斡旋的第三方的参与也有可能会更加深入,导致斡旋与调停交错进行,[2]因此两者的实际区别并不是很明确。[3]这也是部分国际条约对调停和斡旋一并规定而没有单独规定斡旋的原因。[4]

值得注意的是,《联合国宪章》第 33 条所列举的和平解决国际争端的方法中并没有明确提及斡旋,但众多联合国文件[5]和国际条约规定了斡旋。例如,1899 年和 1907 年《和平解决国际争端公约》[6]第二编、《美洲和平解决争端公约》(《波哥大公约》)[7]第 9 条和第 10 条、《非洲人权和人民权利委员会程序规则》、[8]世界贸易组织《关于争端解决规则与程序的谅解》第 5 条、《国际水道非航行使用法公约》[9]第 33 条第 2 款、《保护臭氧层维也纳公约》[10]第 11 条第 2 款等。

(二) 斡旋的程序

首先,斡旋可以根据争端各方的请求开始,[11]第三方也可以主动提出斡旋,例如由国家、国际组织或者个人单独或共同斡旋,[12]但需要取得争端各

---

[1] 《美洲和平解决争端公约》(《波哥大公约》) 第 9 条和第 10 条。

[2] Malcom N. Shaw, *International Law*, Cambridge University Press, 2021, p. 886.

[3] Yushifumi Tanaka, *The Peaceful Settlement of International Disputes*, Cambridge University Press, 2018, p. 43.

[4] 1899 Convention for the Pacific Settlement of International Disputes, Title II on Good Offices and Mediation.

[5] The Manila Declaration on the Peaceful Settlement of International Disputes, 15 November 1982, United Nations General Assembly Resolution 37/10. Declaration on the Prevention and Removal of Dispute and Situations Which May Threaten International Peace and Security and on the Role of the United Nations in this Field, General Assembly resolution 43/51 of 5 December 1988, para. 12.

[6] 1899 Convention for the Pacific Settlement of International Disputes; 1907 Convention for the Pacific Settlement of International Disputes.

[7] American Treaty on Pacific Settlement (Pact of Bogotá), 6 May 1949, 30 UNTS 55.

[8] Rules of Procedure of the African Commission on Human and Peoples' Rights (2020).

[9] Convention on the Law of the Non-navigational Uses of International Watercourses, adopted on 21 May 1997, entered into force on 17 August 2014.

[10] Vienna Convention for the Protection of the Ozone Layer, adopted on 22 March 1985, entered into force on 22 September 1988, 1513 UNTS 324.

[11] 《和平解决国际争端公约》(1899 年) 第 2 条。

[12] 《和平解决国际争端公约》(1899 年) 第 3 条;《美洲和平解决争端公约》第 9 条。

方的同意,[1]争端各方不能将进行斡旋视为不友好的行为。[2]争端各方对第三方的信任是斡旋解决争端的关键。[3]其次,斡旋可以根据相关国际条约规定的程序进行,例如《美洲和平解决争端公约》第 10 条,[4]也可以根据争端各方的协议适用临时程序。再次,在斡旋过程中,一般需要第三方建立争端各方之间的联系和沟通,明确各方立场,并且将其传达给对方。[5]最后,斡旋的结果完全取决于争端各方的意愿,对各方只具有建议性质,没有法律拘束力。[6]

(三) 斡旋的实践

美国 1905 年对日俄战争的斡旋、美国 1946 年斡旋法国和泰国的领土争端、[7]瑞士 1960 年到 1962 年斡旋法国和阿尔及利亚冲突、苏联 1965 年斡旋印度和巴基斯坦克什米尔问题、[8]法国 70 年代对越南战争的斡旋,以及挪威 1993 年对以色列和巴勒斯坦民族解放组织进行斡旋,最终促成双方代表的秘密会谈并达成了解决巴以冲突的奥斯陆协议。斡旋的新发展趋势是国际组织开始逐步取代国家和个人的作用,[9]特别是联合国秘书长曾多次斡旋国际和国内争端,包括印度尼西亚问题、巴勒斯坦问题、塞浦路斯问题、利比亚和马耳他海洋划界争端、西撒哈拉问题、东帝汶问题、纳米比亚问题、两伊战争、新西兰和法国彩虹勇士号争端等。[10]需要注意的是,尽管使用了斡旋的

---

[1] United Nations, *Handbook on the Peaceful Settlement of Disputes between States*, New York, 1992, p. 33.

[2] 《和平解决国际争端公约》(1899 年)第 3 条。

[3] Yushifumi Tanaka, *The Peaceful Settlement of International Disputes*, Cambridge University Press, 2018, p. 43.

[4] 《美洲和平解决争端公约》第 10 条规定:"一旦双方集合并恢复直接谈判,提供或接受邀提供斡旋的国家或个人将不得采取其他行动,但可根据双方的协议出席谈判。"

[5] United Nations, *Handbook on the Peaceful Settlement of Disputes between States*, New York, 1992, p. 37.

[6] 《和平解决国际争端公约》(1899 年)第 6 条。

[7] Official Records of the Security Council, First Year: Second Series, No. 23, 81st Meeting, pp. 505-507.

[8] Official Records of the General Assembly, Twenty-first Session, Supplement No. 7, Part I, Chapter III.

[9] Aoife O'Donoghue, "Good Offices: Grasping the Place of Law in Conflict", *Legal Studies*, Vol. 34, 2014, p. 471.

[10] United Nations, *Handbook on the Peaceful Settlement of Disputes between States*, New York, 1992, pp. 37-39; B. G. Ramcharan, "The Good Offices of the United Nations Secretary-General in the Field of Human Rights", *American Journal of International Law*, Vol. 76, No. 1, 1982, p. 130.

表述，但第三方的实际参与程度可能超出了理论意义的斡旋。整体而言，纯粹的斡旋实践相对有限，更多情况是灵活运用各种政治方法解决争端，斡旋将与下文介绍的调停、调查和调解混合适用。[1]

二、调停

（一）调停概述

调停（mediation）是和平解决国际争端的政治方法之一，调停通常需要调停方（mediator）更为积极地参与其中，[2]协助争端各方在调停方建议的基础上达成共同可接受的争端解决方案。[3]如果争端各方不能通过谈判解决争端，调停则有可能打破僵局，因为相比于直接向争端另一方作出让步，当事国通过调停方作出让步的可能性更高，也更容易被接受。调停在和平解决国际争端方面发挥了重要作用，很多国际条约对此作出了规定，例如1899年和1907年《和平解决国际争端公约》《联合国宪章》《美洲和平解决争端公约》《阿拉伯国家联盟公约》《南极条约》等。调停的作用也得到了联合国的认可，特别是在和平解决争端、预防和解决冲突以及为维护和平寻求长期政治解决方案方面。[4]

同斡旋类似，调停实质上是谈判的辅助方法，但调停方的参与更为积极，如上文所述，两者在实践中一般难以进行确切的区分。与调解（conciliation）相比，调停一般依据争端各方提供的事实和信息提出建议，而调解一般是在调解委员会独立调查的基础上进行。尽管如此，实践中这些区别正在逐渐模糊，因此有时可能难以区分调停与调解。[5]解决争端的方法具有较高的灵活性，可能随着争端各方的协议以及争端解决的进程发展而互相转化，例如，

---

[1] Ruth Lapidoth, "Good Offices", in *Max Planck Encyclopedias of International Law*, para. 8.

[2] John Collier and Vaughan Lowe, *The Settlement of Dispute in International Law*, Oxford University Press, 1999, p. 27.

[3] Yushifumi Tanaka, *The Peaceful Settlement of International Disputes*, Cambridge University Press, 2018, p. 45. Border and Transborder Armed Actions (Nicaragua v. Honduras), Judgment, Jurisdiction of the Court and Admissibility of the Application, I. C. J. Reports 1988, p. 99, para. 75.

[4] United Nations General Assembly, Strengthening the Role of Mediation in the Peaceful Settlement of Disputes, Conflict Prevention and Resolution, 9 September 2016, A/RES/70/304, para. 2.

[5] [英] J. G. 梅里尔斯：《国际争端解决》（第5版），韩秀丽等译，法律出版社2013年版，第33~34页。

争端各方可以约定如果不能通过谈判等其他方法解决争端,则有义务诉诸调停,也可以约定从斡旋转为调解,或者诉诸仲裁或司法解决。

调停具有以下特点:

第一,调停是由各方控制的、没有法律拘束力的争端解决方法。调停取决于争端各方的同意,[1]不能强迫其参加,调停的过程通常由争端各方与调停方进行协商。即使各方同意调停争端,也可以随时退出该程序。调停作为一种政治方法,调停方的建议对争端各方没有法律约束力。[2]尽管如此,调停方提出的建议也可能影响各方的立场,促成各方达成都能接受的妥协,从而解决争端。

第二,调停通常采取保密的非正式方式进行。[3]调停事项一般具有政治敏感性,因此通常采取保密的非正式方式进行。[4]这种方式能够确保争端各方更自由和更有成效地进行协商,并且免受外界干扰。在调停过程中,不能强迫各方披露希望保密的信息,各方选择披露的信息以及任何立场或声明一般不能在随后的仲裁或司法程序中使用。

第三,调停主要是一种基于利益的争端解决方法。在仲裁和司法程序中,国际法院一般根据国际法解决争端,但调停方工作的重点是确定和协调各方重要利益,促成各方都可接受的争端解决方案,这一过程并不完全以国际法为依据。

(二) 调停的程序

调停可以根据争端各方的请求开始,[5]例如1979年智利和阿根廷签订协议同意将执行1977年比格尔海峡仲裁裁决的争端诉诸调停。第三方也可以主动提出调停,例如由国家、国际组织或者个人单独或共同担任调停方,[6]但需要取得争端各方的同意。[7]调停方的作用是协调争端各方对立的要求并平

---

[1] United Nations General Assembly, Strengthening the Role of Mediation in the Peaceful Settlement of Disputes, Conflict Prevention and Resolution, 9 September 2016, A/RES/70/304, para. 4.

[2] 《和平解决国际争端公约》(1899年)第6条。

[3] 《关于争端解决规则与程序的谅解》第5条;《美洲和平解决争端公约》第12条。

[4] United Nations, *Handbook on the Peaceful Settlement of Disputes between States*, New York, 1992, p. 42.

[5] 《和平解决国际争端公约》(1899年)第2条。

[6] 《和平解决国际争端公约》(1899年)第3条;《美洲和平解决争端公约》第14条。

[7] 《美洲和平解决争端公约》第12条。

息它们之间可能发生的不满情绪。[1]由于调停需要调停方的积极参与，所以调停方应当具有高超的外交能力和技巧，能够获得争端各方的信任，保持独立和公正，具有持续调停的耐心，并且审时度势精心设计平衡各方利益的妥协方案。此外，调停方对于争端各方的影响力和权威也是重要的因素，涉及经济、政治和宗教等多方面考虑。例如，罗马教廷对于天主教国家的影响是教皇成功调停阿根廷和智利比格尔海峡争端的重要原因。争端当事国有时会质疑第三国国家元首、政府首脑和高级官员参与调停的政治动机和中立性，并且很多国家也不愿意卷入可能影响其政策的争端，[2]因此，国际组织的调停实践逐渐增加。部分非政府间国际组织也会调停特定种类的争端，例如，红十字国际委员会（ICRC）秉持中立原则参与调停武装冲突或其他涉及人道主义关切的情况。

根据争端的具体情况不同，调停的程序表现出多样性和灵活性。主要的进程一般包括：[3]其一，由于调停通常涉及争端各方之间严重的对立，各方可能已经断绝外交关系，甚至诉诸武力，因此调停方需要首先采取措施以重建各方之间的联系和交流，在各方之间传递信息，这一阶段类似于斡旋；其二，调停方需要根据事实情况明确争端各方的基本利益，并且使各方意识到自身的基本利益以及可向另一方作出妥协的空间，以此为基础提出各方都可能接受的建议，这一过程类似于调解；其三，随着调停的进展，调停方需要审时度势促进争端各方的谈判，创造谈判机会，提供谈判框架，并提出适当的谈判建议，在这一过程中，调停与谈判的关系密切；其四，调停的最终结果可能是达成协议、声明、联合公报、换文或者政治性文件，由调停方签署或认证。[4]即使调停达成了解决争端的方案也仍可能面临执行的困难，可能需要调停方的继续参与以协助争端各方执行方案。

调停的结果应当合理合法。调停过程需要充分考虑和反映各方的利益，而不能完全忽视一方利益，特别是以牺牲弱势一方的合法诉求为代价。调停

---

[1]《和平解决国际争端公约》（1899年）第4条。
[2] [英] J.G. 梅里尔斯：《国际争端解决》（第5版），韩秀丽等译，法律出版社2013年版，第37页。
[3] Francisco Orrego Vicuña, "Mediation", in *Max Planck Encyclopedias of International Law*.
[4] Yushifumi Tanaka, *The Peaceful Settlement of International Disputes*, Cambridge University Press, 2018, p. 47.

应当遵守国际法，[1]调停的结果不能违反国际法、无视相关条约的规定、国际组织的决议或者仲裁或司法裁决，从而确保调停能在符合国际法的条件下取得长远的成功。

（三）调停的实践

调停在19世纪被广泛适用于争端解决，特别是涉及战争或使用武力的争端。例如，英国曾于1825年调停了巴西与葡萄牙之间的冲突；法国于1849年在英国和希腊之间进行了调停；英国于1830年在法国和美国之间进行了调停；英国和法国于1844年在摩洛哥和西班牙之间进行了调停。根据1856年《巴黎和约》的规定，在避免使用武力的情况下可诉诸调停。[2]

由于调停在实践中的成功适用，1899年《和平解决国际争端公约》第二编对调停作出了若干规定，对于严重分歧或争端，如果情势允许，在诉诸武力之前应请求一个或几个友好国家进行调停，[3]与争端无关的国家也可以主动提供调停，即使是在敌对过程中，争端方也不得将调停视为不友好的行为等。[4]

调停的实践在之后也得到了发展，成功的调停实践主要包括：阿尔及利亚1980年调停伊朗和美国人质危机、阿尔及利亚1975年调停伊朗和伊拉克冲突、苏联1965年调停克什米尔情势，以及美国、欧共体和联合国调停南斯拉夫问题，最终促成了1995年《代顿和平协议》的缔结。与此同时也不乏调停失败的实践，特别是亚历山大·海格（Alexander Haig）1982年对阿根廷和英国福克兰群岛/马尔维纳斯群岛冲突的调停和秘鲁总统之后失败的尝试、中美洲三国外交部长1969年对萨尔瓦多和洪都拉斯领土和海洋边界争端的调停，以及关于巴勒斯坦和以色列冲突的调停等。

调停解决争端的突出案例是教皇对阿根廷和智利比格尔海峡争端、南部岛屿以及相关海域的调停。阿根廷单方面宣布1977年仲裁裁决无效，导致双方关系的紧张。在双方谈判未果后，罗马教廷教皇的斡旋避免了1978年底即将爆发的军事对抗。1979年初，双方要求进行正式调停，最终达成了1984年《智利和

---

[1] United Nations General Assembly, Strengthening the Role of Mediation in the Peaceful Settlement of Disputes, Conflict Prevention and Resolution, 9 September 2016, A/RES/70/304.

[2] See Francisco Orrego Vicuña, "Mediation", in *Max Planck Encyclopedias of International Law*.

[3] 《和平解决国际争端公约》（1899年）第2条。

[4] 《和平解决国际争端公约》（1899年）第3条。

阿根廷和平友好条约》。调停主要涉及比格尔海峡以外的专属经济区划界。调停之所以能够取得成功，是因为调停方准确地确定了双方的利益，并在此基础上逐步提出建议，以双方都接受的方式兼顾这些利益。在提出建议时，特别注意尊重相关法律框架，包括双方之间的边界条约和1977年裁决。此外，双方都毫无保留地信任教皇的权威以及天主教会在两国的强大影响力也发挥了重要作用。

调停的另一项显著发展是，国际组织通过参与调停以维护国际和平与安全。[1]例如，联合国秘书长试图对1956年苏联/匈牙利事件、阿根廷和英国福克兰群岛/马尔维纳斯群岛冲突、圭亚那和苏里南边界争端进行调停。此外，区域国际组织也贡献了重要的调停实践，例如，2002年美洲国家组织试图解决伯利兹争端，2009年试图调停洪都拉斯的政治危机。专门国际组织也参与了调停，例如世界银行1960年调停印度和巴基斯坦之间的印度河争端。[2]部分专门国际组织也将调停作为各方可以选择的争端解决手段。例如，世界贸易组织《关于争端解决规则与程序的谅解》对于涉及最不发达国家的争端解决案件，可以请求总干事和争端解决机构主席进行调停；[3]世界知识产权组织（WIPO）建立了仲裁和调停中心。[4]

我国重视参与调停促进国际争端的和平解决。特别是，经过中国的积极倡议和推动，2023年3月中华人民共和国、沙特阿拉伯、伊朗发表三方联合声明宣布，沙特和伊朗达成一份协议，包括同意恢复双方外交关系，在至多两个月内重开双方使馆和代表机构；强调尊重各国主权，不干涉别国内政；双方同意两国外长举行会晤，启动上述工作，安排互派大使，并探讨加强双边关系。双方同意将激活两国于2001年签署的安全合作协议和于1998年签署的经济、贸易、投资、技术、科学、文化、体育和青年领域总协议。三国均表示愿尽一切努力，加强国际地区和平与安全。[5]

---

[1] United Nations General Assembly, Strengthening the Role of Mediation in the Peaceful Settlement of Disputes, Conflict Prevention and Resolution, 9 September 2016, A/RES/70/304.

[2] S. M. A. Salman, "Mediation of International Water Dispute: the Indus, the Jordan, and the Nile Basins Intervention", in L. Boisson de Chazournes et al, *International Law and Fresh Water: The Multiple Challenges*, Edward Elgar Publishing, 2013, p. 369.

[3] 《关于争端解决规则与程序的谅解》第24条第2款。

[4] Available at https://www.wipo.int/amc/en/center/background.html, last visited on May 30, 2023.

[5] 《中华人民共和国、沙特阿拉伯王国、伊朗伊斯兰共和国三方联合声明》，新华社北京2023年3月10日电。

三、对斡旋和调停的评价

斡旋和调停在和平解决国际争端方面具有重要作用，但仍然存在一定的局限性。一方面，无法保障第三方能够提供及时有效的斡旋或调停，特别是对于大国之间的争端，一般难以找到适合的第三方，多数国家认为其影响力或权力有限，不适合参与争端解决。另一方面，斡旋和调停的成功在很大程度上取决于争端各方的意愿，[1]各方可能不愿意接受斡旋或调停，或者不愿意作出让步，尤其是涉及至关重要的国家利益时。此外，如果一国相信其能赢得争端的胜利，则很有可能不愿意接受第三方的参与，例如，苏联拒绝了联合国秘书长对匈牙利事件的调停。[2]

第三节 调解

调解（conciliation）是一种和平解决国际争端的传统方法。调解方法的出现可以追溯到20世纪初，而在第一次世界大战后得到了广泛的发展和应用。联合国等国际组织在调解方法的发展，特别是调解程序规则的完善方面作出了贡献。一般来说，调解应该是任择性质的第三方解决国际争端方法，但自20世纪60年代末起，又出现了一种新的发展趋势，使调解在某些情况下具有一定的强制性。

一、调解概述

（一）调解的概念

调解，又称和解，是指把争端提交一个非政治性、中立的国际调解委员会，由委员会从各个角度去查明事实，在事实基础上提出报告和建议，促使当事国达成协议，以解决争端。[3]一般认为，调解是一种介于争端解决的外

---

[1] [英] J. G. 梅里尔斯：《国际争端解决》（第5版），韩秀丽等译，法律出版社2013年版，第47页。

[2] Yushifumi Tanaka, *The Peaceful Settlement of International Disputes*, Cambridge University Press, 2018, pp. 49-50.

[3] 邵沙平主编：《国际法》（第2版），中国人民大学出版社2010年版，第598页。

交方法和法律方法之间的方法。在外交层面，调解通常要求暂停争端，争端当事方一般同意不加剧争端，并与调解委员会充分合作；在法律层面，调解委员会提出的解决办法可能考虑到争端的法律方面，虽然并不是严格的法律适用，而且不预先判断最终的仲裁或司法结果。[1]

调解的特点主要有以下几点：其一，争端当事国根据条约或其他协议把争端交给一个数人组成的调解委员会，委员会有一定的组织、工作方法、程序等；其二，调解委员会不仅调查争端和事实，而且还提出调解争端的建议；其三，调解的结果对争端当事国有道义上的拘束力。[2]

(二) 调解的历史发展

一般认为，最初的调解程序是由1913年至1914年间的布莱恩条约（Bryan Treaties）创立的。布莱恩条约以美国时任国务卿威廉·詹宁斯·布莱恩（William Jennings Bryan）而得名，是为解决无法通过仲裁解决的争端而谈判达成的一系列双边条约的总称。[3]这些条约是美国与其他国家缔结的，一方面旨在在海牙和平会议之后，补充和扩大和平解决国际争端的方法；[4]另一方面还旨在补充当时既有的只规定可仲裁争端的双边条约。

最早的布莱恩条约是1913年8月7日美国与萨尔瓦多缔结的双边条约，此后该条约成为此类条约的范本。[5]布莱恩条约关于调解的规定主要是，缔约国的争端若不能通过仲裁或外交途径解决，则缔约国应将争端提交给一个常设的国际委员会。只有当国际委员会提交了其不具拘束力的报告后，缔约国才可自行决定采取包括开启敌对状态在内的行动。[6]

布莱恩条约设立的国际委员会的主要职能是调查并向缔约国报告，而缔

---

[1] Jean-Pierre Cot, Conciliation, Article last updated in April 2006, Max Planck Encyclopedia of Public International Law (MPEPIL), para. 4.

[2] 王铁崖主编：《国际法》，法律出版社1995年版，第422页。

[3] See, Hans-Jürgen Schlochauer, Bryan Treaties (1913-14), Article last updated in 1984, Max Planck Encyclopedia of Public International Law (MPEPIL), para. 1.

[4] 1899年和1907年的两次海牙和平会议未就调解加以规定。

[5] 此后美国与除萨尔瓦多以外的27个国家缔结了布莱恩条约。

[6] 比如，1914年美国与英国缔结的《布莱恩条约》第1条规定：缔约国同意，当外交方法失败时，缔约国之间的所有争端，不论其性质如何，除缔约国之间现有协定规定并事实上已解决的争端外，均应提交按照下一条规定的方式组建的常设国际委员会调查和报告。缔约国同意在调查期间和报告提交之前不宣战或开始敌对行动。

约国则应向委员会提供一切必要的协助。一般认为，国际委员会不应仅限于确定争议事实，还应就和平解决争端提出建议；在某些情况下，国际委员会也可以指示采取保护当事方权利的临时措施。[1]

然而，调解在全世界范围内的发展是在第一次世界大战之后，当时在许多双边条约及一些多边条约中规定了调解的争端解决方式。在双边条约方面，1925年法国与瑞士缔结的一项条约明确规定了常设调解委员会的职责，并成为此后条约的范本。条约的主要规定包括，"常设调解委员会的职责是，阐明争端问题，以此为目的通过调查或其他办法搜集一切有用信息，并努力促成争端当事方达成争端解决协议"，"调解程序结束前，委员会应当根据具体情况起草调解报告"。[2]同年的洛迦诺条约[3]（Locarno Treaties）也规定了除非当事国同意将法律争端提交司法或仲裁解决，当事国之间的所有争端应提交调解。条约对调解委员会的职责的规定与法国瑞士双边条约的规定基本一致。在多边条约方面，1928年（1949年修订）的《和平解决国际争端的日内瓦总议定书》（Geneva General Act for Pacific Settlement of Disputes）对调解进行了全面的规定。

总之，在第一次世界大战结束到第二次世界大战爆发之间的这段时间，可以说是调解的全盛时期。据统计，仅从1925年到1940年就有超过200项规定了调解的双边条约。[4]不过，虽然当时规定了调解的条约很多，但实践中的案件数量相较于条约数量来说比较有限。

从20世纪60年代末起，调解在多边条约中的出现逐渐增多。1969年的《维也纳条约法公约》在第66条及其附件规定了强制调解（compulsory conciliation）的争端解决程序，即关于该公约某些条文的适用或解释的争端，任一当事国得向联合国秘书长提出请求，发动附件所规定的调解的程序。此后，1975年《维也纳关于国家在其对普遍性国际组织关系上的代表权公约》、1978

---

[1] Hans-Jürgen Schlochauer, Bryan Treaties (1913-14), Article last updated in 1984, Max Planck Encyclopedia of Public International Law (MPEPIL), para. 6.

[2] [英] J. G. 梅里尔斯：《国际争端解决》（第5版），韩秀丽等译，法律出版社2013年版，第75~76页。

[3] 洛迦诺条约是德国分别与比利时、法国、捷克斯洛伐克和波兰等国缔结的七项双边条约的总称。

[4] Jean-Pierre Cot, Conciliation, Article last updated in April 2006, Max Planck Encyclopedia of Public International Law (MPEPIL), para. 5.

年《关于国家在条约方面的继承的维也纳公约》、1983年《关于国家对国家财产、档案和债务的继承的维也纳公约》、1986年《关于国家和国际组织间或国际组织相互间条约法的维也纳公约》等多边条约效仿了这种规定。1982年《联合国海洋法公约》则规定了两种调解,包括一般调解和强制调解。然而,与以往一样,调解的实践发展比不上条约的发展。强制调解概念的引入似乎对上述问题没有任何明显的影响。[1]

此外,除了在国家间争端适用之外,在贸易方面也可以采用调解来解决争端,1980年联合国大会通过的《联合国国际贸易法委员会调解规则》(UNCITRAL Conciliation Rules)即为例证。一些经济类国际组织也有调解规则和实践,如国际投资争端解决中心(ICSID)的"调解程序规则"。

目前,最新的有关调解的条约有2018年《联合国关于调解所产生的国际和解协议公约》(United Nations Convention on International Settlement Agreements Resulting from Mediation,《新加坡公约》),该公约旨在解决国际商事调解达成的和解协议的跨境执行问题。在实践方面,国际调解院(International Organization for Mediation)筹备办公室已于2023年2月在中国香港成立,国际调解院将是世界上首个专门以调解方式解决国际争端的政府间国际法律组织。

(三) 强制调解

从传统意义上来说,调解应该是自愿的,正如国际法研究院(Institut de Droit international)在其1961年通过的有关国际调解的决议中所界定的那样,调解委员会由当事方设立,委员会对争端进行公正的审查,并试图确定可被当事方接受的解决办法的方案,以为他们提供帮助。[2]调解的自愿性至少应体现在两个方面:其一,提交调解的决定是由当事方自愿作出的,在此基础上调解委员会也是由当事方设立的,其权限也来自当事方的赋予;其二,调解委员会的报告和决定没有法律拘束力,是否遵守取决于当事方的意愿。当然,若当事方在调解委员会的调解下达成了协议,协议对当事方是有拘束力的。因此,从调解的起点,到调解的结尾,都体现出了自愿性。

---

[1] Jean-Pierre Cot, Conciliation, Article last updated in April 2006, Max Planck Encyclopedia of Public International Law (MPEPIL), para. 12.

[2] Institute de Droit International, Resolution on International Conciliation (1961).

然而，在多边机制下争端解决方法的发展使调解的自愿性发生了变化。在一些多边条约中，提交调解的决定在某些情况下可能非由当事方自愿提起。这种规定颠覆了传统意义上人们对调解的认知，使调解从完全的自愿性转变为也具有一定意义的强制性。1969年的《维也纳条约法公约》开启了强制调解的先河，使调解成为仲裁和司法之外，缔约方能够采取的一种更具柔性的争端解决方法。另外，在一些多边条约中，调解还成了仲裁、司法等强制性争端解决程序的前置程序。比如，《美洲和平解决争端公约》（以下简称《波哥大公约》）[1]（Pact of Bogota）规定调解为公约的强制性管辖——国际法院——的前置程序。

近年来，令人瞩目的强制调解实践来自《联合国海洋法公约》的规定。《联合国海洋法公约》所规定的强制调解，指的是争端当事方在将争端提交调解前，不需要得到另一方的同意。然而，与一般调解类似的是，强制调解委员会的报告、建议和结论对争端各方同样没有法律拘束力。[2]也就是说，《联合国海洋法公约》的强制调解兼具程序的强制性和结果的非强制性。

2016年4月，东帝汶根据《联合国海洋法公约》提起了针对澳大利亚的强制调解程序，这是有史以来的《联合国海洋法公约》强制调解第一案。争议有关东帝汶和澳大利亚之间为了确立永久海洋边界而对《联合国海洋法公约》第74条和第83条解释和适用的问题。在调解委员会的积极努力下，虽然强制调解的结果对争端各方没有拘束力，但本案依然取得了相当大的成功，东帝汶和澳大利亚划定了海洋界限，也确定了未来资源开发合作的基本框架。[3]

不过，多边条约中规定强制调解很可能是条约缔约过程中各方妥协的产物。《联合国海洋法公约》将强制调解限制在海洋划界、专属经济区内某些活动等方面，主要是因为在第三次联合国海洋法会议上各方围绕以上方面的争议太大，无法就其达成一致，因而以强制调解这种妥协的方式告终。

---

[1] 该公约是1948年美国和拉丁美洲国家所缔结的一项多边条约。

[2] 高健军：《〈联合国海洋法公约〉争端解决机制研究》（修订版），中国政法大学出版社2014年版，第326页。

[3] 杨文澜："《联合国海洋法公约》下强制调解第一案——'东帝汶与澳大利亚强制调解案'述评"，载《国际法研究》2018年第3期，第69页。

二、调解的程序

调解是通过设立公平的国际调解委员会在调查、明确事实的同时从法律角度对争端进行全面探讨并向当事国提出解决方案的一种制度。[1]调解委员会、调解的程序规则和调解适用的规则等是调解程序方面比较主要的问题。

(一) 调解委员会的设立、组成与权限

调解委员会的设立和组成一般基于条约，而不同条约可能规定不同。不过，调解委员会通常由三名或五名成员组成。当然，在极其特殊的情况下，也存在一人担任调解员的情况。[2]一般来说，若调解委员会由三名成员组成，则由当事方各指定一名调解员；若调解委员会由五名成员组成，则由当事方各指定两名调解员。第三名或第五名调解员或由争端当事方协议指定，或由其余两名或四名调解员共同决定指定。[3]此外也存在当事方各指定一名调解员，其余三名调解员由当事方协议指定的情况。一般认为，当事方协议指定的或由第三方指定的调解员更能保证调解委员会的中立。[4]

早期的调解委员会组成完全受制于争端当事方的意志，若当事方拒绝指定调解员，可能造成调解委员会无法组成。于是，在后来的条约中常常在调解委员会的组成方面介入第三方。比如，《维也纳条约法公约》以联合国秘书长作为指定调解员的第三方。其附件规定："倘出席或和解员中任一人之指派未于上称规定期间内决定，应由秘书长于此项期间届满后六十日内为之。主席得由秘书长自名单中或自国际法委员会委员中指派之。"

关于调解委员会的权限（competence），在一般调解的情况下不存在争议，因为在调解程序启动前争端当事方一般已协议确定；在强制调解的情况下，

---

[1] 参见［日］小寺彰、岩泽雄司、森田章夫编：《国际法讲义》，梁云祥译，南京大学出版社2021年版，第453页。

[2] 1977年，肯尼亚、坦桑尼亚和乌干达之间的调解由瑞士外交官维克多·翁布里希特（Victor Umbricht）担任独任调解员。参见［英］J. G. 梅里尔斯：《国际争端解决》（第5版），韩秀丽等译，法律出版社2013年版，第81~82页。

[3] Yoshifumi Tanaka, *The Peaceful Settlement of International Disputes*, Cambridge University Press, 2018, p. 67.

[4] Jean-Pierre Cot, Conciliation, Article last updated in April 2006, Max Planck Encyclopedia of Public International Law (MPEPIL), para. 23.

可能存在对于调解委员会权限的争议。对此,在实践中一般由调解委员会自行确定其权限。比如,《联合国海洋法公约》附件五第 13 条规定:"对于按照本节行事的调解委员会是否有管辖权如有争议,应由调解委员会加以解决。"在帝汶海强制调解案中,虽然澳大利亚对于调解委员会的权限提出了六项反对意见,委员会自行确定了其对本案具有管辖权。[1]

(二) 调解的程序规则

调解的程序一般由条约确定,也可由争端当事方或调解委员会确定。相较于争端解决的其他政治方法,调解的程序比较正式,一般分为书面程序和口头程序。不过相较于争端解决的法律方法,调解的程序具有更大的灵活性,争端当事方可以对其进行改变。

1995 年,联合国大会通过了《联合国国家间争端和解示范规则》(United Nations Model Rules for the Conciliation of Disputes between States),该规则对调解程序进行了详细规定。[2]另外,常设仲裁法院(Permanent Court of Arbitration)于 1996 年通过了《常设仲裁法院调解选择规则》(Optional Rules for Conciliation),该规则根据《联合国国际贸易法委员会调解规则》制定,并进行了相应的修改,主要是增加了常设仲裁法院秘书长在协助任命调解员方面[3]以及国际事务局在提供行政支持方面的可利用性[4]的条款。当然,《常设仲裁法院调解选择规则》所规定的调解程序规则不仅适用于国家间争端。

(三) 调解的适用规则

在调解的适用规则方面,一般调解和强制调解可能有所不同。在一般调解中,调解委员会可能被要求对案件相关的事实和法律问题进行确定,但其最后提出的建议并不一定要依据国际法。其理由是,调解的目标是达成争端当事方所接受的方案,也就是要达成包含公平要素的一揽子协议,如有必要可与法律相抵触。有时候,援引国际法反而可能阻碍争端的解决,甚至可能火

---

[1] See Conciliation between Timor-Leste and Australia, Decision on Australia's Objections to Competence, PCA Case No. 2016-10.

[2] 参见《联合国国家间争端和解示范规则》,载 https://www.un.org/zh/documents/treaty/A-RES-50-50,最后访问日期:2023 年 6 月 2 日。

[3] 参见《常设仲裁法院调解选择规则》第 4 条第 3 款。

[4] 参见《常设仲裁法院调解选择规则》第 8 条。

上浇油。[1]关于这一问题,《联合国国家间争端和解示范规则》第 20 条就规定"委员会在报告中不应对事实提出任何最后结论或对法律问题作出正式裁决,除非当事各方共同要求委员会这样做"。

强制调解的实践则往往相反。《联合国海洋法公约》附件五第 7 条第 1 款规定:"委员会应于成立后十二个月内提出报告,报告应载明所达成的任何协议,如不能达成协议,则应载明委员会对有关争端事项的一切事实问题或法律问题的结论及其可能认为适当的和睦解决建议,……"尽管调解委员会的结论可能适用了法律,但根据附件五第 7 条第 2 款规定,"委员会的报告,包括其结论或建议,对争端各方应无拘束力"。

三、对调解的评价

调解的某些特征近似于调查和仲裁,例如,调解和调查一样都要查明事实;调解又像仲裁一样提出调解争端的建议。不过,与调查不同,调解除了查明事实,更重要的是要提出报告和建议,积极帮助争端当事方达成协议;与仲裁不同,调解报告没有法律拘束力,也不一定需要以法律为依据。[2]因此,可以说调解集调查的查明事实功能与仲裁的提供建议功能于一体,这更凸显了调解介于争端解决的外交方法和法律方法之间的特性。作为非裁判性程序,调解应该说较调查已经是一种巨大的进步,而鉴于是否接受调解委员会报告最终由当事国的意志来决定,调解较仲裁及司法方法还是有很大不同的。

从历史上来看,调解的实践远远落后于条约的发展。一方面,调解案件的数量较少。据统计,自 20 世纪初以来,通过调解解决的国家间争议有 20 多起。[3]而规定了调解的条约数量超过 200 项。另一方面,调解未能在重大争端中发挥作用。但是在实践和实效缺乏的情况下,规定调解的条约却层出不穷。特别是,调解得到了许多多边机制的青睐。这可能是出于政治原因。赫希·劳特派特(Hersch Lauterpacht)曾指出,调解"只要实际上被用作掩

---

[1] Jean-Pierre Cot, Conciliation, Article last updated in April 2006, Max Planck Encyclopedia of Public International Law (MPEPIL), para. 27.

[2] 王铁崖主编:《国际法》,法律出版社 1995 年版,第 423 页。

[3] 考虑到有的调解程序是保密的,实际数目可能会更高。参见漆彤、张生、黄丽萍:"调解在国际争端解决中的发展与应用",载《武大国际法评论》2020 年第 2 期。

盖国家不履行强制性司法解决义务的决心的借口，就是有害的"。[1]

不过，也存在相反的观点。伊恩·辛克莱尔（Ian Sinclair）指出："现在写入公约的解决争端的自动提起程序的主要价值不在于它们精确的内容，而仅在于它们的存在本身。自相矛盾的是，它们被使用的次数越少就越有效。没有国家急于卷入旷日持久且花费昂贵的调解或诉讼中。这给各国外交部门及其法律顾问施加了沉重的任务，且结果极不确定。"[2]

近来，随着仲裁和国际诉讼的各种问题的暴露，调解因其灵活性、保密性等特征越来越受到重视。联合国就日益重视调解在解决国家间争端方面的作用。2018年，联合国秘书长古特雷斯就敦促国际社会更加有效地运用调解手段，其在安理会举行的"维护国际和平与安全：争议调解与解决"辩论会上表示，战争与冲突变得越来越复杂，传统的调解理念与手段也应随之改变。"创新的冲突调解思维不再是一种选择，而是一种必然。"[3]因此，未来的调解可能通过更多的创新而获得更强的生命力，国际调解院的建立或将为创新的调解提供机会。

第四节　调查

调查作为查明事实和调查研究的公正的第三方解决方法，也属于解决争端的政治方法。[4]调查的方法一般有一定的组织和机构。调查方法的出现可以追溯到第一次海牙和平会议，会议创立了通过调查委员会解决国际争端的方法。不过，由于在实践中调查的争议往往不仅仅涉及对事实的分歧，调查的性质逐渐变得更具调解性，这与海牙和平会议时的设想有所不同。

---

[1] Hersch Lauterpacht, *The Function of Law in the International Community*, Clarendon Press, 1933, pp. 266-267.

[2] [英] J. G. 梅里尔斯：《国际争端解决》（第5版），韩秀丽等译，法律出版社2013年版，第104~105页。

[3] "古特雷斯呼吁用创新思维调解冲突"，载 http://www.xinhuanet.com/world/2018-08/30/c_129943226.htm，最后访问日期：2023年6月2日。

[4] 王铁崖主编：《国际法》，法律出版社1995年版，第420页。

一、调查概述

(一) 调查的概念

调查（inquiry），又称查明事实（fact-finding），是在特别涉及对事实问题发生分歧的国际争端中，有关争端当事国同意第三方为解决争端而通过一定的方式调查有争议的事实，查明是否有争端当事国所声称的情势的存在，以最终解决争端的方法。[1]一个国际争端的发生，常常是因事实不清造成误会所致，一旦事实真相得以澄清，则争端常常就迎刃而解。因此，调查方式的运用，对因事实不清而起的争端的解决有特殊的价值。[2]

调查属于国际争端解决的政治方法。与其他政治方法不同，调查的目标主要在于通过对争议事实的公正调查，促成争端当事方最终找到争端解决的方案。鉴此，调查的几项主要特点是：其一，把外交、法律和技术的优点结合起来，为争端当事国就争议的事实提供公正的报告，也可提出争端解决的方法；其二，调查通常是国际争端解决的第一步，查明事实往往是争端解决的前提；其三，调查的机构、职权，调查的程序、方法一般由条约确定；其四，调查的结果是提供给争端当事方和有关机构的调查报告，报告的内容一般限于争端事实的叙述，对争端当事国没有拘束力。[3]

(二) 调查的历史发展

调查这种争端解决方法源于1899年的《和平解决国际争端公约》。而该公约规定调查主要是由于1898年2月15日发生的"缅因号"（Maine）事件。缅因号是美国海军的一艘装甲巡洋舰。事件发生时，该船停泊于古巴的哈瓦那港口，发生的爆炸导致船上259人丧生。当时正值古巴人民起义反抗西班牙，缅因号是美国为向西班牙施加压力而派去的。因此，事故发生后，美国直接认定缅因号是西班牙炸沉的。当时，美国和西班牙各自组成了调查委员会调查事件真相，但是两个委员会得出了完全相反的结论。此次事件引发了1899年海牙和平会议的代表对调查的高度关注。代表们最终决定在《和平解

---

[1] 王铁崖主编：《国际法》，法律出版社1995年版，第419~420页。
[2] 邵沙平主编：《国际法》（第2版），中国人民大学出版社2010年版，第598页。
[3] 参见王铁崖主编：《国际法》，法律出版社1995年版，第420页。

决国际争端公约》中对建立国际调查委员会及调查程序进行规定。[1]不过，由于当时一些弱小国家担心调查成为外部势力干涉的理由，该公约对调查进行了限制，包括调查只能处理事实问题而非法律问题，只能调查无关根本利益的事实，以及调查结果的执行不具有强制力等。[2]

1904年，多格滩事件（the Dogger Bank Accident）通过调查的方式得到了解决，说明调查是有效的，调查的价值因此开始得到普遍承认。[3]当时，一支准备参加日俄战争的俄国战舰舰队驶入欧洲北海中部的多格滩附近。舰队的司令将英国渔船队误认为是日本水雷舰而下令开火，造成两人死亡、六人受伤、一艘渔船沉没、五艘渔船严重受损。事件发生后，英国准备拦截俄国舰队，而舰队仍未发现错误。法国为避免英俄两国关系因此事而破裂，通过外交手段说服两国根据《和平解决国际争端公约》成立了国际调查委员会。

多格滩事件的调查委员会由五名成员组成，他们分别是来自于英国、俄国、法国、奥匈帝国和美国的海军高级将领。历经两个月的时间，通过听取证人证言等，委员会提交报告称俄国舰队司令没有正当理由开火。最后，英俄双方接受了调查报告，俄国向英国赔偿65 000英镑。此次调查化解了两国之间的严重争议，显示了调查作为一种争端解决方式的价值。

此后，1907年《和平解决国际争端公约》又对调查进行了规定，调查开始成为一种比较独立的争端解决方式。相较于1899年《和平解决国际争端公约》，1907年《和平解决国际争端公约》对调解程序进行了更加详细的规定。根据该公约，调解主要分为两个主要阶段：口头阶段和书面阶段。调解程序由调解委员会主席主导。[4]然而，由于调查的争议往往不仅仅涉及对事实的分歧，调查的性质变得更具调解性，往往涉及法律调查以及争议解决的建议。[5]因此，此后发生的案件背离了两个海牙公约的规定。"红十字军号"（Red Crusader）事件正是例证。

---

〔1〕 See Hague Convention for the Pacific Settlement of Disputes，1899，Arts. 9-14.

〔2〕 参见［英］J. G. 梅里尔斯：《国际争端解决》（第5版），韩秀丽等译，法律出版社2013年版，第53~54页。

〔3〕 参见邵沙平主编：《国际法》（第2版），中国人民大学出版社2010年版，第598页。

〔4〕 See Hague Convention for the Pacific Settlement of Disputes，1907，Arts. 11-36.

〔5〕 Agnieszka Jachec-Neale, Fact-Finding, Article last updated in October 2021, Max Planck Encyclopedia of Public International Law（MPEPIL），para. 4.

1961年的红十字军号事件是具有里程碑意义的调查案件。红十字军号是一艘在法罗群岛附近水域捕鱼的英国拖网渔船,因涉嫌非法捕鱼,丹麦巡逻船派船员上船进行扣押,但红十字军号上的船员制服了丹麦船员,并扭转航向。丹麦巡逻船对其进行了炮击,红十字军号严重受损。事后两国政府都高度关注,经过几轮谈判,两国政府决定设立调查委员会调查此事。调查委员会由三名成员组成,分别是来自法国和比利时的法学家和荷兰的海运稽查总长。该案历经了书面程序和口头程序,最后委员会提交了十分详细的调查报告。调解报告虽然专注于事实,但是也涵盖了明显的法律规则。[1]因此,"红十字军号"事件的调查具有一定的仲裁性,因为无论是调查委员会的组成,还是调查的相关程序规则,抑或是最后的报告,都有些类似于仲裁。

近年来,争端当事方通过调查解决争端可以选用常设仲裁法院通过的《真相调查委员会任选规则》(Optional Rules for Fact-Finding Commissions of Inquiry),该规则规定了调查委员会自成一体的程序规则。《真相调查委员会任选规则》被认为是此前海牙公约所规定的程序规则的替代而非补充。比如,海牙公约使调查委员会在程序方面居于主导地位,而《真相调查委员会任选规则》则使争端当事方在程序的各个阶段更具主动性。[2]

二、调查的程序

调查通常以三种方式提起:其一,在争议发生后,争端当事方达成协议进行临时性的调查;其二,条约创立了常设性的调查委员会的,条约缔约方的争端发生后由常设调查委员会进行调查。根据条约的规定不同,可能需要缔约方对调查委员会的管辖权达成协议,调查委员会也可能直接根据条约获得管辖权而无需特别协议;其三,由国际组织提起调查,实践中国际民航组织(International Civil Aviation Organization, ICAO)和联合国曾提起调查。

前文提到的红十字军号调查是第一种方式进行的调查。第二种方式进行的调查以根据布莱恩条约成立调查委员会的"莱特利尔和墨菲特案"(Letelier

---

〔1〕 [英] J. G. 梅里尔斯:《国际争端解决》(第5版),韩秀丽等译,法律出版社2013年版,第64页。

〔2〕 See Permanent Court of Arbitration, Optional Rules for Fact-Finding Commissions of Inquiry, 15 December 1997, https://docs.pca-cpa.org/2016/01/Permanent-Court-ofArbitration-Optional-Rules-for-Fact-finding-Commissions-of-Inquiry.pdf, last visited on June 2, 2023.

and Moffitt）为代表。奥兰多·莱特利尔（Orlando Letelier）曾担任智利阿连德政府的驻美国大使和外交部长，在发生军事政变后流亡至美国。1976年，莱特利尔和他的助手罗妮·墨菲特（Ronni Moffitt）在华盛顿乘车行驶中，被爆炸物所炸死。据称这是政治暗杀造成的结果。1988年，美国向智利提出国际赔偿请求，因而涉及了两国于1914年缔结的《布莱恩-苏亚雷斯·穆希卡条约》（Bryan-Suarez Mujica Treaty）。后根据上述条约两国签订协议组成了调查委员会。根据协议，调查委员会的职权仅限于确定赔偿额。[1]

由国际组织提起调查的例子主要有大韩航空007号班机空难事件和蓝色马尔马拉号（Mavi Marmara）事件。前者发生于1983年9月，当时大韩航空007号班机进入苏联领空，遭苏联空军拦截机攻击，坠落于库页岛西南方的公海，造成269人死亡。事件发生后，国际民航组织理事会设立调查委员会进行调查，当时苏联不予配合，但调查委员会仍提交了报告。后者发生于2010年5月，当时以色列海军突袭试图驶入加沙沿海地带的土耳其籍国际人道主义救援船只蓝色马尔马拉号，造成9人死亡、多人受伤。此后，联合国秘书长和联合国人权理事会先后对该事件组织了调查，并分别提交了报告。

调查委员会一般由多名成员组成，但也可由独任调查员进行调查。调查委员会的委员通常是所调查事件方面的专家。一般来说，调查委员会在调查的程序规则方面有比较大的自由裁量权。例如，1961年，提起"红十字军号"事件调查的构成协议的换文规定："委员会应该根据协议的规定确定影响调查开展的程序和所有问题。"

调查的程序通常是保密的，无论是书面程序、口头程序，还是委员会的报告，都应该保密。一般来说，调查委员会设在调查争端当事国之外的第三国。比如，多格滩事件调查委员会设在巴黎。有时，相关条约或协议可能并未规定调查委员会的所在地，需要调查委员会自行确定。另外，调查的费用一般由当事方平分。调查委员会的报告一般是不具有拘束力的，但若当事方协定，也可接受调查委员会的报告有拘束力。

三、对调查的评价

正如前文所述，调查的首要功能在于澄清国际争议背后的相关事实。调

---

[1] 1992年，调查委员会提交了报告，通过对事实和法律问题以及各方主张的审查，调查委员会最终认定赔偿额为250余万美元。

查的这种功能使其在涉及科学技术方面的争端解决格外重要，所以早期的调解常常用在边界争端和海洋争端方面。另外，调查也有助于预防争端的发生或避免激化争端。例如，联合国大会第1967号决议称："通过在国际组织的框架中以及多边和双边条约中规定公正的真相调查对于争端的和平解决与预防有着重要的作用。"[1]一般来说，国际组织对调查程序的评价很高，利用调查的积极性也很强，尽管最后的效果不尽相同。特别是，正如前文所述，联合国认为调查是维护国际和平与安全领域预防国际争端的一项特别有用的外交工具。

在国际人道法领域，调查是一项为日内瓦公约所认可的方法。比如，《日内瓦四公约关于保护国际性武装冲突受难者的附加议定书》（第一议定书）第90条设立了国际实况调查委员会。根据该条规定，调查委员会应具有下列职权："1. 对被控为从事严重破坏各公约或本议定书规定的行为或其他严重违反各公约或本议定书的行为的任何事实进行调查；2. 通过调委会的斡旋，促使恢复对各公约和本议定书的尊重的态度。"[2]自1991年以来，国际实况调查委员会理论上已开始运作，迄今已有72个国家承认其权限。然而，在调查委员会的利用方面的国家同意原则可能会妨碍委员会发挥作用。此外，强制使用调查也在一些条约中有规定，比如《国际水道非航行使用法公约》第33条规定，在涉及条约解释或适用的争端中，必须使用事实调查。

近年来，调查的方法在人权领域最受重视。比如，国际劳工组织常设立调查委员会，而联合国的机构、特别是人权机构也常常采取调查方法作为预防手段，但是一般只是出于政治目的，而非真正进行全面的调查。[3]为便于调查活动的开展，联合国秘书处编纂了《处理侵犯人权行为的联合国机构实况调查程序模式草案》（Draft Model of FactFinding Procedure for UN Bodies Dealing with Violations of Human Rights），草案于1974年获得了联合国经社理事会通过。

在实践方面，联合国人权理事会近年来主持设立的许多调查委员会的职

---

[1] See UNGA, Question of Methods of Fact-finding, A/RES/18/1967.

[2] 1949年8月12日《日内瓦四公约关于保护国际性武装冲突受难者的附加议定书》（1977年修订）第90条。

[3] Agnieszka Jachec-Neale, Fact-Finding, Article last updated in October 2021, Max Planck Encyclopedia of Public International Law （MPEPIL），para. 25.

权越来越大，与其说是确定侵权行为的存在，不如说是寻找侵权行为的证据和被指控的肇事者。这一变化标志着从事实调查到问责调查的彻底转变。叙利亚调查委员会、[1]也门知名专家小组[2]等即为例证。不过，对于这一趋势，有观点认为可能导致不公正和不准确的结论。

在区域国际组织层面，调查也被认为是一种有效的争端解决工具。在欧洲，欧洲联盟部长理事会设立了格鲁吉亚冲突问题独立国际实况调查委员会，以调查 2008 年格鲁吉亚冲突的原因和进程。而欧洲人权委员会和欧洲人权法院则在 20 世纪 70 年代即开展了一些司法调查活动。[3]在美洲，美洲人权委员会为现场实况调查委员团制定了一套全面的程序。

然而，尽管国际组织对调查作为争端解决方法普遍给予较高评价，国家似乎对调查的热情不高。比如，尽管在许多多边、双边条约中规定了调查的程序，但是国家间采取调查方法的数量非常少。或许以下原因可以解释这种矛盾的情况：其一，只有在特定条件下才能进行调查，诸如争端主要涉及事实而非法律或国家政策问题；其二，某些争端涉及敏感问题，争端当事方对事实进行不同解释；其三，相较于调查，国家可能更信服司法判决中对事实的界定。当然，在那些主要涉及事实问题且不涉及国家核心利益的案例中，可以发现调查仍然是一项有益的争端解决方法。

第五节 联合国与国际争端解决

联合国，是接受 1945 年在旧金山会议上签订的《联合国宪章》所载之义务的国家所组成的一个全球性国际组织，它的成员遍及全球，是当今最有影响和最大的综合性国际组织。[4]《联合国宪章》第 1 条规定的联合国的宗旨包括以下几个方面：维持国际和平及安全；发展国际间以尊重人民平等权利及自决原则为根据之友好关系；促成国际合作；构成一协调各国行动之中心，以达成上述共同目的。其中，维持国际和平与安全是联合国的基本目的。国

---

[1] 叙利亚调查委员会由联合国人权理事会第 S-17/1 号决议设立。
[2] 也门知名专家小组由联合国人权理事会第 36/31 号决议设立。
[3] Agnieszka Jachec-Neale, Fact-Finding, Article last updated in October 2021, Max Planck Encyclopedia of Public International Law (MPEPIL), para. 27.
[4] 梁西：《梁著国际组织法》（第 6 版），杨泽伟修订，武汉大学出版社 2011 年版，第 59 页。

际争端的存在显然构成了维持国际和平与安全的重要障碍。因而，为实现其目的，联合国在国际争端解决方面积极开展工作，发挥了极其重要的作用。

《联合国宪章》主要在第6章、第8章和第14章规定了国际争端的政治解决和法律解决的各种方法。这些条款构成了联合国和平解决国际争端的法律依据。另外《联合国宪章》在第7章规定了安理会采取强制措施维持和平的职权，这属于通过强制方法解决国际争端的范围。根据《联合国宪章》的规定，在联合国的各个机构中，大会、安全理事会、国际法院和秘书长的工作都涉及国际争端解决。[1]

一、联合国安全理事会与国际争端解决

安全理事会在联合国的6个主要机关中，占有首要的政治地位。[2]安理会由中、美、俄、法、英5个常任理事国和10个非常任理事国组成。《联合国宪章》第6章"争端之和平解决"规定了安理会在国际争端解决方面的程序和方法。

（一）安理会和平解决国际争端的程序

首先，当发生争端后，涉及将争端提请安理会注意的问题。《联合国宪章》主要规定了两种情况：一是争端当事国提请，二是非争端当事国提请。对于第一种情况，根据《联合国宪章》第33条，若争端之继续存在足以危及国际和平与安全之维持时，争端当事国"应尽先以谈判、调查、调停、和解、公断、司法解决、区域机关或区域办法之利用，或各该国自行选择之其他和平方法，求得解决"。第33条证明联合国鼓励当事国通过自行选择的和平方法解决争端。然而，当当事国未能按照第33条规定的和平方法解决争端时，《联合国宪章》第37条规定，当事国"应将该项争端提交安全理事会"。该条规定证明当事国未解决争端时，将争端提交给安理会是一项义务。那么，争端的任何一个当事国都可以在未经他方同意的情况下，单方将争端提交给安理会。不过，当事国并非对所有争端都负有这样的义务，只有"争端之继续存在足以危及国际和平与安全之维持时"才有提交安理会的义务。应当注

---

〔1〕 国际法院作为联合国的主要司法机关，负责对国家间争端进行裁决。因本书其他部分对国际法院进行专门论述，本章不再涉及国际法院。

〔2〕 梁西：《梁著国际组织法》（第6版），杨泽伟修订，武汉大学出版社2011年版，第97页。

意的是，根据《联合国宪章》第12条，非联合国会员国也可将争端提交安理会。[1]不过，考虑到联合国的会员国几乎包括了所有国家，该条在当今时代的实效不大。

对于第二种情况，第三国、联合国大会和秘书长都可以将争端提请安理会。关于第三国提请的情况，根据《联合国宪章》第35条第1款，联合国任何会员国得将属于第34条[2]所指之性质之任何争端或情势，提请安全理事会或大会注意。可见，第三国可自由选择提请安理会或大会，不过考虑到大会并不是常年召开会议，安理会在大多数情况下可能是唯一选择。关于大会提请的情况，根据《联合国宪章》第11条第3款，大会对于足以危及国际和平与安全之情势，得提请安全理事会注意。一般认为，"情势"（situation）一词的范围较"争端"（dispute）更广。[3]关于秘书长提请的情况，根据《联合国宪章》第99条，秘书长得将其所认为可能威胁国际和平及安全之任何事件，提请安全理事会注意。"事件"（matter）一词的含义不清晰，可能是一个更为广泛的词汇，既包括"情势"，也包括"争端"。[4]

其次，在争端、情势或事件被提请安理会后，安理会应断定是否予以讨论。这属于程序性事项，不适用双重否决权。双重否决权指的是安理会常任理事国对于非程序性事项的表决，享有一票否决权；同时，由于《联合国宪章》未就程序性和非程序性事项的区别进行界定，对于这一先决问题，常任理事国也享有一票否决权。

最后，当安理会决定对特定争端、情势或事件进行讨论后，安理会应决定采取必要措施以解决争端。安理会根据《联合国宪章》第6章作出的决议只具有建议性质。[5]但是，考虑到会员资格和合作的义务，得到建议的会员国

---

[1]《联合国宪章》第35条第2项规定："二、非联合国会员国之国家如为任何争端之当事国时，经预先声明就该争端而言接受本宪章所规定和平解决之义务后，得将该项争端，提请大会或安全理事会注意。"

[2]《联合国宪章》第34条规定："安全理事会得调查任何争端或可能引起国际摩擦或惹起争端之任何情势，以断定该项争端或情势之继续存在是否足以危及国际和平与安全之维持。"

[3] Yoshifumi Tanaka, *The Peaceful Settlement of International Disputes*, Cambridge University Press, 2018, p. 75.

[4] Yoshifumi Tanaka, *The Peaceful Settlement of International Disputes*, Cambridge University Press, 2018, p. 75.

[5] Malcolm N. Shaw, *International Law*, Cambridge University Press, 2014, p. 886.

有义务善意考虑建议。[1]

（二）安理会和平解决国际争端的方法

安理会具体用来解决国际争端的方法有很多，比如调查、呼吁当事方进行谈判以及斡旋和调停等。

首先，根据《联合国宪章》第34条，安理会有采取调查的权限，"安全理事会得调查任何争端或可能引起国际摩擦或惹起争端之任何情势，以断定该项争端或情势之继续存在是否足以危及国际和平与安全之维持"。"得"（may）的措辞说明安理会对是否进行调查有自由裁量权。安理会作出调查的决定属于非程序性事项，受制于双重否决权。在安理会作出决定后应设立调查委员会来开展调查。比如，针对1947年的希腊边境争端，安理会设立了查明事实的调查委员会。[2]

其次，呼吁争端当事方进行谈判是安理会在解决国际争端方面的常见做法。鉴于谈判是解决国际争端的最基本的方法，以及谈判所具备的各项特点，安理会呼吁当事方进行谈判十分合理，同时也十分简便。一般是在决议中促请（call upon）各方毫不拖延地进行谈判，以恢复和平。

再次，在斡旋和调停方面，安理会有设立委员会从事斡旋和调停的实践，也有通过个人来进行斡旋和调停的实践。但是设立委员会的实践常常因效率低下而被诟病。在个人进行斡旋和调停方面，个人的外交能力对于效果有至关重要的作用。目前看来，联合国秘书长常常在这方面发挥重要影响。

最后，安理会也可能借助联合国其他机构或区域性国际组织解决争端。比如，安理会可能建议某些争端的当事国诉诸国际法院；[3]安理会也可能要求秘书长提供某些信息和分析。[4]在区域性国际组织方面，安理会根据《联合国宪章》第52条第3款鼓励区域性国际组织尽先处理国际争端。[5]

---

[1] Yoshifumi Tanaka, *The Peaceful Settlement of International Disputes*, Cambridge University Press, 2018, p. 76.

[2] 参见［英］J. G. 梅里尔斯：《国际争端解决》（第5版），韩秀丽等译，法律出版社2013年版，第283页。

[3] 比如，1947年，安理会建议科孚海峡事件的当事国诉诸国际法院。

[4] 比如，2005年，安理会请求秘书长设立专家小组分析有关科特迪瓦和法国的争端。

[5] 《联合国宪章》第52条第3项规定："三、安全理事会对于依区域办法或由区域机关而求地方争端之和平解决，不论其系由关系国主动，或由安全理事会提交者，应鼓励其发展。"

(三) 安理会的强制行动

如果国际争端在当事国间得不到和平解决，而且已经发展到威胁和平、破坏和平甚至出现侵略行为时，安理会为了维持国际和平与安全，可以依据《联合国宪章》第7章作出建议或决定应该采取的强制行动（enforcement action）。[1]安理会采取强制行动的前提是安理会应断定存在任何对国际和平的威胁、破坏和平的行为或侵略行为。不过从实践来看，安理会在断定任何和平之威胁、和平之破坏或侵略行为是否存在时，主要是基于政治而非法律的考虑。因此，尽管在联合国时期存在着大量的国际战争以及国家间武装冲突的案例，但仅有一小部分被安理会归为涉及破坏和平。[2]与此同时，也存在着泛化和平威胁的可能性，比如和平威胁不一定是战争或武装冲突，对恐怖主义的支持等也可能被认为构成和平的威胁。

若安全理事会断定存在任何和平之威胁、和平之破坏或侵略行为，则应作成建议或抉择依《联合国宪章》第41条或第42条规定的办法。第41条规定的是非武力方法，包括"经济关系、铁路、海运、航空、邮、电、无线电及其他交通工具之局部或全部停止，以及外交关系之断绝"。第42条规定的是武力方法，包括"联合国会员国之空海陆军示威、封锁及其他军事举动"。综上所述，联合国的强制措施，是在国际争端得不到和平解决，以致发展到威胁或破坏国际和平与安全的严重情势下所采取的一种很强烈的行动。[3]

二、联合国大会与国际争端解决

联合国大会是联合国的六个主要机关中唯一由全体会员国组成的机关。根据《联合国宪章》，大会的职权非常广泛，包括政治、经济、社会、文化等诸多方面。也就是说，大会"得讨论本宪章范围内之任何问题或事项"。[4]不过，在维持国际和平与安全方面，安理会负有主要责任，而大会则主要是一个有广泛讨论和建议权的机关。当安理会对于任何争端或情势，正在执行

---

[1] 梁西：《梁著国际组织法》（第6版），杨泽伟修订，武汉大学出版社2011年版，第180~181页。

[2] 梁西：《梁著国际组织法》（第6版），杨泽伟修订，武汉大学出版社2011年版，第310页。

[3] 梁西：《梁著国际组织法》（第6版），杨泽伟修订，武汉大学出版社2011年版，第181页。

[4] 《联合国宪章》第10条。

宪章所授予的职务时，大会非经安理会请求，对于该项争端或情势，不得提出任何建议。[1]

（一）联合国大会在国际争端解决方面的职权

《联合国宪章》第11条第2款规定："大会得讨论联合国任何会员国或安全理事会或非联合国会员国依第三十五条第二项[2]之规定向大会所提关于维持国际和平及安全之任何问题；除第十二条[3]所规定外，并得向会员国或安全理事会或兼向两者提出对于各该项问题之建议……"根据该款的规定，大会能够讨论三类主体向其提交的有关维持国际和平与安全的问题，即会员国、安理会和非会员国，并且可以向会员国和安理会提出建议。不过，当非联合国会员国向大会提交问题时，其不能被邀参加大会的讨论。这与向安理会提交问题的情况不同，因为《联合国宪章》第32条规定，"联合国会员国而非为安全理事会之理事国，或非联合国会员国之国家，如于安全理事会考虑中之争端为当事国者，应被邀参加关于该项争端之讨论，但无投票权。安全理事会应规定其所认为公平之条件，以便非联合国会员国之国家参加"。然而在联合国大会方面则无此类规定。

联合国大会对于维持国际和平与安全问题而提出建议属于重要问题（important questions），在投票时应该以到会及投票的会员国的2/3多数决定。安理会理事国在作为争端当事国时不能参加投票，[4]而大会在投票时，争端当事国也可以参加投票，但这可能不会影响结果，鉴于大会由全体会员国组成。联合国大会投票时不存在否决权，这使得其能弥补安理会的不足，即当安理

---

[1] 参见《联合国宪章》第12条第1项。
[2]《联合国宪章》第35条第2项规定："二、非联合国会员国之国家如为任何争端之当事国时，经预先声明就该争端而言接受本宪章所规定和平解决之义务后，得将该项争端，提请大会或安全理事会注意。"
[3]《联合国宪章》第12条规定："一、当安全理事会对于任何争端或情势，正在执行本宪章所授予该会之职务时，大会非经安全理事会请求，对于该项争端或情势，不得提出任何建议。二、秘书长经安全理事会之同意，应于大会每次会议时，将安全理事会正在处理中关于维持国际和平及安全之任何事件，通知大会；于安全理事会停止处理该项事件时，亦应立即通知大会，或在大会闭会期内通知联合国会员国。"
[4]《联合国宪章》第27条第3项规定："三、安全理事会对于其他一切事项之决议，应以九理事国之可决票包括全体常任理事国之同意票表决之；但对于第六章及第五十二条第三项内各事项之决议，争端当事国不得投票。"

会常任理事国因行使否决权反对形成决议时,联合国大会的作用显得特别重要。

在实践中,与安理会类似,联合国大会也常常通过调查、呼吁当事方进行谈判以及斡旋和调停等方式解决国际争端。另外,联合国大会也会促请国际社会合作采取某些措施以实现争端的和平解决。比如,联合国大会在2014年通过一项决议促请所有国家、国际组织和专门机构不承认克里米亚自治共和国和塞瓦斯托波尔市的地位变化。[1]在某些情况下,联合国大会也可能请求国际法院对于法律问题进行解释,通过国际法院的咨询意见协助联合国大会开展解决国际争端的工作。

(二) 联合国大会与安理会在解决国际争端方面的关系

根据《联合国宪章》的规定,安理会对维持国际和平与安全负有主要责任。与此同时,大会对于维持国际和平与安全也负有一般职责。因此,安理会和大会可能在国际争端的解决,特别是和平解决方面,存在一定的平行关系。不过,《联合国宪章》第12条第1项对于两者在争端解决方面的关系给出了安理会优先的答案:"当安全理事会对于任何争端或情势,正在执行本宪章所授予该会之职务时,大会非经安全理事会请求,对于该项争端或情势,不得提出任何建议。"因此,在处理某项国际争端或情势时,安理会相较于大会应处于优先位置。为保障安理会的优先地位,《联合国宪章》第12条第2项还规定,联合国秘书长应将安理会处理维持国际和平及安全的任何事件通知大会。不过,由于安理会常任理事国的否决权存在,实践中对于第12条第1项的解释似乎并不严格。

一些情况下,安理会常任理事国行使否决权可能使安理会解决国际争端的作用无法施展。为此,联合国大会逐渐涉足安理会正在处理的争端或情势。正如国际法院在"在占领的巴勒斯坦领土上建造隔离墙的法律后果"(Legal Consequences of the Construction of a Wall in the Occupied Palestinian Territory)咨询意见案中所称,"目前逐渐出现的趋势是,大会和安理会同时处理某项有关和平与安全的问题。安理会常常关注的是问题中有关和平与安全的方面,而大会的视角可能更宽广,同时考虑问题的人道主义、社会和经济方

---

[1] See UNGA Resolution, Territory Integrity of Ukraine, A/RES/68/262, 27 March 2014.

面"。[1] 法院也认为大会的实践符合《联合国宪章》第 12 条第 1 项。[2] 因此，联合国在此方面的实践也是条约的演化解释问题的一个实例。[3]

三、联合国秘书长与国际争端解决

根据《联合国宪章》的规定，联合国的秘书长是联合国的行政首长。[4] 联合国秘书长在国际争端解决方面的职权主要规定于《联合国宪章》第 98 条和第 99 条。其中，根据第 98 条，秘书长应该执行大会、安理会等联合国机构托付的职务，显然包括国际争端解决的职务。同时该条也要求秘书长向大会提交报告，秘书长可以在报告中提出联合国在争端解决方面开展工作的建议；[5] 根据第 99 条，"秘书长得将其所认为可能威胁国际和平及安全之任何事件，提请安全理事会注意"。尽管该条规定的是有关国际和平及安全的情况，但是实践中秘书长也可因和平解决国际争端的目的援引该条。以上述两条作为授权依据，秘书长在实践中从事的国际争端解决工作主要包括以下几个方面：

（一）调查

虽然早期对于秘书长是否具有调查的职权存在疑问，但是此后的一系列联合国文件确认了此项职权。1991 年，联合国大会通过了《联合国在维持国际和平与安全方面事实调查宣言》（Declaration on Fact-Finding by the United Nations in the Field of the Maintenance of International Security and Peace），该宣言称"秘书长应特别注意在早期阶段使用联合国调查能力，以期有助于防止争端和局势"，"秘书长应主动或根据有关国家的请求，考虑就争端或局势派

---

[1] Legal Consequences of the Construction of a Wall in the Occupied Palestinian Territory, Advisory Opinion, I. C. J. Reports 2004, para. 27.

[2] Legal Consequences of the Construction of a Wall in the Occupied Palestinian Territory, Advisory Opinion, I. C. J. Reports 2004, para. 28.

[3] See Yoshifumi Tanaka, *The Peaceful Settlement of International Disputes*, Cambridge University Press, 2018, p. 88.

[4] 参见《联合国宪章》第 97 条。

[5] 《联合国宪章》第 98 条规定："秘书长在大会、安全理事会、经济及社会理事会、及托管事会之一切会议，应以秘书长资格行使职务，并应执行各该机关所托付之其他职务。秘书长应向大会提送关于本组织工作之常年报告。"

遣调查团"。[1]2000年的《卜拉希米报告》[2]（Brahimi report）也支持并鼓励秘书长在调查方面的工作，其中写到"实况调查团是秘书长可用来便利提供斡旋的手段之一"。[3]

实践中，秘书长设立调查委员会开展调查以协助解决国际争端的事例很多。比如，在1979年发生了在德黑兰的美国外交和领事人员被扣押的事件。当时安理会要求秘书长进行斡旋，并被授权采取一切措施。因此，秘书长瓦尔德海姆前往德黑兰并成立调查委员会调查该事件。虽然委员会无力解决此危机，但是至少能够保持争端各方的接触。[4]

（二）斡旋和调停

秘书长的斡旋和调停在国际争端解决方面发挥了重要作用。目前，联合国秘书长在调解地区性国际纷争与冲突方面，活动频繁，充当了重要外交使节的角色。正如联合国前秘书长安南在2005年的《大自由：实现人人共享的发展、安全和人权》报告中所称，"几乎可以肯定，通过秘书长的斡旋（good offices）帮助和平解决冲突，联合国已防止了许多战争，尽管要证明这一点并不容易。在过去15年里，通过调停结束的内战超过了过去两个世纪中的总数"。[5]

有观点认为，秘书长在争端解决方面的优势在于其地位的独立性。[6]正是因为秘书长的独立地位，使他在包括伊朗人质危机等事件中的斡旋和调停为各方所接受。因此，秘书长应维护其独立地位，在开展行动时不能有所偏袒。

---

〔1〕《联合国在维持国际和平与安全方面事实调查宣言》，联合国大会第46/59号决议，1991年12月9日。

〔2〕2000年3月，秘书长指派联合国和平行动问题小组评价当时实行的制度的缺陷，并提出具体、务实的改革建议。评价结果正是以小组主席拉赫达尔·卜拉希米的名字命名的《卜拉希米报告》。

〔3〕Brahimi Report, A53/305-S/2000/809, 21 Aug. 2000, para. 32.

〔4〕[英] J. G. 梅里尔斯：《国际争端解决》（第5版），韩秀丽等译，法律出版社2013年版，第287~288页。

〔5〕《大自由：实现人人共享的发展、安全和人权》，联合国大会文件A/59/2005，2005年3月21日。

〔6〕参见[英] J. G. 梅里尔斯：《国际争端解决》（第5版），韩秀丽等译，法律出版社2013年版，第291~292页。

(三) 预防性外交

预防性外交（preventive diplomacy）这一概念由联合国前秘书长哈马舍尔德提出，后被后任的秘书长和许多国家所支持。预防性外交一般是指采取行动防止争端发生、防止现有争端升级为冲突，并在冲突发生时限制冲突扩大的措施。[1]作为联合国解决国际争端的一项新办法，预防性外交的主要行动者是秘书长。

联合国前秘书长安南在其2001年报告《预防性外交：取得成果》（Preventive Diplomacy: Delivering Results）中指出预防性外交的关键因素有以下几点：其一，及早预警导致及早行动；其二，考虑到当地偏好的灵活性；其三，增强联合国与其他区域组织的关系；其四，可持续性；其五，评价结果；其六，持续的财政支持。[2]

四、评价

在70余年的发展历程中，联合国在解决国际争端以免危及国际和平与安全方面作出了重要努力，有着丰富的经验。在联合国的主要机关中，大会、安全理事会和秘书长在联合国和平解决国际争端方面承担着重要责任。近年来，联合国也逐渐加强了其在维持国际和平与安全、协调或协助各国解决国际争端等方面的作用，并且已经取得了一定的成就。[3]联合国实际上采用了和平解决国际争端的所有方法，包括谈判、磋商、斡旋、调停、调解、仲裁和国际司法，并且在程序和具体方法上还有一些创新，以适应国际现实的需要。[4]

当然，对于联合国在和平解决国际争端方面的有效性，亦存在批评的声音。因为，对于由联合国干预的争端，其干预的程度及最终的效果在很大程度上取决于争端的性质以及争端是在何种情形下被提交至联合国的。在一些争端中联合国很可能至多只能扮演边缘角色，其中最明显的例子是安理会常

---

〔1〕 方向勤："预防性外交：基于概念的比较分析"，载《国际政治研究》2007年第3期，第73~74页。

〔2〕 Preventive Diplomacy: Delivering Results, UN Document S/2001/552, 26 Aug. 2001, paras. 44-64.

〔3〕 参见王铁崖主编：《国际法》，法律出版社1995年版，第436页。

〔4〕 参见王铁崖主编：《国际法》，法律出版社1995年版，第436页。

任理事国之间的对峙。[1]另外，对于大国认为涉及其直接利益的争端，联合国能发挥的作用也非常有限。而存在上述问题的根结应该在于联合国并非世界政府。对此，联合国前秘书长吴丹曾指出："联合国经常因为无法解决危机或采取行动而受批评。人们并未发现，联合国的失败正是国际社会的失败，联合国无法采取行动是因为本应遵守决议的当事方拒绝遵守。"[2]

---

[1] [英] J. G. 梅里尔斯：《国际争端解决》（第5版），韩秀丽等译，法律出版社2013年版，第320页。

[2] Thant. U., *View from the UN*, Garden City, 1978, p. 32.

第二章

国际争端解决的法律方法

国际争端解决的法律方法主要是以国际法为依据解决争端，包括仲裁和司法解决两种方式。不同于外交或政治方法，适用法律方法解决争端的结果对当事方一般有法律拘束力。

第一节 国际仲裁

一、国际仲裁概述

国际仲裁是指争端当事方（主要是指国家）同意将争端提交双方选定的仲裁者在尊重法律的基础上[1]进行裁判，并承诺遵守其裁决的争端解决方法。[2]众多国际条约规定了诉诸仲裁解决国际争端，仲裁也是常见的第三方争端解决程序，被广泛适用于解决领土和边界、条约解释以及违反国际法的求偿争端等。[3]

仲裁解决争端的历史非常悠久，在近代意义的国际法产生之前就已存在相关实践。在古希腊时代，城邦之间曾多次利用仲裁方法解决争端，裁判战争、宗教、领土和边界等各种争端。例如，在公元前600年，雅典和麦加拉

---

〔1〕《和平解决国际争端公约》（1899年）第15条。

〔2〕《国际公法学》编写组编：《国际公法学》（第3版），高等教育出版社2022年版，第444页。

〔3〕 United Nations, *Handbook on the Peaceful Settlement of Disputes between States*, New York, 1992, pp. 56–57.

之间的岛屿归属争端就是由5名斯巴达市民裁判解决的。在中世纪的欧洲，由于中央集权的主权国家尚未产生，因此，仲裁实践较为丰富，在整体上可以分为教皇裁判和其他君主裁判，前者也是中世纪仲裁的显著特征。例如，在15世纪末，教皇亚历山大六世裁判西班牙和葡萄牙之间的海洋争端，划定了著名的"教皇子午线"。然而，到了16世纪至18世纪，随着近代主权国家的产生，国际仲裁的实践逐渐减少，因为绝对王权的理念使君主拒绝服从第三方的裁判；与此同时，随着近代外交制度的发展，国家开始更多利用外交手段解决争端。[1]尽管存在上述实践，但在仲裁庭组成、实体和程序规则等方面，这些实践并不完全符合严格意义的仲裁。

现代意义的国际仲裁直到18世纪才产生。很多学者认为现代仲裁开始于1794年英国和美国缔结的《杰伊条约》（Jay Treaty）。该条约建立了三个由两国国民共同组成的委员会解决美国独立战争之后遗留的债务、海上扣船以及边界问题。以此为契机，通过仲裁方法解决争端开始在欧美和拉丁美洲各国普及，仲裁案件数量显著上升。

之后的"阿拉巴马号案"是经典仲裁案件，在仲裁庭组成、程序和适用法律等方面促进了仲裁制度的发展。该案主要涉及美国南北战争期间，英国违反中立义务。法庭由5名法官组成，以第三国国民为主，而当时的其他法庭多以当事国国民为主或者邀请外国元首担任仲裁员；程序分为书面和口述程序两部分，而其他法庭通常不进行口述程序。受"阿拉巴马号案"影响，国家缔结了更多约定诉诸仲裁解决争端的条约，仲裁案件的数量增多，特别在拉丁美洲国家。但这并没有使仲裁得到广泛适用，因为仍需由当事方在个案中建立仲裁庭，但国家对法庭的组成有时难以达成合意。为了解决这些问题，国家开始寻求创设常设性国际法庭。

1899年和1907年召开的两次海牙和平会议促进了国际仲裁的发展。1899年召开的第一次海牙和平会议目标之一就是促进国际争端的和平解决，并且非常重视仲裁的作用。这次会议通过的《和平解决国际争端公约》第四编为国际仲裁，规定了较为详细的选择性程序规则。该会议的另一成果是建立了常设仲裁法院（Permanent Court of Arbitration，PCA）。常设仲裁法院主要包括

---

〔1〕［日］杉原高嶺：《国际司法裁判制度》，王志安、易平译，中国政法大学出版社2007年版，第8~10页。

三个机构：其一，常设行政理事会，由各缔约国常驻荷兰的外交代表及荷兰外交大臣作为主席组成，主要负责监督和指导国际事务局的工作；其二，国际事务局，主要作为常设仲裁法院的书记处，负责通讯、保管档案等行政事务；其三，经登记的仲裁员名单，由各缔约国至多选定4名"精通国际法问题、享有最高道德声望并愿意接受仲裁人职责的人士"组成，争端当事方从该名单选择仲裁员组成法庭审理争端。由此可见，常设仲裁法院似乎"名不副实"，它并不是一个常设法庭，也不直接审理案件，而是主要提供争端解决服务。

从常设仲裁法院成立至常设国际法院（Permanent Court of International Justice, PCIJ）成立之间的20年时间里，常设仲裁法院共处理了17件案件，但之后的70年里，只受理了7个案件。[1]案件数量急剧下降的一个原因是，常设国际法院和国际法院等真正意义的常设国际法庭的成立和活跃。此外，国际仲裁也在常设仲裁法院在之外取得了新发展，也就是争端当事方没有选择由常设仲裁法院提供争端解决服务，也不受其仲裁员名单的限制，而是完全按照自己的选择组成了仲裁庭并约定仲裁规则。例如，1957年法国和西班牙"拉努湖仲裁案"、[2]1968年印度和巴基斯坦"克奇地区案"、[3]1977年英法"大陆架划界案"、[4]1977年阿根廷和智利"比格尔海峡案"、[5]1978年美国和法国"航空服务协定案"、[6]1990年新西兰和法国"彩虹勇士号案"[7]等。

直到20世纪90年代，常设仲裁法院进行了一系列改革以加强其在和平解决国际争端方面的作用，其受理案件数量开始上升。常设仲裁法院加强了

---

[1] Available at https://pca-cpa.org/en/cases/, last visited on May 30, 2023.

[2] Affaire du lac Lanoux (Espagne, France), 16 November 1957, RIAA, Vol. XII.

[3] The Indo-Pakistan Western Boundary (Rann of Kutch) between India and Pakistan (India, Pakistan), RIAA, Vol. XVII.

[4] Delimitation of the Continental Shelf between the United Kingdom of Great Britain and Northern Ireland, and the French Republic (UK, France), 30 June 1977, RIAA, Vol. XVIII.

[5] Dispute between Argentina and Chile concerning the Beagle Channel, 18 February 1977, RIAA, Vol. XXI.

[6] Air Service Agreement of 27 March 1946 between the United States of America and France, 9 December 1978, RIAA, Vol. XVIII.

[7] Difference between New Zealand and France concerning the Interpretation or Application of two agreements, concluded on 9 July 1986 between the two States and which related to the Problems arising from the Rainbow Warrior Affair, 30 April 1990, RIAA, Vol. XX.

与联合国机构的合作，特别是国际商事仲裁理事会（ICCA）和联合国国际贸易法委员会（UNCITRAL）。也有根据其他国际条约成立的仲裁庭选择由常设仲裁法院提供争端解决服务，例如，自《联合国海洋法公约》生效以来，常设仲裁法院管理了多数根据该公约附件七进行的仲裁。[1]此外，常设仲裁法院不仅为国家间仲裁提供服务，也为投资者与国家仲裁以及其他实体之间的仲裁提供服务。[2]为了便利相关主体解决争端，常设仲裁法院通过了一系列任择性规则，包括《仲裁国家间争端的任择规则》《仲裁一方为国家的争端的任择规则》《涉及国际组织和国家仲裁的任择规则》以及《国际组织与私人当事方仲裁的任择规则》《自然资源和环境相关争端仲裁的任择规则》《外层空间活动相关争端的任择规则》[3]。

现代仲裁的另一发展是混合仲裁（mixed arbitration）的产生和广泛实践。不同于传统的国家间仲裁以及私人主体间的国际商事仲裁，此类仲裁主要涉及国家与外国私人主体之间的争端，通常是关于一国不法行为对外国人造成损害的求偿问题。早在19世纪和20世纪初，此类求偿通常是在外交保护的框架内进行的，在用尽当地救济之后，由国家代表其受损害的国民向另一国主张国家责任，诉诸国际仲裁是常见的一种方式。但这种情况在两次世界大战之后发生了一定的变化，部分战后签订的和平条约建立了混合法庭，允许私人主体向战败国求偿。[4]在20世纪40到60年代，部分跨国公司与东道国缔结自然资源特许协议时，要求东道国承诺将争端提交特设的法庭仲裁。此类仲裁最显著的发展是1966年生效的《关于解决国家和他国国民之间投资争端公约》建立的国际投资争端解决中心（ICSID）。对于缔约国与另一缔约国国民之间直接因投资而产生的法律争端，经过双方同意，该中心可以进行仲裁。[5]此

---

[1] Permanent Court of Arbitration, Contribution of the Permanent Court of Arbitration to the Report of the United Nations Secretary-General on Oceans and the Law of the Sea, 17 June 2022.

[2] Available at https://pca-cpa.org/en/cases/, last visited on May 30, 2023.

[3] Available at https://pca-cpa.org/en/resources/pca-conventions-and-rules/, last visited on May 30, 2023.

[4] Stephen J. Toope, *Mixed International Arbitration: Studies in Arbitration between States and Private Persons*, Cambridge University Press, 1990.

[5] 《关于解决国家和他国国民之间投资争端公约》第26条规定："除非另有规定，双方同意根据本公约交付仲裁，应视为同意排除任何其他救济方法而交付上述仲裁。缔约国可以要求以用尽该国行政或司法救济作为其同意根据本公约交付仲裁的条件。"第27条规定："一、缔约国对于其国民和另一缔约国根据本公约已同意交付或已交付仲裁的争端，不得给予外交保护或提出国际要求，除非该

外，根据1981年《阿尔及尔共识》成立的伊朗——美国求偿法庭也裁判了众多美国国民对伊朗提起的求偿案件和伊朗国民对美国提起的求偿案件。[1]混合仲裁的出现表明部分争端解决开始与外交保护分离，从而导致相关的国家间仲裁数量的下降。尽管如此，此类仲裁仍然适用大量国际法规则。[2]混合仲裁的产生也体现了仲裁的灵活性，能够不断与时俱进。但同时也可以注意到，由于各种形式、解决不同种类争端的混合仲裁的出现，仲裁制度变得日益多样与复杂。

二、仲裁程序

仲裁具有自主性，当事方可以自愿约定仲裁的开始、仲裁庭的组成、可适用法律和程序规则。因此，如果对相关事项发生争议，一般应当优先考虑当事方的约定。此外，部分国际组织也对仲裁制度进行了一定的总结和整理，例如，1958年联合国国际法委员会《仲裁程序示范规则》[3]以及常设仲裁法院起草的各种任择性规则，可供当事方选择适用。

（一）仲裁庭的管辖权

当事方没有义务将争端提交仲裁解决，所以仲裁庭的管辖权来源于当事方的同意，但当事方可以通过多种方式表示同意。

第一，在争端产生之后，当事方可以缔结特别协议（special agreement/compromis），约定将争端提交仲裁解决。例如，在帕尔马斯岛主权争端产生之后，美国和荷兰在1925年签订协议将该争端提交仲裁解决。此种协议的缔结通常是为了专门解决某一具体争端，并且当事方会在协议中具体约定提交仲裁的范围、仲裁庭的组成和仲裁员的选任、可适用法律、程序规则以及裁决的

（接上页）另一缔约国未能遵守和履行对此项争端所作出的裁决。二、在第一款中，外交保护不应包括纯粹为了促进争端的解决而进行的非正式的外交上的交往。"

[1] David D. Caron, "The Nature of the Iran-United States Claims Tribunal and the Evolving Structure of International Dispute Resolution", *American Journal of International Law*, Vol. 84, No. 1, 1990.

[2] [英] J. G. 梅里尔斯：《国际争端解决》（第5版），韩秀丽等译，法律出版社2013年版，第141页。

[3] International Law Commission, Model Rules on Arbitral Procedure with a General Commentary, *Yearbook of the International Law Commission*, Vol. II, 1958.

效力等具体问题。[1]

第二，当事方也可以签订专门的争端解决条约，其中规定将未来可能产生的争端提交仲裁解决，例如，1907年《和平解决国际争端公约》、1949年修订的《和平解决国际争端的日内瓦总议定书》[2]第三章，也有专门解决争端的双边条约约定将争端诉诸仲裁，例如，1965年英国和瑞士签订的《调解、司法解决和仲裁条约》[3]第四章。

第三，当事方也可以在一般性条约中规定将争端提交仲裁解决的条款，也就是"仲裁条款"。不同于第二种方式中的条约，此类条约的目的并不完全是为了解决争端，争端解决条款只是其中的一部分规定。例如，1982年《联合国海洋法公约》第287条规定，一国在签署、批准或加入本公约时，或在其后任何时间，有权书面选择所列举的方法以解决有关本公约解释或适用的争端，其中包括了根据公约附件七组成的仲裁法庭。但需要注意的是，仲裁条款只是表明当事方同意将争端提交仲裁，一般不会明确规定仲裁庭建立和工作的具体规则，因此，在争端产生之后一般仍然需要签订特别协议。[4]

无论是仲裁协议还是仲裁条款一般会限制仲裁庭的管辖权范围，包括设置必要的前提条件，或者限定特定种类的可仲裁争端。例如，《制止与国际民用航空有关的非法行为的公约》第20条第1款要求当事国首先谈判解决争端，谈判不能解决时，经一方请求应当交付仲裁，并且仲裁的对象仅限于关于该公约解释或适用的争端。

如果当事方关于仲裁庭的管辖权发生争议，根据1794年《杰伊条约》以来的实践，由仲裁庭裁决自身管辖权的权力已经得到普遍接受。此外，除非另有约定，仲裁庭可以将管辖权异议作为初步问题单独裁决，也可以将其与争端的实质问题一并裁决。

---

[1] See *Compromis* of Arbitration between the Government of the United States of America and the Government of the French Republic, 11 July 1978, in Air Service Agreement of 27 March 1946 between the United States of America and France, 9 December 1978, RIAA, Vol. XVIII, pp. 421-423.

[2] Revised General Act for the Pacific Settlement of International Disputes, 20 September 1950, 71 UNTS 101.

[3] Treaty for Conciliation, Judicial Settlement and Arbitration (with annexes) between the United Kingdom of Great Britain and Northern Ireland and Switzerland, 7 July 1965, 605 UNTS 205.

[4] United Nations, *Handbook on the Peaceful Settlement of Disputes between States*, New York, 1992, p. 58.

(二) 仲裁庭的组成

仲裁庭一般根据仲裁协议组成，主要取决于当事方的约定。在早期仲裁中，国家经常选择教皇或者外国君主作为独任仲裁员，例如，西班牙国王经常仲裁拉丁美洲国家之间的领土和边界争端。这种方式通过引入有影响力的第三方而有利于保障对仲裁裁决的遵守。然而，主权仲裁一般不会说明裁决的理由，并且仲裁员裁决时也可能会考虑其自身的利益和政策。随着19世纪仲裁法律属性的日益凸显，主权仲裁数量开始显著下降，当事方倾向将争端提交具备专业知识的独任仲裁员。例如，荷兰和美国选任马克斯·休伯（Max Huber）仲裁帕尔马斯岛主权归属，这种方式成本低、效率高，仲裁员会阐述裁决的理由和依据。此外，由于争端各方都希望能任命其信任的仲裁员，并且组成人数较多的仲裁庭在一定程度上将更加客观和公正，避免个人自由裁量权的滥用。因此，现代仲裁一般由奇数数量的仲裁员组成合议制仲裁庭，通常由三人或者五人组成，根据多数票裁决案件。[1]一般要求仲裁员具有相关的专业知识，并且能够保持其独立性和公正性。[2]部分国际条约还会建立仲裁员名单，要求或者建议当事方从名单中选择仲裁员。[3]

三人组成的仲裁庭一般由当事方分别各自选任一名仲裁员，第三名仲裁员由双方协商选任第三国国民。五人组成的仲裁庭通常由当事方选任一到两名仲裁员，余下的三名或者一名仲裁员由双方协商选任第三国国民。[4]实践中，当事方可能对仲裁员的选任存在分歧，从而导致仲裁庭的组成受阻，为此，部分条约规定如果当事方在一定期限内没有提名仲裁员或者无法达成一致意见，将由第三方协助指定仲裁员，[5]例如国际法院院长、联合国秘书长、

---

[1] [英] J. G. 梅里尔斯：《国际争端解决》（第5版），韩秀丽等译，法律出版社2013年版，第110页。

[2] 《联合国海洋法公约》附件七第2条第1款规定："……每名仲裁员均应在海洋事务方面富有经验并享有公平、才干和正直的最高声誉。……"

[3] 《和平解决国际争端公约》（1899年）第15条；《和平解决国际争端公约》（1907年）第37条；《联合国海洋法公约》附件七第2条以及附件八第2条。

[4] Air Service Agreement of 27 March 1946 between the United States of America and France, 9 December 1978, RIAA, Vol. XVIII; Agreement on Safeguards under the Non-Proliferation Treaty on 5 April of 1973, 1008 UNTS 3, article 22; 《联合国海洋法公约》附件七第3条第（a）（b）（c）（d）项。

[5] 《和平解决国际争端公约》（1907年）第45条；1949年修订的《和平解决国际争端的日内瓦总议定书》第23条；1957年《欧洲和平解决争端公约》第21条；《联合国海洋法公约》附件七第3条第（e）项。

国际海洋法法庭庭长等。

(三) 仲裁的程序规则

仲裁的程序规则主要取决于当事方的约定，个案的差异较大，当事方可以在仲裁协议中作出具体约定，选择适用示范规则，或者将决定的权利赋予仲裁庭。[1]部分国际会议和国际组织试图制定标准的仲裁程序规则，但其适用取决于当事方的选择，例如1899年和1907年《和平解决国际争端公约》仅规定了当事方没有明确约定时的仲裁程序，国际法委员会通过了《仲裁程序示范规则》，联合国大会1976年通过了《联合国国际贸易法委员会仲裁规则》，该规则主要适用于国际商事仲裁，但也得到了部分混合仲裁的借鉴，例如美伊求偿法庭以及部分投资者东道国仲裁。

仲裁程序一般包括：[2]其一，仲裁庭一般会提前召开会议，与当事方协商程序问题，之后发布程序性命令；其二，根据案件的情况，程序可能分为多个阶段，分别处理管辖权和可受理性、实质问题、赔偿等问题；其三，一般分为书面程序和口述程序，由申请方和被申请方分别或同时提交一轮或者多轮书状，仲裁庭开庭审理，听取代理人、律师关于事实和法律的陈述，在必要时召唤专家或者证人；其四，在国家间仲裁中，通常由各方承担自己的费用，共同承担仲裁费用。

(四) 可适用法律

当事方有权选择仲裁庭裁决争端时所依据的法律，通常会在仲裁协议中作出规定。许多仲裁协议选择国际法作为可适用法律，也就是《国际法院规约》第38条第1款中的国际法规则。部分当事方会约定适用具体的国际法规则，例如在厄立特里亚和也门领土仲裁案中，要求仲裁庭"根据可适用于本案的国际法原则、规则和习惯裁判，特别是依据历史性权利"裁判领土主权。[3]部分仲裁协议没有明确规定可适用法律，例如，印度和巴基斯坦西部边界案中，当事方要求仲裁庭在考虑双方主张和提交的证据的基础上裁判争

---

〔1〕 Article 5 of the *Compromis* of 23 January 1925 between the United States and the Netherlands regarding the Island of Palmas case, RIAA, Vol. Ⅱ, p. 829.

〔2〕 Charles H. Brower Ⅱ, "Arbitration", in *Max Planck Encyclopedias of International Law*.

〔3〕 Territorial Sovereignty and Scope of the Dispute (Eritrea and Yemen), Award of 9 October 1998, RIAA, Vol. XXⅡ, p. 215, para. 2.

端，对于此种情况，仲裁庭通常会根据国际法裁判。[1]

尽管如此，当事方也可能选择适用其他法律规则解决争端，例如国内法，在"特雷尔冶炼厂案"中，除了国际法和惯例，当事方还约定法庭应当适用美国处理同类问题所遵循的法律和惯例。[2]在混合仲裁中，因为兼具公法和商事仲裁的特点，当事方可能会约定更多类型的可适用法律，例如，美伊求偿法庭应当依据法律作出判决，并适用"仲裁庭认为可以适用的商事和国际法规则和原则，同时考虑相关的贸易惯例、合同条款以及情势变更"。

仲裁协议有时也会约定根据公平原则或者"公允及善良"原则（ex aequo et bono）裁判，给予仲裁员更大的自由裁量权，例如在1909年玻利维亚和秘鲁"边界仲裁案"中，《仲裁协议》第4条规定，如果根据第3条列举的证据无法确定领土的准确范围，授权仲裁员根据公平裁决争端，但应尽量遵循文件的含义及宗旨。[3]这种实践在领土和海洋争端中较为突出。[4]尽管如此，根据公平等类似原则裁判争端通常取决于当事方的授权，国际法庭无权主动适用此类原则。[5]

（五）仲裁裁决

除非另有规定，仲裁庭一般以多数表决作出裁决。现代仲裁的裁决一般采用书面形式并且说明裁判的理由和依据。裁决一般会概述仲裁程序、仲裁庭的组成、当事方的主张、争端的事实背景，解释和适用法律规则，对争端作出处理意见。此外，在"阿拉巴马号案"之后，在多数裁决之外，仲裁员也会发表其单独意见或者反对意见。

仲裁裁决作出后对争端当事方具有法律拘束力，各方有义务善意履行裁决。除非另有约定，仲裁裁决具有终局性而不得上诉。在例外情况下，根据

---

[1] 1949年修订的《和平解决国际争端的日内瓦总议定书》第28条；[英] J.G. 梅里尔斯：《国际争端解决》（第5版），韩秀丽等译，法律出版社2013年版，第121页。

[2] Convention for Settlement of Difficulties arising from Operation of Smelter at Trail, 16 April 1938–11 March 1941, RIAA, Vol. XXVIII, p. 331.

[3] Boundary Case between Bolivia and Peru, Decision of 9 July 1909, RIAA, Vol. XI, p. 137.

[4] [英] J.G. 梅里尔斯：《国际争端解决》（第5版），韩秀丽等译，法律出版社2013年版，第123页。

[5] Delimitation of the Maritime Boundary Between Guinea and Guinea-Bissau, 77 ILR 635, pp. 675-676.

当事方的协议，[1]仲裁庭也可以解释或者复核（revision）其裁决，解释是为了明确裁决的内容，[2]复核是基于新事实的发现而对裁决进行重新审查。[3]但两者都具有严格的适用条件。厄立特里亚和埃塞俄比亚边界委员会拒绝了埃塞俄比亚的解释请求，指出解释并不是为了对裁决提起上诉，或者重新讨论已经明确解决的问题，不能利用解释程序对裁决进行实质性的修改或者影响其拘束力。[4]

仲裁裁决一般对当事方具有法律拘束力，但其拘束力需要满足国际法规定的条件，因此也存在仲裁裁决无效的可能。[5]在实践中，也有多起当事方以各种理由主张仲裁裁决无效的案件，例如美国主张1831年"东北边界案"裁决无效，因为裁决该案的荷兰国王没有选择当事方主张的两条边界线之一，而是建议了第三条边界；尼加拉瓜主张1906年西班牙国王边界仲裁裁决无效，因为对仲裁员的指任是无效的，仲裁员超越权限，裁决存在严重错误，并且没有充分说明裁决理由；[6]委内瑞拉主张1899年其与英属圭亚那之间的边界仲裁裁决无效，目前国际法院正在审理该案。[7]1958年国际法委员会《仲裁程序示范规则》第35条列举了部分当事方可以主张裁决无效的理由，包括仲裁庭超越其权限、法庭成员受贿、没有说明裁决的理由或者严重偏离

---

〔1〕 Jaworzina, Advisory Opinion of 6 December 1923, PCIJ, Series B, No. 8, p. 38.

〔2〕 1958年《仲裁程序示范规则》第33条；《联合国海洋法公约》附件七第12条。例如，塔巴仲裁案的仲裁协议规定，关于仲裁裁决解释和实施的争端，可在裁决作出后30日内，由任何一方提交仲裁庭澄清。Case concerning the Location of Boundary Markers in Taba between Egypt and Israel, Decision of 29 September 1988, RIAA, Vol. XX, p. 13.

〔3〕 1899年《和平解决国际争端公约》第55条，1907年《和平解决国际争端公约》第83条，1958年《仲裁程序示范规则》第38条。例如，几内亚和几内亚比绍"海洋划界案"的仲裁协议规定，如果发现了任何足以对裁决产生决定性影响的新事实，如果作出裁决之前仲裁庭和提出复核请求的当事方对此不知情，并且该当事方对此没有过错，则任何一方都可以请求对裁决进行复核。Case concerning the Delimitation of the Maritime Boundary between Guinea and Guinea-Bissau, Decision of 14 February 1985, p. 153.

〔4〕 Delimitation of the Border (Eritrea-Ethiopia): Decision regarding the "Request for Interpretation, Correction and Consultation", 24 June 2002, RIAA, Vol. XXV, p. 198, para. 16.

〔5〕 高健军：《〈联合国海洋法公约〉项下仲裁程序规则研究》，知识产权出版社2020年版，第223~225页。

〔6〕 Case concerning the Arbitral Award made by the King of Spain on 23 December 1906, Judgment, I. C. J. Reports 1960, p. 192.

〔7〕 Arbitral Award of 3 October 1899 (Guyana v. Venezuela), available at https://www.icj-cij.org/case/171, last visited on May 30, 2023.

基本的程序规则、仲裁承诺或者协议无效。

三、对国际仲裁的评价

综上所述，国际仲裁具有以下特点：

第一，仲裁具有自主性和灵活性。当事方可以选择组成仲裁庭的仲裁员，例如选任技术专家。当事方还可以约定仲裁的可适用规则和程序，例如要求仲裁庭秘密裁判争端。因此，仲裁与司法方法存在显著区别，在一般情况下，国际司法机构的组成和运行是常设的，不允许当事方选择审理案件的法官并且适用固定的程序。

第二，仲裁具有临时性。仲裁庭的组成和程序一般是临时和个案的，裁判完具体的争端后一般将解散，这也是仲裁区别于司法方法的另一特点。因此，不同于具有常设性质的司法机构，仲裁相对缺乏稳定性和一致性。对于相同或类似争端，不同的仲裁庭可能作出不同的裁决，从而在一定程度上可能会影响仲裁的权威。

第三，仲裁具有法律性。如果当事方同意将争端提交仲裁解决，并就仲裁庭的组成、可适用规则、程序等事项达成协议，则不能随意终止其同意。仲裁裁决对当事方具有法律拘束力，当事方同意将争端提交仲裁，即意味着愿意遵守仲裁裁决，"诉诸仲裁即承允遵守裁决"是一项习惯国际法规则。[1] 因此，仲裁不同于谈判、调停和调解等政治方法，政治方法的建议和报告通常对当事方不具有法律拘束力，当事方也可以在政治方法解决争端的过程中选择终止进程。

整体而言，虽然仲裁具有不同于政治和司法方法的特点，但实际上也融合了这两种方法。一方面，仲裁庭的组成、实体和程序规则在很大程度上取决于当事方的协商，因此，当事方在仲裁过程中享有通过政治方法解决争端时的自主权和控制权；另一方面，仲裁员一般根据法律作出裁决，并且裁决对当事方有法律拘束力，这与适用司法方法解决国际争端较为类似。因此，仲裁兼具了灵活性与专业性，这也是仲裁能够长期存在，广泛适用，并且不断发展的主要原因。

---

[1]《国际公法学》编写组编：《国际公法学》（第3版），高等教育出版社2022年版，第445页。

第二节 司法解决

一、司法解决概述

司法解决是指争端当事方在自愿接受管辖权的基础上，将争端提交给一个事先成立的、由独立法官组成的国际法庭解决，该法庭根据国际法对争端当事方作出有法律拘束力的判决。[1]

同仲裁相比，司法解决的历史相对较短。常设仲裁法院成立之后，1907年第二次海牙和平会议期间，国际社会设想建立一个真正意义的常设国际法院，由代表主要法系的、一定数量的专业法官组成司法机构审理案件，但由于对法官名额的分配问题没有达成一致意见，该提案未能实现。[2]

第一次世界大战之后，国家再次考虑建立常设司法机构，由其公正合法地解决国际争端，从而成为战后国际秩序的"法律基石"。[3]为此，《国际联盟盟约》第14条筹划建立常设国际法院，最终于1920年通过了《常设国际法院规约》。常设国际法院位于荷兰海牙，是世界上第一个常设性质的国际司法机构。1922年，常设国际法院受理了第一起咨询案件，但随着20世纪30年代后期世界局势的不稳定，常设国际法院的工作逐渐减少，至1939年12月事实上已经闭庭，并最终在1946年正式解散。在此期间，常设国际法院共审理了29起诉讼案件，发表了27份咨询意见，制定了《常设国际法院规则》并对其多次进行修订。常设国际法院审理的许多案件成了相关领域内的经典判例，直到今天仍被国际法院反复援引。通过解决争端，常设国际法院发展了国际司法技术，建立了完整的国际司法制度，使国际法获得了适用的机关。[4]此外，常设国际法院具有很强的"欧洲法院"色彩，其运作主要由欧美法官所支配，处理的问题也多数涉及欧洲问题，少有涉及亚洲、拉丁美洲

---

[1] 白桂梅：《国际法》（第3版），北京大学出版社2015年版，第552页。
[2] [日]杉原高嶺：《国际司法裁判制度》，王志安、易平译，中国政法大学出版社2007年版，第16~17页。
[3] 《国际公法学》编写组编：《国际公法学》（第3版），高等教育出版社2022年版，第446页。
[4] 《国际公法学》编写组编：《国际公法学》（第3版），高等教育出版社2022年版，第446页。

等其他地区的案件。[1]

第二次世界大战后期,国家开始讨论常设国际法院的未来地位问题,1945年召开的旧金山会议通过了《联合国宪章》,会议决定放弃常设国际法院,但以常设国际法院为基础创设新的国际法院。根据《联合国宪章》第92条和第93条,国际法院是联合国的主要司法机构,《国际法院规约》以《常设国际法院规约》为依据,是《联合国宪章》的组成部分;联合国会员国是《国际法院规约》的当然当事国。1946年2月,联合国大会和安理会选举了第一届法官。4月18日,国际法院在荷兰海牙和平宫举行了开庭仪式,宣告正式成立。同常设国际法院相比,国际法院更具"世界法院"的特色。国际法院的法官在地域分配上更能代表世界各大文化及主要法系,其处理的案件涉及世界各地区的争端,具有多样性。特别是在20世纪60年代之后,亚洲、非洲和拉丁美洲国家更加积极地将争端提交国际法院处理。

司法解决国际争端的新发展是,在国际和区域层面上专门司法机构的增多,这反映了国际法调整范围的扩大,以及第三方争端解决机制的重要作用。特别是,在国际人权法领域,建立了欧洲人权法院和美洲人权法院等司法机构;在海洋法领域,1982年《联合国海洋法公约》建立了国际海洋法法庭,主要解决关于该公约解释和适用的争端,该法庭已审理了多起案件;在国际经济法领域,WTO(世界贸易组织)争端解决机构对于解决经贸领域的争端发挥了重要作用。尽管如此,从受理案件的广泛性和影响力方面来看,国际法院仍然发挥了相对重要的作用,其他法庭的组织机构、管辖权和程序或多或少地参考了国际法院的实践,因此,下文将以国际法院为例介绍司法解决的程序。

二、司法解决的程序——以国际法院为例

国际法的程序规则主要来源于四类文件:其一,《联合国宪章》,其中第14章规定了国际法院的地位和基本规则;其二,《国际法院规约》,[2]其中规定了国际法院的基本程序规则;其三,《国际法院规则》,[3]详细规定了国际

---

[1] [日]杉原高嶺:《国际司法裁判制度》,王志安、易平译,中国政法大学出版社2007年版,第24页。

[2] Statue of the International Court of Justice, available at https://www.icj-cij.org/statute, last visited on May 30, 2023.

[3] Rules of Court, available at https://www.icj-cij.org/rules, last visited on May 30, 2023.

法院的具体程序；其四，《实践指南》（Practice Directions），[1]该文件是为了加速和简化国际法院的程序，以应对日益增长的诉讼工作，补充《国际法院规则》的规定。

（一）国际法院的组织

1. 法官的资格

国际法院由 15 名法官组成，其中不得有两人为同一国家国民。《国际法院规约》第 2 条规定了法官的选任条件，"法官应不论国籍，就品格高尚并在各本国具有最高司法职位之任命资格或公认为国际法之法学家中选举之"。《国际法院规约》并没有具体规定 15 名法官的国籍，但要求法官全体能代表"世界各大文化及各主要法系"，[2]并且一般会确保五个常任理事国的法官得到恒常性当选。[3]

2. 法官的提名和选举

为确保法官的提名不受特定国家的影响，各国政府不直接提名法官候选人，而是由常设仲裁法院各国团体[4]提名。每一团体提名的候选人不能超过 4 人，其中本国国籍的候选人不超过 2 人。[5]但现实情况是，候选人提名仍会受到政治影响，各国政府与各国团体的合作关系较为密切。[6]除此之外，各国团体提名候选人的人数正在下降，因为很多各国团体只提名 1 名本国国民作为候选人，或者多个各国团体共同提名同一候选人。

联合国大会和安理会根据提名名单分别投票选举法官，[7]在两个机构都获得绝对多数投票的候选人当选。[8]法官的任期为 9 年，可以连选连任，每 3 年改选 5 人。国际法院的院长和副院长由法官相互选举产生，任期 3 年，可

---

[1] Practice Directions, available at https://www.icj-cij.org/practice-directions#fn1, last visited on May 30, 2023.

[2] 《国际法院规约》第 9 条。

[3] 但现实已经发生了一定的变化，例如，在 2017 年的选举中，英国籍法官候选人没有当选。

[4] 《国际法院规约》第 4 条。

[5] 《国际法院规约》第 5 条第 2 款。

[6] [日]杉原高嶺：《国际司法裁判制度》，王志安、易平译，中国政法大学出版社 2007 年版，第 49 页。

[7] 《国际法院规约》第 8 条。

[8] 《国际法院规约》第 10 条；《联合国宪章》第 18 条规定了联合国大会的投票程序，第 27 条规定了安理会的投票程序。

以连选连任。

3. 专案法官

不同于国内法院，国际法院的法官在审理涉及其国籍国的案件时并不适用回避制度。但为了保证当事方之间的平等，《国际法院规约》建立了专案法官制度（Judge ad hoc）。根据《国际法院规约》第31条，如果一方当事方在国际法院有国籍法官，其他当事方可以选任一名专案法官参与案件的审理；如果双方均没有国籍法官，则双方均可以任命专案法官。

尽管在司法实践中，专案法官制度得到了稳定的适用，但关于该制度仍然存在一定的争议：支持者认为该制度是基于现实的考虑，能够保证争端当事方之间的平等地位，也可以通过法官将当事方的主张准确地传达给国际法院，从而吸引更多国家将争端提交国际法院；反对者则认为，专案法官制度引入了国际仲裁中当事方委任仲裁员的机制，但法官应当保持其公正性与独立性，这与司法属性不相符。[1]

4. 法官的地位

法官必须"公正且诚实"地行使职权，[2]在履行法院的职务时，法官享有外交特权与豁免，[3]此种特权与豁免并不限于在国际法院所在地，而且在其他各国也同样享有。[4]

与此同时，法官因为其特殊职务也会受到一定的限制，包括：法官不得担任任何政治或行政职务，或者从事任何职业性业务；[5]对于任何案件，法院不得担任代理人、律师或辅佐人。[6]一般而言，在不妨碍法院工作的范围内，法官可以担任其他案件的仲裁员或调解员。如果对能否从事特定工作存在疑义，应当由国际法院进行裁决。[7]

在特定情况下，法官需要回避，如果法官曾以当事方的律师或其他身份

---

[1] Yushifumi Tanaka, *The Peaceful Settlement of International Disputes*, Cambridge University Press, 2018, pp. 137–138.

[2] 《国际法院规约》第20条。

[3] 《国际法院规约》第19条。

[4] ［日］杉原高嶺：《国际司法裁判制度》，王志安、易平译，中国政法大学出版社2007年版，第61页。

[5] 《国际法院规约》第16条第1款。

[6] 《国际法院规约》第17条第1款。

[7] 《国际法院规约》第16条第2款、第17条第3款。

参与过案件，那么就不得参与该案件的审理，[1]例如，在"诺特鲍姆案"中，劳特派特法官在就任法官前曾接受过当事方的咨询。此外，《国际法院规约》第24条允许法官因"特别原因"而自行回避，国际法院院长也可以因"特别原因"决定法官回避。

5. 分庭（Chamber）

除非另有规定之，国际法院应由全体法官开庭，如法官因故不能出庭，则必须有9名法官构成法定人数。[2]作为例外情况，《国际法院规约》规定了三种类型的分庭。分庭的裁决与全庭的裁决效力同等，但在程序、法官组成、费用等方面更具灵活和效率，分庭的组成和使用取决于当事方的同意。

第一，第29条规定了简易分庭（Chamber of Summary Procedure），是国际法院每年都会设立的常设分庭，以迅速处理事务。由5名法官组成，包括院长和副院长，另外3名法官通过选举产生。[3]实践中，仅有国际法院的前身常设国际法院在"诺伊条约解释案"中使用过此种分庭。[4]

第二，第26条第1段规定了特定分庭，该分庭至少包括3名法官，主要处理定种类的案件，例如劳工、通行或交通案件等。国际法院在1993年决定建立环境问题分庭，但并没有国家将此类争端提交该分庭，因此，国际法院在2006年决定不再选举法官组成环境问题分庭。

第三，第26条第2段规定了临时分庭（*ad hoc* Chamber），该分庭可以随时组成，由国际法院经当事方同意决定一定数量的法官组成，处理不特定类型的案件。目前此类分庭已审理了多起案件，包括加拿大和美国"缅因湾海洋划界案"、布基纳法索和马里"边界争端案"、美国诉意大利"ELSI案"、萨尔瓦多和洪都拉斯"陆地、岛屿和海洋边界争端案"、贝宁和尼日尔"边界争端案"等。这些案件都是由5名法官组成，包括专案法官。

（二）国际法院的诉讼管辖权

国际法院有权根据《国际法院规约》审理争端当事方提交的诉讼案件，

---

[1]《国际法院规约》第17条第2款。
[2]《国际法院规约》第25条。
[3]《国际法院规则》第15条。
[4] Interpretation of Judgment No. 3, Judgment of 26 March 1925 (Chamber of Summary Procedure), PCIJ, Series A, No. 4.

这也被称为诉讼管辖权。管辖权的存在是国际法院审理案件作出裁决的前提条件。国际争端解决的一项基本原则是，国际法庭的管辖权取决于有关国家同意接受其管辖权，因此，除非国家以某种方式同意将有关争端提交国际法院审理，否则没有义务通过国际法院解决争端。如果当事方对国际法院的管辖权存有争议，则应当由国际法院根据相关事实裁决。[1]

整体而言，国际法院的诉讼管辖权可分为对人管辖（jurisdiciotn ratione personae）和对事管辖（jurisdiction ratione materiae）两方面，前者涉及诉诸诉讼管辖权的主体资格问题，后者涉及国际法院有权裁决的争端范围。[2]

1. 国际法院的诉讼当事国

根据《国际法院规约》第34条，国际法院仅有权受理国家提交的案件，其他实体，包括个人、法人和国际组织均不能诉诸其诉讼管辖权。如果涉及私人主体的利益，可以通过外交保护的方式，对于外国国际不法行为对本国自然人或法人造成的损害，在用尽当地救济的情况下，国籍国在国际层面上向国际法院提起针对责任国的诉讼，从而将争端转化成为国家之间的争端，例如"诺特鲍姆案""迪亚洛案"等。对于涉及国际组织的案件，符合条件的国际组织可以请求国际法院发表咨询意见，例如"《联合国外交特权及豁免公约》第4条第22节适用咨询意见案""根据《联合国总部协议》第21节仲裁义务适用咨询意见案"以及"世界卫生组织和埃及协议解释咨询意见案"等；有时也会将争端转换为国家之间的争端，通过诉讼管辖权解决，例如1972年印度诉巴基斯坦"国际民航组织理事会管辖权上诉案"。[3]

根据《国际法院规约》第35条第1款，国际法院受理其规约当事国之间的诉讼，国际法院的诉讼当事国主要包括以下三类：

第一，根据《联合国宪章》第93条第1项，联合国会员国是《国际法院规约》的当然当事国，因此联合国会员国有权诉诸国际法院的诉讼管辖权。

第二，根据《联合国宪章》第93条第2项，非联合国会员国成为《国际法院规约》当事国的条件，由联合国大会根据安全理事会的建议决定，需要

---

[1]《国际法院规约》第36条第6款；Fisheries Jurisdiction (Spain v. Canada), Jurisdiction of the Court, Judgment, I. C. J. Reports 1998, p. 450, para. 37.

[2] 白桂梅：《国际法》（第3版），北京大学出版社2015年版，第553页。

[3] [日] 杉原高嶺：《国际司法裁判制度》，王志安、易平译，中国政法大学出版社2007年版，第87~88页。

考虑各别情况。司法实践形成了较为统一的条件，即承诺接受《国际法院规约》、接受《联合国宪章》第94条关于履行判决的义务以及分摊国际法院的经费。

第三，根据《国际法院规约》第35条第2款，非《国际法院规约》当事国诉诸国际法院的条件由安理会决定。根据1946年安理会决议，此类国家需要向国际法院书记处交存一份声明，表示接受国际法院的管辖，保证善意履行国际法院的决定和承担《联合国宪章》第94条关于履行判决的义务。[1]很多国家在成为联合国会员国之前采取这种方式诉诸国际法院的诉讼管辖权。例如，联邦德国1973年加入联合国，在1969年"北海大陆架案"中，联邦德国提交了类似的声明，接受了国际法院的管辖权。

2. 接受国际法院诉讼管辖权的形式

当事方的同意将赋予国际法院管辖权，但《国际法院规约》和《国际法院规则》并没有要求当事方必须采取特定的形式表示此种同意。[2]根据《国际法院规约》第36条，根据国家表达同意的形式不同，可以分为自愿管辖、协议管辖以及任择强制管辖。

（1）自愿管辖

根据《国际法院规约》第36条第1款，国际法院有权管辖当事方提交的一切争端。在争端产生之后，当事方可以协议将该争端提交国际法院审理，这种协议一般被称为"特别协议"（special agreement/*compromis*），沿袭了仲裁协议的方式。在实践中，有许多案件通过这种方式提交国际法院，例如，"庇护案""北海大陆架案""利吉坦和西巴丹岛屿主权案"等。在特别协议中，当事方一般会约定提交国际法院审理的争议问题、可适用法律以及具体的程序等。

除了上述以明示方式将争端提交国际法院之外，也可以从当事方的行为间接进行推断其接受国际法院的管辖权，这被称为应诉管辖（*forum prorogatum*）。[3]在"科孚海峡案"中，英国单方提起了诉讼，阿尔巴尼亚接受安理会对其将争端提交国际法院的邀请。[4]此种对法院管辖权的接受，不是通过

---

[1] United Nations Security Council, Resolution 9: The International Court of Justice, 15 October 1946.
[2] Corfu Channel case, Judgment on Preliminary Objection, I. C. J. Reports 1948, p. 27.
[3] Malcom N. Shaw, *International Law*, Cambridge University Press, 2021, p. 942.
[4] Corfu Channel case, Judgment on Preliminary Objection, I. C. J. Reports 1948, p. 15.

共同和事先达成的特别协议,而是通过两个分别但连续的行为实现的。[1]但需要注意的是,国际法院对应诉管辖权一般采取较为谨慎的态度,以免扩大其管辖权。必须证明当事方存在明确的同意,这种同意是自愿的并且是没有争议的(voluntary and indisputable)。[2]

(2) 协议管辖

根据《国际法院规约》第36条第1款,《联合国宪章》或者其他国际条约也可以赋予国际法院管辖权。许多国际条约规定将特定的争端提交一种或者几种争端解决方式,其中可能包括诉诸国际法院,这种规定被称为"协议条款"(compromissory clauses)。通过这种方式,国家在条约中预先对特定种类的争端表示同意国际法院的管辖权,如果之后产生争端,条约的缔约国可以单方面向国际法院提起诉讼,对方当事国也有义务应诉。[3]协议条款的具体规定可能有所不同,包括此类条款的条约一般可以分为两类:

第一,专门为了和平解决国家间的争端的条约,其中特别规定将国家间特定类别的争端提交司法解决,例如,1948年《美洲和平解决争端公约》和1957年《欧洲和平解决争端公约》。

第二,具有其他特定目的的条约,其中协议条款通常规定将有关该条约解释或适用的争端提交司法解决,例如,1965年《消除一切形式种族歧视国际公约》。部分多边约也可能采取另行缔结争端解决议定书的方式,在其中规定将争端提交国际法院,例如1961年《维也纳外交关系公约》和1963年《维也纳领事关系公约》的关于争端解决的任择性议定书。

需要注意的是,根据条约的规定,国际法院的管辖权一般限于关于该条约解释与适用的争端。因此,必须确定当事方的诉求与相关条约存在"合理联系"(reasonable connection),[4]以免扩大管辖权的范围。为此,需要根据《维也纳条约法公约》规定的解释规则,对条约进行解释,然后判断争议问题

---

[1] Corfu Channel case, Judgment on Preliminary Objection, I. C. J. Reports 1948, p. 28.

[2] Corfu Channel case, Judgment on Preliminary Objection, I. C. J. Reports 1948, p. 28; Application of the Convention on the Prevention and Punishment of the Crime of Genocide, Preliminary Objections, Judgment, I. C. J. Reports 1996, pp. 620-621, para. 40.

[3] [日] 杉原高嶺:《国际司法裁判制度》,王志安、易平译,中国政法大学出版社2007年版,第105页

[4] Military and Paramilitary Activities in and against Nicaragua (Nicaragua v. United States of America), Jurisdiction and Admissibility, Judgment, I. C. J. Reports 1984, p. 427, para. 81.

与条约的适用范围是否缺乏联系或联系过于薄弱。[1]

在联合国成立之前,有很多条约规定将争端提交常设国际法院,并且这些条约仍然有效。为了继续发挥这些条约在争端解决方面的作用,《国际法院规约》第37条规定,如果争端当事方是《国际法院规约》当事国,此类争端应当提交国际法院。[2]第37条发挥了连接作用,在常设国际法院与国际法院之间保持了连续性。[3]

(3) 任择强制管辖

第一,任择强制管辖的含义。《国际法院规约》第36条第2款规定了任择强制管辖,即规约当事国可以随时作出声明,对于接受同等义务的其他任何国家,承认国际法院对于下列法律争端享有强制管辖权,包括条约的解释;国际法的任何问题;如经确定即违反国际义务的任何事实的存在;违反国际义务所应赔偿的性质或范围。假设1950年A国声明接受国际法院的强制管辖权;2020年B国声明接受国际法院的强制管辖权;C国从未作出过类似的声明。对于三国之间的争端,首先,是否作出此种声明取决于各国的选择,各国没有义务接受国际法院的一般管辖权,因此此种管辖权是任择性的,这体现了国家同意的原则;其次,如果声明接受同等义务的A国与B国之间发生争端,A国可以单方提起针对B国的诉讼,并且B国有义务应诉,因此此种管辖权对于它们而言是强制性的;最后,如果A国起诉C国,则C国没有义务应诉,因为此种管辖权仅限于接受同等义务的国家之间。

第二,任择强制管辖的目的和发展。任择强制管辖权的目的是,通过越来越多的国家作出声明接受国际法院的管辖权,从而扩大其管辖权。[4]该条款源于《常设国际法院规约》,有国家在谈判过程中呼吁建立具有一般性强制管辖权的国际司法机构,但是遭到了部分大国的反对,为了寻找折中方案,最终通过的《常设国际法院规约》允许国家选择是否接受强制管辖权。第二

---

[1] Certain Iranian Assets (Islamic Republic of Iran v. United States of America), Preliminary Objections, Judgment, I. C. J. Reports 2019, p. 28, paras. 57-58.

[2] See Ambatielos case (Greece v. United Kingdom), Jurisdiction, I. C. J. Reports 1952; Barcelona Traction, Light and Power Company, Limited (Belgium v. Spain), Preliminary Objections, I. C. J. Reports 1964; Case concerning the Aerial Incident of July 27th, 1955 (Israel v. Bulgaria), I. C. J. Reports 1959; Aegean Sea Continental Shelf case (Greece v. Turkey), Judgment, I. C. J. Reports 1978.

[3] Malcom N. Shaw, *International Law*, Cambridge University Press, 2021, p. 946.

[4] Malcom N. Shaw, *International Law*, Cambridge University Press, 2021, p. 947.

次世界大战之后,《国际法院规约》的谈判中同样也考虑过是否规定一般性强制管辖权,但遭到美苏等大国的反对,因此继续维持了任择管辖权制度,由国家选择是否接受国际法院的强制管辖权。[1]

接受国际法院强制管辖权的声明是国家单方面作出的,声明应提交联合国秘书长保存。虽然设置此种管辖权的目的是扩大国际法院的管辖权,但目前只有73个国家作出了此种声明,15个国家曾经承认强制管辖权,但之后撤回了声明。[2]这表明国家更倾向通过在具体案件中表示同意的方式赋予国际法院管辖权。根据《国际法院规约》第36条第5款,如果国家曾依《常设国际法院规约》第36条作出声明并且该声明仍然有效,也可以视为对国际法院强制管辖权的接受。

第三,对任择强制管辖的保留及法律后果。《国际法院规约》并没有排除国家在声明接受强制管辖时作出保留(reservation),将特定争端排除国际法院的管辖权。实践中,绝大多数国家作出的声明都包含了此种保留,试图阻止国际法院审理涉及其重要利益的争端。[3]这也得到了国际法院的支持,其在尼加拉瓜诉美国"军事和准军事活动案"中指出,国家的承诺声明可以自由选择,既可以作出无条件和无期限的承诺,也可以附条件或作出保留。[4]

各国作出的保留各不相同,在整体上可以分为以下几类:其一,对事保留(reservations ratione materiae),例如部分国家排除了当事方已经同意通过其他和平方式解决的争端、对军事行动产生的争端等;其二,对人保留(reservations ratione personae),例如印度声明排除了与印度没有建立外交关系或者印度没有承认的国家之间的争端,英国排除了与英联邦国家之间的争端;其三,时间性保留(reservation ratione tempris),例如部分国家接受强制管辖的范围仅限于声明生效之日或特定日期之后产生的争端。

尽管国家有权作出保留,但部分保留的有效性在理论和实践中存在争议,

---

〔1〕[日]杉原高嶺:《国际司法裁判制度》,王志安、易平译,中国政法大学出版社2007年版,第116~123页。

〔2〕Available at https://www.icj-cij.org/declarations, last visited on May 30, 2023.

〔3〕Malcom N. Shaw, *International Law*, Cambridge University Press, 2021, p. 949.

〔4〕Military and Paramilitary Activities in and against Nicaragua (Nicaragua v. United States of America), Jurisdiction and Admissibility, Judgment, I. C. J. Reports 1984, p. 418, para. 59.

特别是自我判断式的保留（self-judging reservation）。[1]例如，美国曾作出保留，对于由其决定的属于其国内管辖的事项排除国际法院的管辖权。如果争端当事国根据该保留认为争议事项属于其国内管辖的事项，将自动和确定地排除国际法院的管辖权，并且不允许国际法院对此作出裁判，[2]其后果可能违反《国际法院规约》第36条第6款，应当由国际法院自身决定其管辖权。

由于各国作出的保留各不相同，这意味着争端双方接受国际法院任择强制管辖权的范围是不一致的。对于此种情况，只有双方声明共同涉及的事项，国际法院才具有管辖权，因为一国通过任择条款接受国际法院管辖权是相对于接受同等义务的其他国家而言的。[3]在法国诉挪威"挪威贷款案"中，国际法院指出："由于涉及两项单方声明，只有在这两项声明一致赋予法院管辖权的情况下，法院才具有管辖权。与挪威的声明相比，法国的声明在更有限的范围内接受管辖权；因此，作为管辖权基础的当事方共同意愿存在于法国的保留所表明的更有限的范围内。"[4]因此，当事方可以利用另一方声明所附的保留或者条件，也就是说被告国可以援引请求国的保留，排除国际法院的管辖权，这也被称为保留的相互主义（reciprocity）原则，所以保留相当于一把"双刃剑"。[5]例如，在法国诉挪威"挪威贷款案"中，被告国挪威援引了原告国法国的保留排除国际法院的管辖权。

（三）诉讼程序

1. 起诉

根据《国际法院规约》第40条，可以通过两种方式提出诉讼案件：提交双方缔结的特别协议以及单方提交请求书。

特别协议具有双方或多方性质，可由一方或各方向国际法院提出，其中

---

[1] Case of Certain Norwegian Loans (France v. Norway), I. C. J. Reports 1957, Separate Opinion of Judge Sir Hersch Lauterpacht, pp. 43-55; Interhandel Case (Switzerland v. United States of America), Preliminary Objections, I. C. J. Reports 1959, Separate Opinion of Sir Percy Spender, pp. 54-56, Dissenting Opinion of President Klaestad, pp. 75-78.

[2] [日]杉原高嶺：《国际司法裁判制度》，王志安、易平译，中国政法大学出版社2007年版，第138页。

[3] Malcom N. Shaw, *International Law*, Cambridge University Press, 2021, p. 948.

[4] Case of Certain Norwegian Loans (France v. Norway), Judgment, I. C. J. Reports 1957, p. 23.

[5] [日]杉原高嶺：《国际司法裁判制度》，王志安、易平译，中国政法大学出版社2007年版，第149~150页。

应当说明争端事由以及各当事方。通过此种方式提起的诉讼,既没有请求国(Applicant State)也没有被告国(Respondent State),当事方之间一般用斜线分开,例如"印度尼西亚/马来西亚"。

请求书具有单方性质,由请求国针对被告国提起诉讼。《国际法院规约》对请求书的内容规定了更多的要求,除了需要说明被告国和争端事由之外,请求国还要尽可能简要地说明国际法院的管辖权依据、请求所依据的事实和理由。在案件名称中,请求国和被告国之间一般用"v."(versus)分开,例如"尼加拉瓜 v. 哥伦比亚"。

特别协议或请求书通常由当事方的代理人签署,附有外交部长或驻荷兰大使的附函。由得到政府授权的人,通常是驻海牙大使或代理人,将特别协议或者请求书提交国际法院的书记官长。书记官长将相关文件转交另一当事方以及法官,并将案件列入案件总表,并对外公布。之后,书记官长会通过联合国秘书长通知联合国会员国以及有权在国际法院出庭的其他国家,从而公开提起诉讼的事实,并使其他国家考虑是否参加诉讼。

2. 书面程序和口述程序

为了获取裁判争端所必需的事实和法律信息,国际法院的主体程序可以分为书面与口述两个阶段。19世纪之前的国际裁判通常不包括口述程序,自1872年"阿拉巴马号案"采取了书面和口述两个阶段的程序后,口述程序开始逐渐普及,并在20世纪之后形成和确立了相关的制度,例如1899年《和平解决国际争端公约》。[1]

(1) 书面程序

当事方须向国际法院提交书面诉状,详细陈述争端相关的法律规则和事实。

如果当事方通过单方提交请求书的方式提起诉讼,国际法院院长会尽快与当事方的代理人会面,以确定他们关于书状数量、提交顺序以及提交时限的意见,之后由国际法院发布相关命令。一般情况下,请求国须提交诉状(memorial),被告国须提交辩诉状(counter-memorial)。如果双方同意,或者国际法院认为确有必要,也可以授权或指示请求国提交答辩状(reply),被告

---

〔1〕 [日] 杉原高嶺:《国际司法裁判制度》,王志安、易平译,中国政法大学出版社2007年版,第170页。

国提交复辩状（rejoinder）。答辩状和复辩状不应只是重复论点，而应针对争议问题。各种书状都应说明当事方的诉讼主张（submission），即请求国际法院作出裁决和声明的内容。

如果当事方通过提交特别协议的方式提起诉讼，通常会在特别协议中约定书状的数量、提交顺序和提交时限，国际法院会尽可能地考虑相关约定。一般的实践是，双方各自提交一份诉状和一份辩诉状，必要时再提交进一步的书状。

国际法院会为提交书状规定时限，也可应一方的请求延长时限，但只有在确信该请求有充分理由的情况下才可延长。书面程序结束后，当事方原则上不允许再提出新的文件，但如果另一方同意或者国际法院认为有必要，也可以追加提出。[1]实践中，由于当事方的请求，提交补充文件的情况相当多，很多是为了口述程序的必要而提出的。

书状的原本应由代理人签署并提交书记处，并按要求准备副本以供另一方和法官使用。书状应使用英文或法文，如果使用第三国语言，则必须附有经核实的英文或法文译本。在核实意见后，国际法院可以裁定将书状提供给有权出庭并且要求提供书状副本的国家，在口述程序开始时或随后向媒体和公众公布书状副本，特别是在官方网站上公布。

（2）口述程序

书面程序结束之后，案件将进入口述程序，也就是进行口头辩论。在口述程序阶段，当事方一般不能提出全新的论点或者对基本主张作出实质变更，因此，口述程序具有从属性质。尽管如此，当事方非常重视该程序，通过向法庭直接陈述主张将提高说服力，国际法院也能更加深刻地了解各方的主张。[2]口述程序开始的日期通常由国际法院在听取各方意见后决定。

开庭是在国际法院，特别是在院长的指挥下进行的。在口述程序中，国际法院将听取各方的代理人、律师及辅佐人的辩论，必要时也会询问证人和鉴定人。代理人是在案件中代表当事方的人，通常由该国的司法或者外交部门的官员担任，有时也会由国际法学者担任。一般由国家任命的律师或者辅

[1]《国际法院规则》第56条第1款、第2款。
[2][日]杉原高嶺：《国际司法裁判制度》，王志安、易平译，中国政法大学出版社2007年版，第174页。

佐人协助代理人进行辩论,他们在口述程序中发挥主要作用。律师不必具有其所代表国家的国籍,他们主要是各国从业人员、国际法学者和法学家。当事国的代理人、律师和辅助人享有独立行使其职务所必要的特权及豁免。

国际法院听取当事方的次序,处理证据、审查证人和鉴定人的方法以及律师和辅佐人的数目,应由法院核实各方意见决定,一般进行两轮辩论。与仲裁不同,国际法院的庭审对公众开放,除非当事方要求不公开审理,或者国际法院自行决定。根据《国际法院规则》第61条第2款,国际法院在庭审时可以向代理人和律师提问并请其解释;根据第3款,法官均享有提问的权利,但在行使该权利之前,应告知院长。当事国可以直接口头回答问题,或在规定的时限内提交书面答复。

3. 附带程序(incidental proceedings)

(1) 初步反对意见(preliminary objections)[1]

初步反对意见是实践中最为常见的附带程序,该程序一般由被告国在以请求书提起的诉讼中提起,其目的是阻止国际法院对案件实质问题的审理。国际法院的管辖权取决于当事方的同意,初步反对意见程序是国家同意原则的重要保障。最初并没有明确规定初步反对意见程序的条款,唯一与之相关的规定是《国际法院规约》第36条第6款,即应当由国际法院决定管辖权争议,该程序是在司法实践中逐步积累形成的一种制度,之后《常设国际法院规则》增加了相关的规定,经过多次修订,目前被规定于《国际法院规则》第79条。

初步反对意见整体上可以分为对管辖权的反对和对请求可受理性(admissibility)的反对,此外,《国际法院规则》第79条第1款还规定了审理实质问题之前应当裁决的其他反对意见。这些反对意见的区别并不是非常明确,学者们对此有各种不同的观点。结合司法实践,可以认为如果一项反对意见是关于管辖权依据的异议,例如接受管辖权的条约或者声明无效、涉案争端不属于管辖权的属事范围、不满足附加的时间或程序等条件等,一般认为是对管辖权的反对;而其他基于一般国际法和诉讼程序一般原则而提出的异议,

---

[1] 本书主要参考《国际法院规则》中译本,将preliminary objections翻译为"初步反对意见",但也有学者认为该翻译并不适合,特别是"反对意见"的翻译容易与个别法官对法院判决的"反对意见"(dissenting opinion)产生混淆,使用了"先决性抗辩"的表述。参见[日]杉原高岭:《国际司法裁判制度》,王志安、易平译,中国政法大学出版社2007年版,序言,第3页。

则属于对请求可受理性的反对理由,[1]例如当事国外交保护的个人不具有其国籍、没有用尽被告国的当地救济,当事方缺乏诉讼利益,涉及第三国权益事项的抗辩。

《国际法院规则》第79条规定了提起初步反对的程序。

首先,该程序一般由被告国在以请求书单方提起的诉讼中提起,但第79条第1款也允许被告国以外的国家提起反对意见,请求国可以在提交诉状的期限内提起初步反对意见。[2]并且,在根据特别协议提起的案件中,任何一方都可以提出初步反对意见。[3]

其次,关于提起初步反对意见的时间要求,如果被告国对国际法院的管辖权或者请求的可受理性有任何反对意见,应当尽快以书面形式提出,不得晚于提交诉状后3个月。当事国提交的初步反对意见应当说明反对所依据的事实、法律和证据。如果被告国在辩诉状中没有对管辖权提出异议,而是直接涉及实质问题,则可能意味着默认了管辖权,从而满足应诉管辖的条件。[4]

再次,在书记处收到初步反对意见后,关于实质问题的书面程序将暂停,并启动专门关于初步反对意见的书面和口述程序。国际法院发布命令,确定另一方提交意见和诉讼主张的期限,为了加快程序,该期限一般不超过4个月。[5]关于初步反对意见的口述程序与一般程序类似,但期间也会较短,并且严格限于初步反对意见所提出的问题。[6]

最后,国际法院听取双方意见后,将以判决形式作出决定,判决有三种可能性:其一,国际法院至少支持当事方提出一项初步反对意见,表明法院没有管辖权或者请求不应被受理,案件程序结束;其二,国际法院驳回当事

---

[1] [日]杉原高嶺:《国际司法裁判制度》,王志安、易平译,中国政法大学出版社2007年版,第207页。

[2] Monetary Gold Removed from Rome in 1943, Preliminary Objections, I. C. J. Reports 1954, pp. 28-29.

[3] The Borchgrave Case, Preliminary Objections, Judgement of November 6th, 1937, PCIJ, Series A/B, No. 72, p. 160.

[4] [日]杉原高嶺:《国际司法裁判制度》,王志安、易平译,中国政法大学出版社2007年版,第214页。

[5] Practice Direction Ⅴ.

[6] Practice Direction Ⅵ.

方提出的所有初步反对意见,将恢复对实质问题的书面和口述程序,被告国应当在规定期限内提交辩诉状;其三,国际法院宣告反对意见不具有纯属初步的性质,诉讼程序将被恢复,国际法院将审理案件的实质问题,并同时确定其是否能行使管辖权。

自1946年以来,当事方在47个案件中正式提出了初步反对意见,[1]其中约2/3的主张获得支持。即使初步反对意见被驳回,也推迟了案件的最终判决一年以上。因此,该程序受到了一定的批评,认为部分国家滥用其排斥或拖延国际法院的管辖权。尽管如此,基于国家同意原则,国际法院的管辖权不具有强制性,因此必须非常谨慎地对待管辖权问题,初步反对意见是保护当事方合法权利的必要程序。

(2)临时措施

临时措施是为了保全当事方的权利,在最终裁决作出之前,由国际法院指示的临时措施。采取临时措施的目的是防止由于审判过程中事态的发展而使当事方的权利受到不可挽回的损害,从而保护构成争端对象的权利。[2]该程序被规定在《国际法院规约》第41条以及《国际法院规则》第73到第78条。

根据《国际法院规则》第73条,任何当事方在任何情况都有权提出与案件相关的临时措施的书面请求。实践中,一般由请求国提出此种请求,其中应说明请求的理由、不同意请求可能发生的法律后果以及请求采取的措施。此外,根据第75条第1款,国际法院也可以随时决定主动地审查案件的情况是否需要指示临时措施。当事方和法院也可以根据情况的变化撤销或者修改关于临时措施的决定。

指示临时措施的请求应优先于其他程序,需要进行紧急程序以确定各方的意见。指示临时措施是案件的独立阶段,一般在三到四周内作出指示临时措施的命令,有时也会根据案件情况更快,例如在"拉格朗案"中,国际法院仅在24小时内就发布了指示临时措施的命令。

国际法院指示临时措施的条件包括:应确定法院对争端具有初步管辖权

---

[1] Available at https://www.icj-cij.org/cases-by-phase, last visited on May 30, 2023.

[2] Application of the Convention on the Prevention and Punishment of the Crime of Genocide (The Gambia v. Myanmar), Provisional Measures, Order of 23 January 2020, I.C.J. Reports 2020, p.24, para.64.

(*prima facie* jurisdiction），但不必明确确定其对案件的实质问题具有管辖权；[1] 请求国的权利至少是可信的（plausible）；[2] 所寻求保护的权利与所请求的措施之间存在联系；[3] 可能对权利造成不可挽回的损害（irreparable prejudice）；[4] 以及满足紧迫性（urgency）要求。[5] 如果条件不满足，国际法院可以拒绝指示临时措施，国际法院也可以指示与请求不同的措施，主动指示新的措施，如果情况需要，也可以修改指示的措施。[6] 国际法院指示临时措施的命令对当事方具有法律拘束力。[7]

(3) 反诉（counter-claims）

被告方在其辩诉状中，不仅可以对请求方提出的诉求进行辩护，还可以提起一项或多项反诉。通过该程序，被告方向国际法院提出新的诉求，作为对另一方主要诉求的反驳。因此，被指控违反国际法的国家不仅可以否认指控，还可以作出进一步的主张，控诉请求方本身应当对同一案件中的违法行为负责。反诉也是司法实践中一种常见的附带程序。[8]

根据《国际法院规则》第80条，反诉应与主诉的主要问题应当存在直接联系并且属于国际法院的管辖范围。直接联系的判断缺乏确切的标准，应当由国际法院考虑个案的具体情况，自行判断联系的程度，一般需分析事实和法律两方面。[9] 在"《防止及惩治灭绝种族罪公约》适用案"中，国际法院

---

[1] Application of the Convention on the Prevention and Punishment of the Crime of Genocide（The Gambia v. Myanmar），Provisional Measures，Order of 23 January 2020，I. C. J. Reports 2020，p. 9，para. 16.

[2] Certain Activities Carried Out by Nicaragua in the Border Area（Costa Rica v. Nicaragua），Provisional Measures，Order of 8 March 2011，I. C. J. Reports 2011（I），p. 18，para. 53.

[3] Request for Interpretation of the Judgment of 15 June 1962 in the Case concerning the Temple of Preah Vihear（Cambodia v. Thailand），Provisional Measures，Order of 18 July 2011，I. C. J. Reports 2011，p. 547，para. 44.

[4] Alleged Violations of the 1955 Treaty of Amity，Economic Relations，and Consular Rights（Islamic Republic of Iran v. United States of America），Provisional Measures，Order of 3 October 2018，I. C. J. Reports 2018（II），p. 645，para. 77.

[5] Allegations of Genocide under the Convention on the Prevention and Punishment of the Crime of Genocide（Ukraine v. Russian Federation），Order of 16 March 2022，para. 66.

[6] Application of the Convention on the Prevention and Punishment of the Crime of Genocide（The Gambia v. Myanmar），Provisional Measures，Order of 23 January 2020，I. C. J. Reports 2020，p. 28，para. 77.

[7] LaGrand（Germany v. United States of America），Judgment，I. C. J. Reports 2001，p. 506，para. 109.

[8] Available at https://www.icj-cij.org/cases-by-phase，last visited on May 30，2023.

[9] Application of the Convention on the Prevention and Punishment of the Crime of Genocide，Counter-clams，Order of 17 December 1997，I. C. J. Reports 1997，p. 258，para. 33.

认为，事实之间的直接联系是指"具有相同性质的事实"，而法律的直接联系表现为当事方寻求相同的法律目的，例如证明违反某一国际条约的法律责任。[1]

(4) 参加（intervention）

《国际法院规约》规定了两种参加制度：基于国际法院许可的利益相关国家的参加（第62条）以及条约解释争端的缔约国参加（第63条）。参加诉讼的第三国通常应在书面程序结束前提出请求。

根据《国际法院规约》第62条，如果一国认为其法律利益可能受其他国家之间争端的判决的影响，可以选择参加相关诉讼，从而保护自身权利免受该判决的可能影响。国际法院分庭在萨尔瓦多和洪都拉斯"陆地、岛屿和海洋边界争端案"中支持了尼加拉瓜根据第62条参加诉讼，主要考虑了两个方面：其一，参加国应当承担举证责任，令人信服地表明其法律利益受到影响；其二，参加国只需证明其利益可能（may）受到影响，而不是将要或者必然受到影响。为此，只能考虑具体案件的所有情况作出判断。尽管如此，需要清楚识别可能受判决影响的法律利益，仅仅一般性的担忧是不充分的。[2]此外，参加国无需说明其与案件当事方存在将争端诉诸国际法院的管辖权依据，因为参加的目的不是为了使第三国增添新的案子，成为新的当事方，从而使法院审理其自身的诉求。[3]

根据《国际法院规约》第63条，如果争端涉及对条约的解释问题，对于请求国和被告国以外的条约当事国，书记官长必须立即通知所有这些国家，被通知的国家都有权参加诉讼。即使书记官长没有发出这种通知，也可以提出参加诉讼的声明，而且通常应在口述程序开始之日前提出。部分学者认为，根据第63条的参加是缔约国的权利，法院只需作出形式上的裁判。但在实践中，国际法院驳回了萨尔瓦多对"军事和准军事活动案"的参加，表明参加并不是缔约国的自动权利，仍然需考虑参加国主张条约与争端主要问题的关

---

[1] Application of the Convention on the Prevention and Punishment of the Crime of Genocide, Counter-claims, Order of 17 December 1997, I. C. J. Reports 1997, p. 258, paras. 34-35.

[2] Land, Island and Maritime Frontier Dispute (El Salvador/Honduras), Application to Intervene, Judgment, I. C. J. Reports 1990, pp. 117-118, paras. 61-62.

[3] Land, Island and Maritime Frontier Dispute (El Salvador/Honduras), Application to Intervene, Judgment, I. C. J. Reports 1990, pp. 133-134, para. 97.

系，不能仅具有辅助性、补充性的关联，必须对主要问题的裁决具有实质重要性，并且国际法院对此具有最终裁判权。[1]

(四) 国际法院的判决

1. 评议

口述程序结束后，国际法院将进行评议。根据《国际法院规约》第54条第3款，评议为秘密进行，不对外公开，这是为了排除外界对法官的压力，从而保障司法的独立性。

判决书主要依据1976年通过的国际法院内部司法工作决议制作。[2]在常设国际法院成立初期，曾设想指定某位法官担任报告员（rapporteur），负责起草判决书，但这种设想很快被放弃，因为判决书应当反映来自不同文化和法律背景的法官的共识。根据1976年决议，评议通常持续三到九个月，具体时间取决于案件的复杂性和同时评议的其他案件数量，具体过程包括：预备性论点整理、法官制作各自关于案件的书面意见、交换意见和讨论、建立起草委员会、判决书的撰写和讨论。通过这种方式，尽量让全体法官都能参与评议过程和判决书的撰写。

2. 判决书

国际法院的判决书使用英语和法语撰写，根据案件情况的不同，判决书的长度差别很大，主要内容包括：其一，导言部分，其中列明了宣判的日期、法官、当事方、代理人和律师、诉讼过程概述、当事方的诉讼主张；其二，法院裁决的理由，其中详细说明了案件的事实背景、法律争议点、当事方的主张以及法院的分析和观点；其三，执行部分，说明法院的最终裁决；其四，列明构成多数意见的法官的人数和姓名，关于判决文本权威性的声明。判决书应公开宣读，并之后公布于国际法院网页。[3]

判决书是多数法官的意见，同时《国际法院规约》第57条规定，法官有权表明其对判决的个别意见，判决书也会记录法官投票表决的结果。法官的

---

[1] [日] 杉原高嶺：《国际司法裁判制度》，王志安、易平译，中国政法大学出版社2007年版，第255页。

[2] Resolution concerning the Internal Judicial Practice of the Court (2 April 1979), available at https://icj-cij.org/other-texts/resolution-concerning-judicial-practice, last visited on May 30, 2023.

[3] Available at https://www.icj-cij.org/cases, last visited on May 30, 2023.

意见有多种形式，包括：其一，反对意见（dissenting opinion），表明法官不同意判决的一个或多个问题的分析和决定，因而对整个判决或者关键决定投反对票；其二，单独意见（separate opinion），表明法官投票赞成法院的整体裁决，但是基于不同或者其他理由；其三，声明（declaration），表明法官希望记录其同意或反对立场，并简单陈述其理由。多位法官也可以发表联合意见。少数意见的存在能够促进国际法的形成和发展，便于对判决的理解，提高判决的质量等。但另一方面，少数意见的数量不断增长，特别是法官提出少数意见的数量和篇幅，这种发展可能会影响判决的权威性，并使判决变得冗长。

3. 判决的效力和执行

根据《国际法院规约》第 59 条和第 60 条，国际法院的判决对具体争端的当事方有法律约束力，并且具有终局性，当事方不得对此提出上诉。根据《联合国宪章》第 94 条，当事方承诺遵守国际法院的判决，如果一方不履行相关义务，另一方可以向联合国安全理事会提出申诉，如果安全理事会认为必要，可以提出建议或者决定应当采取的办法以执行判决。在实践中，国际法院的判决在多数案件中得到了履行。

根据《国际法院规约》第 59 条，判决只对具体案件的当事方有法律拘束力，因此，国际法院判决并不适用遵循先例原则（stare decisis），所以国际法院在之后的类似案件中也可以作出不同的裁决。但为了维护司法的确定性、稳定性和权威性，国际法院一般只在存在重要理由的时候才会考虑偏离之前的裁决。在实践中，国际法院经常援引之前的裁决以支持其法律分析和结论，国际法院判决不仅是为了解决当事方之间的争端，也会解释和适用甚至发展国际法。

4. 判决的解释和复核

判决的解释和复核（revision）是在判决作出后，根据当事国的申请进行的程序。解释是为了明确判决的内容，复核是基于新事实的发现而对判决进行重新审查，《国际法院规约》对这两项程序规定了严格的条件。

根据《国际法院规约》第 60 条，如果当事方对判决的含义或者范围发生争议，经任何当事方的请求，法院应当对判决进行解释。解释的目的是明确原判决的含义和范围，但不能请求法院回答没有裁决的问题。[1]因此，解释的争端必须与有关判决的执行条款有关，而不能涉及判决的理由，除非两者不可分离。[2]法院在解释时也不能依据原判决已审查事实之外的新事实，[3]在解释的过程中，法院不能接受对判决做出实质性修改的请求。[4]

根据《国际法院规约》第61条，如果发现法院和当事方在宣告判决时不知道的事实，而该事实具有决定性，并且此种不知情不能是因为当事方的疏忽造成的，[5]可以请求法院复核判决。当事方必须在发现新事实后6个月内提出复核请求，如果距离判决作出之日起超过10年，则不能提出复核请求。迄今为止，还没有任何此类复核请求得到法院的支持。

（五）国际法院的咨询管辖权

国际法院可以对相关国际组织提出的法律问题发表咨询意见，这是国际法院的咨询管辖权。咨询管辖权源于《国际联盟盟约》第14条，在具体的形成过程中引起了众多争议，特别是咨询管辖权与国际法院司法职能的协调性。[6]

国际法院在发表咨询意见之前，如诉讼案件一样，也需要首先解决管辖权问题，该问题也由法院自身裁决。《国际法院规约》第65条第1款规定："法院对于任何法律问题如经任何团体由联合国宪章授权而请求或依照联合国宪章而请求时，得发表咨询意见。"因此，咨询管辖权需要考虑两方面问题：

---

［1］ Request for Interpretation of the Judgment of 20 November 1950 in the Asylum Case (Colombia/Peru), Judgment, I. C. J. Reports 1950, p. 402.

［2］ Request for Interpretation of the Judgment of 15 June 1962 in the Case concerning the Temple of Preah Vihear (Cambodia v. Thailand), Judgment, I. C. J. Reports 2013, p. 296, para. 34.

［3］ Interpretation of Judgments Nos. 7 and 8 (Factory at Chorzów), December 16th, 1927, PCIJ, Series A, No. 13, p. 21.

［4］ Request for Interpretation of the Judgment of 11 June 1998 in the Case concerning the Land and Maritime Boundary between Cameroon and Nigeria, Preliminary Objections, Judgment, I. C. J. Reports 1999 (Ⅰ), pp. 36-37, para. 12.

［5］ Application for Revision of the Judgment of 11 September 1992 in the Case concerning the Land, Island and Maritime Frontier Dispute (El Salvador/Honduras: Nicaragua intervening), Judgment, I. C. J. Reports 2003, pp. 398-399, para. 19.

［6］ ［日］杉原高嶺：《国际司法裁判制度》，王志安、易平译，中国政法大学出版社2007年版，第327页。

首先是法院是否具有管辖权,其次是法院是否应当行使管辖权。[1]

在确定国际法院是否具有咨询管辖权时,需要考虑属人和属事两方面。[2]根据《联合国宪章》第96条,联合国大会或安理会对于任何法律问题得请国际法院发表咨询意见;联合国其他机关及各种专门机关,对于其工作范围内之任何法律问题,得随时以大会之授权,请求国际法院发表咨询意见。因此,咨询管辖权的确立应当满足三个条件:其一,请求是由根据《联合国宪章》授权的机构提出的;其二,提出的问题应当属于法律问题;其三,如果请求是联合国大会或安理会之外的联合国其他机构或专门机构提出的,那么所提出的问题应当属于其工作范围,并且取得大会的授权。[3]

根据《国际法院规约》第65条第1款,国际法院可以(may)发表咨询意见,这表明法院对于是否发表咨询意见拥有自由裁量权,法院有权决定,即使上述三个管辖权条件已经满足,仍然可以拒绝发表咨询意见。[4]在决定是否应当行使咨询管辖权时,法院主要考虑的因素是维护法院司法职能的完整性以及作为联合国主要司法机构的性质。[5]如果发表咨询意见将有损其司法职能的完整性及其司法属性,那么法院有权拒绝发表咨询意见。在以往的案件中,主张法院应当拒绝行使管辖权的理由主要包括:缺乏争端相关国家的同意、影响正在进行的其他争端解决机制、法院无法获得裁决所必要的事实和证据、法院的意见没有用途等。[6]尽管如此,国际法院认为,回复咨询意见请求反映了对联合国活动的参与,其作为联合国主要司法机构的责任,在原则上不应当拒绝作出咨询意见,除非存在迫不得已的理由。[7]

---

〔1〕 Legality of the Use by a State of Nuclear Weapons in Armed Conflict, Advisory Opinion, I. C. J. Reports 1996, p. 73, para. 14.

〔2〕 Mahasen M. Aljaghoub, "The Absence of State Consent to Advisory Opinions of the International Court of Justice: Judicial and Political Restraints", *Arab Law Quarterly*, Vol. 24, 2010, p. 193.

〔3〕 Accordance with International Law of the Unilateral Declaration of Independence in Respect of Kosovo, Advisory Opinion, I. C. J. Reports 2010, p. 413, paras. 18-20.

〔4〕 Legal Consequences of the Construction of a Wall in the Occupied Palestinian Territory, Advisory Opinion, I. C. J. Reports 2004 (I), p. 156, para. 44.

〔5〕 Status of Eastern Carelia, Advisory Opinion, 1923, PCIJ, Series B, No. 5, p. 29.

〔6〕 Legal Consequences of the Construction of a Wall in the Occupied Palestinian Territory, Advisory Opinion, I. C. J. Reports 2004 (I), pp. 157-163.

〔7〕 Interpretation of Peace Treaties with Bulgaria, Hungary and Romania, First Phase, Advisory Opinion, I. C. J. Reports 1950, p. 71.

到目前为止，国际法院的前身常设国际法院从 1922 年到 1940 年共发表了 27 份咨询意见，国际法院到目前为止也受理了 28 份咨询意见请求。[1]尽管在每个案件中，都面临了对管辖权的质疑，国际法院仅在非常有限的情形中认定没有管辖权或者应当拒绝行使管辖权。针对世界卫生组织提出的在武装冲突中使用核武器的合法性问题，国际法院认为该问题不属于世界卫生组织的工作范围，因此没有管辖权。[2]常设国际法院在 1923 年"东卡雷利亚案"中认为不应当回复所咨询问题，原因是相关问题直接与已有争端相关，并且一方当事方既不是《常设国际法院规约》当事国，也不是国际联盟会员国，抗议常设国际法院的程序并拒绝参与。[3]此种实践受到了部分学者和国家的批评，认为法院为了能够发表咨询意见，在一定程度上扩大了咨询管辖权。[4]

国际法院在多个咨询意见中明确指出"其回复仅具有咨询性，因此没有法律拘束力"，[5]发表意见后，应由请求机构自行决定采取何种措施，[6]这表明咨询意见对请求机构没有法律拘束力。但另一方面，咨询意见蕴含着对其所处理问题的国际法权威说明，即使国际法院的意见本身不具有拘束力，但作为世界范围内最具权威的司法机构，其意见也具有权威性。[7]在毛里求斯和马尔代夫"印度洋海洋划界案"中，国际海洋法法庭特别分庭认可了国际法院关于非殖民化问题的咨询意见对于查戈斯群岛领土主权问题具有重要

---

[1] Available at https://www.icj-cij.org/advisory-proceedings, last visited on May 30, 2023.

[2] Legality of the Use by a State of Nuclear Weapons in Armed Conflict, Advisory Opinion, I.C.J. Reports 1996, p. 66.

[3] Status of Eastern Carelia, Advisory Opinion of 23 July 1923, PCIJ, Series B, No. 5, pp. 27-28.

[4] Michla Pomerance, "The Advisory Role of the International Court of Justice and its 'Judicial' Character: Past and Future Prisms", in A. Muller et al. eds., *The International Court of Justice: Its Future Role After Fifty Years*, Martinus Nijnhoff Publishers, 1997, pp. 318-319.

[5] Interpretation of Peace Treaties with Bulgaria, Hungary and Romania, First Phase, Advisory Opinion, I.C.J. Reports 1950, p. 71; Western Sahara, I.C.J. Reports 1975, p. 24, para. 3; Legal Consequences of the Construction of a Wall in the Occupied Palestinian Territory, Advisory Opinion, I.C.J. Reports 2004 (I), pp. 157-158, para. 47.

[6] Legality of the Threat or Use of Nuclear Weapons, Advisory Opinion, I.C.J. Reports 1996 (I), p. 237, para. 16.

[7] Dispute concerning Delimitation of the Maritime Boundary between Mauritius and Maldives in the Indian Ocean (Mauritius/Maldives), Preliminary Objections, Judgment of 28 January 2021, International Tribunal for the Law of the Sea, paras. 202-203.

的相关性或影响（relevance or implication for the issue of sovereignty）。[1]尽管应当从学术、政治或道德层面尊重国际法院咨询意见的"权威性"，但请求机构没有义务遵循咨询意见，否则将迫使政治机构采取法律方法解决争端；[2]此外，"权威性"也不意味着在法律上能够实质影响国家的具体权利和义务，否则将导致咨询意见与具有"拘束力"的诉讼判决无实质区别。

三、对司法解决国际争端的评价

与国际仲裁相比，司法解决具有以下特点：其一，国际法院具有常设性，由一段时间内固定的法官审理案件，而仲裁具有临时性，仲裁庭裁决完具体的案件后一般会解散；其二，国际法院的法官是根据特定程序选举产生的，而仲裁员一般由当事方选任；其三，国际法院的程序一般根据事先制定的规则，并且该规则可以反复适用，而仲裁程序主要取决于当事方的选择和协商。因此，司法解决更具稳定性和一致性，但不如国际仲裁那样更具效率和灵活性。

国际司法也不同于国内司法，国际法院的管辖权取决于当事方的同意，国际法庭对国家没有绝对的强制管辖权。这反映了在目前以主权国家为基础的国际社会中，坚持国家同意原则才能更有效地发挥国际司法解决的作用。

司法解决，特别是国际法院，在国际争端解决中发挥了重要的作用，首先是因为司法解决并不主要依据国家之间的力量对比，而是更倾向于以国际法为基础公平地解决国际争端，因此，相比于政治方法，会相对有利于力量弱小的国家；其次，国际法院在全球范围内具有一般性的管辖权，因此其可以审理各种类型的国家间争端；再次，国际法院作为常设性司法机构，相比于临时法庭，其裁判相对稳定和确定；最后，国际法院的判决被普遍认为对于解释和适用国际法具有权威性。[3]

但同时也可以注意到，国际法院审理的案件数量并不多。[4]国家之所以

---

［1］ Dispute concerning Delimitation of the Maritime Boundary between Mauritius and Maldives in the Indian Ocean (Mauritius/Maldives), Preliminary Objections, Judgment of 28 January 2021, International Tribunal for the Law of the Sea, para. 166.

［2］ Robert Kolb, *The Elgar Companion to the International Court of Justice*, Edward Elgar, 2014, p. 259.

［3］ Yushifumi Tanaka, *The Peaceful Settlement of International Disputes*, Cambridge University Press, 2018, pp. 129-130.

［4］ Available at https://www.icj-cij.org/list-of-all-cases, last visited on May 30, 2023.

采取相对消极的态度，取决于各国和个案的情况，主要原因可能包括：其一，司法解决存在败诉的可能性，所以部分国家会选择搁置争端，或者诉诸更容易达成妥协的谈判等政治方法；其二，部分国际法规则不明确或者判例不足，法官在审理案件时法律思维方式具有多样性，使当事方可能难以预见案件审理的结果；其三，国际诉讼需要消耗大量的精力、时间和经费，可能对国家尤其是发展中国家造成负担。[1]这表明司法解决仍然是一种例外，多数国际争端仍然是通过政治等其他方法解决，很多国家希望能够控制争端解决，尤其是涉及其重要利益时。因此，除了应当关注如何提高国际法院在争端解决中的作用之外，还应当意识到，并不是所有的争端都适合通过司法解决，不能忽视政治方法在国际争端解决中的作用和优点。[2]

---

[1] [日] 杉原高嶺：《国际司法裁判制度》，王志安、易平译，中国政法大学出版社2007年版，第164~165页。
[2] [英] J. G. 梅里尔斯：《国际争端解决》（第5版），韩秀丽等译，法律出版社2013年版，第206~207页。

领域篇

第三章

海洋争端解决机制

国际法规则的效力根本上依赖于国际争端解决的有效机制的存在。[1]在海洋领域，这一判断同样正确。然而，海洋法虽是国际法最古老的部门之一，但有关争端解决的原则和方法的发展却主要是第三次联合国海洋法会议（1973~1982 年）的成果。第三次联合国海洋法会议通过了 1982 年《联合国海洋法公约》（United Nations Convention on the Law of the Sea），公约规定了一套完整的、具有强制性的争端解决机制，在主要以"国家同意"为原则的国际争端解决领域别具特色。

第一节 海洋争端解决机制概述

《联合国海洋法公约》被誉为"海洋宪章"（a Constitution for the Oceans），这意味着公约基本上涵盖了国际海洋法领域的全部问题。而公约第 15 部分所规定的争端解决程序对于作为一揽子协议的公约来讲至关重要。因为公约的争端解决机制是用来解决"有关本公约的解释和适用"的争端的，当然对公约的完整性等会产生重要影响。此外，《联合国海洋法公约》是当今世界最普遍的国际公约之一，其缔约国为 169 个。[2]因此，海洋争端解决机制一般指的是《联合国海洋法公约》的争端解决机制。不过，海洋争端解决机制并非

---

[1] Yoshifumi Tanaka, *The International Law of the Sea*, Cambridge University Press, 2019, p. 493.
[2] 有关公约的缔约国情况，参见 https://treaties.un.org/Pages/ViewDetailsIII.aspx? src=TREATY& mtdsg_ no=XXI-6&chapter=21&Temp=mtdsg3&clang=_ en，最后访问日期：2023 年 6 月 23 日。

国际争端解决

发源于《联合国海洋法公约》,而是在第一次联合国海洋法会议上已经出现。因此,本书将首先对海洋争端解决机制的历史发展进行介绍。

一、海洋争端解决机制的历史发展

在《联合国海洋法公约》通过之前,海洋争端解决机制在此前的海洋法编纂活动中也被涉及。不过并非从最初的编纂活动开始,海洋争端解决机制就被当作是一个重要的议题。这似乎证明海洋争端解决机制只是在第二次世界大战后才逐渐得到应有的重视。

第一次重要的政府间海洋法编纂活动——1930年国际法编纂海牙会议(1930 Hague Conference for the Codification of International Law)——并未涉及争端解决问题,似乎证明争端解决机制在当时尚未受到足够重视。[1]这一判断被1958年的第一次联合国海洋法会议所印证。因为在此次会议上,争端解决问题同样没有受到应有的重视。[2]

第一次联合国海洋法会议有86个国家参加,成功地通过了四项海洋法公约[3]。其中只有《公海捕鱼及养护生物资源公约》(Convention on Fishing and Conservation of the Living Resources of the High Seas)规定了一定的争端解决程序。该公约第9条规定,当国家之间发生第4条至第8条规定范围内的争端时,除各方同意以《联合国宪章》第33条所规定的其他和平方法求得解决外,经任何一方请求,应提交5人特设委员会解决。特设委员会的委员应由争端当事国在提请解决之时起3个月内协议指派,并指定其中一人为主席。如果未能达成协议,委员人选应由联合国秘书长依据当事国的请求,另于3个月期间内与争端当事国以及国际法院院长及联合国粮食及农业组织干事长咨商后,视所需解决的争端的性质,在当事国国民之外的渔业、法律、行政或科学问题专家中指派。委员会应自行规定议事程序,确保当事各方均有充

---

〔1〕 1930年国际法编纂海牙会议在海洋法方面主要讨论的议题是领水,其中最重要的两个方面是沿海国对领海的权利以及领海的宽度。

〔2〕 A. E. Boyle, "The International Tribunal for the Law of the Sea and the Settlement fo Disputes", in Joseph J. Norton et al. eds., *The Changing World of International Law in the Twenty-first Century: A Tribute to the Late Kenneth R. Simmonds*, Kluwer Law International, 1998, p. 102.

〔3〕 日内瓦海洋法四公约是《领海及毗连区公约》(Convention on the Territorial Sea and the Contiguous Zone)、《公海公约》(Convention on the High Seas)、《公海捕鱼及养护生物资源公约》和《大陆架公约》(Convention on the Continental Shelf)。

分陈述及申辩的机会。特设委员会除于必要时决定展缓不超过 3 个月的期限外，应于成立之日起 5 个月内作出裁决，但展期以不超过 3 个月为限。特设委员会的裁决以过半数可决票通过。根据该公约第 11 条，特设委员会的裁决对当事国有拘束力。另外，依据该公约第 19 条，缔约国不得对争端解决的条款提出保留。

此外，第一次联合国海洋法会议通过了一项任择议定书，对争端解决机制进行了比较全面的规定。1958 年《关于强制解决争端的任择签字议定书》（Optional Protocol of Signature concerning the Compulsory Settlement of Disputes）第 1 条规定：任何海洋法公约之解释或适用所引起之争端均属国际法院强制管辖范围，因此，争端之任何一造如系本议定书之当事国，得以请求书将争端提交国际法院。可见，议定书适用于四项海洋法公约，并授予国际法院以对四公约的解释或适用的争端的强制管辖。不过，在当事一方认为已有争端存在并通知对方后 2 个月内，可以协议将争端提交仲裁法庭；[1]或采用调解程序，调解委员会应该在 5 个月内作出建议，但若争端各方在 2 个月内不予接受，任何一方得将争端提交国际法院。[2]然而，自议定书通过以来，从未有争端被诉诸该议定书中的程序的例子。

虽然这些争端解决规定在实践中并未发挥多大作用，但无疑为后来 1982 年公约的相关谈判提供了一些重要的指引。[3]其一，《公海捕鱼及养护生物资源公约》规定的"除各方同意以《联合国宪章》第 33 条所规定的其他和平方法求得解决外"，似乎是《联合国海洋法公约》中争端各方自行选择的方法优先的规定的前身；其二，《公海捕鱼及养护生物资源公约》规定的特设委员会可以看作是《联合国海洋法公约》的特别仲裁的前身；其三，《关于强制解决争端的任择签字议定书》规定的强制管辖似乎为《联合国海洋法公约》的"导致有拘束力裁判的强制程序"做好了铺垫。

1960 年的第二次联合国海洋法会议讨论的是第一次联合国海洋法会议的未尽事宜，主要是领海宽度和渔区的问题，会议未涉及争端解决问题。第三次联合国海洋法会议通过的《联合国海洋法公约》是一个名副其实的综合性

---

[1] 参见 1958 年《关于强制解决争端的任择签字议定书》第 3 条。
[2] 参见 1958 年《关于强制解决争端的任择签字议定书》第 4 条。
[3] 高健军：《〈联合国海洋法公约〉争端解决机制研究》（修订版），中国政法大学出版社 2014 年版，第 3 页。

海洋法公约，该公约规定了迄今为止最复杂和最详细的国际争端解决机制。[1]

在公约的谈判过程中，争端解决机制从一开始就是受到高度关注的问题，也被视为是最后将达成的一揽子协议中必要的组成部分。随着谈判的推进，争端解决机制问题甚至成为许多实体问题达成的前提。正如第三次联合国海洋法会议第一任主席汉密尔顿·希雷利·阿梅拉辛格（Hamilton Shirely Amerasinghe）所言：争端解决机制是必须达成的脆弱的妥协平衡的支点。[2]

因此，会议于1975年形成了争端解决工作组（Working Group on the Settlement of Disputes）。1975年大会主席在《非正式单一协商案文》（Informal Single Negotiating Text）第四部分中提出了在工作组工作的基础上形成的争端解决规定。后来根据与会国的意见以及会议其他有关实体问题的谈判情况，对《非正式单一协商案文》中的争端解决规定进行了多次修改，最终形成了《联合国海洋法公约》的争端解决机制。

二、《联合国海洋法公约》争端解决机制的基本框架

1982年《联合国海洋法公约》包括320个条款和11个附件，由于其中的许多条款是国家间利益的复杂平衡，在解释和适用时可能存在不确定性。而争端解决机制正是保证公约稳定性和完整性的关键。[3]《联合国海洋法公约》第15部分题为"争端的解决"，其对争端解决机制进行了全面规定。第15部分由三节组成，第一节"一般规定"主要是对用争端各方选择的和平方法解决争端和公约规定的争端解决机制之间的关系进行了规定。

（一）和平解决国际争端的原则

《联合国海洋法公约》第280条规定："本公约的任何规定均不损害任何缔约国于任何时候协议用自行选择的任何和平方法解决它们之间有关本公约的解释或适用的争端的权利。"这意味着争端各方有权自行选择和平方法解决争端，而不是必须选用公约的争端解决程序。公约对缔约国自治权的强调与

---

[1] John E. Noyes, "Compulsory Third-Party Adjudication and the 1982 United Nations Convention on the Law of the Sea", *Connecticut Journal of International Law*, Vol. 4, 1989, p. 675.

[2] A/CONF. 62/WP. 9/ADD. 1, 31 Mar. 1976, para. 6.

[3] Yoshifumi Tanaka, *The International Law of the Sea*, Cambridge University Press, 2019, *p*. 494.

一般国际实践相符，而且毫无争议。[1]在可选用的具体方法方面，公约第279条规定，"各缔约国应……以《宪章》第三十三条第一项所指的方法求得解决"。《联合国宪章》第33条第1项规定的方法包括谈判、调查、调停、和解、公断、司法解决、区域机关或区域办法之利用，或各该国自行选择之其他和平方法。也就是说，《联合国海洋法公约》的缔约国可选用的和平方法并不受限。

该公约第281条第1款又对争端各方在争端未得到解决时所适用的程序进行了规定："作为有关本公约的解释或适用的争端各方的缔约各国，如已协议用自行选择的和平方法来谋求解决争端，则只有在诉诸这种方法而仍未得到解决以及争端各方间的协议并不排除任何其他程序的情形下，才适用本部分所规定的程序。"这意味着，当事方自行选择的方法优于公约的争端解决程序。由此可以说，公约争端解决机制背后的指导原则是确保用和平方法使有关公约的解释或适用的争端得到解决，而至于是否使用公约规定的解决方法则并非关键所在。[2]

该公约第282条也预期了解决争端的替代手段。如果公约的缔约各国已通过一般性、区域性或双边协定或以其他方式协议，将有关公约解释和适用的争端提交导致有拘束力裁判的程序，则该程序应代替公约规定的程序而适用，除非争端各方另有协议。当然，如果一般性、区域性或双边协议没有提供产生具有拘束力的裁判的机制，则不能代替公约的争端解决机制。

鉴于公约的缔约国可以通过自行选择的和平方法来解决争端，该公约第283条要求"争端各方应迅速就以谈判或其他和平方法解决争端一事交换意见"。关于交换意见的义务的性质，有学者认为第283条为当事国设置了谈判的义务。[3]不过，在2015年的"查戈斯海洋保护区（Chagos Marine Protected Area）仲裁案"中，根据公约附件七建立的仲裁庭认为："第283条要求当事方对于解决争端的方式交换意见。该条不要求当事方事实上进行谈判或开展

---

[1] [英]J. G. 梅里尔斯：《国际争端解决》（第5版），韩秀丽等译，法律出版社2013年版，第214页。

[2] 高健军：《〈联合国海洋法公约〉争端解决机制研究》（修订版），中国政法大学出版社2014年版，第12~13页。

[3] 高健军：《〈联合国海洋法公约〉争端解决机制研究》（修订版），中国政法大学出版社2014年版，第176页。

其他形式的和平解决争端的活动。从文本结构来看，本仲裁庭认为第283条不能被理解为对争端实质问题进行谈判的义务。"[1]由此可见，第283条应该只是要求争端各方不拒绝进行外交接触，以找到各方都能接受的争端解决方法，而非要求当事方必须通过谈判的方式解决争端。

（二）导致有拘束力裁判的强制程序

《联合国海洋法公约》第15部分第2节"导致有拘束力裁判的强制程序"共11条，主要规定了四种导致有拘束力裁判的强制程序。这种所谓"自助餐"的模式主要由第三次联合国海洋法会议上的激烈争议造就。当时，许多欧洲国家和一些拉丁美洲国家支持通过国际法院解决海洋法的争端。但是，由于1960年的"西南非洲案"和1961年的"北喀麦隆案"，发展中国家对国际法院极其不信任，它们主张建立一个新的海洋法的法庭。而法国和一些东欧国家则指出它们只能接受特别仲裁（special arbitration）这种第三方争端解决方式。因此，第287条规定是妥协的产物，意图通过提供选择性达到各方满意。这一规定又被称为"蒙特勒方案"（Montreux formula），因为这是第三次联合国海洋法会议上工作组在蒙特勒的会议上提出的方案。

具体来说，《联合国海洋法公约》第287条第1款规定："一国在签署、批准或加入本公约时，或在其后任何时间，应有自由用书面声明的方式选择下列一个或一个以上方法，以解决有关本公约的解释或适用的争端：（a）按照附件六设立的国际海洋法法庭；（b）国际法院；（c）按照附件七组成的仲裁法庭；（d）按照附件八组成的处理其中所列的一类或一类以上争端的特别仲裁法庭。"这四种程序在公约争端解决机制中处于平等的地位，完全取决于缔约国的选择。

不过，"如果争端各方未接受同一程序以解决这项争端，除各方另有协议外，争端仅可提交附件七所规定的仲裁"。[2]这意味着，附件七仲裁是第287条的"剩余方法"，因此附件七仲裁具有强制性。

（三）适用导致有拘束力裁判的强制程序的限制和例外

《联合国海洋法公约》第15部分第3节题为"适用第2节的限制和例

---

〔1〕 Chagos Marine Protected Area（Mauritius v. United Kindom），Award of 18 Mar. 2015，para. 378.

〔2〕 《联合国海洋法公约》第287条第5款。

外"，主要是将某些争端排除出导致有拘束力裁判的强制程序之外，这当然是为了使强制争端解决机制获得普遍接受而付出的代价。[1]

《联合国海洋法公约》第297条主要规定了适用导致有拘束力裁判的强制程序的两项限制。第一项限制是某些情形所引起的海洋科学研究的规定在解释或适用上的争端。主要包括沿海国按照第246条对专属经济区内和大陆架上的海洋科学研究行使权利或斟酌决定权，和沿海国按照第253条决定命令暂停或停止一项专属经济区或大陆架上的海洋科学研究计划。第二项限制是沿海国有关其对专属经济区内生物资源的主权权利或此项权利的行使的争端，包括关于其对决定可捕量、其捕捞能力、分配剩余量给其他国家、其关于养护和管理这种资源的法律和规章中所制订的条款和条件的斟酌决定权的争端。

总之，有关专属经济区或大陆架的生物资源的捕捞和海洋科学研究问题不适用导致有拘束力裁判的强制程序。这两项限制反映了在专属经济区内或大陆架上的捕鱼和科学研究活动具有高度敏感性，因而沿海国要求对上述活动具有自由裁量权。[2]

然而，强制调解在两项限制方面发挥作用：其一，对专属经济区内和大陆架上的海洋科学研究问题，因进行研究国家指控沿海国对某一特定计划行使第246条和第253条所规定权利的方式不符合本公约而引起的争端，经任何一方请求，应按照附件五第2节提交调解程序；[3]其二，对关于渔业的规定在解释或适用上的争端，据指控有下列情事时，如已诉诸第1节而仍未得到解决，经争端任何一方请求，应将争端提交附件五第2节所规定的调解程序：①一个沿海国明显没有履行其义务，通过适当的养护和管理措施，以确保专属经济区内生物资源的维持不致受到严重危害；②一个沿海国，经另一国请求，对该另一国有意捕捞的种群，专断地拒绝决定可捕量及沿海国捕捞生物资源的能力；③一个沿海国专断地拒绝根据第62条、第69条和第70条以及该沿海国所制订的符合本公约的条款和条件，将其已宣布存在的剩余量

---

[1] 高健军：《〈联合国海洋法公约〉争端解决机制研究》（修订版），中国政法大学出版社2014年版，第291页。

[2] Yoshifumi Tanaka, *The International Law of the Sea*, Cambridge University Press, 2019, p. 506.

[3] 不过，根据《联合国海洋法公约》第297条，调解委员会对沿海国行使斟酌决定权指定第246条第6款所指特定区域，或按照第246条第5款行使斟酌决定权拒不同意，不应提出疑问。

的全部或一部分分配给任何国家。[1]

以上两点存在的明显区别是，针对渔业方面的强制调解，必须在诉诸第一节未解决的情况下才能进入调解程序，而对专属经济区内和大陆架上的海洋科研活动则无此限制。这应该是对沿海国渔业方面斟酌决定权的保护，而且《联合国海洋法公约》第297条第3款第（c）项还进一步规定"在任何情形下，调解委员会不得以其斟酌决定权代替沿海国的斟酌决定权"。

《联合国海洋法公约》第298条规定了适用导致有拘束力裁判的强制程序的任择性例外。所谓任择性例外，是指一国在签署、批准或加入公约时，或在其后任何时间，在不妨害根据第一节所产生的义务的情形下，可以书面声明对于三类争端的一类或一类以上，不接受第二节规定导致有拘束力裁判的强制程序。这三类争端分别是：其一，关于划定海洋边界的第15条、第74条和第83条在解释或适用上的争端，或涉及历史性海湾或所有权的争端；其二，关于军事活动，包括从事非商业服务的政府船只和飞机的军事活动的争端，以及根据第297条第2款和第3款不属法院或法庭管辖的关于行使主权权利或管辖权的法律执行活动的争端；其三，正由联合国安全理事会执行《联合国宪章》所赋予的职务的争端，但安全理事会决定将该事项从其议程删除或要求争端各方用本公约规定的方法解决该争端者除外。

对于第一类争端，存在启动强制调解的可能性。因为，《联合国海洋法公约》第298条第1款第（a）项第1目规定，如这种争端发生于本公约生效之后，经争端各方谈判仍未能在合理期间内达成协议，则作此声明的国家，经争端任何一方请求，应同意将该事项提交附件五第二节所规定的调解。帝汶海强制调解案即是根据上述规定提起强制调解的第一案。不过，如果必然涉及同时审议与大陆或岛屿陆地领土的主权或其他权利有关的任何尚未解决的争端，则不应提交调解程序。[2]

第二类争端其实涉及两种不同的情况：其一是军事活动的争端；其二是与沿海国在专属经济区内和大陆架上的某些执法活动。前者作为任择性例外主要是由于军事活动的高度政治性。[3]而后者仅限于沿海国在专属经济区内

---

[1] 参见《联合国海洋法公约》第297条第3款第（b）项。
[2] 参见《联合国海洋法公约》第298条第1款第（a）项第1目。
[3] See Natalie Klein, *Dispute Settlement in the UN Convention on the Law of the Sea*, Cambridge University Press, 2005, p. 280.

和大陆架上对渔业和海洋科学研究的管辖权有关的执法活动，这样缔约国的其他海上执法活动就不属于这项规定的"执法活动"的例外范畴。[1]

第三类争端是正由联合国安全理事会执行《联合国宪章》所赋予的职务的争端。将这类争端作为任择性例外，主要是为了避免公约的争端解决机制与安理会维持国际和平与安全的活动发生冲突。[2]

总之，《联合国海洋法公约》的争端解决程序对整个国际法的争端解决机制有着重要影响，其建立了综合争端解决的自愿程序和强制程序，突出特征是将强制性争端解决机制作为公约的整体不可分割的部分。与此同时，公约也通过"自助餐"的模式保证争端解决机制的灵活性。由于国际法院已由本书前章所介绍，本章仅将对"自助餐"中的国际海洋法法庭、附件七仲裁、附件八特别仲裁进行介绍。

第二节　国际海洋法法庭

国际海洋法法庭（International Tribunal for the Law of the Sea，ITLOS）是根据《联合国海洋法公约》建立的独立的司法机关。国际海洋法法庭始建于1996年，总部位于德国汉堡。国际海洋法法庭对与《联合国海洋法公约》的解释或适用有关的任何争端以及赋予法庭管辖权的任何其他协议中明确规定的所有事项具有管辖权。国际海洋法法庭所处理的争端可能涉及海洋划界、航行、海洋生物资源的养护和管理、海洋环境的保护和保全以及海洋科学研究等。

《国际海洋法法庭规约》（Statute of the International Tribunal for the Law of the Sea）规定于《联合国海洋法公约》附件六中，共41条。1997年，国际海洋法法庭通过了《国际海洋法法庭规则》（Rules of the International Tribunal for the Law of the Sea），此后分别在2001年3月、2001年9月、2009年3月、2018年9月、2020年9月、2021年3月对规则进行了修改。

在公约的导致有拘束力裁判的强制程序中，国际海洋法法庭和国际法院、

---

[1] 高健军：《〈联合国海洋法公约〉争端解决机制研究》（修订版），中国政法大学出版社2014年版，第319页。

[2] See Shabtai Rosenne & Louis B. Sohn eds., *United Nations Convention on the Law of the Sea* 1982: *A Commentary*, Vol. 5, Martinus Nijhoff Publishers, 1989, p. 138.

附件七仲裁法庭、附件八特别仲裁法庭居于同等的地位，而且并不是唯一有权解释《联合国海洋法公约》的机构。不过，在临时措施和迅速释放方面，公约将"剩余"（residual）强制管辖权授予了国际海洋法法庭。[1]

一、国际海洋法法庭的组织

（一）国际海洋法法庭的法官

国际海洋法法庭由独立法官21人组成。法官是从享有公平和正直的最高声誉，在海洋法领域内具有公认资格的人士中选出的。不过，法庭作为一个整体，应确保能代表世界各主要法系和公平地区分配。[2]为此，联合国大会确定了5个区域单位，分别是非洲、亚洲、拉丁美洲和加勒比、东欧、西欧和其他国家。每个区域单位应有至少3名法官，而法庭法官中不得有2人为同一国家的国民。[3]2009年，《联合国海洋法公约》第19次缔约国会议决定，从下次选举开始，国际海洋法法庭的组成如下：①来自非洲国家集团的5名成员；②亚洲国家集团5名成员；③东欧国家集团的3名成员；④拉丁美洲国家集团的4名成员；⑤西欧和其他国家集团的3名成员；⑥剩余1名成员来自非洲国家集团、亚洲国家集团、西欧和其他国家集团。另外，法庭应选举庭长和副庭长，任期3年，连选可连任。法庭还应任命书记官长。庭长和书记官长应驻在法庭所在地。[4]

法庭法官任期9年，连选可连任。[5]法官选举每3年进行一次，每次改选7名法官。[6]法庭法官的选举应以无记名投票进行。每一缔约国可提名不超过2名候选人，法庭法官应从候选人名单中选出。选举应按各缔约国协议的程序举行。在该会议上，缔约国的2/3应构成法定人数。得票最多并获得出席并参加表决的缔约国2/3多数票的候选人应当选为法庭法官，但须这项

---

[1] 高健军：《〈联合国海洋法公约〉争端解决机制研究》（修订版），中国政法大学出版社2014年版，第71页。
[2] 参见《国际海洋法法庭规约》第2条。
[3] 参见《国际海洋法法庭规约》第3条。
[4] 参见《国际海洋法法庭规约》第12条。
[5] 参见《国际海洋法法庭规约》第5条。
[6] 根据《国际海洋法法庭规约》第5条，第一次选举选出的法官中，7人任期应为3年，另7人为6年。第一次选举选出的法庭法官中，谁任期3年，谁任期6年，应于该次选举完毕后由联合国秘书长立即以抽签方法选定。

多数包括缔约国的过半数。[1]

法庭法官不得执行任何政治或行政职务，或对任何与勘探和开发海洋或海底资源或与海洋或海底的其他商业用途有关的任何企业的任何业务有积极联系或有财务利益。法庭法官也不得充任任何案件的代理人、律师或辩护人。[2]法庭法官在执行法庭职务时，应享有外交特权和豁免。[3]法官的薪给、津贴和酬金，应免除一切税捐。[4]

(二) 国际海洋法法庭的组成

国际海洋法法庭审理案件时，所有可以出庭的法庭法官均应出庭，但须有选任法官 11 人才构成法庭的法定人数。[5]在法官的国籍方面，属于争端任何一方国籍的法庭法官，应保有其作为法庭法官参与的权利。如果在受理一项争端时，法庭上有属于当事一方国籍的法官，争端任何他方可选派一人为法庭法官参与。[6]不过，如果法官过去曾作为某一案件当事一方的代理人、律师或辩护人，或曾作为国内或国际法院或法庭的法官，或以任何其他资格参加该案件，则不得参与该案件的裁判。[7]

国际海洋法法庭允许存在专案法官。《国际海洋法法庭规约》规定，如果在审理一项争端时，法庭上没有属于当事各方国籍的法官，当事每一方均可选派一人为法庭法官参与。专案法官应符合《国际海洋法法庭规约》选任法官的条件，在与其同事完全平等的条件下参与裁判。[8]

国际海洋法法庭可以设立特别分庭来审理案件。特别分庭可分为三类：第一类是特定种类争端分庭；第二类是专案分庭；第三类是简易程序分庭。分庭作出的判决应视为法庭作出的判决。[9]特定种类分庭是国际海洋法法庭认为必要的情况下所设立的，由其选任法官 3 人或 3 人以上组成，处理特定

---

[1] 参见《国际海洋法法庭规约》第 4 条。
[2] 参见《国际海洋法法庭规约》第 7 条。
[3] 参见《国际海洋法法庭规约》第 10 条。
[4] 参见《国际海洋法法庭规约》第 18 条。
[5] 参见《国际海洋法法庭规约》第 13 条。
[6] 参见《国际海洋法法庭规约》第 17 条。
[7] 参见《国际海洋法法庭规约》第 8 条。
[8] 参见《国际海洋法法庭规约》第 17 条。
[9] 参见《国际海洋法法庭规约》第 15 条。

种类的争端的分庭。自成立以来，国际海洋法法庭设立过渔业争端分庭（Chamber for Fisheries Disputes）、海洋环境争端分庭（Chamber for Marine Environment Disputes）和海洋划界争端分庭（Chamber for Maritime Delimitation Disputes），上述分庭分别由 9 名、7 名和 11 名法官组成。分庭的设立显示了国际海洋法法庭对渔业争端、海洋环境争端和海洋划界争端的重视。

专案分庭指的是，国际海洋法法庭在当事各方的请求下，所设立的处理提交法庭的某一特定争端的分庭。值得注意的是，《国际海洋法庭规约》规定的是"法庭如经当事各方请求，应（shall）设立分庭"。[1]这意味着，法庭不应拒绝设立专案分庭。专案分庭的组成，应由法庭在征得当事各方同意后决定。[2]由此以来，法庭只能选举各方同意的法庭成员来组成分庭。在某种程度上讲，专案分庭制度是常设司法机构和临时仲裁法庭相竞争的产物，有时甚至被称为"法庭内的仲裁"。[3]不过围绕专案分庭制度也存在很多争议，包括专案分庭与法庭的司法性质不协调等。

简易程序分庭是为了迅速处理事务，国际海洋法法庭每年所设立的以其选任法官 5 人组成的分庭，该分庭以简易程序审讯和裁判争端。[4]简易程序分庭的法定人数为 3 人。为防止有法官不能参与工作而无法组成分庭，法庭应选出两名候补法官以接替不能参与某一特定案件的法官。[5]

简易程序分庭主要在临时措施和迅速释放的案件审理中使用。关于临时措施，《国际海洋法庭规约》第 25 条规定，如果法庭不开庭，或没有足够数目的法官构成法定人数，临时措施应由简易程序分庭加以规定。关于迅速释放，《国际海洋法庭规则》第 112 条规定，如果原告在申请书中要求由简易程序分庭审理，而且扣船国在收到申请书 5 日内通知法庭它同意这一要求，那么该案件就应由简易程序分庭审理。

（三）海底争端分庭

在第三次联合国海洋法会议上，各方普遍认为，正在讨论的关于国家管

---

[1] 参见《国际海洋法庭规约》第 15 条。

[2] 参见《国际海洋法庭规约》第 15 条。

[3] 高健军：《〈联合国海洋法公约〉争端解决机制研究》（修订版），中国政法大学出版社 2014 年版，第 80 页。

[4] 参见《国际海洋法庭规约》第 15 条。

[5] 参见《国际海洋法庭规约》第 15 条。

辖范围以外地区采矿活动的机制和制度需要得到解决争端规则的补充。会议的《非正式单一谈判案文》（1975年，第一部分）纳入了建立海底法庭（Seabed Tribunal）的想法。《非正式单一协商案文》第24条第1款规定，法庭是国际海底管理局的主要机构。第32至34条和第57至63条提出了由9名成员组成的法庭的结构及其管辖权。几个月后，《非正式单一协商案文》的第四部分纳入《国际海洋法法庭规约》，但是却没有澄清国际海洋法法庭与《非正式单一谈判案文》第一部分所提到的"法庭"的关系。

此后所进行的谈判显示出合并两个法庭的趋势，合并的动机是经济考虑。鉴于海底采矿已成为未来《联合国海洋法公约》案文草案的一部分，那么没有必要再设海底争端法庭。因此，海底争端法庭不再是国际海底管理局的机构，而成了国际海洋法法庭内的一个具有特殊地位的分庭，也可称为"法庭中的法庭"（a tribunal within the tribunal）。《联合国海洋法公约》中关于海底争端分庭和国际海洋法法庭之间关系的规定正反映了上述情况。

海底争端分庭由法官11人组成，法官是由国际海洋法法庭法官以过半数从法庭选任法官中选派的。在选出分庭法官时，应确保能代表世界各主要法系和公平地区分配。管理局大会可就这种代表性和分配提出一般性的建议。[1]不过，迄今为止管理局大会未曾就此提出建议。海底争端分庭的席位分配基本参照国际海洋法法庭的五大区域分配比例。[2]分庭法官应每三年改选一次，连选可连任一次。分庭应从其法官中选出庭长，庭长应在分庭当选的任期内执行职务。分庭组成所需的法定人数是7人。[3]

总之，海底争端分庭在国际海洋法法庭中处于特殊地位，它不同于后者所设立的其他分庭。有学者指出，《联合国海洋法公约》关于国际海洋法法庭的规定以国际法院为蓝本，但海底争端分庭却效仿欧洲法院。[4]导致这些差异的原因是海底争端分庭和管理局之间的密切联系。[5]从本质上讲，海底争

---

〔1〕 参见《国际海洋法法庭规约》第22条。

〔2〕 G Eiriksson, *The International Tribunal for the Law of the Sea*, Nijhoff The Hague, 2000, p. 69.

〔3〕 参见《国际海洋法法庭规约》第22条。

〔4〕 Tullio Treves, "The Jurisdiction of the International Tribunal for the Law of the Sea", in P. Chandrasekhara Rao & Rahmatullah Khan eds., *The International Tribunal for the Law of the Sea: Law and Practice*, Kluwer Law International, 2001, p. 124.

〔5〕 高健军：《〈联合国海洋法公约〉争端解决机制研究》（修订版），中国政法大学出版社2014年版，第117页。

端分庭是一个不受国际海洋法法庭支配的独立法庭,其具有特定的管辖区域和职能。[1]

二、国际海洋法法庭的管辖权

国际海洋法法庭的管辖权规定于《联合国海洋法公约》和《国际海洋法法庭规约》中。关于对事管辖权(jurisdiction ratione materiae),根据《联合国海洋法公约》第288条,国际海洋法法庭对于有关《联合国海洋法公约》的解释或适用的任何争端,以及对于按照与《联合国海洋法公约》的目的有关的国际协定向其提出的有关该协定的解释或适用的任何争端,应具有管辖权。而《国际海洋法法庭规约》又规定,法庭的管辖权包括按照本公约向其提交的一切争端和申请,和将管辖权授予法庭的任何其他国际协定中具体规定的一切申请。[2]迄今为止,共有10项将管辖权授予法庭的国际协定,比如《执行1982年〈联合国海洋法公约〉有关养护和管理跨界鱼类种群和高度洄游鱼类种群的规定的协定》。另外,如果同本公约所包括的主题事项有关的现行有效条约或公约的所有缔约国同意,则有关这种条约或公约的解释或适用的任何争端,可按照这种协定提交法庭。[3]对于法院或法庭是否具有管辖权如果发生争端,这一问题应由该法院或法庭以裁定解决。[4]

关于对人管辖权(jurisdiction ratione personae),根据《联合国海洋法公约》第291条的规定,国际海洋法法庭既对各缔约国开放,也应仅依本公约具体规定对缔约国以外的实体开放。《国际海洋法法庭规约》对缔约国以外的实体开放的情况进行了进一步规定,"对于第十一部分明文规定的任何案件,或按照案件当事所有各方接受的将管辖权授予法庭的任何其他协定提交的任何案件,法庭应对缔约国以外的实体开放"。[5]而根据《国际海洋法法庭规约》第37条,海底争端分庭应对各缔约国、管理局和第11部分第5节所指的实体开放。由此可见,国际海洋法法庭的当事方除缔约国外,还可能是国

---

[1] 屈广清、曲波主编:《海洋法》(第2版),中国人民大学出版社2011年版,第303页。
[2] 参见《国际海洋法法庭规约》第21条。
[3] 参见《国际海洋法法庭规约》第22条。
[4] 参见《联合国海洋法公约》第288条。
[5] 参见《国际海洋法法庭规约》第20条第2款。

际管理局或企业部、国营企业以及自然人或法人。[1]

关于国际海洋法法庭的咨询管辖权问题,似乎存在一些争议。《联合国海洋法公约》和《国际海洋法法庭规约》只规定了海底争端分庭的咨询管辖权。《联合国海洋法公约》第 191 条规定:"海底争端分庭经大会或理事会请求,应对它们活动范围内发生的法律问题提出咨询意见。这种咨询意见应作为紧急事项提出。"《国际海洋法法庭规约》第 40 条第 2 款规定,分庭在执行其有关咨询意见的职务时,应在其认为可以适用的范围内,受本附件中关于法庭程序的规定的指导。然而,《国际海洋法法庭规则》里规定了全庭的咨询管辖权问题。《国际海洋法法庭规则》第 138 条第 1 款规定:"如果与公约宗旨有关的国际协定明确规定向法庭提交征求咨询意见的请求,法庭可以就法律问题发表咨询意见。"众所周知,国际海洋法法庭在 2015 年 4 月 2 日的咨询意见中也提出了一个有争议的结论,即国际海洋法法庭在一些情况下也具有咨询管辖权。[2]

尽管国际海洋法法庭有权制定自己的规则,但如果《联合国海洋法公约》本身,包括其《国际海洋法法庭规约》,没有确立国际海洋法法庭作为一个正式法庭发表咨询意见的权限,《国际海洋法法庭规则》第 138 条第 1 款就会有问题。[3]尽管根据《国际海洋法法庭规约》第 16 条,"法庭应制订执行其职务的规则。法庭应特别订立关于其程序的规则",但是这并不意味着法庭有权通过《国际海洋法法庭规则》赋予自己比《联合国海洋法公约》设想的更广泛的权力。[4]

海底争端分庭的管辖权分为诉讼管辖权和咨询管辖权。海底争端分庭的诉讼管辖权是强制性的。《联合国海洋法公约》第 287 条规定:"1. 一国在签署、批准或加入本公约时,或在其后任何时间,应有自由用书面声明的方式选择下列一个或一个以上方法,以解决有关本公约的解释或适用的争端……

---

[1] 参见《联合国海洋法公约》第 187 条。

[2] See Request for an advisory opinion submitted by the Sub-Regional Fisheries Commission (SRFC), Advisory Opinion of ITLOS, 2 Apr. 2015.

[3] Patibandla Chandrasekhara Rao, International Tribunal for the Law of the Sea (ITLOS), Article last updated in March 2011, Max Planck Encyclopedia of Public International Law (MPEPIL), para. 14.

[4] T Ruys and A Soete, "'Creeping' Advisory Jurisdiction of International Courts and Tribunals? The-Case of the International Tribunal for the Law of the Sea", *Leiden Journal of International Law*, Vol. 29, 2016, p. 159.

2. 根据第1款作出的声明，不应影响缔约国在第十一部分第五节规定的范围内和以该节规定的方式，接受国际海洋法法庭海底争端分庭管辖的义务，该声明亦不受缔约国的这种义务的影响。……"这意味着，凡是《联合国海洋法公约》的缔约国，对于海底争端，如果没有能够以自己选择的和平方法解决争端，争端任何一方可将该项争端提交海底争端分庭，而不需要征得争端他方的同意。

在对人管辖权方面，根据《联合国海洋法公约》第187条，海底争端分庭的当事方包括公约的缔约国、国际海底管理局和企业部、自然人或法人。这意味着海底争端分庭在国际司法机构中对人管辖权包括的当事方种类最多。

在对事管辖权方面，根据《联合国海洋法公约》第187条，海底争端分庭对有关"区域"（the Area）内活动的争端有管辖权。具体包括以下几类：①缔约国之间关于本部分及其有关附件的解释或适用的争端；②缔约国和管理局互相指控对方的行为或不行为违反公约第11部分或有关附件或按其制定的规则、规章或程序的争端，或管理局的行为据指控逾越其管辖权或滥用权力的争端；③作为合同当事各方的缔约国、管理局或企业部、国营企业以及自然人或法人之间，对有关合同或工作计划的解释或适用；或合同当事一方在"区域"内活动方面针对另一方或直接影响其合法利益的行为或不行为的争端；④管理局和未来承包者之间关于订立合同的拒绝，或谈判合同时发生的法律问题的争端；⑤关于缔约国、国营企业、自然人或法人指控管理局由于行使权力不当给合同当事方造成损害应该负担赔偿责任的争端；⑥公约具体规定由海底争端分庭管辖的任何争端。[1]

不过，《联合国海洋法公约》对海底争端分庭的管辖权进行了一定的限制，根据该公约第189条的规定，海底争端分庭对管理局按照公约第11部分规定行使斟酌决定权应无管辖权；在任何情形下，均不应以其斟酌决定权代替管理局的斟酌决定权。海底争端分庭也不应该对管理局的任何规则、规章和程序是否符合本公约的问题表示意见，也不应宣布任何此种规则、规章和程序为无效。分庭在这方面的管辖权应限于就管理局的任何规则、规章和程序适用于个别案件将同争端各方的合同上义务或其在本公约下的义务相抵触的主张，就逾越管辖权或滥用权力的主张，以及就一方未履行其合同上义务或其

---

〔1〕参见屈广清、曲波主编：《海洋法》（第2版），中国人民大学出版社2011年版，第302页。

在本公约下的义务而应给予有关另一方损害赔偿或其他补救的要求,作出决定。

如前文所述,海底争端分庭拥有咨询管辖权,在国际海底管理局大会或理事会的请求下,应对它们活动范围内发生的法律问题提出咨询意见。与《国际法院规约》第 65 条规定国际法院得（may）发表咨询意见不同,《联合国海洋法公约》规定的是海底争端分庭应（shall）发表咨询意见。海底争端分庭在 2011 年咨询意见案中指出,其对是否发表咨询意见不具有自由裁量权。[1]

三、国际海洋法法庭适用的法律

根据《联合国海洋法公约》第 293 条,国际海洋法法庭与其他根据公约第 15 部分第 2 节具有管辖权的法院或法庭应适用的法律分为两类:一类是《联合国海洋法公约》和其他与公约不相抵触的国际法规则;另一类是如经当事各方同意,按照公允和善良的原则作出裁判。

《联合国海洋法公约》被称为"海洋宪章",这证明公约涉及面之广,处理问题之复杂。公约设立特定的争端解决机制是公约立法语言中的实质内容和意图实现一致和公平解释的保障。[2]因此,作为解决海洋法争端的专门法庭,国际海洋法法庭应适用《联合国海洋法公约》审理案件。

不过,由于公约处理的许多问题涉及激烈争议,或者是新出现的问题,所以公约是各种政治力量斗争妥协的产物,从而包含了许多不确定或不明确的条款。另外,国际海洋法法庭受理的案件范围不局限于解释或适用《联合国海洋法公约》的争端。[3]法庭还受理将管辖权授予法庭的任何其他国际协定中具体规定的一切申请和同公约所包括的主题事项有关的现行有效条约或公约的解释或适用的任何争端。因此,国际海洋法法庭还应适用其他与公约不相抵触的国际法规则。具体来说,国际海洋法法庭与国际法院一样,可以从国际条约、国际习惯、一般法律原则、司法判例即国际组织的决议中寻找或得到证明。[4]

---

[1] Request for an advisory opinion submitted by the Sub-Regional Fisheries Commission (SRFC), Advisory Opinion of ITLOS, 2 Apr. 2015, paras. 47-48.

[2] Memorandum by the President of the Conference on document A/CONF. 62/WP. 9, 31 Mar. 1976, A/CONF. 62/WP. 9/ADD. 1, para. 6.

[3] 屈广清、曲波主编:《海洋法》（第 2 版）,中国人民大学出版社 2011 年版,第 294 页。

[4] 屈广清、曲波主编:《海洋法》（第 2 版）,中国人民大学出版社 2011 年版,第 294 页。

公允及善良原则指的是在公平和善意的基础上,即可以不严格依照国际法进行裁判。[1]不过,国际海洋法法庭适用公允及善良原则的前提条件是必须得到当事各方的同意,这种同意必须以明示的方式作出。

海底争端分庭适用的法律与国际海洋法法庭有所不同,除第293条的规定外,《国际海洋法法庭规约》第38条规定,海底争端分庭还应适用按照《联合国海洋法公约》制订的管理局的规则、规章和程序;和对有关"区域"内活动的合同的事项,适用这种合同的条款。海底争端分庭可适用法律相较于国际海洋法法庭的扩展主要是基于前者特殊的对人和对事管辖权范围。另外,规约将合同视为可适用的法律,可能令人产生怀疑,不过这主要是由于分庭根据《联合国海洋法公约》第187条对合同争议具有管辖权。

四、国际海洋法法庭的程序和裁判

(一) 程序的提起 (institution of proceedings)

根据《国际海洋法法庭规约》第24条,当事方可根据情况通过两种方式提起程序:一是将特别协定通知书记官长;二是将申请书送达书记官长。这两种方式均应载明争端事由和争端各方。书记官长收到特别协定或申请书后,应立即通知有关各方和所有缔约国。

对于以特别协定方式提起程序的,可由其中一方或双方通知书记官长。通知应负有特别协定原本或经核证的副本。如果协定没有明文规定,通知书还应叙明争端的确切事由,并指明争端当事各方。[2]

对于以申请书方式提起程序的,请求书应叙明请求方、被告方和争端事由,并应尽可能说明认为法庭有管辖权的法律理由,且应说明权利主张的确切性质以及权利主张所依据的事实和理由的简明陈述。[3]

(二) 书面程序 (written proceedings)

根据法庭庭长确定的各方意见,法庭应作出必要的命令,包括诉状的提交以及必须提交诉状的时限。每份书状的提交期限不得超过6个月。[4]诉讼

---

[1] 邵津主编:《国际法》(第4版),北京大学出版社、高等教育出版社2011年版,第14页。
[2] 参见《国际海洋法法庭规则》第55条。
[3] 参见《国际海洋法法庭规则》第54条。
[4] 参见《国际海洋法法庭规则》第59条。

书状包括当事各方的诉状、辩诉状，必要时的答辩状和复辩状，并包括所有作为佐证的文书和文件。诉讼书状应以英语、法语这两种法庭正式语文提交。

（三）初步审议（initial deliberations）

根据《国际海洋法法庭规则》第68条，在书面程序结束后和口头程序开始前，法庭应举行非公开会议，使法官能够就诉讼书状和案件的处理交换意见。这一规定与《国际法院规约》不同，后者并未规定初步审议，尽管实践中也进行类似的活动。

（四）口述程序（oral proceedings）

国际海洋法法庭在口述程序的主要任务是听取当事各方的代理人、律师、辅佐人，以及证人和专家的意见。[1]审讯应由国际海洋法法庭庭长主持，当庭长不能主持时，应由副庭长主持；庭长和副庭长均不能主持时，应由出庭法官中资深者主持。除非法庭另有决定或当事各方要求拒绝公众旁听，审讯应公开进行。[2]

当当事一方不出庭或对其案件不进行辩护时，他方可请求法庭继续进行程序并作出裁判，也应不妨碍程序的进行。不过，法庭在作出裁判前，必须不但查明对该争端确有管辖权，而且查明所提要求在事实上和法律上均确有根据。[3]2013年，荷兰诉俄罗斯的"北极日出号"（Arctic Sunrise）临时措施案就涉及俄罗斯不出庭的情况，当时国际海洋法法庭在命令中指出：不出庭的国家依然是诉讼当事方，具有相应的权利和义务。[4]

（五）附带程序（incidental proceedings）

《国际海洋法法庭规则》规定了六种附带程序：临时措施、初步程序、初步反对意见、反诉、参加以及停止。临时措施将在本书其他部分加以介绍，本部分仅介绍后五种附带程序。

---

〔1〕 参见《国际海洋法法庭规则》第44条。
〔2〕 《国际海洋法法庭规约》第26条。
〔3〕 参见《国际海洋法法庭规约》第28条。
〔4〕 The Arctic Sunrise Case (Kingdom of the Netherlands v. Russian Federation), Request for the Prescription of Provisional Measures, Order, ITLOS, 22 November 2013, para. 51.

1. 初步程序（preliminary proceedings）

初步程序是国际海洋法法庭特有的程序，《国际法院规约》并未规定该程序。初步程序是指，就《联合国海洋法公约》第297条所指争端向国际海洋法法庭提出的申请，应经一方请求决定，或由法庭自己主动决定，该项权利主张是否构成滥用法律程序，或者根据初步证明是否有理由。法庭如决定该项主张构成滥用法律程序或者根据初步证明并无理由，即不应对该案采取任何进一步行动。[1]

初步程序仅限于《联合国海洋法公约》第297条所指争端，该条即本书前文所述"适用第二节的限制"。初步程序既可由当事方请求进行，也可由国际海洋法法庭自主决定进行。如果法庭认为原告的主张构成滥用程序或根据初步证明并无理由，则应驳回原告的申请；而若相反，则应继续进行下一步的程序。公约的争端解决机制之所以规定初步程序，是因为沿海国担心它们可能被迫在国际法院或法庭上应对太多案件，而这将耗费其财政资源和人力资源，因此它们应当免受琐碎抱怨的骚扰。[2]

2. 初步反对意见（preliminary objections）

初步反对意见指被告方为阻止法庭就案件实质问题作出判决，以法庭没有管辖权或请求书不能被接受为理由提出反对意见。所以，这是争端当事一方拒绝法庭管辖权而采取的一种诉讼策略。[3]根据《国际海洋法法庭规则》第97条，初步反对意见分为两类：一类是针对法庭的管辖权（jurisdiction）；另一类是针对申请书的可受理性（admissibility）。初步反对意见主张应该在起诉后90日内提出。

书记官处收到初步反对意见主张后，对案件的审理应暂停，法庭或庭长应确定不超过60日的时限，另一方可在该时限内提出书面意见和诉讼主张。缔约国应规定一个不超过60日的期限，自收到此类意见和诉讼主张之日起不超过60日内，提出反对主张的一方可在法庭规定的期限内提交其书面意见和诉讼主张作为答复。[4]可见，提出初步反对意见主张的一方有两次提交书状

---

[1] 参见《联合国海洋法公约》第294条。

[2] 高健军：《〈联合国海洋法公约〉争端解决机制研究》（修订版），中国政法大学出版社2014年版，第194页。

[3] 屈广清、曲波主编：《海洋法》（第2版），中国人民大学出版社2011年版，第297页。

[4] 参见《国际海洋法法庭规则》第97条第3款。

的机会。

书面程序后,应进入口头程序,除非法庭另有决定。[1]实际上,这意味着法庭可以决定不进行口头程序。上述书面意见和诉讼主张,以及在听证会上提出的陈述和证据,应仅限于与反对有关的事项。[2]然而,在必要时,法庭可要求当事各方就所有法律和事实问题进行辩论,并援引与争议有关的所有证据。[3]法庭应以判决的形式作出决定。判决可能支持反对主张,或驳回反对主张,或宣布反对主张不具有完全初步的性质。[4]第一种情况下程序将终止,后两种情况下将继续进行实质问题的程序。

3. 反诉(counter-claims)

反诉是当事一方针对当事另一方对自己的诉讼而向其提出的诉讼。[5]在国际海洋法法庭提起反诉的主要规定有:其一,一方当事人所提起的反诉与另一方当事人的请求标的直接相关,并且属于国际海洋法法庭的管辖范围;其二,反诉应在提出反诉的一方的辩诉状中提出,并应构成其诉讼主张的一部分;其三,如果对以反诉方式提出的问题与另一方请求标的之间的联系有疑问,法庭应在听取各方意见后,决定是否将所提问题并入原程序。[6]

4. 参加(intervention)

《国际海洋法法庭规约》规定了两种参加制度,就如同《国际法院规约》那样,它们有时被分别称为"许可方式的参加"和"权利方式的参加"。[7]"许可方式的参加"主要指的是一个缔约方如认为任何争端的裁判可能影响该缔约方的法律性质的利益,可向法庭请求准许参加。此项请求应由法庭裁定。如果请求参加获准,法庭对该争端的裁判,应在与该缔约方参加事项有关的范围内,对参加的缔约方有拘束力。[8]"权利方式的参加"指的是,无论何时,如对《联合国海洋法公约》的解释或适用产生疑问,书记官长应立即通

---

[1] 《国际海洋法法庭规则》第 97 条第 4 款。
[2] 《国际海洋法法庭规则》第 97 条第 5 款。
[3] 《国际海洋法法庭规则》第 97 条第 5 款。
[4] 参见《国际海洋法法庭规则》第 97 条第 6 款。
[5] 屈广清、曲波主编:《海洋法》(第 2 版),中国人民大学出版社 2011 年版,第 297 页。
[6] 参见《国际海洋法法庭规则》第 98 条。
[7] 高健军:《〈联合国海洋法公约〉争端解决机制研究》(修订版),中国政法大学出版社 2014 年版,第 106 页。
[8] 参见《国际海洋法法庭规约》第 31 条。

知所有缔约方；无论何时，如依照《联合国海洋法公约》附件六第 21 条或第 22 条对一项国际协定的解释或适用产生疑问，书记官长应通知该协定的所有缔约方。每一缔约方均有参加程序的权利。如该方行使此项权利，判决书中所作解释即对该方同样地有拘束力。[1]

5. 停止（discontinuance）

停止是指当事各方在法庭作出终局判决前主动要求停止诉讼，从而使案件从案件总表中注销。[2]《国际海洋法法庭规则》规定了两种停止。第一种是协议停止。如果在对案件作出最终判决之前的任何时候，双方共同或单独书面通知法庭，他们已同意停止诉讼；或如果当事各方因达成争端解决方案而同意停止诉讼，法庭应将诉讼停止。[3]第二种是单方停止。如果在通过申请书提起的诉讼过程中，申请方以书面形式通知法庭其不继续进行诉讼，并且如果被申请方尚未在诉讼程序中采取任何步骤，则法庭应作出命令，正式记录诉讼程序的停止，并指示将该案件从案件总表中注销。[4]如果在收到停止通知时，被申请方已经在诉讼中采取了一些措施，则法庭应确定一个时限，在该时限内，被申请方可以陈述其是否反对停止诉讼。如果在期限届满前未提出异议，则推定为默许，法庭应作出命令，记录诉讼停止。如果提出异议，诉讼程序应继续进行。[5]由此可见，单方停止的申请人只能是案件的原告，而是否能停止的关键在于案件的被告是否同意。

（六）裁判

当口头程序结束后，法庭应休庭以考虑判决。[6]法庭的评议工作应秘密进行，并永远保密。[7]根据《国际海洋法法庭规约》第 29 条，判决的一切问题应由出庭的法官的过半数决定。如果票数相等，庭长或代理庭长职务的法庭法官应投决定票。判决书应叙明其所根据的理由，应载明参与判决的法庭法官姓名。如果判决书全部或一部不能代表法庭法官的一致意见，任何法官

---

[1] 参见《国际海洋法法庭规约》第 32 条。
[2] 屈广清、曲波主编：《海洋法》（第 2 版），中国人民大学出版社 2011 年版，第 298 页。
[3] 参见《国际海洋法法庭规则》第 105 条。
[4] 参见《国际海洋法法庭规则》第 106 条第 1 款。
[5] 参见《国际海洋法法庭规则》第 106 条第 2 款。
[6] 参见《国际海洋法法庭规则》第 88 条。
[7] 参见《国际海洋法法庭规则》第 42 条第 1 款。

均有权发表个别意见。判决书应由庭长和书记官长签名。判决书在正式通知争端各方后,应在法庭上公开宣读。[1]在裁判的确定性和拘束力方面,《国际海洋法法庭规约》规定,法庭的裁判是有确定性的,争端所有各方均应遵行。裁判除在当事各方之间及对该特定争端外,应无拘束力。对裁判的意义或范围发生争端时,经当事任何一方的请求,法庭应予解释。[2]

第三节 仲裁

《联合国海洋法公约》的争端解决机制所涉及的仲裁主要是两类:一类是公约附件七规定的仲裁;另一类是附件八规定的特别仲裁。当然,争端方也可根据公约第 15 部分第 1 节的有关规定,自愿选择公约以外的仲裁程序。本书仅就附件七仲裁和附件八特别仲裁进行介绍。

一、附件七仲裁

(一)概述

《联合国海洋法公约》第 15 部分"争端的解决"的第 2 节"导致有拘束力裁判的强制程序"的第 287 条规定了四种可选的争端解决程序,即所谓的"自助餐"模式。国家可以自由地从国际海洋法法庭、国际法院、仲裁法庭和特别仲裁法庭等四类程序中加以选择。然而,这种"自助选餐"的模式可能产生以下的情况:其一,争端双方均未对争端解决程序的选择作出声明;其二,争端双方均作出选择声明,但选择的情况不一致,如一方选择国际海洋法法庭,另一方选择仲裁法庭;其三,争端一方作出选择声明,而另一方未作出选择声明。对此,《联合国海洋法公约》第 287 条第 5 款规定:"如果争端各方未接受同一程序以解决这项争端,除各方另有协议外,争端仅可提交附件七所规定的仲裁。"由此可见,尽管争端程序的选择是"自助餐"模式,但是如果争端当事方未能自愿"选餐"或未能就"选餐"达成一致,则将导致仲裁程序的启动。这就是仲裁的强制性所在。

由此可见,为了防止争端解决机制被选择性地逃避,《联合国海洋法公

---

[1]《国际海洋法法庭规约》第 30 条。
[2]《国际海洋法法庭规约》第 33 条。

约》将仲裁程序作为所有选择的"剩余方法",即无论当事方是否作出选择声明,都将导致适用该公约附件七所规定的仲裁程序。由此,《联合国海洋法公约》附件七所规定的仲裁是具有强制性的,是与传统的国际仲裁所不同的。因为传统的国际仲裁的先决条件是当事方的合意,这种合意体现为事前协议或事后协议。然而,《联合国海洋法公约》所规定的仲裁只需经过当事一方的单方提起即可满足条件。"强制仲裁"不仅与传统的国际仲裁有着明显区别,似乎也与国际法的主流取向不相吻合——"采用强制性的争端解决机制并非国际法的特征,也非海洋法的特征。国家非常倾向于以政治方法解决分歧,或者倾向于基于同意的司法和仲裁"。[1]

(二) 附件七仲裁法庭的组成

《联合国海洋法公约》附件七第 3 条规定,除非争端各方另有协议,仲裁法庭应由仲裁员 5 人组成。联合国秘书长应编制并保持一份仲裁员名单。每一缔约国应有权提名 4 名仲裁员,每名仲裁员均应在海洋事务方面富有经验并享有公平、才干和正直的最高声誉。这样提名的人员的姓名应构成该名单。[2] 不过,争端当事方不一定从上述名单中选派仲裁员。

在选派仲裁员的程序方面,提起程序的一方应指派一人,最好从联合国秘书长编制并保持的名单中选派,并可为其本国国民。争端他方应在收到通知后 30 日内指派一名仲裁员,最好从名单中选派,并可为其国民。另三名仲裁员应由当事各方间以协议指派。他们最好从名单中选派,并应为第三国国民,除非各方另有协议。争端各方应从这三名仲裁员中选派一人为仲裁法庭庭长。如争端他方未在期限内作出指派,或者如果各方未在期限内就应以协议指派的仲裁法庭一名或一名以上仲裁员的指派达成协议,或未能就指派庭长达成协议,则提起程序的一方或争端一方,可请求由国际海洋法法庭庭长作出必要的指派,除非争端各方协议将指派交由争端各方选定的某一人士或第三国作出。如果庭长不能指派,或为争端一方的国民,这种指派应由可以担任这项工作并且不是争端任何一方国民的国际海洋法法庭年资次深法官作出。对于上述指派,应于收到请求后 30 日期间内,在与当事双方协商后,从

---

〔1〕 Natalie Klein, *Dispute Settlement in the UN Convention on the Law of the Sea*, Cambridge University Press, 2005, p. 349.

〔2〕《联合国海洋法公约》附件七第 2 条。

联合国秘书长编制并保持的名单中作出。这样指派的仲裁员应属不同国籍，且不得为争端任何一方的工作人员，或其境内的通常居民或其国民。[1]总之，为了确保公约规定的争端解决机制得以运行，附件七规定了一个有效的组建仲裁法庭的方法，并设定了严格的时间限制。根据附件七第3条，仲裁法庭最迟必须在原告提起程序后104日内组成，除非各方另有协议。[2]

（三）附件七仲裁法庭的仲裁程序

根据《联合国海洋法公约》第15部分的规定，附件七仲裁法庭的仲裁程序是由单方提起的，即"争端任何一方可向争端他方发出书面通知，将争端提交本附件所规定的仲裁程序。通知应附有一份关于其权利主张及该权利主张所依据的理由的说明"。[3]附件七未对仲裁法庭的程序进行详细规定，而只是将决定权交给仲裁法庭，"除非争端各方另有协议，仲裁法庭应确定其自己的程序，保证争端每一方有陈述意见和提出其主张的充分机会"。[4]

争端各方在仲裁程序开展方面也负有职责，主要是"应便利仲裁法庭的工作，特别应按照其本国法律并用一切可用的方法：向法庭提供一切有关文件、便利和情报；使法庭在必要时能够传唤证人或专家和收受其证据，并视察同案件有关的地点"。[5]附件七同样设想了争端方不到案的情况，其第9条规定，"如争端一方不出庭或对案件不进行辩护，他方可请求仲裁法庭继续进行程序并作出裁决。争端一方缺席或不对案件进行辩护，应不妨碍程序的进行。仲裁法庭在作出裁决前，必须不但查明对该争端确有管辖权，而且查明所提要求在事实上和法律上均确有根据"。

仲裁法庭所适用的法律与国际海洋法法庭一致。其裁决应以仲裁员的过半数票作出。不到半数的仲裁员缺席或弃权，应不妨碍法庭作出裁决，如果票数相等，庭长应投决定票。[6]仲裁法庭的裁决书应以争端的主题事项为限，并应叙明其所根据的理由。裁决书应载明参与作出裁决的仲裁员姓名以及作

---

〔1〕 参见《联合国海洋法公约》附件七第3条。
〔2〕 高健军：《〈联合国海洋法公约〉争端解决机制研究》（修订版），中国政法大学出版社2014年版，第129页。
〔3〕 《联合国海洋法公约》附件七第1条。
〔4〕 《联合国海洋法公约》附件七第5条。
〔5〕 《联合国海洋法公约》附件七第6条。
〔6〕 《联合国海洋法公约》附件七第8条。

出裁决的日期。任何仲裁员均可在裁决书上附加个别意见或不同意见。[1]除争端各方事前议定某种上诉程序外，裁决应有确定性，不得上诉，争端各方均应遵守裁决。[2]这意味着，如果争端各方事前约定的话，仲裁裁决可以不是终局的。

若争端各方之间对裁决的解释或执行方式有任何争议，则可由任何一方提请作出该裁决的仲裁法庭决定。为此目的，法庭的任何出缺，应按原来指派仲裁员的方法补缺。而且，任何这种争议，也可由争端所有各方协议，提交国际海洋法法庭、国际法院或附件八特别仲裁解决。[3]

总之，附件七仲裁是《联合国海洋法公约》争端解决机制的"剩余方法"。这种做法排除了当事国的自由意志，与其他基于当事国的自由选择的国际争端解决机制大相径庭。当然，并非所有的有关《联合国海洋法公约》的解释和适用的争端都可以诉诸争端解决程序。一些争端具有高度敏感性，而且《联合国海洋法公约》的实体规定又比较抽象，在第三次联合国海洋法会议上，许多国家拒绝将其作为《联合国海洋法公约》的争端解决机制所能适用的部分。由此，《联合国海洋法公约》在第15部分不得不规定了例外和限制。

二、附件八特别仲裁

《联合国海洋法公约》附件八所规定的特别仲裁，也是一种强制性的仲裁，只要争端一方提起程序，争端就应提交特别仲裁程序。附件八特别仲裁与附件七仲裁的主要区别是适用范围，附件八特别仲裁法庭仅限于以下几个方面的争端：渔业、保护和保全海洋环境、海洋科学研究和航行，包括来自船只和倾倒造成的污染的条文在解释或适用上的争端。[4]而除此之外，附件八对特别仲裁的规定基本上以附件七仲裁为蓝本。

（一）附件八仲裁法庭的组成

特别仲裁法庭一般由仲裁员五人组成。联合国粮食及农业组织、联合国环境规划署、政府间海洋学委员会和国际海事组织分别就渔业、保护和保全

---

[1] 《联合国海洋法公约》附件七第10条。
[2] 《联合国海洋法公约》附件七第11条。
[3] 参见《联合国海洋法公约》附件七第12条。
[4] 《联合国海洋法公约》附件八第1条。

海洋环境、海洋科学研究和包括来自船只和倾倒造成的污染在内的航行四个方面分别编制和保持专家名单。每个缔约国应有权在每一方面提名二名公认在法律、科学或技术上确有专长并享有公平和正直的最高声誉的专家。在每一方面这样提名的人员的姓名构成有关名单。[1]可见，特别仲裁法庭的仲裁员不一定是法律专家，而可能是在科学或技术上有专长的专家。另外，如同附件七仲裁一样，争端当事方不是必须从上述名单中选派仲裁员。

在选派仲裁员的程序方面，附件八特别仲裁基本类似于附件七仲裁。不过，也存在于下列区别。首先，附件八特别仲裁提起程序的一方应指派仲裁员二人，其中一人可为其本国国民。而附件七仲裁提起程序的一方应指派仲裁员一人，此人可为本国国民；其次，如果争端各方未能就指派庭长达成协议，经争端一方请求，附件八仲裁法庭的庭长应由联合国秘书长指派，而附件七仲裁法庭的庭长应由国际海洋法法庭庭长指派；再次，附件八特别仲裁的当事各方就指派庭长达成协议的期限是30日，附件七仲裁也是30日；最后，联合国秘书长从本项专家名单中进行指派时，要提前与争端各方和有关国际组织协商。而国际海洋法法庭庭长进行指派时，只需与争端各方协商。

（二）事实调查

除了进行仲裁外，特别仲裁法庭还可进行事实调查。根据《联合国海洋法公约》附件八，争端当事方可随时通过协议的方式请求特别仲裁法庭进行调查，以确定引起争端的事实。特别仲裁法庭对事实的认定，在争端各方之间应视为有确定性。这种实践是"有拘束力调查"（binding inquiry）的一个例子。而特别仲裁法庭可经争端当事方请求拟具建议，这种建议并无拘束力，而只构成有关各方对引起争端的问题进行审查的基础。[2]从特别仲裁法庭提出无拘束力建议的实践来看，这种调查又类似于调解。

附件七仲裁法庭并不具有事实调查的职能。这主要是因为，由于特别仲裁处理的争端往往涉及某些行为或事实是否存在的问题，需要运用科学的和客观的方法加以确定，因此特别仲裁法庭具有事实调查的特殊职能。[3]

---

[1] 参见《联合国海洋法公约》附件八第2条。
[2] 参见《联合国海洋法公约》附件八第5条。
[3] 参见高健军：《〈联合国海洋法公约〉争端解决机制研究》（修订版），中国政法大学出版社2014年版，第144页。

国际争端解决

第四节 临时措施和迅速释放

临时措施和迅速释放是两种不同的程序。根据《联合国海洋法公约》第290条，临时措施是在争端已经正式提交法院或法庭后，而该法院或法庭依据初步证明认为其根据该公约第15部分或第11部分第5节具有管辖权，该法院或法庭可在最后裁判前，规定其根据情况认为适当的任何临时措施，以保全争端各方的各自权利或防止对海洋环境的严重损害。根据《联合国海洋法公约》第292条，迅速释放是指如果缔约国当局扣留了一艘悬挂另一缔约国旗帜的船只，而且据指控，扣留国在合理的保证书或其他财政担保经提供后仍然没有遵从公约的规定，将该船只或其船员迅速释放，则释放问题可向争端各方协议的任何法院或法庭提出，如从扣留时起10日内不能达成这种协议，则除争端各方另有协议外，可向扣留国根据公约第287条接受的法院或法庭，或向国际海洋法法庭提出。一般来说，临时措施是一项附带程序，而迅速释放则是一项独立程序，它们所处理的也是不同的问题。不过，这两个问题也有一些相似之处。首先，临时措施和迅速释放所处理的事项都具有一定的紧迫性；其次，法庭或法院对临时措施和迅速释放的决定不影响其未来对实质问题的判决；最后，《联合国海洋法公约》把临时措施和迅速释放的剩余管辖权都授予了国际海洋法法庭。[1]

一、临时措施

目前，许多国际司法机构都有规定临时措施的职能。其中实践最为成熟的应为国际法院。不过，无论是《联合国海洋法公约》的相关规定，还是国际海洋法法庭或仲裁法庭的实践，都有与国际法院所不同之处。这主要由于国际海洋法法庭的特殊职能及其在《联合国海洋法公约》争端解决制度下的特殊地位。

---

[1] 参见高健军：《〈联合国海洋法公约〉争端解决机制研究》（修订版），中国政法大学出版社2014年版，第203页。

(一) 规定临时措施的条件

1. 管辖权

国际海洋法法庭或仲裁法庭在规定临时措施时，应首先确定其对争端具有初步管辖权，即"依据初步证明认为其根据本部分或第十一部分第五节具有管辖权"。[1]初步管辖权的司法实践主要是国际法院发展出来的，因此本部分不再赘述，不过，以下一点值得注意。

至今为止，国际海洋法法庭在所有的临时措施的命令中都裁定具有初步管辖权，这显示法庭设置了一个较低的初步管辖权门槛。[2]这主要是由于临时措施的紧迫性可能使得法庭无法对管辖权问题进行深入考虑，因此法庭常常以较低的标准处理初步管辖权问题，而以较高的标准处理实质问题管辖权问题。

2. 难以弥补的损害的危险

国际海洋法法庭或仲裁法庭指示临时的措施的另一项条件是存在难以弥补的损害的危险。与《国际法院规约》第41条第1款的规定不同，《联合国海洋法公约》所指的"难以弥补的损害的危险"应该分为两类：一类是针对争端各方的各自权利；另一类是针对海洋环境的严重损害。国际海洋法法庭在解释海洋环境的严重损害时，考虑到了预防原则，"麦氏金枪鱼案"的临时措施命令就体现了这点。[3]

3. 紧急性

临时措施规则的基本推定是，只有在紧急情况下才能援引这些规则。《联合国海洋法公约》设计的临时措施制度可能在紧急性方面较国际法院更复杂。因为涉及国际海洋法法庭及海底争端分庭及仲裁法庭规定临时措施的问题。根据《联合国海洋法公约》第290条第5款，"在争端根据本节正向其提交的仲裁法庭组成以前，经争端各方协议的任何法院或法庭，如在请求规定临时措施之日起两周内不能达成这种协议，则为国际海洋法法庭，或在关于'区

---

[1] 《联合国海洋法公约》第290条第1款。

[2] 参见高健军：《〈联合国海洋法公约〉争端解决机制研究》（修订版），中国政法大学出版社2014年版，第212页。

[3] See Southern Bluefin Tuna Cases (Australia v. Japan), Provisional Measures, ITLOS, Order of 27 August 1999.

域'内活动时的海底争端分庭……"这种安排主要就是由于临时措施的规定具有紧急性，而仲裁法庭的组成需要时间。因此，在很多情况下，本来提交仲裁法庭的争端是由国际海洋法法庭规定的临时措施。而《国际海洋法法庭规则》第89条规定："根据第290条第5款提出的关于规定临时措施的请求，还应说明将要组成的仲裁法庭具有管辖权和情形具有紧迫性的法律依据。"由此可见，国际海洋法法庭及海底争端分庭可能在一些情形下判定仲裁法庭是否对争端具有初步管辖权。当然，仲裁法庭组成后可以"对这种临时措施予以修改、撤销或确认"。[1]

(二) 临时措施的内容与效力

《联合国海洋法公约》第290条第3款规定："临时措施仅在争端一方提出请求并使争端各方有陈述意见的机会后，才可根据本条予以规定、修改或撤销。"这意味着，国际海洋法法庭或仲裁法庭不能主动提起临时措施程序，只有在争端一方提起的情况下才能行使其相应职权。

一般来说，如果临时措施的请求得到确认，被指控的行为将被暂停。不过，国际海洋法法庭或仲裁机构根据《联合国海洋法公约》第290条第1款的规定，可以"规定其根据情况认为适当的任何临时措施"。这意味着，法院或法庭对于临时措施的内容具有自由裁量权。《国际海洋法法庭规则》第89条第5款进一步确认了这一点："当提出临时措施请求时，法庭可以规定与请求的措施完全或部分不同的措施。"

《国际法院规约》第41条未说明临时措施是否具有拘束力。然而，根据《联合国海洋法公约》作出的临时措施应该是具有拘束力的，因为《联合国海洋法公约》第290条第6款规定"争端各方应迅速遵从根据本条所规定的任何临时措施"，且《联合国海洋法公约》第296条第1款亦规定"根据本节具有管辖权的法院或法庭对争端所作的任何裁判应有确定性，争端所有各方均应遵从"。这体现了公约的起草者希望改进对海洋法争端具有管辖权的法院和法庭的权力，鉴于围绕国际法院的临时措施的拘束力存在争议。

尽管临时措施具有拘束力，但是临时措施是可修改或撤销的，只要"所根据的情况一旦改变或不复存在"。[2]这是由临时措施程序的特性所决定的。

---

[1] 参见《联合国海洋法公约》第290条第5款。

[2] 参见《联合国海洋法公约》第290条第2款。

另外,《国际海洋法法庭规则》第95条第1款规定,每一当事方应尽快将其遵守法庭规定的任何临时措施的情况通知法庭。特别是,每一当事方应提交一份初步报告,说明其为确保迅速遵守规定的措施而采取或拟采取的步骤。这一规定使当事方承担了提交报告的义务,以提高临时措施被遵守的可能性。这也与《国际法院规则》的规定有所不同,因为后者只规定法院得要求当事国提交与执行临时措施有关的情报。[1]

二、迅速释放

迅速释放程序起源于1973年提交给联合国海底委员会[2]的提议。当时,一些代表团提出建立200海里专属经济区。对此,美国和荷兰提议为船旗国引入两项保障措施。第一项是在公约中加入具体条款,规定在一定情况下立即释放在专属经济区被捕的船只;第二项是建立一个程序,由法院或法庭监督上述条款的适用。第三次联合国海洋法会议对上述提议进行了长时间的讨论,最后在《联合国海洋法公约》中吸纳了美国和荷兰的主张。

目前看来,公约所规定的迅速释放是一个非常独特的程序。其特点主要体现在以下几个方面:其一,该程序具有快速性。《联合国海洋法公约》第292条第3款规定,"法院或法庭应不迟延地处理关于释放的申请……"《国际海洋法法庭规则》第112条第1款也规定,法庭应较其审理的其他诉讼程序优先考虑释放船只或船员的申请。因此,迅速释放一般通过国际海洋法法庭简易程序分庭审理。其二,该程序具有独立性。迅速释放程序不依赖于《联合国海洋法公约》所规定的任何其他程序,也不是对国内法院决定的上诉或复审。其三,国际海洋法法庭对迅速释放的管辖权具有强制性。迅速释放程序不是《联合国海洋法公约》第15部分规定的导致有拘束力裁判的强制程序,但是国际海洋法法庭根据《联合国海洋法公约》第292条对迅速释放具有的管辖权具有强制性,不论当事国是否根据《联合国海洋法公约》第287条接受了法庭的管辖。

---

[1] 参见《国际法院规则》第78条。
[2] 联合国海底委员会,全称为"联合国和平利用国家管辖范围以外海床洋底委员会"。1969年2月成立,负责筹备第三次联合国海洋法会议,1973年12月第三次海洋法会议第一期会议开幕起宣告解散。

（一）迅速释放的实质条件

根据《联合国海洋法公约》第 292 条，提起迅速释放的申请应满足两项实质条件。

第一，迅速释放程序仅适用于扣留国没有遵从公约的规定，将该船只或其船员迅速释放的情况。迅速释放程序应该只针对被扣留船只或其船员的释放问题，而不能解决当事国之间的其他争端。而且，鉴于第 292 条规定了"没有遵从本公约的规定"，迅速释放程序也不应该适用于所有扣留船只的情况，而应针对的是《联合国海洋法公约》规定的迅速释放的情况。1997 年，国际海洋法法庭在"塞加号"（Saiga）案中指出，《联合国海洋法公约》有三个条款明确规定了迅速释放船只的情况，分别是第 73 条第 2 款、第 220 条第 6 款、第 220 条第 7 款，第 226 条第 1 款第 3 项也在某种程度上有所规定。[1] 有学者指出，迅速释放程序也适用于《联合国海洋法公约》第 216 条、第 218 条、第 219 条、第 220 条第 2 款和第 226 条第 1 款第 2 项。[2]

第二，迅速释放程序仅适用于有关船只及其/或船员处于扣留状态的情况，且作为被扣押船只船旗国的原告和作为扣留国的被告都是公约的缔约国。实践中，被扣留船只上的有关船员的扣留状态可能是存在争议的，一般是逐案判断，关键的因素可能是船员的护照被沿海国当局扣押。[3]

第三，迅速释放程序仅适用于已经提供了合理的保证书或其他财政担保的情况。《联合国海洋法公约》第 292 条第 1 款规定"在合理的保证书或其他财政担保经提供后"，其中的"合理"（reasonable）是在实践中存在争议的。在"卡莫库号"（Camouco）案中，国际海洋法法庭对于保证书或财政担保的合理性进行了分析，并列出了五个因素：其一，被控行为的严重性；其二，扣留国法所施加或正在施加的惩罚；其三，被扣船只的价值；其四，被扣货物的价值；其五，扣留国要求的保证数量和形式。[4] 不过，国际海洋法法庭在其他案件中指出这五项因素并非完全列举。而且法庭还强调，"对于各项因

---

[1] See the M/V Saiga (No. 1) case, ITLOS Reports 1997, p. 28.
[2] Yoshifumi Tanaka, *The International Law of the Sea*, Cambridge University Press, 2019, p. 532.
[3] Yoshifumi Tanaka, *The International Law of the Sea*, Cambridge University Press, 2019, p. 532.
[4] The Camouco Case, ITLOS Reports 2000, p. 31.

素的评价必须是客观的，要考虑当事方向法院提供的一切信息"。[1]然而在实践中，评估各种因素的工作非常复杂，比如被扣船只的价值就常常很难估算。

（二）迅速释放的程序条件

迅速释放的程序条件之一是由船旗国或以该国名义提出申请。《联合国海洋法公约》第292条规定"这种释放的申请，仅可由船旗国或以该国名义提出"，这实际上包含了两种情况，其一是由船旗国申请，其二是以该国的名义申请。这一规定使得私人当事人及其律师可在迅速释放程序中发挥作用。[2]《国际海洋法法庭规则》在船只和船员的迅速释放部分的第111条第2款规定，缔约国可在任何时候通知法庭：其负责授权个人根据《联合国海洋法公约》第292条以该国名义提出申请的国家机关。由此可见，缔约国确实可以授权相关个人以国家的名义提出迅速释放的申请。而原告负有证明其为船旗国的举证责任。

迅速释放的程序条件之二是扣留国和被扣留国从扣留时起10日内不能达成向任何法院或法庭提出申请的协议。一旦10日的期限超过，则除争端各方另有协议外，可向扣留国根据公约第287条接受的法院或法庭，或向国际海洋法法庭提出。10日的期限确保能够迅速对于被扣留的船舶和船员采取行动，也能够使扣留国释放船舶和船员以防止争端被提交给法院或法庭。

总之，迅速释放程序试图在船旗国和扣留国的利益之间达成平衡，一方面避免长期扣押给船旗国的利益造成损失，另一方面，迅速释放程序也能保证作为扣留国的沿海国的利益，因为只有在提供合理的保证书或其他财政担保后，扣留国才有义务释放被扣船只和人员。而在实践中，《联合国海洋法公约》第292条所创造的全新程序已经在国际海洋法法庭审理的几个案件中取得了成功。大多数决定获得了绝大多数法官的同意。有迹象证明，援引《联合国海洋法公约》第292条可能使一些拘留国加快速度起诉外国船只及其/或船员。不过，需要注意的是，在某些情况下，船旗国在被扣留之前与船只、船员或捕鱼作业几乎没有联系，这可能涉及第292条第2款"以该国名义提出"的规定的有意扩大解释。

---

[1] The Monte Confurco case, ITLOS Reports 2000, p. 109.

[2] 高健军：《〈联合国海洋法公约〉争端解决机制研究》（修订版），中国政法大学出版社2014年版，第258页。

第五节　海洋争端解决机制评述

目前，鉴于《联合国海洋法公约》内容的全面性、缔约方的广泛性，海洋争端解决机制的主要渊源是《联合国海洋法公约》第15部分。《联合国海洋法公约》规定的争端解决机制颇为复杂且极具特点，而其原因在于各国在第三次联合国海洋法会议上的斗争和妥协。

一、海洋争端解决机制的特点

《联合国海洋法公约》的争端解决机制呈现以下主要特点：整体上的强制性、解决方法上的选择性，以及适用范围上的不完整性。[1]

（一）整体上的强制性

首先，《联合国海洋法公约》的争端解决机制主要规定于该公约的第15部分，是公约整体上的组成部分。这与第一次联合国海洋法会议的成果形成鲜明对比。因为，1958年《关于强制解决争端的任择签字议定书》是独立于日内瓦海洋法四公约之外的，缔约国可以选择不加入议定书，因而不接受强制争端解决。然而由于《联合国海洋法公约》的争端解决机制是内嵌（built-in）的，缔约国必须接受公约的争端解决制度；其次，《联合国海洋法公约》整体上规定了导致有拘束力裁判的强制程序，这种强制性的争端解决机制恰好构成了"国际关系中的逆趋势"。[2]即与国家基于国家同意的原则解决争端的传统方法背道而驰。

（二）解决方法上的选择性

《联合国海洋法公约》创立了一套灵活的选择机制，尽管公约规定的是导致有拘束力裁判的强制程序，但是缔约国可以根据该公约第15部分的规定选择一种或多种争端解决方法。这是一种用来平衡自由选择方法原则和争端解

---

〔1〕 高健军：《〈联合国海洋法公约〉争端解决机制研究》（修订版），中国政法大学出版社2014年版，第7页。

〔2〕 Natalie Klein, *Dispute Settlement in the UN Convention on the Law of the Sea*, Cambridge University, 2005, p.349.

决强制程序的独特方法。[1]《联合国海洋法公约》第15部分规定了四种方法，缔约国可以从中自由选择，这就是所谓的"自助餐"（smorgasbord）模式。如此一来，公约保留了一定的灵活性以适应未来可能发生的不同种类的争端。

（三）适用范围上的不完整性

尽管《联合国海洋法公约》的本意是希望造就一套具有整体强制性的争端解决机制，但是围绕该问题的激烈斗争使得《公约》只能将强制性的范围加以限制。有学者将其称为"切火腿式"（salami-slicing）。[2]《联合国海洋法公约》第15部分第3节规定的"适用第二节的限制和例外"正为例证。在该节，包括海洋划界争端等高度敏感的问题被排除出公约的强制解决机制范围之外。

二、对海洋争端解决机制的评价

作为"切火腿式"的争端解决机制，《联合国海洋法公约》的本意是希望造就一套具有整体强制性的争端解决机制，但是，围绕该问题的激烈斗争使得公约只能将强制性的范围加以限制。另外，公约虽然使争端解决机制呈现出强制性，但是解决方法却存在选择性。因而公约的争端解决机制是在整体性与局限性、强制性与选择性之间摇摆的。

在强制性与选择性方面，公约所建立的强制性争端解决机制是争端解决机制发展中的重要一步。然而，公约争端解决机制并非全然为强制性，其还为国家留有了选择余地。正如前文所述，缔约国可以从国际法院、国际海洋法法庭、仲裁等选项中加以选择。但是，缔约国按照《联合国海洋法公约》第287条第1款作出选择是一回事，而最终争端是否能被其所选择的法庭审理则是另一回事。这种选择效果的不可控性或许是导致大多数国家尚未作出选择的一个原因。[3]

在整体性与局限性方面，《联合国海洋法公约》虽然被称作"海洋宪章"，

---

[1] Yoshifumi Tanaka, *The International Law of the Sea*, Cambridge University Press, 2019, p.494.

[2] 在英语中，Salami-Slicing 是一个具有贬义的词汇，指的是从各处切割一点，反反复复，在不引人注的情况下积少成多。Alan E. Boyle, "Dispute Settlement and the Law of the Sea Convention: Problems of Fragmentation and Jurisdiction", *International and Comparative Law Quarterly*, 1997, Vol. 46, p. 39.

[3] 高健军：《〈联合国海洋法公约〉争端解决机制研究》（修订版），中国政法大学出版社2014年版，第154页。

但却并非无所不包。第三次联合国海洋法会议上的激烈争议使得一些重要的问题被排除出公约的有拘束力的强制程序之外，诸如有关专属经济区或大陆架的生物资源的捕捞和海洋科学研究问题。另外，历史性海湾或所有权、军事活动、联合国安理会的执行活动等也不受公约的强制程序约束。由此可见，公约的意图是想达成一个具有整体性、强制性的争端解决机制，防止缔约国单方面解释或适用公约。然而，在国际政治的现实图景下，第三次联合国海洋法公约上的激烈争议使得公约未能达到如此目的。[1]

既然如此，国际社会应该认识和遵守的是有着众多限制和例外的公约，而非一个理想图景中的公约。不过，目前出现了包装争议以使其符合公约规定的现象。正如英国学者艾伦·博伊尔（Alan E. Boyle）所说，"怎样表述争议对法庭是否具有管辖权极为关键，重要的不是每个案件究竟涉及什么问题，而是如何表述这些问题。表述错误，案件就不属于强制管辖。相反，以不同方式表述同一案件，它就可能属于强制管辖"。[2]这种现象值得受到国际社会的警惕。

另外，值得一提的是，国际海洋法法庭的建立是公约的一大成就。国际海洋法法庭的判决在识别、解释和形成国际海洋法规则方面有重要意义。法庭的临时措施程序也在保护当事国利益之外，为海洋环境的保护提供了有效的法律工具。此外，海底争端分庭在海底活动方面发挥了重要的作用。国际海洋法法庭的当事方不限于国家，这应该归因于海洋活动，特别是海底活动参与方的多元化，这当然也为更多实体提供了权利保护的司法路径。

---

[1] Christine Chinkin, "Dispute Resolution and the Law of the Sea: Regional Problems and Prospects", in James Crawford & Dondald R. Rothwell eds., *The Law of the Sea in the Asian Pacific Region: Developments and Prospects*, The Netherlands: Martinus Nijhoff Publishers, 1995, p. 245.

[2] Alan E. Boyle, "Dispute Settlement and the Law of the Sea Convention: Problems of Fragmentation and Jurisdiction", *International and Comparative Law Quarterly*, Vol. 46, 1997, pp. 44-45.

第四章
人权争端解决机制

由于人权问题的特殊性与敏感性，目前国际人权争端解决领域并不存在一个拥有一般性管辖权的司法机构。同时，为保护国际人权以及解决侵犯人权的申诉，联合国层面和区域层面都对人权领域的争端解决进行了一系列创造性的实践探索。

国际层面的人权争端解决机制主要是指联合国在国际层面对于人权保护的探索。具体而言，目前拥有一般政治性机制，诸如联合国大会、联合国人权高级专员办事处的人权保护机制；联合国基于《联合国宪章》建立起的宪章机构；以及联合国基于国际性人权条约创立的条约机构等。

区域层面的人权争端解决机制主要是地区性的人权保护实践。其中最为典型的是欧洲地区对于人权保护的实践经验，其经过长期的实践建立起了较为完善的欧洲人权法院作为解决人权争端的司法机制。此外，美洲、非洲、亚洲、大洋洲等地区也对人权争端解决进行了具有地区特色的探索，例如美洲人权法院、非洲人权法院、东盟政府间人权委员会等。[1]地区性机制中的争端解决方法与全球性人权争端解决机制具有类似性，同样包括个人申诉、国家间指控等具体制度，但是由于区域内历史、政治、经济、文化的特殊性，其相较于国际规则又更加具体、保护标准更加统一。[2]

---

[1] 杨成铭："亚洲建立区域人权机制的路径与选择"，载《法学杂志》2012年第2期，第48页。

[2] 贺鉴："区域性人权保护制度与国际人权保护制度之比较"，载《河北法学》2005年第7期，第133页。

国际争端解决

第一节　全球性人权争端解决机制

经过联合国相关机构在人权保护领域多年的探索实践，联合国已建立起多种全球性人权争端解决机制。建立起了多种人权争端解决机制。其中最为典型的是依据《联合国宪章》建立起的宪章机构以及由独立专家委员会组成的10个人权条约机构。宪章机构包括人权理事会、特别程序、普遍定期审议制度和人权理事会授权的调查；条约机构主要负责监测核心国际人权条约的执行情况。[1]在联合国的实践之外，还有诸如国际法院、国际刑事法院等司法法庭可以受理人权领域的争端。其中国际刑事法院处理的案件主要涉及战争罪、种族灭绝罪和危害人类罪等，国际法院则处理国家之间有关人权争端的案件。

一、联合国主要机关

（一）联合国大会

联合国大会有权就人权问题发动研究并提供相应的建议，[2]人权议题也是联合国一直以来十分重要的议题之一。[3]首先，根据《联合国宪章》第13条的授权，联合国有权就其职权范围内的国际问题向各国提供建议。[4]自第一届会议以来，大会就曾介入和讨论会员国对侵犯人权的指控，通过了许多有关人权问题的决议和建议。[5]例如2020年联合国第75届大会上第三委员会通过了有关叙利亚、伊朗、朝鲜等国家人权状况的决议，以及有关土著人民、儿童和难民等群体的决议。[6]其次，大会也接受和审议宪章机

---

[1]　"联合国人权高专办文书和机制"，载https://www.ohchr.org/zh/instruments-and-mechanisms，最后访问日期：2023年6月18日。

[2]　[英]马尔科姆·N.肖：《国际法》，白桂梅等译，北京大学出版社2011年版，第241页。

[3]　"联合国全球人权议题"，载https://news.un.org/zh/news/topic/human-rights，最后访问日期：2023年6月18日。

[4]　《联合国宪章》第13条规定："一、大会应发动研究，并作成建议：（子）以促进政治上之国际合作，并提倡国际法之逐渐发展与编纂。（丑）以促进经济、社会、文化、教育及卫生各部门之国际合作，且不分种族、性别、语言或宗教，助成全体人类之人权及基本自由之实现。二、大会关于本条第一项（丑）款所列事项之其他责任及职权，于第九章及第十章中规定之。"

[5]　U. N. Doc. A/64/Add. 1 (1946), 8 December 1946.

[6]　张伟等："联合国人权机制及中国的建设性参与"，载《人权》2020年第6期，第70页。

122

构和人权机构提交的报告。同时，根据《联合国大会议事规则》第161条，大会还设立了一系列涉及人权问题的附属机构，例如非殖民化特别委员会、纳米比亚理事会、反对种族隔离特别委员会等。在讨论议程项目后，在可能的情况下争取用各种途径协调会员国和各附属机构提出的建议，通常采用决议和决定草案，并在大会全体会议上审议。

作为联合国大会的附属机构，人权理事会基于2006年联大决议取代原人权委员会成立。新成立的人权理事会与人权事务高级专员办事处继承人权委员会的职务，其具体机制将在下文对应部分进行详细阐述。

（二）联合国安全理事会

作为联合国的主要机关之一，安理会将维护国际和平与安全作为首要责任。《联合国宪章》第34条授权安理会为争端之和平解决得调查任何争端或可能引起国际磨擦或惹起争端之任何情势"之职权，因此安理会也可以处理人权问题。同时，为了应对变动的国际局势以及人权保护的要求，安理会还有权确立联合国维和行动。例如执行维和任务的南苏丹特派团、科索沃临时行政当局特派团等都设有人权小组。[1]

中国作为安理会常任理事国之一，在促进安理会履行职责方面一直给予最大程度的支持与帮助。中国在实践中积极参与维和行动，自1990年以来，中国军队先后参加25项联合国维和行动，中国是联合国第二维和摊款国和会费国，也是安理会常任理事国第一大出兵国。[2]

（三）秘书处——联合国人权高级专员办事处

联合国人权事务高级专员根据联合国大会第48/141号决议设立，是联合国系统内负责人权事务的最高行政长官。作为联合国秘书处的重要组成部分，担负开展联合国人权活动的主要责任，负责应对严重侵犯人权的事件并采取预防行动，以及在人权领域向有关国家提供咨询服务和技术及财政援助。联合国人权事务高级专员设立办事处，总部位于瑞士日内瓦，此外其还设有许多区域办事处，该办事处支持几个国家维持和平特派团的人权部门。除了其

---

〔1〕"联合国维持和平议题"，载https://peacekeeping.un.org/zh/promoting-human-rights，最后访问日期：2023年6月18日。

〔2〕"《中国军队参加联合国维和行动30年》白皮书"，载https://www.gov.cn/zhengce/2020-09/18/content_5544398.htm，2020年9月18日，最后访问日期：2023年6月18日。

区域办事处外，人权事务高级专员办事处还在世界各地设有人力资源中心、国家/独立办事处和人权顾问。联合国人权事务高级专员办事处是联合国人权活动的协调中心，协助人权理事会、条约机构和其他联合国人权机构的工作，此外还开展实地人权活动。[1]

人权事务高级专员定期评论世界上与人权问题有关的情况，并有权调查情况并发布报告。主要通过召开研讨会、培训班等方式开展人权领域的交流与合作，应有关政府要求提供人权技术咨询服务。具体来说，人权事务高级专员具有以下职责：促进和保护所有人切实享受各项人权；履行联合国有关机构分派的公务；促进发展权的实现；在人权领域应有关国家的要求，向其提供咨询、技术和财政援助；为确保尊重人权与各国政府进行对话；促进人权领域的国际合作；协调联合国系统各项人权活动等。[2]人权事务高级专员须在《联合国宪章》《世界人权宣言》和其他国际人权文书及国际法的框架内履行其职责，尊重国家主权、领土完整和国内管辖权。人权事务高级专员在开展工作时，须承认所有人权是普遍、不可分割、相互依存和相互关联的，承认各国均有义务促进和保护人权及基本自由，同时充分考虑国家和地区的特性及不同的历史、文化和宗教背景。

在处理人权事务方面，人权事务高级专员有一套自己的独立标准。首先，人权事项必须是在联合国大会第48/141号决议范围内的情势，这是人权事务高级专员进行人权事务干预的门槛。随后，办事处会对人权问题进行实质性评估，以确定是否需要进一步审查。审查的具体内容包括：①该事项需要具有紧迫性，即如果人权事务高级专员不对该事项进行干预，就会对保护有关权利产生影响，但该标准并不排斥长期或一贯侵犯人权的行为。②人权事务高级专员的干预需要具有必要性，即人权事务高级专员认为其有必要对人权事务开展工作。③该事项涉及人权的基本原则。

联合国人权事务高级专员办事处作为联合国系统内人权保护工作的常设机构，不仅在行政和技术工作上发挥着重要作用，而且在实践中也具有整体性和连续性，其意见和立场对于国际人权问题具有较大的影响力。[3]

---

[1] "全球人权议题"，载https://www.un.org/zh/global-issues/human-rights，最后访问日期：2023年6月18日。

[2] 柳华文："联合国与人权的国际保护"，载《世界经济与政治》2015年第4期，第34页。

[3] 柳华文："联合国与人权的国际保护"，载《世界经济与政治》2015年第4期，第34页。

（四）国际法院

根据《联合国宪章》第 14 章的规定，国际法院具有诉讼管辖权和咨询管辖权两大职能。大部分的国际人权公约都规定有缔约国间关于公约的解释、适用或执行的争端，如不能以其他方式解决，应当提交国际法院处理或裁决的条款。此外，根据《联合国宪章》第 96 条，联合国其他机关及各种专门机关还有权请求国际法院发表咨询意见。现实中由于国际法院很少有机会审理涉及国际人权法的相关问题，对于人权问题的贡献突出体现在其对有关国际人权法的一些事项发表的法律意见。[1]例如，国际法院就人权问题发表的咨询意见有对防止及惩治灭绝种族罪提出保留问题的咨询意见，该意见宣告缔约国不允许作出违背像《防止及惩治灭绝种族公约》这样国家人道主义条约目的和宗旨的保留[2]；并且在南非种族隔离制度相关问题的咨询意见[3]中确认了特别报告员有权享受《联合国外交特权及豁免公约》赋予联合国专家在执行任务中的特权和豁免权。[4]

二、联合国宪章机构——人权理事会

联合国人权委员会是 1946 年经社理事会根据《联合国宪章》第 68 条的授权建立的职司机构，主要的职责是起草国际人权文件。1959 年 7 月 30 日，经社理事会通过第 728 号决议，授权人权委员会下设机构防止歧视和保护少数小组委员会（人权小组会）编制侵犯人权问题的来文保密清单。随着国际人权保护的发展，经社理事会于 1967 年通过 1234 号决议建立了人权委员会

---

[1] 朱利江："国际法院对国际人权法的贡献"，载《外交评论（外交学院学报）》2006 年第 5 期，第 85 页。

[2] Reservations to the Convention on the Prevention and Punishment of the Crime of Genocide, Advisory opinions, I. C. J Reports 1951, p. 15.

[3] International Status of South West Africa, Advisory Opinion, I. C. J, Reports 1950, South West Africa (Eth. v. S. Afr.), Judgment, I. C. J. Reports, 1966, p. 16; Legal Consequences for States of the Continued Presence of South Africa in Namibia (South West Africa) notwithstanding Security Council Resolution, Advisory Opinion, I. C. J Reports 1971, p. 276.

[4] [美] 托马斯·伯根索尔、戴娜·谢尔顿、戴维·斯图尔特：《国际人权法精要》（第 4 版），黎作恒译，法律出版社 2010 年版，第 83 页。

的"国别议题"程序,[1]其研究"所有国家特别是在殖民地和其他未独立国家和领土上人权和基本自由遭到侵犯的问题,包括种族歧视和种族隔离政策"。[2]1970年经社理事会又通过了第1503号决议,建立了申诉机制以推进对各国的人权监督。如侵犯人权的来文反映一国存在一贯的、大规模侵犯人权情况,人权委员会可以举行秘密会议予以审议,并向经社理事会提出报告和建议。在秘密审议无效的情况下,人权委员会可以决定在公开会议上予以审议。这就是所谓的国别人权问题的秘密和公开审议。[3]虽然人权委员会在国际人权保护层面取得了重要的成就,但是由于在执行过程中容易被发达国家主导开展"选择性监督",并未严格遵循先秘密、后公开的原则,从而进一步加剧了发达国家和发展中国家的不对等地位,这也是其"双重标准"饱受诟病的原因。[4]

2006年3月15日,联合国大会通过第60/251号决议,依据《联合国宪章》设立人权理事会及其相关机构。[5]人权理事会作为联合国大会的附属机关,由47个通过联合国大会选举的成员国组成,直接向联合国大会负责。经过制度改进,其职权范围、法律机制及执行能力都相比于其前身人权委员会有较大的进步。[6]人权理事会的工作机制主要包括普遍定期审议制度、特别程序、咨询程序、申诉程序和调查程序。普遍定期审议制度为人权理事会程序中评估联合国各成员国的人权状况服务;咨询委员会作为理事会的"智囊团",为人权专题问题提供专业知识和建议;申诉程序使得个人和组织有机会提请理事会对侵犯人权行为的注意;人权理事会也与联合国特别程序一同开展工作。[7]

---

[1] 江国青、熊志强:"联合国人权理事会法律制度探析",载《外交评论(外交学院学报)》2006年第4期,第23页。

[2] 范国祥:"联合国人权委员会与国别人权",载《人权》2002年第2期,第55页。

[3] 柳华文:"联合国与人权的国际保护",载《世界经济与政治》2015年第4期,第33页。

[4] 毛俊响:"从国别审议到普遍定期审议:趋向公正的国际人权机制",载《人权》2021年第3期,第73页。

[5] 涂云新:"论国际人权条约监督机制的规范结构及其法律挑战——以'条约机构'为核心的考察",载《人权》2019年第4期,第141页。

[6] 江国青:"普遍定期审议:联合国人权监督机制的新发展",载《人权》2008年第4期,第57页。

[7] "关于人权理事会",载https://www.ohchr.org/zh/hr-bodies/hrc/about-council,最后访问日期:2023年6月18日。

人权理事会成立以来中国积极参与理事会的相关工作，支持理事会设立安全饮用水、文化权、残疾人权利、人权与国际团结、促进民主公平的国际秩序等专题性特别机制。此外，中国还倡导召开关于粮食安全、国际金融危机的特别会议，推动国际人权合作聚焦于发展中国家最关切的生存权和发展权。[1]

（一）普遍定期审议制度

联合国大会第 60/251 号决议规定人权理事会"应根据客观和可靠的信息，以确保普遍、平等地对待并尊重所有国家的方式，对每个国家履行人权义务和承诺的情况进行普遍定期审议"，[2] 由此设立起一个全新的普遍定期审查机制，审议所有国家的人权纪录。其特点在于强调人权的普遍性，即对所有国家的普遍涵盖和同等对待，联合国会员国在国际上承担的与人权相关的义务都是被审查的对象和范围。人权理事会目前正在进行的是第四轮普遍定期审议（2022 年 11 月至 2027 年 2 月），审议期间将重点关注各国加强执行审议建议和后续行动的情况。

2007 年 6 月 18 日理事会通过的"联合国人权理事会：机构建设"第 5/1 号决议（"体制建设一揽子计划"）规定了普遍定期审议机制的细节。普遍定期审议制度的法律依据包括：《联合国宪章》《世界人权宣言》和会员国加入的其他人权公约；国家的自愿承诺，包括国家在申请入选人权理事会成员时所作的保证和承诺以及可适用的国际人道法。在工作原则上，普遍定期审议制度坚持范围普遍、平等对待；被审查国家的充分参与；补充其他人权机制，例如人权条约机构的缔约国报告制度；充分的社会性别视角；保证所有的利益相关者，包括非政府组织和国家人权机构的参与；以客观、透明、非选择、建设性、非对抗性和非政治化的方式开展审查。

在工作程序上，审议每四年一次，首先会成立由 47 个会员国组成的工作组，由理事会主席担任工作组主席。同时设立一个普遍定期审议自愿信托基金，以便于发展中国家、特别是最不发达国家参加普遍定期审议机制。人权理事会审议的内容主要是各国国家履行人权义务和承诺的情况。在审议过程中所依据的文件主要包括：会员国根据理事会要求准备的材料、人权事务高

---

[1] 张伟等："联合国人权机制及中国的建设性参与"，载《人权》2020 年第 6 期，第 58 页。
[2] UN Doc. A/RES/60/251（2006），3 April 2006, para. 22.

级专员办事处汇总的各条约机构、特别程序报告中所载的资料以及其他利益攸关方提供的可信资料。在审议结束后，会形成一份包括审议纪要、结论和建议在内的报告，被审议国在接受二次审议时应提供执行上一次审议结果的信息。虽然审议结果没有法律约束力，但是被审查国家仍需遵守审查报告。如果拒不遵守，理事会将会在用尽一切与国家合作的方式后将不予合作的情况进行公开。

宪章机构的普遍定期审议制度与条约机构审议缔约国报告制度的区别可以从以下三个方面对比：①在提交主体上，普遍定期审议制度的提交主体是联合国的全体会员国；而缔约国报告制度的提交主体是《国际人权公约》的缔约国。②在审议主体上，普遍定期审议属于国家审查国家；而缔约国报告制度则是由联合国的专家审查国家。③在审议范围上，普遍定期审议制度的范围较大；而缔约国报告制度主要审查该条约机构监督范围内的特定人权。

中国积极配合普遍定期审议工作组的工作，自觉接受国际社会监督，主动开展国际人权对话。2009年到2016年期间，中国先后参加了三轮普遍定期审议，提交报告并顺利通过审核。[1]

（二）特别程序

特别程序由特别报告员、特别代表、独立专家和工作组组成，对具体国家专题问题或人权状况予以监督、审查、建议和公开报道。特别程序发源于人权委员会，后经由人权理事会承继，是一个旨在从具体国别角度或专题角度对人权问题提供建议和报告的独立人权专家机制。[2]1967年，人权委员会设立了一个特设专家工作组，调查非洲南部的人权状况［人权委员会第2（XXIII）号决议］，这个特设工作组被视为人权委员会的首个特别程序。[3]1975年，人权委员会设立了一个特设工作组调查智利的人权状况。1979年，这个工作组由一名特别报告员和两名专家取代，调查智利失踪人士的情况。在此基础上，1980年设立了第一个专题特别程序：强迫失踪问题工作组，处理世界各地的强迫失踪问题［人权委员会第20（XXXVI）号决议］。[4]由此，

---

［1］ U. N. Doc. A/HRC/DEC/40/113（2019），15 March 2019.

［2］ 张伟等："联合国人权机制及中国的建设性参与"，载《人权》2020年第6期，第60页。

［3］ "人权理事会特别程序"，载 https://www.ohchr.org/zh/special-procedures-human-rights-council/special-procedures-human-rights-council，最后访问日期：2023年6月18日。

［4］ "人权理事会特别程序"，载 https://www.ohchr.org/zh/special-procedures-human-rights-council/special-procedures-human-rights-council，最后访问日期：2023年6月18日。

特别程序的机制发展为两类：其一是负责调查和监督某一国家或地区的人权状况的国别机制；其二是对某一特定人权问题开展研究的专题机制。[1]

1. 特别程序的组成[2]

特别程序根据人权理事会第 5/2 号决议《人权理事会特别程序任务负责人行为守则》可以由特别报告员、独立专家或五名成员组成的工作组所构成。成员由理事会任命，以个人身份任职。联合国五个区域集团（非洲、亚洲、拉丁美洲和加勒比地区、东欧和西欧）各有一名。根据人权理事会第 5/1 号、第 16/21 号决议，在选任标准上，[3]人权理事会的独立联合国专家通过竞争性和透明的程序予以任命，首先由有意向的各方填写在线书面申请，回应秘书处发出的候选人征集通知；入围的候选人随后由咨商小组进行电话面试，咨商小组由五个区域集团各提名一位大使组成；咨商小组通过其公开报告向人权理事会主席提出建议；被选中的候选人由主席提出，经人权理事会批准后，任命程序即告完成。同时，依照第 5/1 号决议，提名、甄选和任命任务负责人时亟需参照下列一般标准：①专门知识；②任务领域的经验；③独立性；④公正性；⑤人品；⑥客观性。同时，应适当考虑性别平衡和公平地域分配以及不同法系的适当代表性。在工作程序上，截至 2022 年 10 月，国别的特别程序有 14 个，专题的特别程序有 45 个。[4]

2. 特别程序的具体工作内容

（1）开展国家访问。应各国邀请，任务负责人开展国家访问，对国家一级的人权状况进行分析。在执行这样的任务期间，专家根据其各自的任务授权，评估该国的一般人权状况，该国人权在具体制度、法律、司法、行政方面的情况，以及该国事实上的人权状况。专家在国家访问时将会会晤国家与地方当局，包括：司法机构的成员和国会的成员、国家人权机构的成员（如果可行）；非政府组织、民间社会组织和人权侵犯受害人；联合国和其他政府间机构；并在任务结束时与媒体见面召开新闻发布会。

---

[1] Manual of Operations of the Special Procedures of the Human Rights Council, 11 August 2008.
[2] UN Doc. A/HRC/RES/5/1（2007），27 September 2007.
[3] UN Doc. A/HRC/RES/5/1（2007），27 September 2007, UN Doc. A/HRC/RES/16/21（2011），12 April 2011.
[4] "人权理事会特别程序"，载 https://www.ohchr.org/zh/special-procedures-human-rights-council/special-procedures-human-rights-council，最后访问日期：2023 年 6 月 18 日。

(2) 审议来文。来文是特别程序向政府和其他方面，如政府间组织、企业、军事或保安公司发出的信件。通过向各国发送来文，对所指称的侵犯行为个案和更广泛的关切采取行动。在这些信件中，专家们就所收到的关于侵犯人权的指称作出报告，这些指称涉及：过去发生的侵犯人权行为——这可能是指控函的对象；正在或可能发生的侵犯人权行为——这可能是紧急呼吁的对象；与不符合国际人权法和标准的法案、立法、政策或做法有关的关切。专家将在信件中提出指称，并要求就其作出澄清。必要时，专家要求有关当局采取行动预防或制止侵犯行为，进行调查，将有关责任方绳之以法，并确保能为受害者或其家人提供补救办法。专家们还会在这些信件中回顾适用的人权条款。

(3) 进行专题研究和召集专家协商会议，促进国际人权标准的发展。为技术合作提供咨询意见就侵犯人权的指控发表公开言论，并向人权理事会提出报告和建议。

截至2019年，中国已经接受九个人权专题特别报告员访华，内容涉及老年人、教育权、食物权、对妇女的歧视、外债对人权的影响以及赤贫与人权等议题。[1]

(三) 咨询程序[2]

根据人权理事会第5/1号决议建立的人权理事会咨询委员会由18个以个人身份任职的专家组成，任期3年，可连任一次。作为人权理事会附属机构，行使人权理事会智囊团的职能，并在人权理事会的指导下开展工作。咨询委员会具有独立性和公正性，在人权理事会指导下开展工作，并向人权理事会提供专家意见。

咨询委员会要求的方式和形式向人权理事会提供专家意见，主要侧重研究报告和根据调研提出的咨询意见。其意见的范围应限于与人权理事会的任务、即增进和保护所有人权有关的专题性问题。咨询委员会不得通过决议或决定。在人权理事会请咨询委员会提供实质性意见时，人权理事会要向咨询委员会发出具体的指导方针。

---

[1] "View Country Visits of Special Procedures of the Human Rights Council since 1998", the United Nations, available at https://spinternet.ohchr.org/ViewCountryVisits.aspx?visitType=all&country=CHN&Lang=en, last visited on June 18, 2023.

[2] UN Doc. A/HRC/RES/5/1 (2007), 27 September 2007.

(四) 申诉程序[1]

人权理事会申诉程序在改进原人权委员会的"1503"程序基础上,根据人权理事会第5/1号决议建立,其目标在于"以处理世界任何地方在任何情况下发生的一贯严重侵犯所有人权和基本自由且得到可靠证实的情况"。

申诉程序的工作依据是经济及社会理事会2000年6月19日第2000/3号决议修订的1970年5月27日第1503(XLⅧ)号决议。在工作程序上,根据第5/1号决议第94段规定,来文工作组主席与秘书处一起,依据决议第85段至88段规定的受理标准对来文进行初步筛选。明显缺乏根据的或匿名的来文将由主席加以剔除。在初步筛选中未被拒绝的来文将转送相关国家,以便获得该国对侵犯指控的看法。相关来文的作者和国家都会在程序各阶段收到通知。

申诉程序由两个不同的工作组——来文工作组和情况工作组组成。分别负责审议书面来文并就一贯严重侵犯人权和基本自由的问题提请理事会注意。

1. 来文工作组

由五个成员组成。与人权高级专员办事处一起负责审查来文的可受理性、对侵权案情的实质进行评估并提出建议。以便将可受理的来文交给情势工作组。可受理的来问需要满足以下标准:由个人、团体或声称为人权侵犯受害者或掌握与该类侵犯相关的直接可靠信息的非政府组织提交;无明显的政治意图并且其目标符合《联合国宪章》《世界人权宣言》和其他人权领域文件;所述案件似乎显示存在一贯严重侵犯人权并且已经得到可靠证实的情况;目前尚未被一个特别程序、条约机构、联合国其他人权申诉程序或类似的区域申诉程序受理;已用尽国内补救办法。

2. 情势工作组

由五个成员组成,以个人身份任职,负责在来文工作组提交的建议基础上向理事会提出关于一贯侵犯人权和基本自由已经得到可靠证实的报告,并对应采取的行动提出建议。情势工作组可以提出的建议包括:停止对有关情势的审议;继续保持审议,并请所涉国家在合理时间内进一步提供资料,继续保持审议并任命一位独立高级专家检测该情势并向理事会提出报告;停止以秘密方式审议,改为公开审议;建议联合国人权高级专员向所涉国家提供

---

[1] UN Doc. A/HRC/RES/5/1 (2007), 27 September 2007.

技术合作、能力建设援助或咨询服务。

（五）调查程序

独立调查机构由安全理事会、联合国大会、人权理事会及其前身人权委员会、秘书长和人权事务高级专员成立。主要针对特定区域的特定事项进行调查，2006年至2023年间，人权理事会共授权37项调查程序，[1]如达尔富尔人权状况高级别调查团、缅甸问题国际独立实况调查团。

2017年3月24日，人权理事会通过第A/HRC/RES/34/22号决议，决定紧急派遣一个独立的国际实况调查团。该调查团由人权理事会主席任命，以查证在缅甸特别是在若开邦，军队和安全部队近期据称侵犯人权行为及其他践踏人权行为的事实和情节，包括但不限于任意拘留、酷刑和不人道待遇、强奸和其他形式的性暴力、法外处决、即决处决或任意处决、强迫失踪、强迫流离失所和非法毁坏财产等问题，以确保充分追究肇事者的责任并为受害者伸张正义；请实况调查团向理事会第36届会议口头汇报最新情况，并在理事会第37届会议上提交一份完整报告。[2]

三、联合国人权条约机构

人权条约机构是监测核心国际性人权条约执行情况的独立专家委员会。它们不是联合国的附属机构，在实践中具有自主性。[3]目前国际上的人权条约机构有10个，分别是：消除种族歧视委员会，经济、社会与文化权利委员会[4]，人权事务委员会，消除对妇女歧视委员会，禁止酷刑委员会，儿童权利委员会，移徙工人委员会，防范酷刑和其他残忍、不人道或有辱人格的待遇或处罚小组委员会（防范酷刑小组委员会），残疾人权利委员会，强迫失踪问题委员会。[5]其中9个人权条约机构负责监督联合国九大核心人权条约及

---

[1] "联合国人权理事会授权的调查程序"，载https://www.ohchr.org/en/hr-bodies/hrc/list-hrc-mandat，最后访问日期：2023年6月18日。

[2] "缅甸问题国际独立实况调查团"，载https://www.ohchr.org/zh/hr-bodies/hrc/myanmar-ffm/index，最后访问日期：2023年6月18日。

[3] [英]马尔科姆·N.肖：《国际法》，白桂梅等译，北京大学出版社2011年版，第248页。

[4] 经济、社会、文化权利委员会本质上并不是一个条约机构，因为它不是直接根据国际人权公约的条款设立，而是由经社理事会第1985/17号决议设立的。

[5] 《第30号概况介绍（第一次修订版）：〈联合国人权条约体系〉》，第4页。

其议定书的实施。防范酷刑小组委员会则旨在监督防范酷刑和虐待问题，属于联合国人权体系内新型的人权条约机构。[1]一般各人权公约中会列明公约赋予的各项权利的具体内容，例如《公民权利及政治权利国际公约》第三部分（第6条至第27条）列明了人权事务委员会可以援引的各项权利。同时，条约机构的各项监测制度一般规定在后续的"任择议定书"当中，例如《公民权利及政治权利国际公约任择议定书》中规定有申诉机制的具体程序。

条约机构的主要义务是监督缔约国条约义务的履行，具有独立性、专业性和规范性。其独立性体现在条约机构由人权专家组成，有相对独立性，有利于个人人权的保护；其专业性体现在不同条约机构针对的人权公约具有专门的领域，其处理的人权问题具有专业性；其规范性体现在条约机构的职权、活动的范围必须以条约为基础。

在人权条约机构具体的制度机制层面，其规定有一些具有共性的人权争端解决机制，主要包括缔约国报告制度、申诉制度、调查制度，下文将分别进行阐述。

（一）缔约国报告制度

国际人权公约一般要求缔约国在规定的期限内或应有关国际机构要求时，以公约规定的程序，向有关人权机构提交它们在履行条约义务方面所采取的措施和所取得的进展的报告。报告制度是目前国际人权公约所普遍实施的、唯一具有强制性的制度。[2]在定期报告的具体程序方面，主要包括以下内容：

第一，缔约国提交初次报告。内容包括共同核心文件和条约具体文件。[3]共同核心文件包括缔约国条约执行情况的一般事实性资料；条约具体文件主要涉及与之相关的委员会监测的条约执行情况。

第二，委员会提出问题单。[4]在正式审议之前委员会拟定一份问题清单

---

[1] 张伟等："联合国人权机制及中国的建设性参与"，载《人权》2020年第6期，第61页。

[2] 例如，《公民权利及政治权利国际公约》第40条第1款规定，批准该公约的缔约国在该公约对缔约国生效1年内或者是每逢人权事务委员会提出这样的要求时，应当向人权事务委员会提交它们已经采取措施而使该公约所承认的各项权利得以实施的措施和关于享受这些权利方面所作出进展的报告。

[3] 《国际人权文书：根据国际人权条约提交报告的协调准则，包括编写核心文件、提交具体条约报告的准则》，第8~16页。

[4] 消除种族歧视委员会采用所谓的"专题单"，不需要对其作出答复。国别报告员向某一缔约国发送一份简短的专题单，以期在审议该缔约国的报告期间引导缔约国代表团与委员会之间的对话，使之重点突出。

帮助缔约国补充需要提交的相关资料以及为缔约国审议时提供指南。

第三，缔约国对问题单进行书面答复。[1]

第四，条约机构对报告进行正式审议。条约机构请缔约国派代表团参加审议其报告的委员会会议对条约机构的问题作出回应、提供补充资料等，以便条约机构与缔约国之间进行建设性对话，帮助缔约国执行条约义务。

第五，条约机构通过结论性意见和建议。条约机构审议后通过"结论性意见"向缔约国提供执行条约义务的重要建议。

第六，条约机构建议的执行与后续报告。为确保缔约国落实条约机构的建议，缔约国在初次报告后每隔一段时间向条约机构提交"定期报告"。如果缔约国没有及时履行报告义务，可能导致委员会启动"审查程序"。

（二）申诉制度

1. 个人申诉制度

申诉制度建立于1965年《消除一切形式种族歧视国际公约》，其基本概念是任何人都可以对指称侵犯条约权利的缔约国向监测条约的专家机构申诉。[2]例如《公民权利和政治权利国际公约任择议定书》第1条规定"成为本议定书缔约国的公约缔约国承认委员会有权接受并审查该国管辖下的个人声称为该缔约国侵害公约所载任何权利的受害者的来文"。因此个人申诉制度特点即在于其具有任择性，适用前提是缔约国承认监测该条约的委员会有权接受和审议个人提出的申诉。并且为了避免个人滥用权利，个人申诉制度的受理一般要求以穷尽国内救济为前提。在B.J.女士诉德国案中，B.J.女士控告德国违反了《消除对妇女一切形式歧视公约》（1979年）的规定，使得她在有关离婚法律后果的法律文章（累积所得均分、养恤金均分、婚姻结束后的赡养费）等方面受到性别歧视，她认为这类规章一向是歧视那些经过长期婚姻养育了子女后离婚的年老妇女。但委员会以B.J.女士并没有用尽国内救济为由决定不予受理该来文。[3]

---

〔1〕 2007年，禁止酷刑委员会采取了一种新的备选报告程序（所谓"报告提交前问题单"，即采用问题单帮助缔约国编写定期报告。2009年期间，人权事务委员会也决定采用报告提交前问题单，作为一种缔约国备选报告程序。

〔2〕《联合国人权条约下的个人申诉程序》（第二次修订版），第3页。

〔3〕 BJ v. Germany C, CEDAW/C/36/D/1/2003（2003）.

目前七个人权条约机构（人权事务委员会、消除种族歧视委员会、禁止酷刑委员会、消除对妇女歧视委员会、残疾人权利委员会、强迫失踪问题委员会及经济、社会和文化权利委员会）在一定情况下可以接受和审议个人申诉。另外两个条约机构（移徙工人委员会和儿童权利委员会）的个人申诉机制由于目前缔约国的批准情况不足尚未生效。

目前个人申诉制度生效情况中，[1]有权接受和审议个人申诉的委员会有：人权事务委员会可以审议指称《经济、社会及文化权利国际公约任择议定书》缔约国侵犯《经济、社会及文化权利国际公约》规定权利的个人来文；消除对妇女歧视委员会可以审议指称《〈消除对妇女一切形式歧视公约〉任择议定书》缔约国侵犯该《消除对妇女一切形式歧视公约》规定权利的个人来文；禁止酷刑委员会可以审议指称在《禁止酷刑和其他残忍、不人道或有辱人格的待遇或处罚公约》第22条规定下作出必要声明的缔约国侵犯该公约规定权利的个人投诉；消除种族歧视委员会可以审议指称在《消除一切形式种族歧视国际公约》第14条规定下作出必要声明的缔约国违反该公约规定的个人申述；残疾人权利委员会可以审议指称《残疾人权利公约任择议定书》缔约国违反《残疾人权利公约》规定的个人来文；强迫失踪问题委员会可以审议指称在《保护所有人免遭强迫失踪国际公约》第31条规定下作出必要声明的缔约国违反该公约规定的个人来文；经济、社会和文化权利委员会可以审议指称《经济、社会及文化权利国际公约任择议定书》缔约国违反《经济、社会、文化权利国际公约》规定的个人来文。个人申诉机制尚未生效的委员会有：《保护所有移徙工人及其家庭成员权利国际公约》第77条规定赋予移徙工人委员会接受和审议指称在该公约第77条规定下作出必要声明的缔约国违反该公约规定的个人来文。这一个人投诉机制将在10个缔约国在第77条规定下作出必要声明后生效；《儿童权利公约有关来文程序的任择议定书》赋予儿童权利委员会接受和审议指称该任择议定书缔约国违反该《儿童权利公约》及其任择议定书（即《买卖儿童等问题任择议定书》和《武装冲突问题任择议定书》）规定的个人来文。这一个人投诉机制将在10个缔约国批准《儿童权利公约有关来文程序的任择议定书》后生效。

---

[1] "人权机构——投诉程序"，载 https://www.ohchr.org/zh/treaty-bodies/human-rights-bodies-complaints-procedures，最后访问日期：2023年6月18日。

以《公民权利及政治权利国际公约任择议定书》为例，人权公约关于个人申诉制度的一般性规定如下：[1]

首先，在申诉主体方面，公约授权任何认为其条约下的权利受到缔约国侵犯的个人都有权提起申诉。

其次，在被申诉主体方面，该国家需是有关条约的缔约国且是被指称侵犯该条约规定的权利的国家，并且该缔约国已经承认监测该条约的委员会有权接受和审议个人提出的申诉。

再次，在案件的可受理标准上，需要是非匿名、禁止滥用申诉权或违反任择议定书的规定、用尽当地救济的，并且不能同时向不同的国际人权机构提出申诉。

最后，在案件的审理程序上，分为案件可否受理阶段和案情审议阶段。在案件可否受理阶段中，在判断案件是否可以受理时，委员会要审查的内容包括：申诉人的身份以及是不是指称受到侵犯的受害人；要求复议的事实不属于国内法院已经判决案件所涉事实；申诉有足够证据；申诉是否涉及申诉机制对缔约国生效之前发生的事实；同一事项是否已提交另一国际机构处理；是否用尽国内救济；申诉机制是否被缔约国的保留所排除；是否滥用申诉权或违反任择议定书的规定。在案情审理阶段，案情指申诉的内容。委员会根据案情裁定受害人权利是否受到侵犯。在审议申诉时一般不接受口头审议，审议一般以非公开会议的方式进行。经过审理后，如果委员会裁定缔约国侵犯了申诉人根据条约享有的权利，可以要求缔约国在180日之内提供资料说明为落实委员会的裁定和建议采取的步骤，该答复随后转发给申诉人，申诉只有在采取了令人满意的措施之后才会结案。如果委员会裁定未曾发生违反条约的情况/申诉不可受理则申诉结案。

2. 国家间申诉制度

国家间申诉制度确立于《消除一切形式种族歧视国际公约》。[2] 国家间申诉制度是指人权条约中规定的允许缔约国向相关条约机构就另一缔约国违

---

[1]《联合国人权条约下的个人申诉程序》（第二次修订版），第3~12页。
[2]《消除一切形式种族歧视国际公约》第11条第1款规定："本公约一缔约国如认为另一缔约国未实施本公约的规定，得将此事通知委员会注意。委员会应将此项通知转告有关缔约国。收文国应当在三个月内，向委员会提出书面说明或声明，以解释此事，如已采取补救办法并说明所采办法。"

反条约提出，请其处理的制度。[1]该制度在封存了长达半个多世纪以后，直至2018年消除种族歧视委员会收到三项国家间来文："卡塔尔诉沙特阿拉伯王国"和"卡塔尔诉阿拉伯联合酋长国"的国家间来文、"巴勒斯坦国诉以色列"的国家间来文[2]后，国家间申诉制度才被启用。该制度具有任择性质（除《消除一切形式种族歧视公约》及《儿童权利公约》外），缔约国可以随时作出声明接受这一制度，该制度仅对已经作出声明的缔约国发生效力。

根据联合国的统计，[3]设立国家间申诉程序的公约有：《禁止酷刑和其他残忍、不人道或有辱人格的待遇或处罚公约》第21条、《保护所有移徙工人及其家庭成员权利国际公约》第74条、《保护所有人免遭强迫失踪国际公约》第32条、《经济、社会及文化权利国际公约任择议定书》第10条以及《儿童权利公约有关来文程序的任择议定书》第12条（尚未生效）。设立特设调解委员会的公约有：设立特设调解委员会的公约和《公民权利及政治权利国际公约》第41条至43条。规定国际法院的司法解决程序和咨询程序的公约有：[4]《消除一切形式种族歧视国际公约》第22条、《消除对妇女一切形式歧视公约》第29条、《禁止酷刑和其他残忍、不人道或有辱人格的待遇或处罚公约》第30条、《保护所有移徙工人及其家庭成员权利国际公约》第92条以及《保护所有人免遭强迫失踪国际公约》第42条。

国家间申诉制度的一般内容主要包括：[5]申诉的启动，即一个缔约国如认为另一缔约国未实施公约规定，可以向条约机构提出来文，请委员会注意。申诉受理，即申诉要求用尽当地救济。但是如果来文国指称的违反行为是由

---

[1] 戴瑞君："论国际人权条约中的国家间来文"，载《国际法研究》2021年第6期，第36页。

[2] Committee on the Elimination of Racial Discrimination, *Jurisdiction of the Inter-State Communication submitted by Qatar against the Kingdom of Saudi Arabia*, CERD/C/99/5 (2019), para. 4. Committee on the Elimination of Racial Discrimination, *Jurisdiction of the Inter-State Communication submitted by Qatar against the United Arab Emirates*, CERD/C/99/3 (2019), para. 4. Committee on the Elimination of Racial Discrimination, *Inter-State Communication submitted by the State of Palestine against Israel*, CERD/C/100/3 (2019), para. 2. 1.

[3] "人权机构——投诉程序"，载 https://www.ohchr.org/zh/treaty-bodies/human-rights-bodies-complaints-procedures，最后访问日期：2023年6月18日。

[4] 该制度允许缔约国首先通过谈判解决有关对公约解读或应用方面的争端，在谈判失败后可采用仲裁手段。卷入争端的一国可在双方未就仲裁条款达成1致的6个月内将争端提交至国际法院。

[5] 以《消除一切形式种族歧视国际公约》第11条至第13条为例。

于收文国的法律规定或一般性行政行为造成的，则来文国无需再证明违反条约的个案已用尽国内救济。〔1〕审议程序，即由消除种族歧视委员会主席任命一个专设和解委员会。申诉结果，即和解委员会向条约机构主席提交一份它认为有利于友好解决争端的适当建议的报告；争端各方在3个月内表达是否愿意接受和解委员会的建议；条约机构将和解委员会的报告和来文当事国的意见分送公约的所有缔约国。

（三）调查制度

调查制度是指条约机构在收到可靠信息表明其所监督的公约缔约国有严重、广泛或系统违反公约规定的行为时，可自发开展调查。〔2〕调查程序作为国际人权法中的一项准司法程序，国际人权机构可以根据这一程序调查某一成员国/缔约国境内存在的严重或系统侵犯人权的行为，可以依职权采取主动行动。〔3〕调查通常由联合国及其有关机构任命的工作组、特别报告员、代表或其他专职人员组成的专家来实施。〔4〕最早规定调查程序的组织及公约是国际劳工组织及其《国际劳工组织章程》。

调查制度一般内容包括被调查主体和调查程序。〔5〕在被调查主体方面，主体要求须是承认相关委员会在此方面能力的缔约国。〔6〕在调查程序方面，委员会收到可靠信息表明缔约国正系统地侵犯委员会所监督的公约包含的权利后会邀请缔约国通过提交意见的形式配合审查信息。委员会可以在缔约国意见和其获得的其他相关信息的基础上，决定指派一名或多名委员开展调查并向委员会进行紧急报告。若获得相关缔约国的同意或批准，调查可能包括

---

〔1〕［奥］曼弗雷德·诺瓦克：《〈公民权利和政治权利国际公约〉评注》，孙世彦、毕小青译，生活·读书·新知三联书店2008年版，第798页。

〔2〕姚憎怡："论联合国人权条约监督机制"，载《社会科学前沿》2018年第3期，第242页。

〔3〕郭曰君、杨彦会："论国际人权法中的调查程序"，载《人权》2016年第3期，第90~91页。

〔4〕肖健明："论联合国人权保障机制的改革"，载《中国青年国际法学者暨博士生论坛论文集》（国际公法卷），2006年，第265~266页。

〔5〕"人权机构——投诉程序"，载 https://www.ohchr.org/zh/treaty-bodies/human-rights-bodies-complaints-procedures，最后访问日期：2023年6月18日。

〔6〕缔约国在签署、批准或加入公约时（《禁止酷刑和其他残忍、不人道或有辱人格的待遇或处罚公约》第28条，《〈消除对妇女一切形式歧视公约〉任择议定书》第10条，《残疾人权利公约任择议定书》第8条和《儿童权利公约有关来文程序的任择议定书》第13条第7款）或任何时候［《经济、社会及文化权利国际公约任择议定书》第11（8）条］可以声明不承认相关委员会进行调查的能力。

对该国领土的访问。委员会之后将审议成员（们）的调查结果，并将其与意见和建议一道发送给缔约国。缔约国应在特定时间范围内（通常是6个月）提交其关于委员会成果、意见和建议的评论，并在受到委员会邀请的情况下，告知委员会该国针对该调查采取的措施。调查程序是保密的，委员会在进程所有阶段均希望获得缔约国的配合。

根据各人权文件的共性规定，调查程序存在共同特征：[1]①独立性与辅助性。在人权公约的设置上，调查程序是独立于其他程序的一项制度，有其自身的制度规则，但是相比于缔约国报告制度和申诉制度，调查制度对个人来文制度和国家间指控制度又具有一定的补充性与辅助性。即人权机构可以通过调查程序审核资料的可靠性进一步查明事实真相，方便后续采取行动。②启动的主动性。相比于申诉制度的被动性，各人权机构有权主动决定调查程序的启动。③保密性。人权机构的调查程序基本是保密的，这是因为秘密调查程序更能为大多数国家所接受。④针对严重或大规模侵犯人权的情况。调查程序只有在条约机构有证据表明存在严重或大规模的持续性侵犯人权的情况下，才可以依照职权启动。⑤要求被调查国高度配合。由于调查程序有时需要进入缔约国领土，因此条约机构的访问需要相关国家的同意和配合。

在国际劳工组织的第一起调查程序——加纳诉葡萄牙案中，国际劳工组织理事会根据《国际劳工组织章程》设立了一个三人专家组成的调查委员会。委员会不仅要求加纳政府提供支持其指控的相关证据并要求被告国葡萄牙政府提交回应，还向其认为可能掌握相关信息的其他国家发函要求其提供相关信息。[2]

（四）中国与联合国条约机构

中国已经批准六个联合国核心人权条约并定期向各人权条约机构提交报告与接受审议，认真负责履行了缔约国的义务。[3]

1. 经社文权利委员会

中国于1997年10月27日签署了《经济、社会及文化权利国际公约》，

---

[1] 郭曰君、杨彦会："论国际人权法中的调查程序"，载《人权》2016年第3期，第92~95页。

[2] Complaints/Commissions of Inquiry (Art 26), available at http://www.ilo.org/dyn/normlex/en/f?p=1000：50011：422094915731045：P50011_DISPLAY_BY：1, last visited on June 18, 2023.

[3] 张伟等："联合国人权机制及中国的建设性参与"，载《人权》2020年第6期，第61页。

2001年6月27日该公约对中国生效。由于并未批准该公约的任择议定书,因此经社文权利委员会的国家来文制度、个人来文制度以及调查制度对中国不生效。截至2023年,经社文权利委员会已经完成了对中国第三次履约报告的审议,委员会专家称赞中国为减少贫困所做的努力,同时就中国采取措施保护少数民族免遭据传的强迫劳动,以及社会福利制度的覆盖面问题提出问询。[1]

2. 消除歧视委员会

中国于1981年11月26日加入《消除一切形式种族歧视国际公约》,对其中第22条(争端提请国际法院裁决)作出保留,该公约于1982年1月28日对中国生效。根据公约要求,中国在1983年至2017年之间向消除种族歧视委员会提交了17次履约报告。消除种族歧视委员会也在2018年的结论性意见当中肯定了中国为履行公约义务所做的一切努力,包括采取国家人权行动、援助少数民族发展以及农村扶贫开发等。[2]

3. 消除对妇女歧视委员会

中国于1980年7月17日签署《消除对妇女一切形式歧视公约》,并对公约第29条第1款(争端提交仲裁)作出保留。同时,由于中国并未批准《〈消除对妇女一切形式歧视公约〉任择议定书》,委员会的个人来文制度以及调查制度不能适用于中国。1980年12月4日公约对中国生效后,中国已经先后向委员会提交了九次履约报告。

4. 禁止酷刑委员会

中国于1986年12月12日签署《禁止酷刑和其他残忍、不人道或有辱人格的待遇或处罚公约》。1986年11月3日该公约对中国正式生效。中国对该公约第20条(调查程序)、第30条第1款(争端提交仲裁)作出保留。在1989年至2013年间,中国已先后向委员会提交了六次履约报告,系统阐述了中国在防范和禁止酷刑方面的立法、司法、执法努力。[3]

5. 儿童权利委员会

中国于1990年8月29日签署、1991年12月29日批准《儿童权利公约》,1992年4月1日,该公约正式对中国生效。同时,中国于2002年8月

---

[1] "经社文权利委员会完成对中国的第三次履约报告审议",载 https://news.un.org/zh/story/2023/02/1115262,最后访问日期:2023年6月18日。

[2] U. N. Doc. CERD/C/CHN/CO/14-17, 19 September 2018, p. 1.

[3] U. N. Doc. CAT/C/CHN/5(2014), 4 April 2014, pp. 5-9.

29 日批准了《第二任择议定书》，于 2007 年 12 月 29 日批准了《第一任择议定书》。在 1995 年至 2010 年间，中国向儿童权利委员会提交了四次履约报告，在 2013 年会议上儿童权利委员会对于中国提交的报告进行了审议，并对中国履约的努力作出了肯定。[1]

6. 残疾人权利委员会

中国于 2007 年 3 月 30 日签署《残疾人权利公约》，该公约于 2008 年 8 月 31 日对中国生效。在 2010 年至 2018 年间，中国分次向委员会提交了三次履约报告，介绍了中国履行公约的最新情况。

第二节 区域性人权争端解决机制

目前国际上在区域性层面也有很多关于人权争端解决机制的探索与实践，其中比较成熟的有欧洲地区的人权争端解决机制和美洲地区的人权争端解决机制。非洲地区、亚洲地区和大洋洲地区的争端解决机制虽不完善但也都具备其地区特色并且具有一些创造性的发展。下文将对各个区域的人权保护机制进行详细的介绍。

一、欧洲人权争端解决机制

欧洲的人权保障制度具有多层级化的特征，在国家层面，许多国家通过宪法解释的方法对国内立法进行合宪性审查；在欧洲层面，欧洲人权法院和欧盟法院既相互独立又相互联系地对公民的基本权利进行保护。[2]具体而言欧洲地区的人权保护体系是以《欧洲人权公约》为核心建构起来的，其人权机制的发展大致经历了四个时期。

第一个时期为初步建立时期。1950 年 11 月 4 日欧洲理事会通过了保护欧洲全体居民公民权利的《欧洲人权公约》（又称《保护人权与基本自由公约》），[3]并在公约中较早地规定了处理个人来文和国家间指控的人权申诉

---

[1] U. N. Doc. CRC/C/CHN/CO/3 4（2013），p. 1. U. N. Doc. CRC/C/OPAC/CHN/CO/1（2013），p. 1.

[2] 范继增：“欧洲多层级框架下人权保障机制——欧盟法与《欧洲人权公约》间的交互性影响”，载《中山大学法律评论》2015 年第 3 期，第 18 页。

[3] 朱晓青：《欧洲人权法律保护机制研究》，社会科学文献出版社 2019 年版，第 13 页。

机制，为之后欧洲的区域性人权争端解决以及国际性的人权争端解决奠定了制度基础。1953年随着《欧洲人权公约》生效，欧洲理事会根据公约设立了欧洲人权委员会和欧洲人权法院，与欧洲部长委员会共同构成了完整的欧洲人权保护体系。此时人权保护的特点是机制兼具政治和司法的"双轨制"特征，即人权申诉机制是由一个政治性机构和一个司法性机构共同组成，[1]但是实际上仍然侧重通过政治和外交手段解决人权问题。第二个时期为发展补充时期。1961年欧洲理事会通过了《欧洲社会宪章》，在公约中补充规定了在上一阶段中未明确提及的个人经济、社会与文化权利，修改了国家报告程序，规定了集体申诉程序等。自此，《欧洲人权公约》和《欧洲社会宪章》共同构成欧洲人权保护体系的法律渊源。第三个时期为《欧洲人权公约》第十一议定书改革时期。1998年随着《欧洲人权公约》第十一议定书的生效，原欧洲人权委员会和欧洲人权法院被新设立的欧洲人权法院取代。[2]欧洲部长委员会处理申诉的职权也被取消，[3]新设立的欧洲人权法院可以直接受理个人、非政府组织或者个人组成的团体作为侵犯人权的受害人提交的案件。此时的欧洲人权法院发展成了常设的、纯司法性质的机关。但是原则上，欧洲人权法院的判决也只对当事人双方产生约束力，并不能对其他缔约国国内法院审判类似案件形成约束力。[4]同时，此时的欧洲人权法院虽然进行了机制的改进，但是随着公约缔约国数量的增加以及个人申诉的增多仍然导致法院案件大量积压、法院工作效率较低。[5]第四个时期为《欧洲人权公约》第十四议定书改革时期。在2004年至2010年间，围绕《欧洲人权公约》第十四议定书，法院又进行了新一轮改革。在此次改革中，对欧洲人权法院审理案件的组织、方法、程序和权限进行了一系列变更。[6]同

---

[1] 刘晓希："欧洲区域人权保护机制的功能演进"，山东大学2018年博士学位论文，第3页。

[2] [美]托马斯·伯根索尔、黛娜·谢尔顿、戴维·斯图尔特：《国际人权法精要》（第4版），黎作恒译，法律出版社2010年版，第115页。

[3] 杨成铭：《人权保护区域化的尝试：欧洲人权机构的视角》，中国法制出版社2000年版，第10页。

[4] Sionaidh Douglas-Scott, "The European Union and Human Rights after the Treaty of Lisbon", *Human Rights Law Review*, Vol.1, 2011, p.657.

[5] 朱力宇、沈太霞："《欧洲人权公约第14议定书》的实施效果及其对我国的启示——以欧洲人权法院对个人申诉的过滤为视角"，载《人权》2011年第3期，第49页。

[6] 朱力宇、沈太霞："《欧洲人权公约第14议定书》的实施效果及其对我国的启示——以欧洲人权法院对个人申诉的过滤为视角"，载《人权》2011年第3期，第50页。

时欧洲人权法院也已经发展成了欧洲监督公约执行和判定人权纠纷的唯一机构。

新的欧洲人权法院既负责处理有关申诉的可受理性问题，也需要对案件的事实真相进行调查取证和为问题的处理寻求友好解决的方法。[1]以《欧洲人权公约》和《欧洲社会宪章》为基础，欧洲人权法院建立了两套分别由监督机构和执行措施构成的人权保护机制。在《欧洲人权公约》之下，为保护公民权利和政治权利，建立了以欧洲人权委员会、欧洲人权法院和欧洲部长委员会为监督机构，并以个人申诉制度和国家申诉制度为执行措施的人权法律保护机制。在《欧洲社会宪章》之下，为保护经济、社会、文化权利，建立了以欧洲社会权利委员会、政府委员会及欧洲部长委员会为监督机构，以报告制度和集体申诉制度为执行措施的人权法律保护机制。[2]

（一）《欧洲社会宪章》下的人权争端解决机制

1. 报告制度

根据《欧洲社会宪章》所规定的缔约国报告制度，缔约国向欧洲理事会秘书长提交的报告分为定期与不定期两种。定期报告每两年提交一次，内容包括各缔约国对本国所接受的条款的适用情况（《欧洲社会宪章》第 21 条）；不定期报告则按照欧洲理事会部长委员会的要求。不定期地提交内容涉及各缔约国未接受的条款（《欧洲社会宪章》第 22 条）。定期报告与不定期报告的格式和具体项目由欧洲理事会部长委员会确定。

2. 集体申诉制度

集体申诉制度为 1995 年《规定集体申诉制度的欧洲社会宪章附加议定书》所创设。该议定书的目的在于改善《欧洲社会宪章》监督机制的效力，以便在国家报告程序之外，使宣称违反宪章的集体申诉得到处理。[3]按照该议定书的规定，有权提交集体申诉的组织有：①1961 年《欧洲社会宪章》第 27 条所指的国际雇主组织和工会组织；②在欧洲理事会享有咨商地位的

---

[1] [英]克莱尔·奥维、罗宾·怀特：《欧洲人权法原则与判例》，何志鹏、孙璐译，北京大学出版社 2006 年版，第 10 页。

[2] 朱晓青：《欧洲人权法律保护机制研究》，社会科学文献出版社 2019 年版，第 14-15 页。

[3] 何志鹏、崔悦："国际人权监督的理论分析与制度审视"，载《东方法学》2012 年第 1 期，第 34 页。

国际非政府人权组织，以及为此目的而被政府委员会列入名单的组织；③申诉所针对的缔约国管辖范围内的雇主和工会的有代表性的国内组织（第1条）。[1]

（二）《欧洲人权公约》下的人权争端解决机制

1. 个人申诉制度

根据《欧洲人权公约》第十一议定书第 34 条："欧洲人权法院可以接受任何个人、非政府组织或个人群体声称其为缔约国违反公约及其议定书所规定权利的受害人而提起的申诉。"第十一议定书生效后，取消了之前只有缔约国及人权委员会才有权将案件提交人权法院的规定，个人、非政府组织也拥有完全的申诉权。同时，个人和非政府组织可以直接提起申诉，无须缔约国事先声明，也无须被告国家承认法院的管辖权。个人申诉机制成了自动的、强制性的保障机制。

由于法院是以最低的标准对各国人权司法保障起到辅助作用，[2]其工作内容主要包括：[3]申请人可以在穷尽国内救济后，将案件提交至欧洲人权法院；法院审查法官的解释和相关国内法制度是否与公约的最低标准相符合；从而判定成员国是否违反公约义务；在认定不符合公约的情况下，法院会审查成员国的国内法律体系是否存在其他同种标准的有效的可替代性救济途径，若不存在相关救济，法院可以判定成员国违反了条约义务并建议成员国采取立法、司法和行政措施防止侵犯公约的现象再次发生。[4]

《欧洲人权公约》第 1 条规定："缔约国应向其管辖范围内的每个人确保本公约第一章规定的权利和自由。"[5]基于区域性人权条约的特殊性，欧洲人权法院的适用范围问题一直是在实践和理论中被广泛讨论的焦点问题，即对于当缔约国的行为发生在领土之外时，欧洲人权法院还是否能适用欧洲人权

---

[1] 朱晓青：《欧洲人权法律保护机制研究》，法律出版社 2019 年版，第 124~126 页。

[2] 张华："论《里斯本条约》生效后欧洲人权保护机制的一体化趋势"，载《国际论坛》2011 年第 3 期，第 20 页。

[3] 范继增："欧洲多层级框架下人权保障机制——欧盟法与《欧洲人权公约》间的交互性影响"，载《中山大学法律评论》2015 年第 3 期，第 25~26 页。

[4] Tobias Lock, "Walking on a Tightrope The draft ECHR Accession Agreement and the Autonomy of the EU legal order", *Common Market Law Review*, Vol. 48, 2011, p. 1036.

[5] European Convention on Human Rights, Art. 1.

公约对案件进行管辖。确定《欧洲人权法院》管辖范围的原则有以 Loizigou v. Turkey 案为代表的"有效控制原则"[1]和以 Isaak and Others v. Turkey 案为代表的"个人原则"[2]，即所有缔约国有义务向在事实上属于他们的权威和控制范围内的所有人承担《欧洲人权公约》规定的义务。

在 Al-Skeini 等诉英国案中，欧洲人权法院推翻了先前案例中以"区域法律空间"[3]确定管辖范围的做法，主张为了保护人权应当扩大公约的"域外适用"范围。[4]该案的主要案情为六名伊拉克公民在英国占领伊拉克时期被英国军队士兵在巴士拉杀害，被害者家属声称其中五位先后在巴士拉被杀害，第六位在英国驻巴士拉的军事基地被杀害。被害者家属在英国起诉英国军队违反《欧洲人权公约》，但由于其中五位被杀害的地点是在伊拉克，法院认为不属于条约管辖范围而并未得到支持。此后，案件诉至欧洲人权法院，法院审查认为占领国原则上同样应当根据《欧洲人权公约》在被占领土上承担相应的人权责任。[5]

在个案的审理上，可以分为初步阶段和审理阶段。[6]在初步阶段，申请人可以根据《欧洲人权公约》第 34 条将案件提交人权法院，但法院建议由律师代理。法院要求在申诉被受理后，应当由律师代理。同时，欧洲理事会还通过一套司法援助制度，用以帮助资金不足的申诉人。[7]根据《欧洲人权公约》第 35 条，法院将对案件的可受理性进行审查，并作出是否受理的决定。在受理的标准上，法院坚持以下几个原则：申请人已经穷尽国内救济；符合一般认可之国际法原则；于国内最终司法裁决作出后 4 个月内提出。法院不予受理匿名的以及本质上已经被法院审查过，或提交另一国际调查或争端解决程序的申诉。此外，申诉与公约及其议定书条文不相符，或者明显无依据，或者

---

〔1〕 Loizigou v. Turkey（Judgements on Preminary Objections），1995，Application No. 15318/89，p. 62.

〔2〕 Isaak and Others v. Turkey，2006，No. 44587/98，28.

〔3〕 Bankoviċ and Others v Belgium，2001，123 ILR 94，paras. 59-61.

〔4〕 Al-Skeini and Others v. The United Kingdom，2011，53 E. H. R. R. p. 18.

〔5〕 Al-Skeini and Others v United Kingdom，No. 55721/07，para. 142.

〔6〕 "欧洲人权法院案件受理标准实践指南"，载 https://echr.coe.int/Documents/Admissibility_guide_ZHO.pdf，最后访问日期：2023 年 2 月 24 日。

〔7〕 贺鉴："论欧洲区域性国际人权保护制度"，载《贵州师范大学学报（社会科学版）》2005 年第 2 期，第 16 页。

滥用申诉权的，以及申诉人没有遭受严重损失的情况法院不可受理。在案件审理阶段，案件被裁定可以受理之后，将由法官组成合议庭对案件进行实质审理并作出最终裁决。

2. 国家申诉制度

国家申诉制度原是《欧洲社会宪章》框架下的区域人权保护制度。根据《欧洲人权公约》第33条，当一个国家批准公约后就视为已经接受了欧洲人权法院对国家间诉讼的管辖权。自1953年《欧洲人权公约》生效至1998年改革期间，欧洲人权委员会共收到国家间来文12件；而2007年至今，欧洲人权法院已受理国家间来文16件，其中仅2020年一年就收到5件。[1]

2021年7月，根据俄罗斯总检察院的文件，俄罗斯依据《欧洲人权公约》第33条正式向欧洲人权法院起诉乌克兰，这是俄罗斯首次向欧洲人权法院提出国家间诉讼。俄罗斯政府分别指控乌克兰违反了该公约第2条（生命权）、第3条（禁止不人道或有辱人格的待遇）、第5条（自由和安全的权利）、第8条（尊重私人和家庭的权利）、第10条（言论自由）、第13条（获得有效补救的权利）、第14条（禁止歧视）、第18条（使用权利限制）和第1号议定书第1条（保护财产）、第1号议定书第2条（受教育权）、第1号议定书第3条（自由选举的权利）、第12号议定书第1条（全面禁止歧视）。[2]

3. 咨询管辖制度

欧洲人权法院也具有咨询管辖权。根据《欧洲人权公约》第47条和第48条的规定，部长委员会在经有权出席委员会的代表多数投票赞成后可以请求法院对涉及公约和议定书的解释等有关法律问题提供咨询意见。法院有权审查部长委员会请求提交咨询意见的申请是否属于公约规定的法院的权限范围。

例如，目前欧洲人权法院已经根据《欧洲人权公约》第十六议定书接受了

---

[1] 戴瑞君：“论国际人权条约中的国家间来文"，载《国际法研究》2021年第6期，第36页。

[2] "Inter-State application brought by Russia against Ukraine: ECtHR", available at https://hudoc.echr.coe.int/eng-press?i=003-7085775-9583164, last visited on June 18, 2023.

2022年10月10日芬兰最高法院关于收养成年子女的咨询意见的请求。[1] 2022年7月13日，欧洲人权法院对法国国务委员会提交的请求发表了咨询意见。该请求涉及土地所有者协会有权将其土地撤出官方批准的狩猎协会（ACCA）的领土。[2]

二、美洲人权争端解决机制

美洲人权争端解决机制的发展起源于美洲国家组织，[3]美洲国家组织作为历史最悠久的区域性国际组织，是美洲人权保护机制的直接来源。[4]1948年第九届美洲国家会议通过了《美洲人的权利和义务宣言》。1969年又发展出《美洲人权公约》，该公约在建立并促进区域性人权保护方面起到了重要作用，主要表现在其规定了广泛的权利和自由，其中不仅包括公民的政治权利，还涵盖经济、社会和文化等权利。

一方面，美洲地区人权保护机制有着长久的发展历史；另一方面，通过借鉴欧洲人权保护的经验，美洲创造了许多具有地区特色的人权保护机制。首先，在人权保护机构的设置方面，根据《美洲人的权利和义务宣言》建立了美洲人权委员会、根据《美洲人权公约》建立了美洲人权法院，在美洲层面构建起"宣言+公约+人权委员会+人权法院"的多重人权保护机制。[5]在缔约国国内层面，由真相与和解委员会负责调查与揭示政府过去在侵犯人权领域犯罪的真相，还原事实与赔偿受害者。同时依据调查事实启动对侵犯者的人权审判，形成了"真相委员会+人权审判"的机构设置。[6]其次，在具

---

[1] "Request by the Supreme Court of Finland for an advisory opinion on adoption of an adult child", European Court of Human Rights, available at https://hudoc.echr.coe.int/eng-press?i=003-7484704-10266158, last visited on June 18 2023.

[2] Advisory Opinion on the difference in treatment between landowners' associations "having a recognised existence on the date of the creation of an approved municipal hunters' association" and landowners' associations set up after that date requested by the French Conseil d'État (Request no. P16-2021-002), 13 July 2022.

[3] 谷盛开：《国际人权法：美洲区域的理论与实践》，山东人民出版社2007年版，第11页。

[4] 梁西：《国际组织法》（第4版），武汉大学出版社1998年版，第277、284~285页。A. H. Robertson and J. G. Merrills, *Human Rights in the World, An Introduction to the Study of the International Protection of Human Rights*, Manchester and New York: Manchester University Press, 1996.

[5] 江凯："发展中国家参与国际人权规范建设研究——以区域性人权机制为例"，中共中央党校2020年博士学位论文，第47页。

[6] 江凯："拉丁美洲人权保护机制的建构与制约因素"，载《拉丁美洲研究》2022年第2期，第140页。

体制度方面，建立起了包括国家报告制度、个人申诉制度和国家指控制度在内的人权保护机制。在国家报告制度中，实行政治权利和经济、社会和文化权利的双轨制；在个人申诉制度中，国家不可声明保留。以上机制在美洲人权保护中都发挥了独特的价值与作用。

（一）美洲人权委员会的相关机制

1959年第九次美洲国家组织外长协商会议通过了Ⅷ号决议，要求美洲国家组织依据《美洲国家组织宪章》成立美洲人权委员会对美洲国家的人权状况进行监督。[1]该委员会是《美洲国家组织宪章》体系下的专门机构，[2]也是美洲国家组织的一个"自主实体"。[3]

1. 国家报告制度

美洲人权保护体系下缺乏与联合国人权机制、欧洲人权报告程序类似的常规性缔约国报告制度，[4]而是在不同的条约体系下存在略有差别的国家报告制度，以下将详细进行阐述。

（1）《美洲人权公约》之下的国家报告制度。《美洲人权公约》第41条第1款第（d）项规定美洲人权委员会有职责"要求美洲国家组织的各成员国政府提供在人权问题上采取措施的报告"。缔约国的定期报告制度规定在《美洲人权公约》第42条，缔约国有义务"向美洲经济及社会理事会执行委员会和美洲教育、科学和文化理事会执行委员会按照它们各自主管的范围每年所提交的每一份报告和研究成果的抄件，抄送美洲人权委员会，以使美洲人权委员会可以注意促进经《布宜诺斯艾利斯议定书》修订的《美洲国家组织宪章》中所载的在经济、社会、教育、科学和文化准则中所包括的权利"。《美洲人权公约》第43条同时规定了缔约国的一般性报告义务，即"缔约国承允向委员会提供它可能要求的有关他们国内法律保证有效地实施本公约任何规定而采用的方式的情报"，但是本条并未规定定期报告制度。报告提交的时间很大程度上依赖美洲人权委员会的决定。因此可见此条的报告义务更多侧重

---

[1] Scott Davidson, *The Inter-American Human Rights System*, Dartmouth, 1997, pp. 15-16.

[2] Tom J Farer, James P Rowles, "The Inter-American Commission on Human Rights", in J. Tuttle ed., *International Human Rights Law and Practice*, 1978.

[3] David J, Padilla, "The Inter-American Commission on Human Rights of the Organization of American States, A Case Study", *American University Journal of International Law and Politics*, 1993, p. 9.

[4] 谷盛开：《国际人权法：美洲区域的理论与实践》，山东人民出版社2007年版，第194页。

给美洲人权委员会授权。从条款的内容可以看出《美洲人权公约》下的国家报告制度更多侧重对经济、社会、教育等方面的权利进行报告，同时由于监管机构和监管权力分散，国家报告的监督效力也容易被削弱。[1]

（2）《圣萨尔瓦多议定书》（即《〈美洲人权公约〉关于经济、社会、文化权利的附加议定书》）之下的国家报告制度。《圣萨尔瓦多议定书》第19条规定："各缔约国承允，应美洲人权委员会要求，向其提供它们主动或应后者要求所采取的保护措施的情况，以及在确保遵奉议定书承认的各种权利这一目标上所取得进展的情况。"在报告内容方面，缔约国应当报告有关经济、社会、文化相关的内容；在报告履行的方式上，该条中报告的提交有赖于美洲人权委员会的要求。

（3）《美洲防止与惩治酷刑公约》之下的国家报告制度。《美洲防止与惩治酷刑公约》第17条规定："各缔约国承允，向美洲人权委员会提供本国为实施本公约而采取的立法、司法、行政以及其他措施的情况。"在报告内容方面，缔约国应当提供有关防止与惩治酷刑的相关内容；在报告履行的方式上，该条中报告的提交依赖于美洲人权委员会的要求。

2. 国家研究制度

首个被美洲人权委员会启动国家研究程序的国家是古巴，国家研究制度是美洲人权委员会职能的特色之一，其主要内容是美洲人权委员会针对某个特定的国家就其人权状况开展调查与研究活动。[2]国家研究制度最初规定在《美洲人权委员会规约》第11条，后经1969年《美洲人权公约》第41条第（a）项至第（e）项以及第（g）项确定并被进一步规定在修订后的《美洲人权委员会规约》第18条。

（1）启动主体。可以由系列性的个人指控、非政府组织的报告或者美洲人权委员会主动提起。美洲人权委员会可以直接根据规约的授权针对美洲国家组织成员国启动国家研究。美洲国家组织的政治机构可以向美洲人权委员会申请启动。如1994年美洲人权委员会针对海地问题的人权报告。在后续监督国家对报告履行情况的过程中也可以启动国家研究。如1978年委员会关于

---

[1] 刘杰敏、张晓明："美洲区域性人权保护机制析论"，载《华南理工大学学报（社会科学版）》2012年第1期，第67页。

[2] 谷盛开：《国际人权法：美洲区域的理论与实践》，山东人民出版社2007年版，第210页。

巴拿马人权状况的报告。

（2）启动程序。由美洲人权委员会根据证据和材料确定审议目标国，并准备报告草案。美洲人权委员会通过会见有关当事人、证人等方式收集必要的材料和证据。在关于古巴的国家研究中，美洲人权委员会开创了听取证言和收集证据的先例。[1]美洲人权委员会根据收集的证据和调查情况将报告草案提交当事国政府并征求意见，进而完成初步报告，最后在综合调查结论以及政府意见的基础上，美洲人权委员会完成正式报告。如美洲人权委员会认为确有必要，可以将报告提请美洲国家组织成员国大会审议和讨论。

3. 现场调查制度

美洲人权委员会适用现场调查程序的第一个国家是多米尼加，现场调查制度是执行国家研究的核心步骤，因此也被看作是国家研究的一个阶段性程序。[2]在《美洲人权公约》生效之前，美洲人权委员会在其第一次会议上认定自身有权就侵犯人权的情况向美洲国家组织成员国联合或单独提出建议，还有权就经过确认的大规模侵犯人权的情况提出报告。

《美洲人权委员会程序规则》第18条第（g）项规定，美洲人权委员会可以在某一具体当事国政府同意或邀请的条件下，到该国进行现场调查。现场调查制度的主要内容包括：[3]首先，由美洲人权委员会任命特别委员会，特别委员会人选由美洲人权委员会决定，在选任上适用"回避"原则。其次，特别委员会或其任何成员可以进行实际的调查与会见；有关政府应向特别委员会提供可用的信息或情报。有关政府为特别委员会成员提供调查方便，特别委员会使用适当方法收据证据和材料。再次，委员会根据调查情况并征求当事国政府意见后完成初步报告并反馈给当事国政府。最后，在综合调查结论和政府反馈的基础上完成正式报告。由此可见，现场调查程序的最后阶段与国家研究的最后阶段相似，有些情况下存在重合。[4]

---

[1] [美]托马斯·伯根索尔：《国际人权法概论》，潘维煌、顾世荣译，中国社会科学出版社1995年版，第84页。

[2] 谷盛开：《国际人权法：美洲区域的理论与实践》，山东人民出版社2007年版，第219页。

[3] Norris, Robert, "Observations in Loco: Practice and Procedure of the Inter-American Commission of Human RIghts", *Texas International Law Journal*, Vol. 15, 1980, pp. 47-95; *Texas International Law Journal*, Vol. 19, 1984, pp. 285-318.

[4] 谷盛开：《国际人权法：美洲区域的理论与实践》，山东人民出版社2007年版，第228页。

4. 个人来文制度

美洲人权委员会受理个人来文的法律依据主要是《美洲人权公约》第41条第（f）项以及《美洲人权委员会规约》第9条。

在受理的条件上，个人、群体或非政府组织均可就违反美洲人权公约或美洲人权宣言所保护的权利向委员会提出申诉所涉国家必须是美洲间国家组织的成员；以"用尽当地救济"为前提；来文必须在国内最后程序作出后6个月内递交；不在另一国际诉讼进行中的案件。审理结束后委员会将其结论和建议撰写成报告，不公开发表而是交给申诉者和相关国家。并给国家留有一定时间执行委员会的建议。此时委员会有两种选择，委员会可以再准备一份报告，在执行期限届满后公开该报告；或者在第一份报告转交给相关缔约国后的三个月内将案件提交美洲人权法院。

此种机制的特点主要在于：首先，这种程序不受来文接受标准的约束。甚至即使在没有来文的情况下，只要美洲人权委员会得到消息表明美洲国家组织某一成员国存在严重侵犯人权的情势，就可以启动；其次，美洲人权委员会可以根据情况的必要性，灵活地采取各种行动进行调查收集信息；再次，美洲人权委员会可以将调查结果公布，以对当事国政府施加压力；最后，调查报告可以提交美洲国家组织进行讨论。其后果可能对当事国政府采取政治措施。[1]

5. 国家来文制度

国家来文制度是由条约缔约国向美洲人权委员会提交的指控另一缔约国违反条约义务的制度。出于政治、财政、国际形势等种种因素的考量，有关国家并不倾向于启动国家指控程序，而是较多诉诸谈判、调解、联合国大会等双边或多边政治、外交手段予以解决。

国家来文程序与个人来文程序大致相同，如缔约国认为另一国违反条约义务可以在书面提请其注意并要求其答复，如在一定时间内未能通过协商一致解决争端，任一当事国可以将争端提交美洲人权法院。美洲人权法院也可以组织双方进行友好解决。如果缔约国已经依据《美洲人权公约》第62条承认了法院的管辖权，美洲人权委员会可以在报告呈送有关国家后将案件提交美洲人权法院审理。同时，当事国可以在一定期间内援引新事实或法律请求

---

[1] 谷盛开：《国际人权法：美洲区域的理论与实践》，山东人民出版社2007年版，第234页。

委员会对报告进行复审。复审程序只能启动一次。

(二) 美洲人权法院的相关机制

作为美洲人权保障的司法程序，美洲人权法院在美洲区域性人权保障中实行司法管辖，其宗旨是实施和解释《美洲人权公约》。主要内容包括美洲人权法院可就对某一缔约国违反公约的指控所引起的争端进行裁决；以及法院在不要求对特定争端进行裁决的诉讼中可以就《美洲人权公约》以及其他一些人权条约进行解释。[1]

美洲人权法院进行裁判的法律渊源不仅包括《美洲国家组织宪章》以及美洲国家之间订立的人权公约，还包括在美洲人权体系内某一国家适用的其他有关享有和实施人权的条约，一些情况下还包括联合国的人权公约。[2]例如美洲人权法院在 *Velásquez Rodríguez* 案中就根据《公民权利及政治权利国际公约》结合人权事务委员会以及欧洲人权法院的实践对有关赔偿问题进行了解释和裁判。[3]

1. 诉讼管辖制度

诉讼管辖权是指美洲人权法院被授权对涉及批准《美洲人权公约》并承认法院管辖权的国家的案件作出有拘束力裁判的职权。[4]根据《美洲人权公约》第61条、第62条、第63条的规定，诉讼管辖权的受理条件可以分为两种：其一是由公约缔约国向法院提交诉讼管辖权申请，诉讼国应当向法院秘书处提交申请书；其二是由美洲人权委员会向法院提交诉讼管辖申请，在这种情况下案件需要被人权委员会接受并经过调查，且报告草案已经由人权委员会递交当事国。[5]

美洲人权法院的诉讼管辖具有任择性，美洲人权公约的缔约国可以在批准、加入或以后的任何时候宣布接受该法院的管辖。在"LoayzaTamayo v. Peru"案

---

[1] 谷盛开：《国际人权法：美洲区域的理论与实践》，山东人民出版社2007年版，第308页。

[2] Mary Caroline Parker, "Other Treaties: The Inter-American Court of Human Rights Defines Its Advisory Jurisdiction", *American University Law Review*, 1983-1984, p. 211.

[3] Annual Report of the Inter-American Court of Human Rights, 1989, pp. 123-139. [美] 爱德华·劳森：《人权百科全书》，汪淼等译，四川人民出版社1997年版，第748页。

[4] 谷盛开：《国际人权法：美洲区域的理论与实践》，山东人民出版社2007年，第327页。

[5] 张健："美洲区域性人权保护机制研究"，载《华北水利水电学院学报（社科版）》2012年第1期，第141页。

中，法院认定秘鲁对关押和施酷刑于申诉人以及没有公平审判等多项对公约的违反负有责任。在"Chumbipuma Aguirre v. Peru"案和"Barrios Altos"案中，法院研究了国内大赦法律的问题，认为秘鲁大赦法因违反《美洲人权公约》而无效。

2. 咨询管辖制度

美洲人权法院的咨询管辖权来自《美洲人权公约》第64条的授权。根据该条规定，在申请主体上，美洲国家组织各成员、美洲国家组织内部下设机构均可以向法院提出咨询。但是法院在解释中认定美洲国家组织各机构必须证明他们对请求中的事项存在"与其各自机构相关的正当利益"。[1]在解释的范围上，法院的咨询管辖权范围非常广泛，[2]在"Other Treaties" Subject to the Interpretation of the Inter-American Court 的咨询意见文书中，法院认为公约的宗旨是综合区域和普遍的人权保护机制，因此，美洲国家是缔约方的任何人权条约咨询意见的主题。[3]除了《美洲人权公约》外，还包括美洲国家组织内任何与人权保护相关的文件。在美洲国家组织成员国要求下，法院也可以就该国国内法律文件是否和《美洲人权公约》以及其他可适用美洲有关国家的国际人权文书等国际文件一致向该国提供意见。法院认为"国内法律"不仅包括实施中的法律，在特定情况下也包括尚未完成立法进程的法律。[4]其解释程序，主要分为三步：首先，具有咨询权的国家或机构就条约中规定的可咨询的内容向法院秘书处提交书面申请，由秘书处将申请提交与该问题有关的各国和美洲国家组织秘书长；其次，法院确定出庭顺序和审理时限并通知有关各方；最后，法院将审理和咨询意见予以公示。

三、非洲人权争端解决机制

非洲人权保护机制的背景主要为非洲国家逐渐走向独立、非洲统一组织的建立以及国际人权活动的推广。非洲人权保护的"宪章体系"包括以下三

---

[1] Advisory Opinion OC – 2/82 of Sept. 24, 1982, I. – A. Court H. R., Series A. Judgments and Opinions, No. 2, 1982.

[2] Buergenthal, "The Advisory Practice of the Inter-American Rights Court", Am. J. Int'l L., Vol. 1, 1985, p. 79. Pasqualucci, "Advisory Practice and Procedure: Contributing to the Evolution of International Human Rights Law", Stan. J. Int'l L., Vol. 241, 2002 p. 38.

[3] "'Other treaties' subject to the consultative jurisdiction of the court", available at https://www.corteidh.or.cr/docs/opiniones/seriea_01_ing1.pdf., last visit on June 18, 2023.

[4] Advisory Opinion OC-4/84, I.-A. Court H. R., Series A: Judgments and Opinions, No. 4, 1984.

个重要阶段：第一是以《非洲统一组织宪章》为代表的人权保护的雏形体系；第二是以《非洲人权与民族权宪章》为代表的正式非洲人权保护体系的成型；第三则是以《非洲联盟组织法》，即《非盟宪章》为代表的人权保障的法律文书的完善体系。[1]在人权保护机构上，非洲的人权保护机构主要包括非洲人权和民族权委员会以及非洲人权法院。

（一）非洲人权和民族权委员会

1981年6月28日非洲统一组织制定了《非洲人权与民族权宪章》（也称《班珠尔宪章》，以下简称《非洲人权宪章》），该公约于1986年10月21日生效。非洲统一组织根据非洲宪章创设了非洲人权和民族权委员会（以下简称"非洲人权委员会"），根据《非洲人权宪章》第47条至第54条的规定，非洲人权委员会的主要功能是审查国家的报告，国家间的指控以及个人来文的申诉，承担着保护和促进人权和民族权以及解释《非洲人权宪章》的责任。[2]

1. 主要职责

非洲人权委员会的主要职责包括收集人权领域的文件、进行关于非洲人权问题的研究、组织大会和研讨会传播信息、鼓励与人权和民族权相关的国家和地方机构的活动、与保护人权的非洲或国际机构进行合作等。同时非洲人权委员会还具有准立法和准司法的功能，其有权制定与人权和民族权和基本自由相关的规则，还可以根据缔约国、非洲统一组织的职能机构或者非洲统一组织所认可的某个机构的请求对非洲宪章的条款进行解释。非洲人权委员会还可以审议缔约国提交的关于履行《非洲人权宪章》的定期报告，或者依据《非洲人权宪章》和联合国议事规则受理关于违反《非洲人权宪章》的申诉。

2. 管辖权

非洲人权委员会的诉讼管辖权在诉讼主体上只能由非洲人权委员会、成员国和非洲政府间组织提起。除了受理关于《非洲人权宪章》以及《非洲人权和人民权利宪章关于非洲妇女权利的议定书》的解释问题外，还受理缔约

---

[1] 江凯："发展中国家参与国际人权规范建设研究——以区域性人权机制为例"，中共中央党校2020年博士学位论文，第62页。

[2] [美]托马斯·伯根索尔、黛娜·谢尔顿、戴维·斯图尔特：《国际人权法精要》（第4版），黎作恒译，法律出版社2010年版，第227页。

国提交的关于任何其他人权文件的解释方面的争议。有权对非盟作出的侵犯人权的行为作出最终、有法律约束力的判决。

同时，非洲人权委员会也拥有咨询管辖权。在应非盟成员国（53个）、非盟各个机关（11个）以及非盟承认的任何非洲组织（8个非洲区域经济共同体组织和在非盟获得观察员地位的组织）的请求时，法院可以就特定人权问题提供咨询意见。

3. 主要制度

（1）个人申诉制度。根据《非洲人权宪章》第56条的规定，个人来文要得到非洲人权委员会的受理必须满足以下七项条件：①来文已经标明作者；②来文与《非洲统一组织宪章》或者《非洲人权宪章》的精神不矛盾；③来文不是用诽谤的语言写成，没有对有关国家及其机关或者非洲统一组织进行直接攻击；④来文不能仅以大众传媒所载的消息为依据；⑤来文所涉事件已经穷尽国内救济；⑥来文于国内救济穷尽之后或者委员会知道此事之后的合理期限内提交；⑦来文所涉事件非经有关国家根据《联合国宪章》《非洲统一组织宪章》或者本宪章的原则得以处理。与美洲区域个人申诉制度不同的是，非洲区域个人申诉制度并不救济对人权的个别侵犯，只允许委员会根据《非洲人权宪章》第58条第1款"揭发存在着一系列严重的或大规模侵犯人权情况的特殊案件"采取行动。[1]

（2）国家间指控制度。根据《非洲人权宪章》第49条，如果一缔约国认为另一缔约国已经违反了本宪章的规定，可以直接向人权委员会提起控诉，无需经过磋商。相比于美洲国家指控制度，非洲区域国家间指控制度受理缔约国间关于违反人权义务的指控是强制性的。[2]1999年刚果民主共和国称其是布隆迪、卢旺达和乌干达所发起侵略的受害者，并诉至非洲人权委员会。非洲人权委员会经审查认为被告国家违反了和平解决争端的原则，侵犯了《非洲人权宪章》中的和平权。

（3）缔约国报告制度。《非洲人权宪章》在第26条对缔约国报告制度作了原则性规定，该制度并不具有强制执行力，主要依靠国家自觉承担义务来

---

[1] 贺鉴："美洲和非洲区域性人权保护制度之比较"，载《乐山师范学院学报》2005年第6期，第105页。

[2] 贺鉴："美洲和非洲区域性人权保护制度之比较"，载《乐山师范学院学报》2005年第6期，第104页。

进行推进。

非洲人权委员会在人权保护方面主要是通过建议和报告等形式对各成员国的人权实施状况进行监督和促进，虽然对于促进各国遵守人权义务具有重要的推动作用，但是缺乏有效的司法职能机构，因此在法律约束力上略显不足。

(二) 非洲人权和民族权法院

1994年非洲统一组织的首脑会议上就考虑了建设非洲人权法院的问题。[1]但是由于资金不足、民主制度发展不完善等原因，[2]该议程被一再搁置。1998年非洲统一组织国家元首的政府首脑峰会通过了《关于建立非洲人权与民族权法院的议定书》(以下简称《议定书》)。2006年7月非盟根据《议定书》第1条设立了非洲人权法院作为非盟内部的司法机构。2003年非盟又通过了一项关于非洲联盟法院的《非洲联盟规约议定书》。非盟在2004年决定合并这两个法院，并于2008年通过此项议定书。此后，非洲人权法院分为一般事务部门与人权部门，每个部门由8名法官组成。一般事务部门有权审理所有案件，人权部门负责审理人权和民族权相关的案件。每一部门均可决定将案件提交全体法院审理。在非洲还有一些其他的区域法院，包括关于阿拉伯国家及其他地区的法院。

根据《议定书》第3条、第4条、第5条，非洲人权法院的管辖权可以分为诉讼管辖权（具体包括属事管辖权、属人管辖权）以及咨询管辖权。

1. 属事管辖权

根据《议定书》第3条和第7条的相关规定，[3]非洲人权法院的属事管辖权不仅局限于《非洲人权宪章》和《议定书》，还包括非盟成员国加入的所有人权条约，如联合国人权公约等。这意味着即使个人权利不能通过《非洲人权宪章》得到保护，也可以通过国家加入的其他人权公约进行保护，这在区域人权保护领域已经领先于欧洲和美洲人权法院的属事管辖权。

---

[1] The African Court on Human and People's Rights (Occasional Paper): Presentation, analysis and commentary: The Protpcol to the African Chater on Human and People's Rights establishing the Court.

[2] R Morkey, "A Comparative study of the African and European courts of Human Rights", *African Human Rights Law Journal*, Vol.2, 2002, p.22.

[3] 《议定书》第3条："非洲人权法院的司法管辖权应当延伸到被递交的有关解释和适用《非洲人权宪章》、议定书，以及其他相关国家批准的人权文件的案件和争议。"第7条："法院将适用宪章，以及其他相关国家批准的人权文件规定。"

2. 属人管辖权

根据《议定书》第 5 条的规定，非洲人权法院的属人管辖权可以分为强制性管辖权和任意性管辖权。前者是指其可以就非洲人权委员会、缔约国、受害者国籍国和非洲的政府间国际组织四类主体提出的诉讼享有管辖权。后者是指在缔约国批准或宣布接受《议定书》第 5 条第 3 款时，非洲人权法院才可以受理在非洲人权委员会有观察员地位的非政府组织和个人的起诉。

3. 咨询管辖权

根据《议定书》第 4 条，非洲人权法院可以就非盟任何成员国、非盟、非盟内的任何机构或任何非盟承认的非洲组织的请求，对于与《非洲宪章》或任何其他相关的人权文件相关的任何法律事项提供意见。[1]

四、亚洲人权争端解决机制

亚洲人权委员会在促进亚洲制定统一的人权公约以及构建区域人权争端解决机制方面做出了许多努力，但是受制于人权问题的敏感性以及地缘政治的广泛性亚洲并未建立起统一的人权争端解决机制。因此与欧洲和美洲相比，亚洲不存在国家或政府间专门性保护人权的国际公约以及国家或政府间保护人权的国际机构，区域人权保护机制发展较为缓慢。但是在次区域人权保护机制的发展方面颇有建树。其原因可能在于次区域之间地域差异较小、发展程度相近，因此在人权等问题的处理上更能达成一致意见。以下将就几个具有代表性的次区域人权保护机制展开介绍：

1. 东南亚地区的人权争端解决机制

2008 年《东南亚国家联盟宪章》（以下简称《东盟宪章》）作为东南亚国家联盟（以下简称"东盟"）的纲领性文件正式生效。根据《东盟宪章》的规定，首脑会议作为最高权力机构，解决严重破坏或违反宪章的行为。[2] 东盟同时于 2009 年建立了东盟政府间人权委员会，作为东南亚国家联盟的一个协商机构，在人权保护与争端解决方面发挥了一定作用。东盟政府间人权委员会有 14 项任务，包括促进和保护东盟地区人民的权利、提高民众的公共意识、促进教育、向政府和东盟团体提供咨询服务等。

---

[1] 洪永红、周严："非洲人权与民族权法院述评"，载《西亚非洲》2007 年第 1 期，第 63 页。

[2] Article 20, Charter of the Association of Southeast Asian Nations.

尽管国际社会对东盟现有的人权委员会与《东盟人权宣言》的实效仍存在一些怀疑与批判态度，但相比于东盟传统的主权与不干涉原则而言，东盟已经在建构区域人权保护机制方面贡献了独特的价值。

2. 西亚阿拉伯国家联盟的人权争端解决机制

阿拉伯国家联盟（以下简称"阿盟"）于1945年成立。1968年12月，阿盟成立了阿拉伯人权委员会，1994年阿盟通过了《阿拉伯人权宪章》，2008年3月15日《阿拉伯人权宪章》经批准后生效。根据《阿拉伯人权宪章》第48条，阿拉伯人权委员会负责监督国家人权义务的履行以及审查成员国提交给阿盟秘书长的国家报告并提出相关结论和建议。[1]

阿盟是亚洲区域第一个在具有普遍法律效力的条约中规定国家报告制度的政府间组织。同时，阿盟在人权保护中特别强调伊斯兰教义的内容，体现出宗教与人权保护的融合。[2]

3. 南亚区域合作联盟的人权争端解决机制

1985年12月，孟加拉国、不丹、印度、马尔代夫、尼泊尔、巴基斯坦、斯里兰卡七国通过《南亚区域合作宣言》（《达卡宣言》）和《南亚区域合作联盟宪章》，成立了南亚区域合作联盟（以下简称"南盟"）。南盟主要通过就特定问题签订人权条约的方法进行人权保护。[3]目前南盟有两部专门性人权条约，包括着重保护妇女及儿童的权利，使被贩卖的妇女和儿童能够回到原籍地，防止妇女和儿童被贩卖的《禁止和消除以卖淫为目的买卖妇女儿童的南亚区域联盟条约》以及注重保障儿童的基本人权与以后的生存发展的权利的《关于促进南亚儿童福利的地区协定的南亚区域合作联盟条约》。以上两部条约中的主要内容是对权利的列举和阐明，并没有涉及人权具体实施机制的安排。

2001年《南亚社会宪章》在伊斯兰堡召开的第12届首脑会议上获得通过。虽然《南亚社会宪章》第1条就规定了"缔约国为确保各国人民享有全面均衡的社会发展，缔约国必须建立有利于社会发展的、以人民为中心的机制"，但这里也只是表达了一种建立人权保护机制的愿望。并没有对实体权利

---

[1] Article 48, Charter of the Association of Southeast Asian Nations.
[2] 张艳丽："亚洲人权保护机制构建研究"，哈尔滨工业大学2009年硕士学位论文，第30页。
[3] [日]稻正树、铃木敬夫："建立亚洲人权保障机制的尝试"，白巴根译，载《太平洋学报》2009年第12期，第8页。

的保护给出切实可行的机制或方案，这不仅仅是南盟的突出问题，也是整个亚洲区域人权保护的缺陷。

第三节 人权争端解决机制评述

人权是一个复杂的概念，各国、各地区、各民族乃至各个个人对人权的理解呈现出相当的多样性和争议性。现有的人权争端解决机制也折射出人权理解的这种特征。从人权保护的国际视野来看，人权兼具普遍性和特殊性。一方面，人权保护具有普遍性。无论是《联合国宪章》还是其它特定的国际条约，无论是国际习惯还是国际法院的判决，无不承认国际法保护人的基本权利，尊重全人类的共同价值取向和共同权利内容。因此，在联合国框架下形成了旨在为人权提供全球性保障的争端解决机制，其中宪章机构和条约机构尤为突出。另一方面，人权保护又具有特殊性。人权保护内容和方式往往与特定的社会制度、发展水平、文化传统等因素紧密联系，不同国家、地区、民族均可能采取不同的人权保护模式，从而形成各具特色的区域性或次区域性的人权争端解决机制。虽然欧洲和美洲在这方面的实践积累较多，制度更为成熟，但并不能因此而否定其它地区形成的有益尝试和创新。当然，不同制度之间的积极互动与借鉴对于推动人权争端解决机制的发展无疑是有益的。以下将对上文所提及的全球性和区域性人权争端解决机制分别进行简要评述。

一、联合国主要机关

联合国作为对当今世界具有重大影响力的国际组织，在促进世界人权保护方面持续发挥着重要作用。联合国大会因其广泛的职能范围，可以对任何与人权有关的问题进行讨论，对此形成了大量决议或建议，并因此设立了非殖民化特别委员会、纳米比亚理事会和人权理事会等专门的机构。安理会着重关注与国际和平与安全有关的人权问题，其决议具有强制约束力，通过维和行动、设立人权小组等方式对国际人权提供强力保护。秘书处通过设立人权高级专员办事处，形成了一套有力且有效的人权保护渠道和机制，在协助人权理事会、条约机构和其他联合国人权机构的工作中也发挥着重要作用。国际法院则通过其裁判管辖权和咨询管辖权对人权争端作出判决或发表意见，提供司法救济。这些联合国主要机构及其下设机构在各自领域具有较高的认可度和影响力，成了国际人权争端解决机制的重要部分。但同时也应注意到，联合国主要机构由于其并非专门的人权保护机构，相应的人权保护机制较为松散，并不是集中、系统规定人权争端解决机制的机关，而更多是作为国际人权保护实施监督机制而存在的。[1]另外，除了联合国主要机关，各大非政府组织比如红十字会国际委员会等，作为监督国际人权标准实施的重要力量，其影响力也不容忽视。[2]

二、联合国宪章机构

作为联合国宪章机构，人权理事会建立了包括普遍定期审议制度、特别程序、咨询程序、申诉程序和调查程序在内的一套完整的人权保护与监测体系，其宪章机制在促进人权事务的推进与全球人权保护方面发挥了独特的作用。与其前身人权委员会相比，其职权范围、法律机制及执行能力都有显著的改善和进步。但是在实践中也存在一些问题。首先，宪章机制实质上是一种政府间合作机制，因此有学者指出"这些人权活动多是'声明'和'建议'，缺乏法律强制力"。[3]其次，宪章机制的政治化倾向仍然存在，其前身"人权委员会的特征之一是政治化和选择性"。[4]虽然作为替代的人权理事会已经大大改善了其政治性，但是仍然容易成为国家间在处理人权问题上的工具，要避免人权宪章机制成为大国实施霸权的政治工具。[5]同时，由于联合国缺乏强制执行机构，人权宪章机制的后续工作容易得不到有效的监督和执行。[6]

三、联合国人权条约机构

联合国条约机构和宪章机构作为联合国体系下两类主要的人权监督机制，

---

[1] 张爱宁："国际人权保护实施监督机制的新动向"，载《法学》2010年第1期，第102页。

[2] Rachel Brett, "Role of NGOs-An Overview", *International Human Rights Monitoring Mechanisms*, Martinus Nijhoff Publishers, 2001, p. 845.

[3] James Crawford, "The UN Human Rights Treaty System: A System in Crisis", *The Future of UN Human Rights Treaty Monitoring*, Cambridge University Press, 2000, p. 4.

[4] Patrizia Scannella, Peter Splinter, "The United Nations Human Rights Council: A Promise to be Fulfilled", 7 (1), *Human Rights Law Review*, 2007, p. 55.

[5] 贺鉴、赖建云："论冷战后联合国人权保障机制"，载《河北法学》2005年第5期，第36页。

[6] 何志鹏、崔悦："国际人权监督的理论分析与制度审视"，载《东方法学》2012年第1期，第36~37页。

在促进全球人权事业发展与监督人权条约的执行方面发挥了重要作用。两类机制既相互独立又相互联系。[1]第一，在成立的基础上，条约机构是根据相关人权公约建立的，监督缔约国在国际及国内（主要是国内）执行该公约的情况，从而保护人权的机构。而宪章机构则是根据《联合国宪章》和联合国的主要机关决议建立的促进保护人权的机构，不以特定的人权公约为基础。第二，在约束对象上，条约机构的管辖范围仅局限于签署了该公约或任择议定书的缔约国，而宪章机构的约束对象及于所有联合国会员国。第三，在工作性质上，条约机构由以个人身份工作的人权专家组成，不代表任何国家/组织。而宪章机构则是由联合国会员国指派的代表组成，是政府间多方机构。联合国人权机构的发展加强了联合国对于国际人权事务的影响力，但是其也存在不可忽视的问题。首先，由于两类机制都不是司法机构，其对审理的案件作出的决定或提出的意见没有法律约束力。其次，随着联合国会员国数量的不断攀升，其在处理人权问题上的人力资源与财物资源面临窘境。[2]再次，由于联合国体系下人权机构职能重叠，容易导致工作内容冲突增加工作人员的任务量。最后，由于目前在国际层面仍然更倾向于通过政治性手段解决人权争端，导致后续监督机制的执行效率较低。比如在宪章机制之下，监督方法的政治性严重限制了监督的力度和效果。[3]

四、欧洲人权争端解决机制

虽然《欧洲人权公约》中的很多人权保护内容并非首创，但是在其框架之下的人权保护机制却发挥了十分重要并且独特的影响。有学者认为《欧洲人权公约》"建立了一个对个人来说可得的正式的法律保护体系，其涵盖领域已经成为欧洲标准的那些公民权利和政治权利"。[4]欧洲人权法院通过建立司法性质的人权争端解决机制，在人权保护体系的专业性以及处理案件的效率等

---

[1] 孙萌："论联合国人权机制的整合"，载《世界经济与政治》2017年第7期，第120页。

[2] Anne F. Bayefeky, *The UN Human Rights Treaty System：Universality at the Crossroads*, Hotei Publishing, 2001, p.4. "United Nations Reform：Measures and Proposals", para. 28.

[3] Tania Baldwin-Pask and Patirzia Scannella, "The Unfinished Business of a Special Procedure", in M. Cherif Bassiouni, William A. Schabas eds., *New Changes for the UN human rights machinery：What future for the UN treaty body system and the Human Rights Council procedures?*, Cambridge：Intersentia, 2011, p.430.

[4] [英]克莱尔·奥维、罗宾·怀特：《欧洲人权法原则与判例》，何志鹏、孙璐译，北京大学出版社2006年版，第592页。

方面对于国际社会具有示范作用。欧洲法院法官的全职化也使得公约机制去政治化和专业化程度更高,其完善的个人申诉制度不仅为联合国体系下申诉制度的建立奠定了基础,也为美洲地区、非洲地区、大洋洲地区的人权保护机制提供了参考。但在法律效力方面,由于《欧洲人权公约》只是普通的国际性条约,不具有超国家主权的性质,原则上公约条款以及法院判决只能对当事双方产生约束力,无法依据公约本身对缔约国本身的法律体系或其他缔约国裁判类似案件产生约束力,只对立法机构和司法机构具有建议功能。[1]同时,由于《欧洲人权公约》第十五议定书明确了边际裁量原则的适用规则,即当法院无法作出确定性结论时,法院会认识到自身的局限性并给予成员国较大的自由裁量空间,并且一般情况下会尊重成员国的法律和决定。[2]边际裁量在具体的运用中至少会考虑两个方面的因素:一是"尊重国内法院的司法",即欧洲人权法院应该基于政治和法律文化的差异尊重缔约国法院在公约许可范围内按照本国司法体系的具体裁量,法院不会以纯粹的公约解释取代成员国法院的意见。[3]二是"灵活的适用性",即在边际裁量的情况下,人权公约特定条款的解释存在开放性和灵活性。[4]因此欧洲人权的保护具有相对性。[5]

五、美洲人权争端解决机制

美洲通过借鉴欧洲人权争端解决机制,建立了具有美洲地区特色的人权争端解决机制,在实践中也发挥了重要的作用。目前,美洲已构建起"宣言+公约+人权委员会+人权法院"的多重人权保护机制,包含了诸如国家报告制度、国家研究制度、现场调查制度、个人来文制度、国家来文制度、法院的诉讼和咨询管辖制度等。但是相较于欧洲机制来说,美洲机制在权威性以及效能方面仍然存在一些不足。其中有很多原因,诸如美洲国家组织成员国在

---

[1] Sionaidh Douglas-Scott, "The European Union and Human Rights after the Treaty of Lisbon", *Human Right Law Review*, vol 1, 2011, p. 657.

[2] 邱静:"欧洲人权法院实践与人权保护的相对性",载《国际论坛》2019年第5期,第74页。

[3] *James vs. UK*, [1986] 8 EHRR, p. 123.

[4] 范继增:"欧洲多层级框架下人权保障机制",载《中山大学法律评论》2015年第3期,第27页。Steven Greer, "Constitutionalizing Adjudication under the European Convention of Human Rights", *Oxford Journal of Legal Studies*, vol. 45, 2003, p. 409.

[5] 邱静:"欧洲人权法院实践与人权保护的相对性",载《国际论坛》2019年第5期,第74页。

经济、政治、社会发展程序上的差异，且美国并未签署《美洲人权公约》在很大程度上削弱了该公约的适用范围和适用性。因此，美洲区域人权保障机制只有在破除这些障碍后才有可能取得突破性进展。

六、非洲人权争端解决机制

虽然非洲的人权保护机制相比欧洲和美洲起步较晚，但是其相对而言又具有其独特的价值和可行性。比如非洲人权委员会的个人申诉制度要更加完善，并且赋予了个人、非政府组织、个别团体以国家人权权利主体地位，丰富了国际法主体体系。[1]并且，非洲国家人权保护机制由于更加灵活可行以及去政治化等原因，相比于其他区域性人权保护机制可能会更加高效，为各方提供了交流与协商的平台，有利于达成友好的解决方案。但是在实践中仍然存在一些阻碍因素：首先，非洲国家整体经济发展状况以及民众受教育水平较低，使得人权事项较难推广。其次，人权议题在许多非洲国家并不具备优先性，非洲国家为人权发展提供的资金支持相对有限。最后，人权保护机制在实践中也存在效率较低等现实问题。

七、亚洲人权争端解决机制

亚洲地区由于地域广大、国家众多，国家间文化、经济、人权、法律等各方面发展差距较大，尚未形成如欧洲、美洲等地区较为统一、成熟的区域性人权争端解决机制。但现有的东南亚地区的人权争端解决机制、西亚阿拉伯联盟的人权争端解决机制、南亚区域合作联盟的人权争端解决机制等次区域机制已逐步展现出其特色和特有价值，值得关注。在未来亚洲区域人权保护机制的设计路径上，有学者认为应当从"内生"与"外合"两个维度进行推进。所谓"内生"即各国要结合本国实际情况完善国内人权一体化保护，奠定亚洲区域人权保护发展的内在基础。所谓"外合"即各次级区域人权组织加强区域和领域的合作。[2]

中国作为一个负责任的大国，应在积极推动国内人权保护一体化的同时，

---

[1] 章育良："论非洲区域性人权保护机制"，载《河北法学》2007年第4期，第174页。

[2] 毛俊响、党庶积："亚洲区域人权保障宜采内生与外合之路"，载《法学》2014年第11期，第98页。

> 国际争端解决

在建立亚洲区域人权保护机制上争取领导权与贡献中国智慧，从而提高亚洲整体人权保护能力。因此，我们应理性探索区域人权保护机制构建理念。首先，人权事业的发展是一个循序渐进的过程。对于人权的保护需要结合人权发展的时代背景、区域人权发展基础以及有关国家社会经济发展状况具体问题具体分析。其次，注重发挥各国宪法在人权保护领域的政治保障作用，为"人权宪法化"增添新的国际实践尝试。最后，以本区域人权保护的需求和现状为基础，加强借鉴在其它区域机制在国际人权保护方面的先进经验，积极推进区域人权保护机制的建设和创新。

第五章
能源宪章争端解决机制

　　能源领域的国际投资与贸易具有特殊性。一方面，能源相关投资与贸易关系国计民生。能源是所有经济体的主要动力，对许多发展中经济体的合作伙伴来说，能源产品的出口和销售是外汇收入的最重要来源之一。另一方面，能源安全是全球发展领域最紧迫的挑战之一。当前危机根源是因供应链问题导致国际合作受到干扰。"解决之道在于各国在联合国等多边国际组织的协调下，加强市场监管合作，构建大宗商品合作伙伴关系，建设开放、稳定、可持续的大宗商品市场，共同畅通供应链，稳定市场价格。……减少化石能源消费、向清洁能源转型进程要平衡考虑各方面因素，确保转型过程中不影响经济和民生。"[1]

　　因此，为国际能源合作提供一个多边框架和国际论坛具有至关重要的意义。相应地，联合国成立了"全球粮食、能源和金融危机应对小组"。同时，针对能源领域这一特定部门，《能源宪章条约》（Energy Charter Treaty，ECT）也提供了这样的一个多边框架和论坛。ECT旨在鼓励和促进国际能源合作，相关规则有助于确保能源进口国的能源供应，并增加资本流入能源出口国，帮助其发展和升级能源工业。[2]尽管如此，上述目标的实现均有赖于行之有

---

〔1〕 习近平："共迎时代挑战 共建美好未来——在二十国集团领导人第十七次峰会第一阶段会议上的讲话（2022年11月15日）"，载《中华人民共和国国务院公报》2022年第33期，第6页。

〔2〕 The Energy Charter Treaty: A Reader's Guide Energy Charter Secretariat, 2004, p. 7, available at https://is.muni.cz/el/1422/jaro2017/MVV2368K/um/ECT_ Guide_ ENG.pdf, last visited on 30 March 2023.

效的争端解决机制的保障。有鉴于此，本章重点介绍围绕 ECT 展开的能源宪章争端解决机制。

第一节　能源宪章争端解决机制概述

能源宪章（Energy Charter）可以追溯到 20 世纪 90 年代初在欧洲发起的一项政治倡议（political initiative），冷战结束为克服在先经济分歧提供了前所未有的机会。部分国家认识到有必要确保为发展欧亚能源合作建立一个共同接受的基础。基于此，能源宪章进程（Energy Charter Process）启动。[1] 从能源宪章政治宣言发布至后续包括 ECT 在内的相关能源条约的进展，均可归于能源宪章进程的范畴。该进程的最新进展是于 2022 年 6 月达成的《关于 ECT 现代化的原则协议》（Agreement in principle on the modernisation of the ECT）。[2] 可以说，能源宪章不仅是多边层面的法律框架，还为各成员方参与能源合作对话提供了平台。

作为进程的成果之一，ECT 于 1994 年 12 月签署，1998 年 4 月生效。[3] ECT 是在能源宪章政治宣言的基础上制定的。其基本目标有：一是通过制定缔约方遵守的规则来加强能源问题的法治化，从而减轻与能源相关的投资与贸易风险，[4] 促进成员之间的投资和贸易流动；二是通过更开放和更有竞争力的能源市场的运作来促进能源安全，同时尊重可持续发展和能源资源主权的原则。ECT 涉及领域广泛，其涵盖了能源贸易、能源投资、能源过境以及能源效率等领域，并规定了详尽的、有约束力的争端解决程序，为跨境能源合作建立了多边法律框架。

ECT 包括若干国际争端解决机制，每一机制都旨在解决特定类型的争端。

---

[1] "The Energy Charter Process", 5 August 2015, available at https://www.energycharter.org/process/overview/, last visited on 15 March 2023.

[2] "The Energy Charter Process", 5 August 2015, available at https://www.energycharter.org/process/overview/, last visited on 15 March 2023.

[3] 目前，该条约有 53 个签署国和缔约方，包括欧洲联盟和欧洲原子能共同体。See "The Energy Charter Treaty", available at https://www.energycharter.org/process/energy-charter-treaty-1994/energy-charter-treaty/, last visited on 15 March 2023.

[4] "The Energy Charter Process", 5 August 2015, available at https://www.energycharter.org/process/overview/, last visited on 15 March 2023.

这些争端解决机制有两种基本形式：一是投资者与国家对投资纠纷的诉讼或仲裁等；二是国家间仲裁。[1]就内容而言，涉及的争端类型包括与能源投资、能源贸易、能源过境和能源环境等相关的争端。ECT为解决能源贸易与能源过境的国家间争端制定了特别规定，其减损了关于国家间争端解决的一般规定。对于竞争争端和环境争端，ECT未建立有约束力的仲裁程序，但提供了更软化的和不那么正式的争端解决机制。[2]本章将重点关注这些争端解决机制的内容及特点。

第二节　投资方与缔约方间的争端解决

投资方与缔约方的争端是实践中能源领域争端的常见形式。在ECT的语境下，争端解决规则仅适用于涉及"投资促进与保护"规则的争端。在实践中，大多数争端产生于征收和投资的推广、保护与处理。当然，在特定情况下，相关规则的适用可能会被排除，这一例外通常被称为"拒绝好处条款"。本节将对这些内容进行梳理与介绍。

一、概述

ECT详细地阐述了投资方与缔约方间的争端解决的细节规定，并为投资者提供了不同选择，包括诉讼程序和国际仲裁等争端解决途径。[3]在涉及缔

---

〔1〕 本章涉及的《能源宪章条约》相关文本均采用官网发布的，由国家发展和改革委员会能源研究所翻译的译文版本，但个别措辞有所改动。参见国家发展和改革委员会能源研究所译：《能源宪章条约（条约、贸易修正案及相关文件）》，载 https://www.energycharter.org/fileadmin/DocumentsMedia/Legal/ECT-cn.pdf，最后访问日期：2023年3月15日。

〔2〕 The Energy Charter Treaty: A Reader's Guide, p.52.

〔3〕 ECT第26条"投资方与缔约方间的争端解决"规定："（1）缔约一方与另一缔约方的投资者就后者在前者区域的投资争议，其中涉及前者涉嫌违反第三部分项下的义务，如有可能，应友好协商解决。（2）如自任何争议一方请求和解之日起三个月内该类争议不能按第（1）款的规定解决，争议中的投资者一方可以选择提交决议案：（a）向争议的缔约方所在地法院或行政法庭提起诉讼；（b）根据任何适用的、先前商定的争端解决程序；或（c）根据本条以下款落。（3）（a）只需按照（b）和（c）项，各缔约方兹依照本条规定无条件同意将争议提交国际仲裁或调解。（b）（i）附录ID所列缔约方不适用该无条件同意，如投资者已经预先提交第（2）（a）或（b）项下的争议。（ii）为了透明度，附录ID所列各缔约方应就此向秘书处提供其政策、惯例和条件的书面声明，根据第39条不迟于其批准、接受或核准文书交存之日或根据第41条不迟于其加入书交存之日。（c）就第10条（1）最后一句话引起的争议，附录IA所列缔约方不适用该无条件同意。（4）如果投资者选择根据第（2）（c）项

167

约一方涉嫌违反 ECT "投资促进与保护"项下的义务时，双方应首先采取友好协商的方式解决。如三个月内未能通过协商方式解决，则具有三种可选的争端解决方式，即向争议的缔约方所在地法院或行政法庭提起诉讼，可适用的、事前商定的争端解决程序和仲裁。其中，仲裁是实践中解决国际投争端的最重要、最常用的争端解决机制。与双边投资协定类似，ECT 项下投资方与缔约方的争端解决规定构成框架条款，即实际仲裁规则取决于投资方选择的仲裁形式。

本节将着眼于投资方与缔约方间争端解决的程序与实体问题，前者主要包括管辖权的确立，后者主要涉及不同的争端解决方式及其具体规定。

二、管辖权的确立

对于管辖权的确立，ECT 项下涉及投资方与缔约方争端解决的管辖权确立主要着眼于对物管辖权、属人管辖权以及属时管辖权。

（一）对物管辖权

争端解决的前提是存在一项"争端"（dispute）。根据国际法院的判例，[1]

(接上页) 提交解决争议，投资者应为争议进一步提供其书面同意，提交到：（a）（i）解决投资争端国际中心，该中心依据解决各国和其他国家国民之间投资争端的公约（以下简称"ICSID 公约"）于 1965 年 3 月 18 日在华盛顿公开签署，如果投资者的缔约方和争议方的缔约方都是 ICSID 公约的成员；或（ii）依据（a）（i）项所提公约建立的解决投资争端国际中心，按照该中心秘书处管理《程序管理附加便利》的规则（以下简称"附加便利规则"），如果投资者的缔约方或争议方的缔约方其中一方是 ICSID 公约的成员；（b）根据联合国委员会国际贸易法仲裁规则（以下简称为"UNCITRAL"）设立的独任仲裁员或特别仲裁庭；或（c）根据斯德哥尔摩商会仲裁院的仲裁程序。（5）（a）第（3）款提供的同意与投资者根据第（4）款提供的书面同意应视为满足要求：（i）争议各方就 ICSID 公约第 II 章及附加便利规则的书面同意；（ii）就联合国关于承认和执行外国仲裁裁决公约（以下简称"纽约公约"）第 II 条的"书面协议"，该公约于 1958 年 6 月 10 日在纽约形成；及（iii）根据 UNCITRAL 仲裁规则第 1 条"签约人已书面同意"。（b）应任何一争议方的要求，本条规定项下的任何仲裁应在纽约公约成员一方的国家进行。本协议项下请仲裁索赔被视为根据该公约第 I 条产生的商业关系或交易。（6）根据第（4）款设立的法庭应根据本条约和国际法适用的规则和原则解决争议问题。（7）投资者除了有争议方的缔约方国籍的自然人于第（4）款所提书面同意之日及其与缔约方的争议产生前受制于另一缔约方的投资者，应根据 ICSID 公约第 25 条（2）（b）视为"另一缔约国国民"，并应根据附加便利规则第 1 条（6）视为"另一国国民"。（8）仲裁裁决，可能包括利益裁定，应是终局的，对争议双方均具有约束力。涉及地方政府措施或争议缔约一方权力的仲裁裁决应规定缔约方可支付赔偿金以代替允许的任何其他补救。各缔约方应立即执行该裁决，并应为该等裁决在其区域有效实施作出规定。"

〔1〕 See Mavrommatis Palestine Concessions (The Government of the Greek Republic v. The Government of His Britannic Majesty), Judgment No. 2, 1924, P. C. I. J., Series A, No. 2, p. 11; East Timor (Portugal v. Australia), Judgment, I. C. J. Reports 1995, p. 100.

"争端"必须符合三个条件：首先，是指在法律或事实问题上的分歧，是当事方之间的法律观点或利益冲突。其次，为了确定争端的存在，必须证明一方的主张受到另一方的积极反对。最后，是否存在国际争端是一个需要客观确定的问题。根据这些条件，结合 ECT 第 26 条的具体规定，对物管辖权的确定可以着眼于"与投资相关"（relating to an Investment）的界定。

1. 与投资相关

在 ECT 和大多数双边投资协定（BIT）中，"投资"是基本概念之一。"与投资相关"表明争议应直接涉及投资或与投资相关。根据 ECT 的规定，"投资"指投资者直接或间接拥有或控制各种资产。[1]

就形式而言，其包括：①有形资产和无形资产、动产和不动产、产权，以及任何财产权如租赁、贷款、扣押和抵押；②一个公司或企业，或股份、股票，或参与一个公司或企业的其他形式股本，公司或企业的债券和其他债务；③对金钱的索求权，以及依照合同对有经济价值且与投资有关的绩效的债权；④知识产权；⑤收益；⑥由法律或合同或凭借任何许可证授予的任何权利，以及根据法律授予的从事能源领域任何经济活动之许可。已投资资产形式的改变不会影响他们作为投资的特性。就宪章规定的范围而言，投资指任何与能源领域内经济活动有关的投资，以及由缔约国指定为"宪章有效项目"并告知秘书处的投资或投资级别。

综上，"投资"在 ECT 的背景下具有广泛的含义，这在一定程度上有助于争端解决管辖权的确立。在这里需要关注的问题是"投资前"阶段是否包括在内。因为 ECT 第 26 条所涵盖的争端范围仅涉及 ECT "投资促进与保护"的内容。对此，ECT 区分了投资的两个阶段，并对它们进行区别对待：投资前阶段（投资者准入）缔约国主要受"软法"义务的约束，规定了在非歧视等方面"尽最大努力"的义务。这种解决方案代表了一种妥协，反映了各国在接纳投资者和确定准入条件方面的自由裁量权。然而，一旦投资完成（"投资后"阶段），即投资者做出资本承诺并承担了这种风险，条约提供的保护强度就会显著增强。[2]

---

［1］ ECT 第 1 条第 6 款。
［2］ Thomas Wälde, "Investment Arbitration Under the Energy Charter Treaty-From Dispute Settlement to Treaty Implementation", *Arbitration International*, Vol. 12, 1996, p. 438.

ECT项下涉及投资方与缔约方的争端解决要求争端涉及据称违反第三部分"投资的促进与保护"义务的行为。事实上，虽然该条涉及与"投资有关"的争端，但它并没有提到与第1条第8款中涉及的与进行投资有关的争议。[1]对此，有观点认为，虽然第26条似乎仅限于投资后义务，但在某些情况下，投资前的承诺可能是为"最终"投资铺平道路的一系列较小"投资"的一部分。在这种情况下，投资方可以根据第26条主张权利。但是，这一主张仍然需要满足第26条第1款所载的所有要求。[2]

2. ECT"投资的促进与保护"项下的义务

ECT项下涉及投资方与缔约方的争端解决将争端的具体范围限定为涉及缔约方涉嫌违反第三部分"投资的促进与保护"项下的义务。该部分主要包括投资的推广、保护与处理，主要人员，损失补偿，征收以及在某些情况下不适用的第三部分等内容。因此，就范围而言，争端解决不适用于外国投资者可能涉及的其他纠纷。例如，投资方无法根据ECT第二部分涉及贸易的争端（如技术转让、资本获得等）的规定提请争端解决。[3]与此同时，对于投资的促进与保护，有以下两方面的内容值得关注。

第一，对于投资的推广、保护与处理必须依照国际法进行。根据ECT第10条第1款，在任何情况下，对其他缔约方的投资商所进行的投资项目都不应被给予劣于国际法，包括条约义务中所要求的待遇。对于违反任何国际法原则的措施，投资方均可根据第26条提出相应主张。同时，签署国还必须尊重双边投资协定等政府间协议。[4]然而，根据《欧洲能源宪章会议中最终法令》（以下简称《法令》），[5]该规定所提的条约义务不包括国际组织作出的决定（即使该决定具有法律约束力）或1970年1月1日前生效的条约。

第二，投资的推广、保护与处理中的契约义务置于条约之下。该部分的

---

[1] Rafael Leal-Arcas ed., *Commentary on the Energy Charter Treaty*, Edward Elgar Publishing, 2018, p. 342.

[2] Rafael Leal-Arcas ed., *Commentary on the Energy Charter Treaty*, Edward Elgar Publishing, 2018, p. 343.

[3] The Energy Charter Treaty: A Reader's Guide, p. 52.

[4] Rafael Leal-Arcas ed., *Commentary on the Energy Charter Treaty*, Edward Elgar Publishing, 2018, p. 345.

[5] Final Act of the European Energy Charter Conference, Understanding 17.

一项基本义务载于第 10 条第 1 款："每一缔约方在与另一缔约方的投资商或投资项目签订合约时，应当履行相应义务。"该条规定通常被称为"保护伞条款"，即将东道国与投资方在合同或其他安排中承担的义务置于条约之下。据此，违反投资协定或其他协议被视为违反 ECT 本身，合同主张和条约主张之间的界限因而变得不明晰，二者均属第 26 条的管辖范围。[1]

此外，ECT 项下涉及投资方与缔约方的争端涉及"涉嫌"违反义务的情况。因此，在管辖权阶段无需证明确实存在义务的违反，而应将其留待实体阶段处理。对此，如果当事方在管辖权阶段对此提出指控，实践中的通常做法是假设该指控是真实的，并根据这一假设确定相关事实是否可能构成对条约的违反。如果是，法庭将获得管辖权。[2]

3. 在缔约方区域内

ECT 第 26 条要求相关争端应发生在与就另一缔约方的投资者在缔约一方区域（area）内。对此，在 ECT 的语境下，"区域"指缔约国家：其一，主权领域包括陆地领土、内水及领海；其二，根据国际海洋法，缔约方行使主权权利和管辖权的大海、海床及其底土。此外，如果区域经济一体化组织是一个缔约方，根据组织成立协议所包含的规定，区域指该组织中成员国的地区。[3]

（二）属人管辖权

在投资协定中需界定的另一个重要概念是"投资者"，因为争端主体为"缔约一方与另一缔约方的投资者"。对此，ECT 语境下的"缔约国"指，同意遵守该条约并对其有效力的一个国家或区域经济一体化组织。[4]"投资方"指，一方面，对于缔约方，根据适用法律，包括有缔约方公民身份或国籍或在缔约方有永久居住权的自然人或在缔约方成立的公司或其他组织；另一方面，对于第三国，履行比照缔约方具体条件（加上必要的变更）的自然人、公司或其他组织。[5]实践中，对于涉及争端主体的认定，仍有以下问题值得

---

[1] Rafael Leal-Arcas ed., *Commentary on the Energy Charter Treaty* Edward Elgar Publishing, 2018, p. 344.

[2] Kaj Hobér, *The Energy Charter Treaty: A Commentary*, Oxford University Press, 2020, p. 420.

[3] ECT 第 1 条第 10 款。

[4] ECT 第 1 条第 2 款。

[5] ECT 第 1 条第 7 款。

171

关注：

就缔约方而言，其作为违约责任的主体，ECT 并未规定可归因于缔约方的具体事项。对此，可以参考国际法委员会编撰的《国家对国际不法行为的责任条款草案》（Articles on Responsibility of States for Internationally Wrongful Acts）中的相关规则加以判定。就投资方而言，实践中，绝大多数相关纠纷中的投资方是公司或其他组织，而 ECT 并未对国有公司和私人所有、控制的公司作出区分。需要注意的是，投资方不能是东道国的国民。不过根据 ECT，一个法人实体可以拥有东道国国籍，但仍有资格成为另一个国家的国民，前提是当地公司受外国控制。[1]

必须指出的是，在将争议提交国际投资争端解决中心（International Centre for Settlement of Investment Disputes, ICSID）仲裁时，其对"投资者"范围的界定与 ECT 公约存在差异。以自然人为例，根据《关于解决国家和他国国民之间投资争端公约》（the Convention on the Settlement of Investment Disputes between States and Nationals of other States，《ICSID 公约》）第 25 条第 2 款第 a 项的规定，"另一缔约国的国民"是指在当事人同意将争端提交调解或仲裁之日，以及在根据第 28 条第 3 款或第 36 条第 3 款注册请求之日，具有争端当事国以外的缔约国国籍的任何自然人，但不包括在上述两个日期同时具有争端当事国国籍的人。而根据 ECT 第 1 条第 7 款，投资者还包括在缔约方有永久居住权的自然人。因此，如果投资者是另一缔约方永久居民的自然人，则其符合 ECT 项下对于投资者的要求，但不符合《ICSID 公约》的要求。

（三）属时管辖权

就时间范围而言，"投资"包括所有投资，不论其是在本条约生效当日还是之后存在或投资者的缔约方正进行以及在该区域缔约方已进行的投资，前提是本条约只适用于影响生效日期之后的投资的事项。因此，生效日期的确定对属时管辖权的确立至关重要。ECT 的生效由第 44 条规定，该规定必须与第 45 条涉及临时适用的条款一并解读。

一方面，根据 ECT 第 44 条，截至 1995 年 6 月 16 日成为本宪章签署方的国家或区域经济一体化组织的第 30 份批准、接纳或认可本条约的文书或本条

---

[1] Rafael Leal-Arcas ed., *Commentary on the Energy Charter Treaty*, Edward Elgar Publishing, 2018, p.418.

约加入书交存后的第 90 日，本条约生效。因此，ECT 第 26 条处理的是在这之后产生的相关争议。不过实践中可能存在的情形是，在 ECT 生效前发生的事项可能会影响条约生效后的投资。

另一方面，条约临时适用问题。根据 ECT 第 45 条第 1 款，按照该款暂时适用 ECT 的各个签署方和同意暂时适用本修正案等待其生效的各个缔约方，对该签署方或缔约方，该暂时适用应符合其宪法、法律或法规。就管辖权而言，临时适用的关键问题是根据第 45 条规定的临时适用是否与根据第 44 条规定的生效并不完全相同。对此 ECT 法庭给出了肯定的答复。例如，在 Kardassopoulos 诉 Georgia 案中，法庭指出，暂时适用不等同于生效。但 ECT 的临时适用是每个签署国在第 45 条第 1 款中"同意"（agree）的选择；因此，它是（根据该款的其他规定）一个法律义务的问题。[1]

当然，任何签署方或缔约方可通过给保管人的书面通知表明不批准、接纳或认可本修正案以终止其暂时适用本修正案。保管人收到该签署方或缔约方的书面通知之日起 60 日期满后，任何签署方或缔约方终止暂时适用生效。不过，如果签署方据此终止临时适用，其对其他签署方的投资者在临时适用期间在其区域内进行的任何投资适用第三部分和第五部分的义务仍应在终止生效后 20 年内对这些投资有效。但这一限制不适用于附件 PA 中所列的任何签署方。签署方应在向保管人递交其要求后从附件 PA 的名单中删除。

此外，ECT 项下涉及投资方与缔约方的争端还涉及可受理性的问题，该条款又被称为"拒绝好处"（advantage）条款。根据该条，在特定情形下，缔约方保留拒绝向以下各方提供第三部分的好处的权利：其一，如果第三国的公民或国民拥有或控制一个法律实体，并且该实体在其组织所在的缔约国的地区没有实质性的商业活动。其二，如果提出拒绝的缔约国确定该投资是第三国投资者的投资，而提出拒绝的缔约国与该第三国的投资者或对该第三国的投资者而言不保持外交关系，或采取或维持以下措施：禁止与该国家投资者进行交易；如果本部分的利益给予该国投资者或其投资，将被违反或规

---

[1] Ioannis Kardassopoulos v. The Republic of Georgia, Decision on Jurisdiction, ICSID Case No. ARB/05/18, 6 July 2007, para. 209.

避。[1]

三、争端解决的方式

如前所述,如果双方经友好协商未能达成解决方案,则争议中的投资者一方可以选择提交决议案选择争端解决方式。据此,缔约方在该条项下并不具备选择具体争端解决方式的可能性。由于该条并未要求投资方用尽当地救济,因此其可以直接将争议提交所选择的争端解决方式。[2]这些方式具体包括诉讼、仲裁和任何适用的、先前商定的争端解决程序。

(一)诉讼方式

根据ECT第26条第2款第(a)项的规定,争议中的投资者一方可以选择提交决议案向争议的缔约方所在地法院或行政法庭提起诉讼。不过,根据《法令》第16条谅解的规定,其不应解释为要求缔约方将ECT的第三部分纳入其国内法。原因在于,在诸多法域,涉嫌违反ECT第三部分义务的行为是否可以在该缔约方国内法院进行审理是值得商榷的,这取决于缔约方国内法如何处理其缔结的条约。[3]这就涉及条约在国内的执行问题。由于不同法域对该问题的实践各不相同,尤其是采"转化"和"纳入"形式的执行结果在性质上差异较大,因此《法令》明确相关规定不应解释为要求缔约方将本条约的第三部分纳入其国内法。

对此,如果一国需要以特别立法的方式执行条约,则投资方的合法利益保障和投资预期将大打折扣,甚至在特定缔约方国内法院"无法可依"。与此同时,基于对东道国法院的独立性、公正性和效率的担忧,以及法院判决相较于仲裁裁决的可执行性[4]等因素,实践中这种方式很少为投资方所选择。

(二)任何适用的、先前商定的争端解决程序

根据ECT第26条第2款第(b)项的规定,争议中的投资者一方可以选择提交决议案向根据任何适用的、先前商定的争端解决程序。这一规定的设

---

[1] ECT第17条。
[2] Kaj Hobér, *The Energy Charter Treaty: A Commentary*, Oxford University Press, 2020, p.428.
[3] Kaj Hobér, *The Energy Charter Treaty: A Commentary*, Oxford University Press, 2020, p.430.
[4] Kaj Hobér, *The Energy Charter Treaty: A Commentary*, Oxford University Press, 2020, p.430.

立目的在于考虑到部分缔约方已经签署了具有争端解决机制的 BIT。尽管这些 BIT 的争端解决机制与 ECT 中的机制具有相似之处，但在特定情况下投资方仍有可能基于 BIT 提出主张。原因在于，ECT 对争端解决程序的启动设置了限制性的措施，而相关的 BIT 可能没有同样的限制。[1]

（三）仲裁方式

仲裁方式是 ECT 项下涉及投资方与缔约方的争端中应用最为广泛的一种争端解决方式。对此，ECT 第 26 条第 4 款至第 8 款以框架条款的方式规定了从仲裁机构与程序的选择、适用的法律直至判决的承认与执行等内容。

1. 争议提交仲裁的类型

根据 ECT 第 26 条第 4 款的规定，如果投资方选择将争议提交国际仲裁，其有三种可供选择的仲裁程序：

其一，国际投资争端解决中心，该中心依据的 ICSID 于 1965 年 3 月 18 日在华盛顿公开签署。如果投资者的缔约方和争议方的缔约方都是《ICSID 公约》的成员，则该种方式可供选择。而当投资者的缔约方或争议方的缔约方其中一方是《ICSID 公约》的成员时，投资方可以依据《国际解决投资争端中心附加便利规则》（the Rules Governing the Additional Facility for the Administration of Proceedings，以下简称《ICSID 附加便利规则》）。其二，根据《联合国国际贸易法委员会仲裁规则》（Arbitration Rules of the United Nations Commission on International Trade Law，以下简称《UNCITRAL 仲裁规则》）建立独任仲裁员的或特别（ad hoc）仲裁庭。其三，根据斯德哥尔摩商会（Stockholm Chamber of Commerce，SCC）仲裁院的仲裁程序。

值得注意的是，《ICSID 公约》第 25 条规定，其管辖的争议应属于"直接由投资引起的任何法律争端"，而 ECT 第 26 条未有对应要求。因此，如果投资方将争议提交 ICSID 仲裁，其必须保证争议同时符合《ICSID 公约》第 25 条的要求。[2]

综上所述，ECT 并没有专门规定投资方与缔约方争端的仲裁规则，而是通过参照现有仲裁制度的方式确定争端解决应依据的仲裁规则。上述仲裁程序均有详细的程序规则，包括仲裁庭的设立、仲裁员的选择、听证会和费用

---

[1] Kaj Hobér, *The Energy Charter Treaty: A Commentary*, Oxford University Press, 2020, p. 431.

[2] Kaj Hobér, *The Energy Charter Treaty: A Commentary*, Oxford University Press, 2020, p. 417.

等内容。

2. 缔约方参与仲裁的强制性

在传统国际商事仲裁中，将争议提交仲裁一般需充分尊重当事人的意思自治。这种意思自治主要体现在合同的仲裁条款或单独的仲裁协议中。然而，根据 ECT 第 26 条第 3 款第（a）项，各缔约方兹依照本条规定无条件同意将争议提交国际仲裁或调解。换言之，一旦投资方选择了仲裁作为争端解决的具体方式，则该种方式对缔约方来说具有强制性，后者对将争议提交仲裁的同意内嵌于条约文本中。因此，该种同意一般无法单方面撤回，撤回的唯一可能性是缔约方根据第 47 条退出 ECT。

与此同时，就同意的范围而言，根据体系解释的方法，其当然限于该条第 1 款中所涉及的争议类型。因此，其他类型的争端并不适合这种无条件的同意，在未获得缔约方明确同意的前提下仲裁庭对这些争端无管辖权。

不过，仲裁强制参与的例外情况是：其一，如投资者已经预先提交争议至本条规定的诉讼或任何适用的、先前商定的争端解决，则程序附录 ID 所列缔约方不适用该无条件同意。但基于透明度的考量，附录 ID 所列各缔约方应就此向秘书处提供其政策、惯例和条件的书面声明。其二，就第 10 条第 1 款最后一句话引起的争议，附录 IA 所列缔约方不适用该无条件同意。[1]

3. "岔路口"条款

上述第一种例外情况中涉及的条款被称为"岔路口"条款，目的在于要求投资者在仲裁和其他形式的争议解决方式之间做出选择。这意味着，如果投资方已对附件 ID 所列国家提起诉讼或任何适用的、先前商定的争端解决程序的，则不能再根据 ECT 对同一缔约方就同一主张提起仲裁。在大多数情况下，投资者在国内法院提出的主张并非基于条约，而是基于投资协定，或者主张涉及从此类合同中获得的权利。同时，部分主张的提出是由投资方在当地设立的法律实体进行的，而不是根据 ECT 具有投资者资格的实体或个人。相应地，"岔路口"条款对于 ECT 第 26 条所涉争议解决也可以着眼于两个方面：一方面，如果选择其他形式的争端解决方式的主体是由投资方设立的法律实体，则并不影响投资方根据该条将争议提交仲裁。另一方面，对于投资

---

[1] ECT 第 26 条第 3 款第（b）项、第（c）项。

方作为主体将争议提交其他形式的争端解决方式的情况，需要判定其主张是基于投资协定还是投资条约。如果是前者，则通常投资方仍有权利将涉及投资条约相关的争议提交仲裁。但如果是后者，则无法再将争议提交仲裁。不过这一判断并非易事，这也是上述第二项例外条件设置的原因。ECT 第 10 条第 1 款最后一句规定每一缔约方在与另一缔约方的投资商或投资项目签订合约时，应当履行相应义务。这一限制是实质性的，而非程序性的，因为它将特定主张排除在仲裁之外。[1]一般而言，该规定涉及东道国在有关投资保护条约的保护下承担的合同义务和其他义务，而实践中争议的核心在于能否以及在何种情况下将投资方与缔约方签订的投资协定置于有关条约的保护之下。[2]

此外，"岔路口"条款对将争议提交仲裁的影响集中体现在将争议提交 ICSID 仲裁的情形。因为根据《ICSID 公约》第 26 条，除非另有规定，双方同意根据本公约交付仲裁，应视为同意排除任何其他救济方法而交付上述仲裁。而"岔路口"条款的设置为该条设置了一项例外。如果投资方选择诉讼或任何适用的、先前商定的争端解决，则该选择排除了根据 ICSID 进行仲裁的可能性。

4. 法律适用的排他性

根据 ECT 第 26 条第 6 款的规定，设立的法庭应根据本条约和国际法适用的规则和原则解决争议问题。因此，该仲裁中的法律适用具有国际法适用的排他性。这一原则也在诸多投资协定中有所体现。包含 ECT 在内的涉及能源投资的协定规定国际法适用的排他性主要是为了防止缔约方的国内法规则的适用可能造成不公正的审理结果。因此从保护投资者合法利益的角度出发，适用的规则应仅包含国际法规则。不过，国内法亦对仲裁程序的进行具有重要作用。这主要体现为在部分涉及主体资格认定等的事实依据方面。必须指出的是，这些问题的最终法律后果必须通过适用 ECT 和国际法来确定。[3]

---

[1] Kaj Hobér, *The Energy Charter Treaty: A Commentary*, Oxford University Press, 2020, p. 438.

[2] Kaj Hobér, *The Energy Charter Treaty: A Commentary*, Oxford University Press, 2020, p. 438.

[3] Kaj Hobér, *The Energy Charter Treaty: A Commentary*, Oxford University Press, 2020, p. 400.

5. 仲裁裁决的承认与执行

就仲裁裁决的效力与执行而言，仲裁裁决，可能包括利益裁定，应是终局的，对争议双方均具有约束力。涉及地方政府措施或争议缔约一方权力的仲裁裁决应规定缔约方可支付赔偿金以代替允许的任何其他补救。各缔约方应立即执行该裁决，并应为该等裁决在其区域有效实施作出规定。[1]综合上述可选的仲裁程序，相较于将争议提交传统的国际商事仲裁，ICSID 仲裁在判决的承认与执行、司法审查等方面存在差异。

第一，就裁决的承认与执行而言，ICSID 裁决可以直接在缔约国执行。根据《ICSID 公约》第 54 条，每一缔约国应承认根据本公约作出的裁决具有约束力，并在其境内执行该裁决所规定的金钱义务，如同该裁决是该国法院的最终判决。而传统的国际商事仲裁裁决需要向地方法院或行政机关申请承认和执行。

第二，就仲裁裁决的司法审查而言，不同于传统的国际商事仲裁（如 UNCITRAL 仲裁规则未对司法审查的内容进行规定），根据《ICSID 公约》第 52 条，任何一方均可通过向秘书长提出书面申请，要求撤销裁决。根据《国际投资争端解决中心仲裁规则》（ICSID Arbitration Rules）第 71 条第 1 款，撤销裁决的申请一经登记，主席应根据《ICSID 公约》第 52 条第 3 款的规定任命一个特设委员会（ad hoc Committee）。因此，ICSID 裁决只能由其特设委员会进行审查。

第三节 各缔约方之间的争端解决

相较于投资方与缔约方的争端解决机制，缔约方之间的争端解决机制具有法律与外交途径并存的特点。ECT 在设置了缔约方之间争端解决的一般规定的同时，针对能源领域国家间争端的特性，还设置了一系列特别规定，以应对不同类型的争端处理的现实需要。

一、概述

与大多数 BIT 相类似，除缔约方与投资方的争端规定外，ECT 还规定了

---

[1] ECT 第 26 条第 8 款。

缔约方之间的争端解决办法。[1]不同于投资方与缔约方的争端解决，缔约方之间的争端解决首先应通过外交途径进行。如在合理期限内争端未能通过该途径解决，则任何一方可以书面形式通知另一争议方向本条项下的特设法庭提交争端。各缔约方之间的争端解决同样涉及管辖权、具体争端解决方式的选择问题，本节将具体说明。

二、管辖权的确立

管辖权的确立问题在上述涉及投资方与缔约方的争端解决部分已经论及，且各缔约方间的争端解决对管辖权的确立规则亦应结合ECT的规定进行解读。鉴于二者对属人管辖权与属时管辖权的判定方式基本相同，本部分不再赘述，而仅讨论属事管辖权规则。

各缔约方之间的争端类型涉及ECT相关规则的应用与解释，不单单限于"投资促进与保护"部分的规定。不过，对于不同类型的缔约方间的争端，ECT包含了减损一般规定的具体规则。这首先体现为ECT第27条第2款，该

---

[1] ECT第27条"各缔约方之间的争端解决"规定："（1）缔约各方应争取通过外交途径解决涉及本条约的应用和解释的争议。（2）如在合理期限内，争议尚未根据第（1）款解决，除本条约另有规定或缔约方另有书面约定，及涉及第6条或第19条的应用或解释，或适用于附录IA所列缔约方的第10条（1）最后一句以外，任何一方可以书面形式通知另一争议方向本条项下的特设法庭提交该事件。（3）该特设法庭的构成如下：（a）缔约一方提起诉讼须任命一名仲裁员，并在收到第（2）款所提另一缔约方的通知后30日内通知另一争议缔约方其任命；（b）收到第（2）款所提书面通知后60日内，另一争议缔约方应任命一名委员。如该任命没有在规定的期限内完成，在收到第（2）款所提书面通知后90日内，已经提起诉讼的缔约方可要求按照（d）项所述完成该任命；（c）第三方成员应由争议的缔约双方各自任命，该成员不能够是争议的缔约方的国民或公民。该成员应作为该法庭的庭长。在收到第（2）款所提书面通知后150日内，如缔约双方就第三方成员的任命无法达成一致，在收到该通知后180日内，应任何一提请缔约方的请求按照（d）项所述完成该任命；（d）需按照本款完成的任命应由国际常设仲裁法院的秘书长在收到请求通知后30日内完成。如秘书长不能履行该任务，则由该仲裁法院的第一书记完成。如后者依然不能履行该任务，则应由最高代理人完成该任命；（e）按照（a）至（d）项执行的任命应考虑候选成员的资历与经验，尤其是本条约涉及的事项。（f）缔约方之间没有其他约定的情况下，受UNCITRAL仲裁规则管理，由争议的缔约双方或仲裁员修改的范围除外。法庭应根据其成员的多数票作出决定；（g）法庭应根据本条约和国际法适用的规则和原则判决争议；（h）仲裁裁决应是终局的且对争议的缔约双方均具有约束力；（i）在作出裁决时，如法庭发现附录P第I部分所列缔约方所在区域的地区或地方政府或当局的措施不符合本条约，任何一争议方可调用附录P第二部分的规定；（j）法庭的费用，包括其成员的报酬，应由争议的缔约双方平摊。但是，法庭可能酌情要求争议的缔约双方其中一方支付较高比例的费用；（k）除非争议的缔约双方另有约定，法庭应设于海牙，并使用常设仲裁法院的场所和设施；（l）应将一份裁决存放在秘书处以供日常使用。"

款规定涉及第6条（竞争）或第19条（环境方面）的应用或解释，或适用于附录IA所列缔约方的第10条第1款最后一句的争端不适用于第27条的规定。其次，ECT第28条有关第27条对于某些争端不适用的情况。该条规定，除非争议的缔约双方同意，双方就第5条（贸易相关投资措施）或第29条（贸易相关事宜的暂行规定）的应用和解释存在的争议，不得根据第27条解决。

因此，除上述被排除在第27条适用范围外的相关争议事项，其他事项一般由第27条项下的规则进行管辖。

三、争端解决方式

根据上述管辖权确立的原则可知，ECT第27条实际上是各缔约方之间争端解决的一般规定，主要涉及投资争端的事项。而对于不属于该条管辖的特定争端解决类型，ECT采用了特别规定的处理方式。

（一）一般规定

根据ECT第27条的规定，缔约方应先通过外交渠道解决争端。如果在合理期限内未能达成和解，除例外情况外任何一方均可启动仲裁程序。

1. 外交途径

由于能源问题与国家政策、国际关系等因素密切相关，因此ECT规定了外交途径优先的处理方式。外交途径一词的含义广泛，属于政治解决方法。其包括缔约方之间的直接谈判，也包括通过中间方进行的间接谈判，或依托国际机构或组织进行磋商与谈判，等等。一般而言，实践中包括磋商、斡旋等争端解决方法。

2. 特设法庭

如在合理期限内争议尚未解决，任何一方都可以书面形式通知另一争议方向本条项下的特设法庭提交该事件。因此，"合理期限"的确定对仲裁程序的启动至关重要。ECT未对合理期限作出具体规定，因此实践中只能留待个案分析，具体与采用的外交途径等密切相关。与此同时，合理期限还包含了对争议缔约方秉持善意、真诚原则进行外交途径的争端解决的含义，其必须在合理的程度上准备修正自身立场。因此，合理期限的确定还包括评估继续磋商是否有意义，还是徒劳无益。[1]

与投资方和缔约方之间的争端解决不同，争端各缔约方用尽外交途径的救济后，并不存在多种替代性的争端解决手段。一旦合理期限届满，如果一缔约方决定开始仲裁，则缔约各方同意进行强制性的、有约束力的仲裁。一般而言，当事方只能通过根据该条设立的特设法庭解决争端。仲裁程序除非缔约方另有约定，适用 UNCITRAL 仲裁规则。与前述投资方和缔约方投资争端项下的仲裁采用参照条款的方式不同，ECT 对缔约方间争端解决背景下的仲裁所涉及的法庭的组成、仲裁员任命、适用法律、仲裁裁决，以及涉及救济、费用、仲裁地点等均进行了详细的规定。

（二）特别规定

能源领域的竞争争端、过境争端、贸易争端和环境争端具有特殊性，并考虑到相应的争端解决机制与国际层面上其他争端解决机制可能存在的相互影响，ECT 对此分别设置了特别规则。

1. 竞争争端

ECT 项下对竞争争端解决的规定旨在促进各缔约方应努力缓解市场扭曲并打破竞争壁垒。ECT 第 6 条第 7 款指出，第 5 款和第 27 条第 1 款（即外交途径）规定的程序应是本条约内解决因执行或解释本条而可能产生的任何争端的唯一手段（the exclusive means）。

对于涉及竞争纠纷的解决，ECT 规定被通知的缔约方应告知发出通知的缔约方其决定或相关竞争委员会的决定，如果愿意，也可以告知作出这一决定的根据。一旦执法行为被启动，被通知缔约方应尽可能地通知发出通知的缔约方结果和任何重要的过度发展。如果缔约一方认为在另一缔约方领域内实施的任何特定的反竞争行为会对这一规定指定目的相关重要利益产生不利影响，缔约一方有权通知其他缔约方并要求竞争委员会启动适当执法行动。发出通知的缔约方发出的这一通知应包含足够的信息，以便被通知的缔约国能够明确反竞争行为，这就是通知的主题。[2]

与此同时，发出通知的缔约方还应发出其能提供的更多的信息与进一步合作的提议。被通知的缔约方或相关的竞争委员会，视情况而定，应与发出

---

[1] Kaj Hobér, *The Energy Charter Treaty: A Commentary*, Oxford University Press, 2020, p. 479.
[2] ECT 第 6 条第 5 款。

通知的缔约方的竞争委员会进行协商,并一致充分考虑发出通知的缔约方的要求,决定是否对通知中表明的所谓的反竞争行为启动执法行为。[1]

据该条可知,ECT项下的竞争争端解决规则仅确立了涉及竞争纠纷的沟通与磋商机制,且这种机制是排他性质的。实践中类似的争议主要涉及国家对能源企业补贴的情况。

2. 能源过境争端

鉴于能源过境的经济意义和过境安全的脆弱性,建立过境争端解决机制尤为重要。与能源过境争端密切相关的条款是ECT第7条以及《过境争端调解规则》(The Rules Concerning the Conduct of Conciliation of Transit Disputes,以下简称《调解规则》)。[2]具体来说主要可以分为以下两方面内容:

第一,根据ECT第7条第6款,如果通过其领域进行的能源材料和能源产品运输引起的任何争端,第7款规定的争端解决程序作出结论之前,对现有的能源材料和能源产品流动,缔约方不得中断或减少,不得允许任何实体受其控制的实体中断或减少,也不得要求任何受其管辖的实体中断或减少。例外情况是,有关该过境的合同或其他协议中有具体规定或根据调解员的决定允许这样做。

第二,就争端解决本身而言,ECT项下对于争端解决的规定有如下问题值得关注:

首先,适用范围。ECT第7条第7款适用于因能源材料和能源产品过境引起的任何争端。对此,第10款对"过境"和"能源运输设备"进行了定义。前者指通过一缔约国的区域,或从其区域内的港口设施装货或卸货,运输源自另一国家区域并运往第三国区域的能源材料和产品,只要该另一国家或第三国是一缔约国;或者除非有关的两个缔约方另有决定,并在附件N中共同记录其决定,否则通过一缔约方的区域运输原产于另一缔约方区域的能源材料和产品。删除应在该通知发出四个星期后生效。后者包括高压输气管线、高压输电网格和线条、原油输送管道、煤浆管道、成品油管道和其他专门应对能源材料和产品的固定设施。但该款规则的适用有前提条件,即只能

---

[1] ECT第6条第5款。

[2] 《调解规则》于1998年12月3日由能源宪章会议根据ECT第7条第7款通过。《调解规则》具有约束力,主要处理程序问题。

是争端的缔约方或第6款提及的任何实体与争端的另一缔约方的实体之间事先协商一致的所有相关合同或其他争端解决补救方法穷竭之后。

其次，具体程序。具体程序的规定载于ECT第7条第7款，主要涉及提交争端事件总结至秘书长、调解员的任命、寻求争端双方的解决协议或实现解决方案的程序，等等。有关调解的具体规则载于《调解规则》中。能源宪章会议于2016年6月20日通过了《〈过境争端调解规则〉评注》（Commentary to the Rules Concerning the Conduct of Conciliation of Transit Disputes），[1]作为促进理解和统一适用《调解规则》的一个有益的、不具约束力的解释性工具，并鼓励缔约各方考虑在自愿基础上利用调解机制，以促进迅速和友好地解决国家间过境争端。

最后，限制条件。ECT第7条第8款规定：根据国际法，包括国际惯例，现有的双边或多边协议，与海底电缆和管道有关的规则，此条款中的任何内容都不得减损缔约方的权利和义务。第9款规定，此条款不得解释为强迫没有用以过境的特定能源运输设施的缔约国采取此条款中与特定能源运输设施相关的措施。然而，这类缔约方有义务遵守本条第4款。

3. 能源贸易争端

ECT相关的能源贸易争端解决方式载于ECT第29条与附件D，参照但又不同于世界贸易组织（WTO）项下的争端解决机制。ECT的贸易条款最初是基于《关税及贸易总协定》（General Agreement on Tariffs and Trade, GATT）的贸易制度，1998年4月通过的ECT贸易修正案（Amendment to the Trade-Related Provisions of the Energy Charter Treaty）对其进行了修改。

此次修改使该条约的贸易条款与WTO的规则和实践相一致。ECT和WTO相关规则所依据的共同原则是非歧视、透明度和对国际贸易逐步自由化的承诺。贸易修正案还扩大了条约的范围，以涵盖与能源有关的设备贸易，并制定了一个机制，以便在未来对与能源有关的进出口实行具有法律约束力的关税和收费"静止"。[2]修订后的ECT贸易制度允许这些国家通过对能源材料

---

[1] Energy Charter Secretariat, Adoption of the Commentary to the Rules Concerning the Conduct of Conciliation of Transit Disputes, 20 June 2016, CCDEC 2016/07 TTG, available at https://www.energychartertreaty.org/fileadmin/DocumentsMedia/CCDECS/2016/CCDEC201607.pdf, last visited on 3 April 2023.

[2] "The Amendment to the Trade-related Provisions of the Energy Charter Treaty", available at https://www.energycharter.org/process/energy-charter-treaty-1994/trade-amendment/, last visited on 3 April 2023.

和产品以及能源相关设备的贸易参照其规则,熟悉加入 WTO 所涉及的做法与纪律。[1]

就与 ECT 相关的能源贸易争端解决方案而言,主要可以从适用范围、具体程序等方面入手加以理解。

第一,适用范围。根据 ECT 第 29 条第 9 款,载有争端解决规则的附录 D 适用于:①涉及遵守本条规定项下贸易适用规定的争议;②缔约一方实行任何措施引起的争议,不管是否与本条规定冲突,只要另一缔约方认为其直接或间接损害或削减本条项下的任何利益;③除非争议的缔约方另有约定,涉及第 5 条遵守的缔约双方至少有一方非 WTO 成员方规定的争议。但附件 D 不应适用于缔约方之间的,实质是根据以下协定产生的争端:已按照该条第 2 款第(b)项和附件 TFU 的其他要求发出通知,或建立了 1994 年 GATT 第 24 条所述的自由贸易区或关税同盟。据此,如果争端缔约方中至少有一方不是 WTO 成员,则根据第 29 条第 9 款所述附件 D 处理。ECT 第 4 条规定,本条约之任何规定不得减损,在世界贸易组织成员方的特定缔约方中,适用于缔约方的《马拉喀什建立世界贸易组织协定》之规定。因此,如果争端缔约方双方均为 WTO 成员,则根据世贸组织协定的《关于争端解决规则与程序的谅解》处理。

第二,争端解决程序。争端解决程序的具体规则载于 ECT 附录 D——《针对贸易争端解决的暂行规定》(Annex D: Interim Provisions for Trade Dispute Settlement)。整体来说,ECT 参照 WTO 及其前身的争端解决规则制定了一套相类似的专家小组争端解决机制。根据修订后的 ECT,争端解决小组的报告须经出席并参加表决的成员以 3/4 的票数通过,前提是至少有所有缔约方的简单多数支持该决定。而 WTO 的小组报告自动通过,除非经全体一致否决。与此同时,ECT 项下的能源贸易争端解决机制并不存在类似于 WTO 的上诉机构。

因此,就特征而言,能源贸易的争端解决机制维持了 GATT 式的外交性质,而不是 WTO 式的司法性质。[2] 换言之,贸易修正案保留了 ECT 在先的

---

[1] "The Amendment to the Trade-related Provisions of the Energy Charter Treaty", available at https://www.energycharter.org/process/energy-charter-treaty-1994/trade-amendment/, last visited on 3 April 2023.

[2] Energy Charter Conference, "Trade Amendment Explanatory Note", p.5, available at https://www.energychartertreaty.org/fileadmin/user_upload/Trade_Amendment_Explanations-EN.pdf, last visited on 3 April 2023.

政治决策因素，可以作为争议当事方都能接受的庭外解决贸易相关争端的额外激励。总之，与 WTO 的贸易争端解决机制相比，贸易修正案的贸易争端解决机制仍然保持了更为简化的特征。[1]

对于非 WTO 成员而言，适用 ECT 贸易制度是迈向稳定、可预测和非歧视性贸易规则的重要一步，也是成为 WTO 成员的里程碑。一旦所有成员方都成为 WTO 的成员，ECT 贸易体制将实现其目的。[2]

4. 能源环境争端

能源环境问题载于 ECT 序言、第 19 条以及《对于能源效率与有关环境方面的能源宪章协议》（Energy Charter Protocol on Energy Efficiency and Related Environmental Aspects）中。ECT 第 19 条规定了一系列与环境相关的义务，并规定了相应的争端解决机制：应一个或多个缔约方的要求，有关本条规定的适用或解释的争端，如果在其他适当的国际论坛不存在审议这种争端的安排，则应由宪章会议审查，以寻求解决办法。

据此，有关能源环境的相关争端，实际上 ECT 并未作出具体安排，仅说明相关争端应由宪章会议审查。而且，该项提交的前提条件是在其他适当的国际论坛不存在审议这种争端的安排。因此，就本质而言，ECT 项下的能源环境争端也是参照性质的。

第四节　能源宪章争端解决机制评述

国际能源投资合作主要基于 BIT、USMCA 等区域协定，及 WTO、ETC，而 ECT 实际上涵盖了前三者中所有涉及能源领域的相关规定，并兼顾了能源环境与能源效率等问题。就贸易和投资争端而言，ECT 规则是基于 WTO 规则和 BIT 的模式，相比之下，关于过境、竞争和环境的 ECT 争端解决规则具有创新性，其涉及的问题范围之广、缔约方之多决定了其在国际社会上涉及能源相关问题上发挥着重要的先驱作用。

综合上述投资方与缔约方间的争端解决和各缔约方之间的争端解决的内

---

[1] Energy Charter Conference, "Trade Amendment Explanatory Note", p. 5, available at https://www.energychartertreaty.org/fileadmin/user_upload/Trade_Amendment_Explanations-EN.pdf, last visited on 3 April 2023.

[2] The Energy Charter Treaty: A Reader's Guide, p. 13.

容，ECT 项下的争端解决机制可以分为整体特点和二者各自的特点。

一、整体特点

整体来看，ECT 项下的争端解决机制建构了多层次、立体化的争端解决格局，并与既存的能源领域的争端解决制度相互补充。

（一）多层次、立体化的争端解决格局

如前所述，ECT 在整体上将争端解决机制分为投资方、缔约方间的争端解决和各缔约方之间的争端解决。这种二分法主要采纳了 BIT 中的规定内容，意在就不同当事方的争端采取最适宜的处理方式。两种争端解决方式均有其共性，即非司法手段优先的方式。就投资方与缔约方的争端解决而言，其采取了协商优先，多种争端解决途径可供投资方选择的处理方式；就各缔约方之间的争端解决而言，其设置了以外交途径优先，一般条款和特殊规则并存的处理方式。

因此，ECT 的争端解决是围绕两种平行式的争端解决机制，适用 ECT 中一种实体规则的方法。在争端解决方式的设置上具有多层次、立体化的特点，既凸显了能源领域问题兼具政治性和法律性的特点，也平衡了各当事方的利益，有利于达成公正合理的解决方案，并提升争端解决的效率。

（二）与既存国际争端解决制度相互补充

ECT 争端解决机制的最大特点就是与既存国际争端解决机制相协调。

对于投资方与缔约方的争端解决，ECT 采取了两种参照方式：其一，对双边投资协定的参照。如果投资方与缔约方存在任何适用的、先前商定的争端解决程序，则如果投资方选定了该种方式，其他方式将被排除。其二，对既有国际仲裁规则的参照。ECT 第 26 条并未单独规定仲裁的具体规则，而是参考了 ICSID、UNCITRAL 和 SCC 的仲裁规则。

对于各缔约方间的争端解决主要涉及与能源贸易争端解决机制的衔接问题。ECT 能源争端解决实现了最大程度的与 WTO 相关规则的衔接。首先，对于 ECT 成员方均为 WTO 成员方的情况，则后者的争端解决规则将优先于 ECT 的规则予以适用。其次，对于至少一个 ECT 成员方不是 WTO 成员方的情况，ECT 规则将优先适用。尽管如此，ECT 涉及能源贸易的大部分条款均参照 GATT 协定或 WTO 协定的内容，在效果上相当于将 ECT 所有的成员方视为

WTO 成员方对待。

综上所述，ECT 项下的两种争端解决方式均涉及与既有国际争端解决规则的衔接。该种设置的意义在于，一方面，能有效协调国际上既存的涉及能源领域的争端解决规则，防止这些规则存在明显冲突或碎片化；另一方面，采用参照式或选择性的争端解决处理方式意在避免投资方或成员方就同一争端提交多种争端解决机制的问题。

二、投资方—缔约方争端解决机制运作特点

投资方—缔约方争端解决机制采用了友好协商优先的处理方式，在未能达成解决方案后，投资者具有多元化的选择，且这些争端解决方式具有择一性和强制性，并在最大程度上保障了程序的公平。

（一）多元化的争端解决渠道

在经友好协商未能达成处理方案后，投资方有三种选择：诉诸东道国法院、采用适用的、事先商定的争端解决方式、诉诸仲裁。就仲裁而言，投资者另有三种仲裁规则可供选择。因此，对于投资方—缔约方争端解决，ECT 采取了一种多元化的争端解决处理模式，尽可能地尊重投资方在争端解决中的选择。

（二）争端解决的选择性和强制性并存

如前所述，尽管投资方在 ECT 的争端解决规则下具有选择争端解决方式的灵活性和自由，但这并不意味着争端解决机制偏向投资方。相反，这种争端机制恰恰在最大程度上保障了争端解决模式的公正性。

首先，对于投资方，争端解决模式和规则的选择具有择一性。换言之，如果投资方选定了一种争端解决机制，则不能再就同一争端诉诸其他争端解决方式。这在另一种角度上也是对投资方的一种限制，防止挑选法院的情况发生。其次，对于缔约方，其首先没有选择争端解决方式的权利，而且在仲裁模式下其同意内嵌于 ECT 之中，仲裁的参与具有强制性。这种强制性与传统的以仲裁协议为基础的仲裁存在本质区别。尽管缔约方在争端解决方式的选择上不具有主动性，但缔约方仍可根据 ECT 第三部分"投资促进与保护"对各争端解决方式下的管辖权和可受理性问题提出异议。与此同时，缔约方同意仲裁的范围仅限于 ECT 项下的"投资促进与保护"内容，且该种同意可

187

以提请保留。

综上所述，投资方与缔约方的争端解决机制具有选择性和强制性并存的特点，这种设置最大限度地保障了当事双方在程序上的公平，并反映了争端解决去政治化的倾向。

三、缔约方之间的争端解决机制运作特点

鉴于能源领域的特殊性，缔约方之间的争端解决机制的建构采用的是一般规定和特殊规定并行的模式。就特点而言，ECT项下的争端解决方式具有法律与外交手段并存、不同争端解决方式之间具有逻辑上的内在关联性、部分争端解决制度具有开创性和前瞻性等特点。

（一）外交途径与法律途径并存

不同于投资方与缔约方的争端解决方式，缔约方之间争端解决的最大特点在于外交途径和法律途径并存。原因在于，首先，争端主体是缔约方之间，无需考虑相较于投资者与缔约方之间的去政治化的因素。因此，问题的核心为如何尽可能地解决争端，使能源投资、过境、贸易等继续推进，从而实现能源要素的流动。相较于诉诸司法的方式，传统的外交途径具有更直接、更高效的优势，通过争议各方经外交途径的谈判等，可以更高效地处理争端解决进程。

不过，外交途径受国际关系等因素的影响，尤其是谈判受阻无法推进时，将阻碍争端的进一步解决。因此，必须设置一套非政治性质的争端解决方案，以应对外交途径无果的可能性。为此，ECT为缔约方之间的争端解决设置了特设法庭，并制定了一套详细的处理规则。

（二）不同的争端解决类型具有逻辑上的关联性

ECT争端解决机制的内容和建构与能源领域法律保护的特点密切相关。能源问题关系到主权、安全和发展利益，具有投资的高风险性、能源过境的现实性、能源贸易的特殊性以及能源环境的伴随性等特点。[1]能源领域的投资合作从能源开发、生产至能源运输、贸易等各个环节受自然因素、政治因素、法律因素等各种因素的影响，并涉及东道国和投资者各自利益的保护等

---

[1] 白中红：《〈能源宪章条约〉争端解决机制研究》，武汉大学出版社2012年版，第48~53页。

问题。这些特点共同决定了如果不确立一个行之有效的争端解决机制,则不可能进行有效的能源投资贸易,也不会兼顾到环境保护带来的影响,进而影响到能源领域的可持续发展。

至于如何确立"行之有效"的争端解决机制,ECT 进行了有益的探索。具体来说,ECT 的一般争端解决机制涉及对整个条约的理解与适用的相关问题,并通过设置特别规定的方式减损一般规定的适用。对此,一般规定主要涉及能源投资的相关争端。对于能源贸易而言,通过能源宪章进程创造开放和非歧视能源市场的必要条件之一,是为所有 ECT 缔约方之间的能源和能源相关贸易建立一个稳定、可预测和非歧视的制度。这种框架自然应遵循并以 GATT 以及目前 WTO 所体现的多边贸易体制规则为基础。[1]而能源过境、竞争等纠纷有其特殊性,无法归入既有的争端解决体制下,因此专门设立了特殊的争端解决规则。此外,对于能源过境、投资、贸易的过程中必须兼顾到能源环境的问题,因此 ECT 为此设置了环境争端处理的总括规则。

由此可见,ECT 项下的缔约方之间的争端解决模式具有逻辑上的内在关联性,实践中相互影响、互为补充。

四、评价

尽管能源宪章最初被设想为一项欧洲倡议,其起源是 1991 年的《欧洲能源宪章》,但该进程早已发展成为一个更加全球化的能源合作论坛。鉴于能源是一个全球性问题,ECT 成员方非常重视与非成员方的合作。ECT 同时涵盖所有形式的国际能源合作,即投资、贸易、过境和能源效率。更为重要的是,能源宪章进程是动态和开放的,能源政策会议为与能源有关的问题建立了一个重要的国际政策论坛。[2]就争端解决机制而言,ECT 项下争端解决规则的参照适用性,以及创新性和前瞻性均为能源领域的投资合作等提供了范例。不过,由于不同的争端解决机制不可避免地存在差异性,因此 ECT 项下的争端解决机制具有可优化之处。

---

[1] The Energy Charter Treaty: A Reader's Guide, p. 12.
[2] The Energy Charter Treaty: A Reader's Guide, p. 6.

（一）争端解决机制具有开创性和前瞻性

ECT 提供了一个较为完备的，具有开创性和前瞻性的争端解决机制。这种机制的开创性和前瞻性主要体现在以下方面：

首先，ECT 在能源过境、能源环境等领域的争端解决机制具有开创性。传统的双边投资协定中很少涉及环境保护争端解决机制的规则，能源过境的规则更是罕见。因此，ECT 在能源环境和能源过境领域的相关争端解决规则是开创性的，为相关争议的解决提供了良好的指引和示范。

其次，ECT 项下的争端解决机制具有法律与外交途径并存、软法与硬法并存的特点，亦具有开创性。对于投资方与缔约方的争端，对后者而言将争议提交仲裁具有强制性。而对于缔约方之间的争端，则首先是法律与外交途径并存，针对不同的争端类型设置了不同性质的争端解决规则。例如，对于 ECT 的理解与适用产生的争议一般适用第 27 条的规则成立特设法庭。而对于能源过境争端设置了《调解规则》，主要经调解的方式处理程序问题。

最后，ECT 争端解决规则的参照性质具有前瞻性，有利于相关领域争端解决规则的协同更新。其一，投资方与缔约方的争端解决的仲裁规则参照了 ICSID、UNCITRAL 和 SCC 的仲裁规则；其二，能源贸易规则参照了 GATT 和 WTO 的相关规则，并规定争议双方均为 WTO 成员方的贸易争议应交由 WTO 争端解决机制；其三，对于能源环境争端，ECT 规定在其他适当的国际论坛不存在审议这种争端安排的情况下才由宪章会议审查。这些争端解决机制中对于规则的参照性既使得 ECT 规则本身无需频繁修改，又使相应的争端解决规则能与其他争端解决机制中的具体规则协同发展，具有较强的适应性。

（二）争端解决机制仍有部分规则尚待优化

ECT 自缔结以来在能源投资与贸易等领域发挥了重要作用，取得了一系列成就，在国际能源合作领域扮演着重要角色。不过，仅就争端解决机制而言，ECT 项下的争端解决规则仍有尚需完善之处，在此列举两例：

第一，ECT 本身并未规定各争端解决机制之间的关系。一方面，针对类似的争端，投资方及其作为缔约方的所在国能否同时依据 ECT 提起争端解决请求，ECT 并未作出规定。另一方面，如前所述，尽管缔约方之间的争端解决机制具有内在的关联性，且能源合作各环节之间存在事实上的相互影响，但 ECT 也尚未明确这些争端解决规则之间的关系。

第二，ECT部分争端解决规则的参照适用与其本身的规则存在一定程度的冲突。这集中表现为《ICSID公约》的规则与ECT规则的冲突。首先，就属事管辖权而言，ICSID要求争端必须与投资直接相关，而ECT仅要求涉及投资即可。其次，就属人管辖权而言，ICSID对投资者的要求是国籍标准，而根据ECT获得永久居留权的自然人也可以成为适格的投资者。对此，尽管投资方可以选择其他仲裁规则提起仲裁，但这种适用范围上的差异不可避免地在事实上阻碍了投资方选择ICSID解决争议的权利。

第六章

世界贸易组织争端解决机制

1995年世界贸易组织（World Trade Organization，WTO）的成立标志着统一的国际贸易多边体制诞生，其在消除贸易壁垒，促进贸易自由化方面作出了巨大贡献。争端解决是WTO的核心功能之一，WTO条约体系下的争端解决机制被誉为WTO"皇冠上的明珠"，为多边贸易体制的运行提供了充分的可靠性和可预见性保障。WTO争端解决机制具有严密的规则体系和鲜明的程序特点，20余年来争端解决机构处理的众多案例极大丰富了国际司法实践，并为国际经贸规则的进一步发展和完善提供了重要启示。

第一节 世界贸易组织争端解决机制概述

一、WTO争端解决机制的功能与作用

WTO规则是一个范围广泛、内容复杂的法律体系，《马拉喀什建立世界贸易组织协定》（Agreement Establishing the World Trade Organization，以下简称《WTO协定》）包含一个精练的基本协定以及多个附件中的其他协定。在"一揽子"协定对成员方的制约下，解决成员之间的贸易争端是WTO的基本职能之一。[1] 由于WTO条约结构和内容复杂，其中不乏用语宽泛的法律规则，而这些规则对于成员方的经贸活动具有重要影响，因此成员方对规则如何正确解释和适用并不总能形成一致意见，会对于某一具体法律行为是

---

[1] Agreement Establishing the World Trade Organization, Article 3.

否构成对协定的违反产生争议。在 WTO 的协定框架下,争端解决机构(Dispute Settlement Body,DSB)负责处理成员间有关协定下权利义务的争议。自 WTO 成立至今,其争端解决机制在有效解决成员方争端、维护成员方利益等方面发挥着重要作用。

当然,WTO 争端解决机制并非一套横空出世的全新机制,而是充分吸收了 1947 年《关税及贸易总协定》(General Agreement on Tariffs and Trade,以下简称"GATT1947")之下近 50 年的贸易争端解决经验,在此基础上加以修正和完善,从而形成了当前较为精密和严谨的规则体系。GATT1947 中仅有第 22 条和第 23 条简要提及了成员方的争端解决,GATT 缔约方之间最初是以权力为基础,通过外交谈判的手段解决相关贸易争端,经过缔约方的不懈努力,一个以规则为基础,通过裁判解决争议的机制才逐渐形成。虽然在 WTO 成立前,GATT1947 争端解决机制也成功发挥了作用,取得了成员方的认可,但其本身存在严重的缺陷和不足。其中最为突出的问题是专家组作出的裁决需要根据"一致通过"原则产生法律拘束力,也就是说只有 GATT 委员会全体协商一致裁决才可通过,而在争议解决中败诉的当事方可以通过"一票否决"的方式阻止任何对其不利的裁决对其产生约束力。《WTO 协定》附件 2 之下《关于争端解决规则与程序的谅解》(Understanding on Rules and Procedures Governing the Settlement of Disputes,DSU)全面而系统地建立了 WTO 的争端解决机制运行规则,其补救了 GATT1947 争端解决机制这一严重不足,DSU 也被视为乌拉圭回合谈判最为重要的成果之一。与 WTO 前身 GATT1947 下的争端解决规则相比,WTO 在解决成员间争端方面体现出了更高的权威性和有效性。WTO 争端解决机制与 GATT1947 的根本不同就在于,WTO 对 DSB 裁决报告的通过采取的是"一致通过,除非一致不通过"的原则,也即"反向一致"原则,这等同于保证了裁决的自动通过,同时配合上诉审查制度和报复机制,使得 WTO 争端解决机制在成员方之间发挥了强有力的约束作用。[1]

DSU 第 3 条第 2 款规定,WTO 争端解决机制在为多边贸易体制提供可靠性和可预测性方面是一个核心因素。各成员认识到该机制有助于保护各成员在协定项下的权利和义务,以及澄清适用协定中的现有条款。

---

[1] See John · H. Jackson, *Sovereignty, the WTO and Changing Fundamentals of International Law*, Cambridge University Press, 2006, pp. 137–144.

据此可以明确，解决争端和澄清现有规则是WTO争端解决机制的两大根本职责，由DSB负责具体运作。DSB聘请国际经贸法律专家组成专家组对案件事实和法律问题进行全面审查，根据当事方请求，常设上诉机构可进一步对专家组报告中的法律问题进行上诉审查。如果说WTO争端解决机制的解决争端职能具有短期内定分止争的利益和价值，那么其澄清现有规则的功能则具有更加长期和深远的作用。成员方在《WTO协定》下权利和义务内涵的确定以规则澄清为基础。虽然专家组和上诉机构的裁决报告约束案件当事方，但由于争端解决先案裁决在实践中产生指导作用，DSB的规则澄清职能并不仅仅作用于特定案件的争议解决，甚至对WTO规则体系的建构和发展也产生了影响。

据统计，自1995年至2021年底，WTO成员利用争端解决机制提起了607项磋商请求，涉及300余项WTO法律规则。WTO专家组共发布裁决报告277份，上诉机构发布上诉报告189份。[1]相较于同时期的国际法院等其他国际司法机构，WTO的争端解决机制明显更加活跃。在提交至WTO进行争议解决的案件中，有许多成员方争端引发了极大的社会反响，例如EC-Hormones案[2]、US-Shrimps案[3]、China-Rare Earths案[4]和EC and certain member States-Large Civil Aircraft案[5]等，这些案件涉及成员方有关公共健康、环境保护、公共道德、敏感行业或其他国家核心利益的国内立法和政策措施合规性的问题，对国际经贸活动影响巨大。而在WTO争端解决机制下，参与的成员既有发达国家也有发展中国家，在许多案件中经济相对落后的发展中国家利用WTO规则和争端解决程序成功战胜了发达国家，这说明在WTO体系下，强权并不总是公理。[6]规则导向的WTO争端解决机制完全基于对争端事实的条

---

〔1〕 数据来源于WTO官方网站，https://www.wto.org/english/tratop_e/dispu_e/dispustats_e.htm，最后访问日期：2023年2月8日。

〔2〕 European Communities — Measures Concerning Meat and Meat Products（Hormones），DS48，DS26.

〔3〕 United States — Import Prohibition of Certain Shrimp and Shrimp Products，DS58.

〔4〕 China — Measures Related to the Exportation of Rare Earths, Tungsten and Molybdenum，DS431，DS432，DS433.

〔5〕 European Communities and Certain member States — Measures Affecting Trade in Large Civil Aircraft，DS316.

〔6〕 ［比］彼得·范德博思、单文华：《世界贸易组织法原理》（上），尚宽、贺艳译，法律出版社2020年版，第178页。

约分析,同时考虑到国际贸易争端的特殊性质,兼顾法律与政策的平衡,对执行机制进行监督,这些无疑是对国际贸易争端解决的重大创新。[1]

二、WTO 争端解决机制的基本原则

(一) 通过多边机制解决争端,禁止单边报复

WTO 争端解决机制要求成员方通过 DSU 多边程序解决成员间的争议,而非采取单边行动,这是争端解决机制为多边贸易体制提供可预见性的重要途径。DSU 第 23 条名为"多边体制的加强",其第 1 款规定:"当成员寻求纠正违反义务情形或寻求纠正其他造成协定之下利益丧失或减损的情形,或寻求纠正妨碍协定任何目标实现的情形时,它们应援用并遵守本谅解的规则和程序。"在这一条款下,除非根据 DSU 诉诸 WTO 争端解决机制,各成员不得作出效果上等于认定违反有关协议、利益丧失或损害、阻碍取得协议目标的决定。各成员须根据 DSU 的规则确定有关成员执行裁决的合理期,确定中止减让或中止其他义务的程序,并获得相应授权。美国在 20 世纪 80 年代曾频繁根据其《1974 年对外贸易法》中的"301 条款"对其认为的他国违反 GATT 1947 规则的行为采取单边制裁,引发了许多国家的不满,这也正是推动乌拉圭回合争端解决谈判背后的重要动因。

(二) 保护成员权利,督促成员履行义务

如前文所述,DSU 第 3 条第 2 款明确了 WTO 争端解决机制的目的与宗旨,指出 WTO 争端解决机制是为保护各成员在协定项下的权利和义务。解决争端应优先考虑能被争端方接受并与《WTO 协定》相一致的方法,若双方无法达成一致,争端解决机制要确保废除与《WTO 协定》不一致的成员方贸易措施。此外,DSU 要求 DSB 在致力于"保护成员在适用协定下的权利与义务"的同时,不"增加或减少协定所规定的权利和义务",在争端解决过程中注意保持成员方权利和义务的平衡。[2]这对于争端解决机构解释和适用《WTO 协定》规则的范围进行了约束,也就是说 DSU 明确对"司法能动主

---

[1] 黄东黎、杨国华:《世界贸易组织法:理论·条约·中国案例》,社会科学文献出版社 2013 年版,第 98~99 页。

[2] DSU 第 3 条第 2 款。

义"进行了告诫，WTO专家组合上诉机构在审理案件过程中不能扮演"立法者"的角色。

(三) 通过协商善意解决争端

DSU第3条第7款规定："……争端解决机制的目的在于保证争端得积极解决。争端各方均可接受且与适用协定相一致的解决办法无疑是首选办法……"可见DSU充分表达了对通过协商达成彼此均接受的解决方案的鼓励和支持，允许成员方根据WTO规则自行判断裁定结果，而通过裁判产生解决方案并非首要选择。在DSU的程序规则中，为争端方设置了强制性的磋商程序，每个案件的争端解决必须从磋商开始。与DSB作出裁判相比较，磋商解决争议更为经济友好，而且从争端方之间的长期经贸关系来看，这种方式产生的效果也更令人满意。当事方之间协商一致产生的争端解决方案结果必须与WTO规则保持一致。除磋商和DSB作出裁判外，WTO争端解决机制还为成员方预留了其他争议方法，例如仲裁、调解、斡旋和调停，争端方可通过协商一致的方式选择DSB裁判之外的路径，但这些方法目前很少被WTO成员方选用。在争端解决的过程中，成员方应善意地参与争端解决程序，努力解决争端。故意玩弄诉讼技巧，不遵循正当程序规则，与争端解决机制所追求的目标是相违背的。在争端解决程序中，每一成员都被推定善意地解决争端。[1]

(四) 及时有效解决争端

DSU第3条第3款明确指出，当一个成员方认为其根据协定所享有的利益正直接或间接地被另一成员所采取的措施损害时，及时解决争端对于WTO有效地发挥作用，使各成员的权利义务平衡至关重要。当成员方在协定下的利益受损时，只有及时解决贸易争议才能从根本上保护成员方在多边机制下的正当权利。

DSU第3条第7款则要求成员方对启动争端解决程序的效力进行评估，在提出一项争端之前，成员方应对于按照这些程序采取行动是否富有成效作出判断，因为争端解决机制的目的在于确保对争端有积极的解决办法。

---

[1] 参见韩立余：《世界贸易组织法》(第3版)，中国人民大学出版社2014年版，第32页。

第二节　世界贸易组织争端解决机制的诉因与管辖

一、WTO 成员运用 WTO 争端解决机制的诉因

WTO 争端解决机制只能由 WTO 成员使用，WTO 秘书处不可主动检控成员方违反 WTO 规则的行为，其他国际组织、行业协会、企业和个人也无权发起争端解决程序。WTO 下的每一个协定基本均包含争端解决条款，其内容大致与 1994 年《关税及贸易总协定》（以下简称"GATT1994"）第 23 条第 1 款相似，该条款规定：

如果一成员方认为，由于下列原因，其在本协定下直接或间接获得的利益正在丧失或减损，或本协定任何目标的实现正在受到阻碍，则该成员方为使该事项得到令人满意的调整，可向其认为有关的另一成员提交书面交涉或建议：

（1）另一缔约方未能履行其在本协定下的义务，或

（2）另一缔约方实施任何措施，无论该措施是否与本协定的规定产生抵触，或

（3）存在其他任何情况。

根据这一条款可知，成员在 DSB 发起争端解决程序的诉因并非仅仅局限于其他成员对《WTO 协定》某一具体规则的违反，而是成员在协定下的利益"丧失或减损"。在第 23 条第 1 款下，成员间的 WTO 争端解决案件可以划分为违法之诉、非违法之诉和情势之诉三种类型。在当前的 WTO 案件中，成员方发起的争端解决大多为违法之诉（violation claims）。在实践中 WTO 成员对 WTO 义务的违反是使其他成员利益丧失或减损的直接证据和原因，在此类案件下申诉方无须证明利益丧失或减损，只需证明违反协定的行为存在。[1] 非违法之诉（non-violation claims）则是指申诉方可以不因任何其他成员对 WTO 义务的违反而要求 DSB 对其受到的损失进行救济。在 WTO 争端解决机制下这一现象并不常见，至今只有十余起案件为此种类型，且至今没有一个案件申诉方取得成功。此外，目前 WTO 争端解决机构尚没有对情势之诉作出过任何

---

[1] 参见黄东黎、杨国华：《世界贸易组织法：理论・条约・中国案例》，社会科学文献出版社 2013 年版，第 105 页。

裁决。

二、WTO 争端解决机制的管辖权性质

与国际法院或国际海洋法法庭等其他国际司法机构不同，WTO 争端解决机制的管辖权具有典型的强制性、专属性和诉讼性的特点，这些特点也是 WTO 争端解决机构在过去取得成功的重要原因。

（一）强制管辖权

WTO 争端解决机制创设了强制性管辖权，申诉方向 DSB 发起争端解决后，被诉方除接受管辖外没有其他任何选择。DSU 第 6 条第 1 款规定：如果申诉方提出请求，则专家组最迟在此项请求首次作为一项议题列入会议议程的 DSB 会议上设立，除非在此次会议上 DSB 经协商一致决定不设立专家组。

与其他国际争端解决机制不同，WTO 争议双方无需通过声明或协议的方式接受 WTO 对争议案件的管辖，成员方加入 WTO 并签署《WTO 协定》时即构成了对 WTO 争端解决机制强制性管辖权的同意。

（二）专属管辖权

根据 DSU 第 23 条第 1 款的规定：当 WTO 成员方寻求纠正违反协定义务或其他造成其协定下义务减损的情形，或纠正妨碍协定目标实现的情形时，应当援引并遵守 DSU 的程序规则。

根据这一规定，WTO 成员有义务将协定下的争议提交 DSB，而排除其他任何机制，确保 WTO 争端解决机制的专属管辖权，同时也排除其他单边行为的影响。

（三）诉讼管辖权

在其他国际司法机构的规则下，争议解决机构有时还承担案件裁决之外的其他职能，例如国际法院和国际海洋法法庭，其还可以向缔约方提供咨询意见。而根据 DSU 第 3 条第 2 款，WTO 争端解决机制仅具有诉讼管辖权，仅能够在争议案件中对 WTO 规则进行解释和澄清，而无权在诉讼程序外向成员提供有关 WTO 规则的咨询意见。

三、WTO 争端解决机制的管辖范围

（一）WTO 争端解决机制管辖的争端

DSU 第 1 条第 1 款规定：本谅解的规则和程序适用于按照本谅解附录一所列各协定中的磋商和争端解决规定所提出的争端。

根据 DSU 这一条款可知 WTO 争端解决机制的属事管辖权范围包括成员方在《WTO 协定》下产生的争端，覆盖范围十分宽广。DSU 附录一中的协定包含《WTO 协定》、GATT 1994 及其他货物贸易领域的多边协定、GATS、TRIPS、DSU 以及《政府采购协定》这一诸边协议。因此，WTO 争端解决机制可以就成员方之间在货物贸易、服务贸易、知识产权和程序规则等领域的争议进行管辖。

（二）WTO 争端解决机构管辖的措施

在 WTO 争议案件中，申诉方通常会就其他成员的特定贸易措施发起争端解决，而 DSU 并没有对其条款中提及的其所管辖的成员方"措施"（measure）作出更加细致的解释和说明。通常认为，任何可归因于一个 WTO 成员方的作为或不作为，均可能构成争端解决意义上该成员的措施，但在 WTO 具体案件中，成员方常常就何为管辖权范围内的措施产生过诸多争议。例如，WTO 仅对国家行为进行约束，那么私人的行动或措施是否受制于 WTO 争端解决机构？在"Japan-Film"案中，专家组指出"一个行为是由私人当事方作出这一事实，并不排除该行为被视为政府行为的可能性，如果其中存在足够的政府参与"[1]，也就是说可归因于国家的私人行为也可以被纳入 WTO 的管辖范围之中。此外，对于成员方的立法、非成文性的政策或实践、几个不同法律文件组成的措施、区域性或地方当局的措施是否属于 WTO 争端解决机制的管辖范围也曾在 WTO 具体个案中产生过争议，需要由专家组和上诉机构根据案件事实和具体规则进行解释。

---

[1] Panel Report, WT/DS44/, Japan—Measures Affecting Consumer Photographic Film and Paper, DS44, para. 10.56.

第三节 世界贸易组织争端解决机构

WTO 争端解决程序涉及的机构主要包括：争端解决机构（DSB），专家组（Panel）和上诉机构（Appellate Body）。

一、争端解决机构

DSU 设立的争端解决机构负责执行争端解决规则和程序以及 WTO 相关协定中的磋商和争端解决条款。实际上，DSB 是 WTO 总理事会的伴生机构，《WTO 协定》第 4 条第 3 款规定："总理事会应酌情召开会议，履行 DSU 规定的争端解决机构职责。争端解决机构可有自己的主席，并制定其认为履行这些职责所必需的议事规则。"当总理事会管理 WTO 争端解决机制时，其以 DSB 的名义召开并运行。总体而言，DSB 的职能可以概括为对争端解决机制进行管理，DSU 第 2 条第 1 款进一步对其管理职能进行了说明：

DSB 有权设立专家组、通过专家组和上诉机构报告、监督裁决和建议的执行，以及授权中止协定下的减让和其他义务。

DSB 的功能不仅局限于此，对上诉机构成员的选任以及 DSB 行为规则的通过也负有其责。在 DSB 行使其中一些关键职能时，其作出决定的方式为"反向协商一致"，前文已提及，此种决议方式是 WTO 争端解决机制的重要特征，除非 WTO 成员协商一致决定不通过或不采取某一事项，否则 DSB 则被视为通过该事项。此外，DSU 对于此类事项决策的时间也作出了严格限制，以确保 DSB 及时高效地履行其职责。

二、专家组

（一）专家组的设立和组成

1. 专家组的设立

在磋商程序未能取得一致结果，申诉方提出设立专家组的申请后，DSB 最迟应当在该请求列入 DSB 正式议程的会议之后的下一次会议上成立专家组，被诉方不得阻挠专家组的成立。专家组并不是一个常设机构，而是临时性机构，其设立的目的是裁判某个特定的争议案件，在完成该任务后专家组立即解散。如果一个以上的成员就同一事项请求设立一个专家组，那么 DSB 可以设立一个单一专家组；若就同一事项的起诉设立了一个以上的专家组，则专家组应尽可能由相同的人员构成，以保证案件裁判的公平公正。

申诉方"关于设立专家组的请求"在争端解决程序中具有重要作用，它划定了争议的范围和专家组的管辖权，并向被诉方和第三方通知诉讼的性质，从而实现正当程序的目的。根据 DSU 第 6 条第 2 款，设立专家组的请求必须以书面形式呈现且符合下列条件：①指明是否已进行磋商；②确定涉案的具体措施；③能够提供足以陈述问题的法律依据概要。设立专家组的请求将提交给 DSB 主席，随后分发给 WTO 全体成员，根据"反向协商一致"的形式通过后，其他成员可立即在 DSB 对其在争端中的利益作出通知，并保留其第三方权利。

2. 专家组的组成

根据 DSU 第 8 条第 5 款规定，专家组通常由 3 人组成。若争议各方在专家组成立后 10 日内通过协商方式达成一致同意则可以设立由 5 人组成的专家组，但这一情况在 WTO 争端解决机制中并未发生过。专家组应由资深的政府或非政府人员组成，这些人员可以是曾在专家组任职或曾向专家组陈述案件的人员，曾任一成员方代表或 GATT1947 缔约方代表或任何协定或先前协定的理事会或委员会代表的人员，秘书处人员，曾讲授或出版过国际贸易法和国际贸易政策著作的人员，以及担任某一成员方贸易政策官员的人员。[1]专家组成员的选择应以保证其独立性和提供足够多元化的背景和范围广泛的经验为目的。专家组成员应以其个人身份任职，而非作为政府代表参与案件审理，成员方不得就专家组审议的事宜向出任专家组成员的政府官员作任何指示或试图对其施加影响。[2]截至目前，专家组成员以现任或前任有法律背景的政府贸易官员或日内瓦外交官为主，部分学者和贸易法从业者也曾担任专家组成员。

WTO 秘书处将就专家组的组成向争端方提名建议，DSB 专家组组成后，争端方须就专家组的组成达成一致。DSU 要求成员方除有令人信服的理由外不得对专家组提名加以反对，但在实践中争端方经常拒绝 WTO 秘书处最初的

---

[1] DSU 第 8 条第 1 款。
[2] DSU 第 8 条第 9 款。

建议提名，专家组的组成会成为一个困难的环节，若争端方不能在 DSB 设立专家组 20 日内达成一致，任意一方可以要求 WTO 总干事就专家组组成作出决定。[1]在专家组成员因利益冲突回避方面，除非当事方同意，与争端方的公民或事项有重大利害关系且已将此通知 DSB 的成员方人员不得在涉及该争端的专家组中工作。为保证争端解决机制的完整性和公正性得以实现，DSB 制订了《行为守则》（Rules of Conduct），守则要求专家组成员在任何时间均应当保守争端解决审议和诉讼中的以及争端当事方标明保密的任何信息的秘密；在任何时间均不得利用在该审议和诉讼中获知的此种信息取得个人利益或为他人谋求利益；在程序进行中，不得从事与有关审议事项相关的单独接触活动；在专家组报告解除限制之前，不得就该程序或其参与处理争端的涉及事项发表公开评论。[2]

（二）专家组的权能

1. 专家组的权限范围

根据 DSU 第 7 条第 1 款，专家组的权限（terms of reference）是指专家组在特定案件中依据申诉方提出的有关请求而对申诉方提交的有关事项根据相关协议进行调查并作出裁决的权限。因此专家组权限的基础在于申诉方在设立专家组的请求中所指明的争端具体措施，因此在专家组成立后申诉方不能再提出新的措施或诉求。DSU 规定了专家组的三种权限：标准权限、当事人协议权限和主席拟定权限。所谓标准权限是指设立专家组请求中的内容所确立的权限范围。DSU 规定当事方在专家组成立 20 日内可以就专家组权限另行约定，此外 DSB 还可以授权主席与争端方磋商专家组权限。在其权限范围内，根据 DSU 第 13 条的规定，专家组有权从其认为合适的任何个人或机构寻求信息和技术建议，可以从任何相关渠道寻求资料，也可以和专家们进行磋商以获得其意见。

明确具体争议措施而确立了专家组权限后，在实际的案件审理过程中有可能出现专家组拒绝履行职权或越权的情况。在一些案件中，上诉机构曾认定专家组怠于履行其权限范围内的职责，例如在 Mexico-Taxed on Soft Drinks

---

[1] DSU 第 8 条第 7 款。

[2] See Rules of conduct for the understanding on rules and procedures governing the settlement of disputes, WT/DSB/RC/1.

案中，上诉机构对于专家组行使权限问题作出如下评议："专家组拒绝行使其依法存在的职权，会减损申诉方依据 DSU 第 23 条寻求救济的权利以及其依据 DSU 第 3 条第 3 款提交争端的权利，因此 WTO 专家组无权自由选择是否行使其管辖权。"[1]对于专家组越权的行为，通常被认为专家组并未对其所审议的事项作出客观评估，因而违反 DSU 第 11 条的规定。但是如果专家组裁决的问题确实与落入其权限范围内的诉求相关，则专家组不受争端各方所提出的法律主张，其可以自由地开展法律推理。专家组在审查当事方诉求时需要遵循司法经济原则（principle of judicial economy），即只处理为解决争端所必须解决的事项。

2. 专家组的职能

DSU 第 11 条规定，专家组的职能是协助 DSB 履行 DSU 和有关协定所规定的职责。因而专家组应对向其提交的事项进行客观评估（包括对案件事实的客观评估、对有关协议适用性的客观评估和争议措施与协议一致性的客观评估），并作出裁定帮助 DSB 提出建议或作出裁决。专家组应定期与争端方进行磋商，并给予他们充分的机会寻求互相满意的解决办法。

根据这一条款，专家组的根本职能是协助 DSB 履行争端解决职责。其具体表现是对申诉方提交的事项进行客观评估，这一规定也被称为专家组对案件的审查标准（standard of review）。上诉机构曾在具体案件中对专家组审查标准的问题作出过解释。例如在 EC-Hormones 案中，上诉机构认为，就专家组查明事实而言，其采用的标准既不是"重新审查（de novore view）"，也不是"完全采纳（total deference）"，而是对事实的客观评估。客观评估事实的义务，是指考虑提交专家组的证据并且进行认定；故意不考虑或拒绝考虑这些证据，是不符合客观评估义务的。但专家组有权决定最后选用什么证据作出裁决。[2]

在对争议案件进行审理后，DSU 第 12 条第 7 款要求专家组以书面报告形式向 DSB 提交其裁决，并在报告中列明：①事实的裁决；②有关协议条款的

---

[1] Appellate Body Report, WT/DS308/AB/R, Mexico — Tax Measures on Soft Drinks and Other Beverages, DS308, para. 53.

[2] Appellate Body Report, WT/DS26/AB/R, European Communities-Measures Concerning Meat and Meat Products (Hormones), DS26, para. 117; Appellate Body Report, WT/DS48/AB/R, European Communities-Measures Concerning Meat and Meat Products (Hormones), DS48, para. 133.

适用性；③其所作任何裁决和建议的基本理论依据。在WTO的一些具体案件中，当事方曾向上诉机构挑战整专家组的报告缺乏基本的说理。上诉机构曾指出DSU为专家组必须用以支持裁决和建议的基本理论依据设定了"最低标准"，这符合DSU条款背后的基本公正和正当程序原则。专家组报告提供的解释和理由必须足以揭示这些认定和建议的必不可少的理由或基本理由，但专家组无须详尽解释其认定或建议的理由。[1]

三、上诉机构

（一）上诉机构的组成

不同于WTO专家组，上诉机构是WTO争端解决机制下的常设性裁判机构。上诉机构由7名成员组成，其身份必须能广泛代表WTO各成员方，因此其所来自的地理区域、经济发展程度和所属法律体系等因素均需纳入选任的考量范围。DSU第17条规定上诉机构应由具有公认权威并在法律、国际贸易和WTO各协定所涉及主题方面具有公认专门知识的人员组成，他们不得附属于任何政府，他们履行职务期间不可接受或寻求任何政府或非政府国际组织或私人的指示。在上诉机构成员任职期间不可追求任何与其职责不符的专业活动，应当做到独立且公正无私，避免直接或间接的利益冲突，尊重各项程序的保密要求。[2]

每位上诉机构成员任期为4年，可连任1次。DSB以协商一致的方式就上诉机构人员的任命或连任作出决定，其依照甄选委员会的建议作出决定。甄选委员会由WTO总理事会、DSB、货物贸易理事会、服务贸易理事会和TRIPS理事会各自的主席以及WTO总干事组成。甄选委员会从WTO成员方提名的候选人中进行选任。上诉机构在具体运行时，并非所有上诉机构成员全员参与上诉案件的审理，而是在上诉机构成员中选取3名成员组成上诉组，对案件进行审理和裁断。DSU授权上诉机构制定了其自身适用的《上诉审查工作程序》，根据《上诉审查工作程序》，参与某一案件审理的人选采取轮流

---

〔1〕 Appellate Body Report, WT/DS132/13, Mexico — Anti-Dumping Investigation of High-Fructose Corn Syrup (HFCS) from the United States, DS132, para. 106.

〔2〕 See Rules of conduct for the understanding on rules and procedures governing the settlement of disputes, WT/DSB/RC/1, para. 11.

随机的方式，不考虑成员的国籍。但为保证上诉机构判例法的一致性和连贯性，个案的上诉组成员会与其他上诉机构成员交换观点。上诉机构自身设有专门的秘书处，此秘书处为上诉机构提供法律和行政支持。[1]

(二) 上诉机构的权限

1. 上诉机构的职能

上诉机构的根本职能和权力是审查争端方对专家组报告的上诉，对专家组报告涉及的法律问题和专家组所作的法律解释进行审查，可维持、变更或撤销专家组的法律裁决和结论。当上诉机构既同意专家组就某措施是否符合 WTO 规则的推理，也同意其结论时，上诉机构维持相关裁断；当上诉机构同意专家组结论，但不同意专家组的法律推理时，将对相关裁断加以修改；当上诉机构不同意专家组就某措施是否符合《WTO 协定》的结论，会推翻专家组的裁断。在多数上诉机构报告中，专家组的裁断通常一部分被维持，一部分被修改或推翻。在具体的审理过程中，《上诉审查工作程序》赋予了上诉机构采取灵活程序的权力，上诉机构还可以适当发布命令。上诉机构与上诉组在决策时以协商达成一致为优先目标，多数意见为次优选择。

2. 上诉机构的审查范围

上诉机构与专家组的审查对象不同，专家组的审查对象是被诉方采取的措施以及这些措施是否与 WTO 规则相符，而上诉机构的审查对象是专家组的报告内容，或者说是专家组的行为，即专家组报告中的裁决和法律解释是否符合《WTO 协定》的要求。上诉机构的审查对象决定了争端当事方在上诉程序中的证明目标，上诉方应当说明对专家组报告中法律问题或法律解释错误的指控和法律主张，列明其所依据的协定规则和所寻求的裁决性质；被上诉方则需要对上诉方的法律主张进行反驳并说明理由。

上诉机构对专家组报告的审查范围受到严格限制，DSU 第 17 条第 6 款明确规定上诉机构仅可以对专家组报告涉及的法律问题和专家组的法律解释进行审查。专家组对事实问题的裁定原则应被排除在上诉审查范围之外。但在具体案件中，何为事实问题，何为法律问题，有时并非能够清晰明了地进行识别和判断。在 EC-Hormones 案中，上诉机构指出："就某种事件是否在某时

---

[1] See Working procedures for appellate review, WT/AB/WP/6.

间或某空间发生的判断,通常是一个事实问题。某特定事实或系列事实与某一条约条款之要求是否相符是一个法律问题。"[1]由于上诉机构审查范围的限定,上诉机构在审理过程中不审查争端方提出的新证据。

在法律问题与事实问题的认定中,上诉机构对国内法的审查是一个重要且敏感的话题。作为一个国际审判机构,DSB 自然不具有国内立法机关或国内法院确定法律含义的资格和能力。但在一些案件中,如果不对涉及被诉措施的国内立法进行审查,专家组无法对提交事项进行客观评估,因此专家组会在争议措施是否符合《WTO 协定》要求的范围内对国内法的用语、解释和适用等问题进行审查。在国际公法理论下,国内法可以作为事实证据,也可以作为国家是否遵守国际义务的证据。那么在上诉审理中,如果将专家组对国内法的审查视为有关措施与 WTO 义务是否一致的法律定性,则国内法问题属于上诉审查范围。[2]

第四节 世界贸易组织争端解决程序

WTO 争端解决机制下设立了严密的争端解决程序规则,通常争端解决程序可以划分为四个部分:①磋商;②专家组程序;③上诉机构程序;④执行程序。WTO 争端解决程序以强制性的磋商为起始,若磋商无果,则申诉方将争端提交至专家组进行裁判,专家组报告可以进一步在上诉机构进行上诉。专家组或上诉机构报告在 DSB 通过后则进入执行程序。DSU 为争端解决程序设置了严格的时间表,从而保证高效快速地解决争端。WTO 争端解决程序通常具有较高的保密性。DSU 要求成员方善意参与争端解决程序。

---

[1] Appellate Body Report, WT/DS26/AB/R, European Communities-Measures Concerning Meat and Meat Products (Hormones), DS26, para. 132.

[2] 参见韩立余:《世界贸易组织法》(第3版),中国人民大学出版社2014年版,第41页。

```
┌─────────────────────────────────┐
│         磋商                    │
│ （如果在60日内未达成一致，      │──→ 总干事进行斡旋、调解或调停
│  可请求设立专家组）             │
└─────────────────────────────────┘
            ↓
┌─────────────────────────────────┐
│     DSB设立专家组               │
│ （在不迟于DSB第二次会议上）     │
└─────────────────────────────────┘
            ↓
┌─────────────────────────────────┐
│  专家组职权范围（DSU第7条）     │
│ 组建（20日内商定或由总干事决定）│
└─────────────────────────────────┘
            ↓
┌─────────────────────────────────┐
│       专家组审查                │
│（一般不超过6个月，情势紧急不超过3个月）│
│     与争端方举行会议            │
└─────────────────────────────────┘
            ↓
┌─────────────────────────────────┐
│       中期审查                  │
│ （向争端方提交中期报告）        │
└─────────────────────────────────┘
            ↓
┌─────────────────────────────────┐
│    专家组向DSB散发报告          │
└─────────────────────────────────┘
        ↓              ↓
┌──────────────┐  ┌──────────────────────┐
│ DSB通过报告  │  │上诉审查（60日内提出上诉）│
└──────────────┘  │ （审理期限不超过90日）│
                  └──────────────────────┘
                          ↓
                  ┌──────────────────────┐
                  │  DSB通过上诉机构报告  │
                  │     （30日内）        │
                  └──────────────────────┘
            ↓
┌─────────────────────────────────┐
│      DSB监督报告执行            │
│     （合理执行期限内）          │
└─────────────────────────────────┘
        ↓              ↓
┌──────────────────┐  ┌──────────────────────┐
│全面执行前谈判补偿│  │ 全面执行前DSB授权报复│
└──────────────────┘  └──────────────────────┘
```

WTO 争端解决流程图

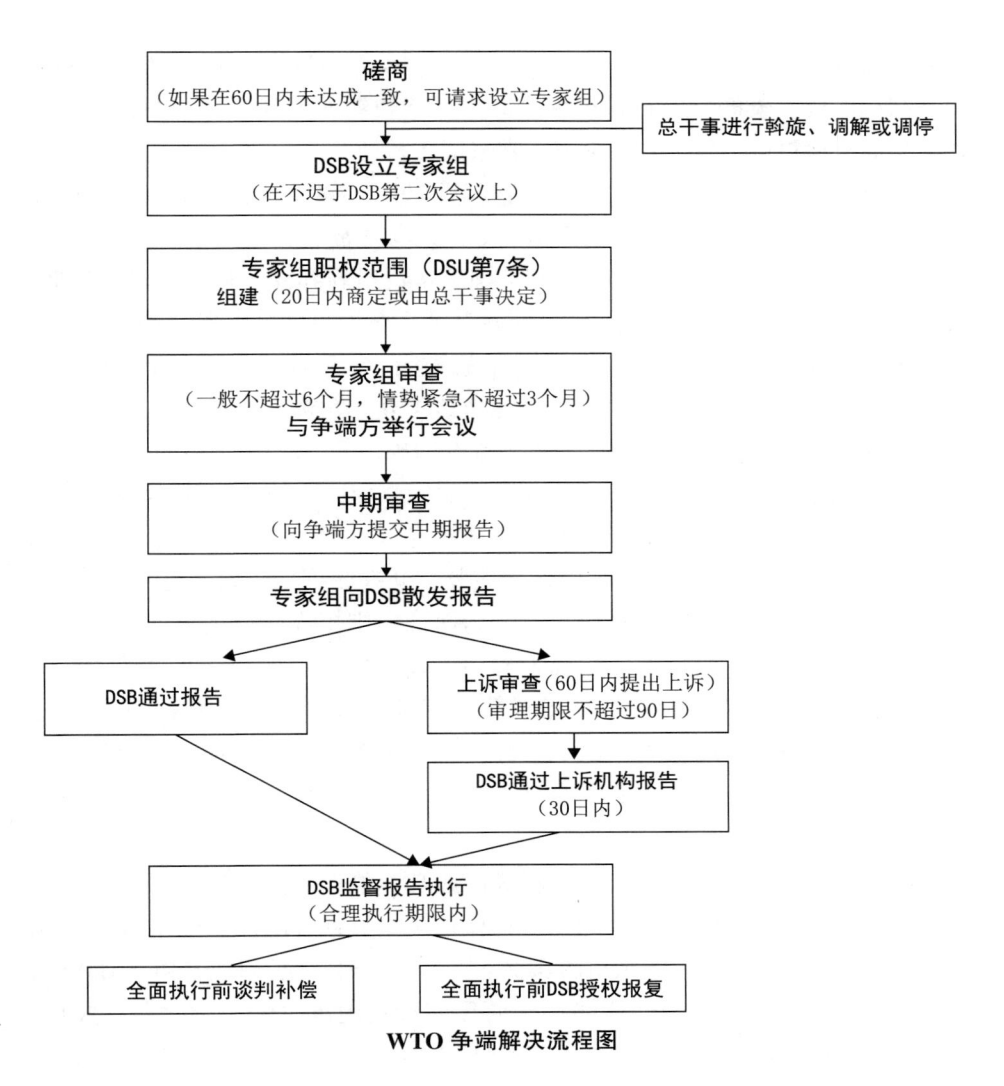

一、磋商

WTO 争端解决机制鼓励成员方通过非裁判的友好方式解决争议，根据 DSU 程序规则要求，WTO 争端解决以磋商作为程序的开始。通过磋商，争端方可以交换信息，评估各自主张的优势和弱点，缩小分歧的范围，并且在许多情况下达成双方一致的同意的解决方案。即使没有达成一致的解决方案，

磋商也给争端方提供了对争端范围进行定义和划界的机会。[1]磋商程序相较于裁判程序成本较低,也有利于争议双方保持长期的贸易友好关系,总体而言,磋商程序可以为争端方和第三方带来诸多益处。

当WTO成员方认为其在协定下的利益因另一WTO成员所采取的措施而受到减损时,其可以提出磋商请求。成员方的磋商请求需要以书面形式向DSB提出,请求中须列出请求的原因,确定争议措施并提出相应的法律依据。DSB会将措施请求文件公布于WTO网站以供公众查阅,但磋商过程本身需要以保密的形式开展。DSU并不要求磋商请求的内容与后续成立专家组请求的内容完全一致,但请求中的争议措施和申诉要素不能发生明显改变,后续专家组程序中的争议范围会在磋商过程中逐渐明确。

对于磋商的具体程序,DSU没有作出明确规定,磋商本质上是在以外交手段解决争议,正当程序要求在磋商环节中尤为必要。被提起磋商请求的相对方在收到请求之日起的10日内作出答复,并在收到请求之日起的30日内开始磋商。若相对方没有答复或没有开始磋商,则提出磋商请求的成员可以直接请求设立专家组,被诉方被视为放弃了磋商可能带来的潜在益处。WTO成员方可以依据GATT1994第22条或第23条提出磋商请求,但只有在第22条的磋商请求下,争端方之外的成员才能被获准参与磋商程序。磋商环节通常在日内瓦进行,由驻日内瓦外交官、驻各国首都的贸易官员以及争端方的私人律师参加。

磋商环节可能产生两种结果:若磋商成功,争议双方达成了一致同意的解决方案,则该方案需要通知DSB,WTO任何成员方可以在DSB会议中对相应的方案提出问题,磋商达成的方案必须与《WTO协定》规则相符。在WTO争端解决实践中,许多案件能够在磋商环节成功地解决。若磋商没有成功,即争端方未能在收到磋商请求之日起60日内达成一致意见,则申诉方可以请求DSB设立专家组进入裁判程序。DSU第12条第10款规定如果争端方同意,可以将磋商时间延长,在WTO具体案件中,很多申诉方有时并不会在60日结束之后立即提出成立专家组的请求,而是继续延长磋商时间。

---

[1] Appellate Body Report, WT/DS132/13, Mexico — Anti-Dumping Investigation of High-Fructose Corn Syrup (HFCS) from the United States, DS132, para. 54.

二、专家组程序

当争端方磋商无果时，申诉方可以提出申请进入专家组程序。DSU 第 12 条规定了具体的专家组审理程序，要求专家组遵循 DSU 附件三"工作程序"，并允许专家组在咨询争端方后另作决定。DSU 要求专家组程序提供充分的灵活性，以在保证效率的同时提供高质量的专家组报告。专家组通常应当在程序启动后 6 个月内向争端方提交报告，根据申诉方的请求，专家组可以在任何时候暂停其工作，最长的暂停时间为 12 个月。

（一）专家组程序的启动和审理

前文已对申诉方的设立专家组请求进行介绍，在提出请求后，DSB 应在 45 日内设立专家组并任命专家组成员。专家组一经成立，其会在 DSU 附录三的"专家组工作的建议时间表"基础上确定具体的工作时间表，此后专家组正式进入案件的审理环节。争端方应向专家组提交两份书面陈词：在第一次书面陈词中争端方应陈述案件事实并提出相关措施与 WTO 规则不符的主张和依据；在第二份反驳陈词中争端方应对另一方所提交的主张和证据进行回应。专家组有义务接受双方的陈词并予以适当考虑。

在第一次书面陈词提交后，专家组将与争端方开展第一次实质性会议，在会议中专家组将要求申诉方和被诉方对其观点进行陈述。在第二份反驳陈词提交后，专家组与争端方举行第二次实质性会议。在会议过程中专家组可以在任何时候对争端各方提问，并要求争端方在会议中或以书面形式进行回应和解释，争端方有义务对专家组提供其所要求的信息和文件。如果一方提出科学性或技术性问题，专家组可以向相关专家咨询或任命专家评审小组提供咨询报告。

在审理会议结束后，专家组将进行秘密讨论并向争端方发布其报告中的陈述部分（事实和争议，不包含裁定和结论），供争端方提出意见。在提出意见的 2 周期限届满后，专家组将向争端方发布包含裁定和结论内容的中期报告，随后争端方可以就中期报告提交书面意见，并要求专家组对报告的特定方面进行审查。应争端方的请求，专家组可以就书面意见中的问题组织争端方召开进一步会议，但实践中争端方几乎没有提出过此类请求，而通常是以书面形式对争端相对方的书面意见进行回应。专家组根据争端方的书面意见，对其报告中的技术性错误或不清楚之处进行修改更正，在少数案件中专家组也可能会对其结论进行修改[1]。

(二) 专家组程序中的举证责任问题

在绝大多数 WTO 违法之诉案件的专家组的审理程序中，争端当事方的举证问题通常主要针对以下两个方面：①争议措施是否违反了 WTO 有关协议；②对协议的违反是否造成了成员方利益的减损。

对于特定措施违反 WTO 协议的问题，WTO 现有的法律并没有对举证责任问题作出明确规定，但在 WTO 争端解决实践中逐步形成了关于举证责任的规则。提出事实的一方，无论是申诉方还是被诉方，负责对相关事项进行举证。同时，举证责任在于提出肯定性具体要求或提出抗辩的一方。如果一方提出的证据足以得出其要求是真实的推理，则举证责任转移到争端相对方，如果该方无法提出足够的证据进行反驳，则将在争端解决中败诉。对于利益减损的问题，DSU 第 3 条第 8 款规定，如果违反协定规定的义务，则该措施即被视为初步构成利益丧失或受损，这通常意味着一种推定，即违反规则对该协定的成员造成了不利影响，在此情况下，被诉方应对这种指控进行反驳。在实践中，这种利益减损的推定通常很难被反驳。

对于当事方需要提供多少或何种证据来证明其主张，在实践中将因具体措施、案件事实和具体规则有所不同。专家组不能利用其享有的调查权在申诉方没有提出初步证据的情况下作出有利于申诉方的裁决，在争端双方都没有提出某一证据的情况下，专家组不得利用专家提出的证据作为判断被诉方是否违反协议的依据。[2]

(三) 专家组报告的发布与通过

最终的专家组报告将首先发送给争端当事方，专家组的裁决和建议本身并不自动具有法律上的拘束力，只有经 DSB 通过后才会产生法律效力。专家组报告将被翻译为三种 WTO 工作语言，随后散发全体 WTO 成员传阅，并发布于 WTO 网站。DSU 第 16 条第 4 款规定专家组报告散发至各成员方之日起

---

[1] 例如 US-Carbon Steel 案 (DS213)，Korea-Certain Paper 案 (DS321) 和 EC-Approval and Marketing of Biotech Products 案 (DS291，DS292，DS293)。

[2] 参见韩立余：《世界贸易组织法》(第 3 版)，中国人民大学出版社 2014 年版，第 46 页。

60 日内，应当在 DSB 会议上通过，但以下情况除外：①争端一方正式通知 DSB 其上诉的决定；②DSB 经协商一致决定不通过该报告。当 DSB 讨论专家组报告时，争端方以及其他 WTO 成员均有权利对报告提出建议，其观点应被完整纳入 DSB 会议记录中。如果争端方决定对专家组报告进行上诉，则 DSB 在上诉审议程序结束前不对报告加以讨论，上诉程序结束后上诉机构报告将与 DSB 报告一同提交至 DSB 进行讨论。

二、上诉程序

争端当事双方都可以对专家组报告提出上诉，上诉仅针对法律问题和专家组的法律解释。在截至目前的 WTO 争端解决实践中，约有 68%的案件都会进入上诉审议程序。[1]与较为灵活的专家组程序不同，DSU 授权制定的《上诉审查工作程序》对上诉审议作出了详细规定。当出现《上诉审查工作程序》未规定的事项时，上诉机构应当根据上诉之目的采纳适当的程序。自争端方提出上诉决定之日起 60 日内，上诉机构应当发布报告，如果未能发布报告，上诉机构应当以书面形式通知 DSB 延迟原因，最长的上诉审议期限不得超过 90 日。

（一）上诉程序的启动

争端方将其上诉的决定书面形式通知 DSB，并向上诉机构提交一份上诉通知书即可启动上诉程序，而不需要经过 DSB 的批准。上诉通知书必须对其认为有误的专家组裁定或法律解释进行充分阐述。上诉通知书应当包含以下内容：①提起上诉的专家组报告名称；②提交上诉通知书的争端方名称；③争端方送达地址、电话和传真号码；④上诉性质的简要说明。上诉通知书限定了上诉机构在具体案件中的审查范围，没有包含在上诉通知书中的问题或没有适当地提交至上诉机构，则不属于上诉审查的范围。上诉程序开始后，负责审理具体案件的上诉组会在《上诉审查工作程序》的指导下起草工作时间表，在上诉被提出后的 1 日至 2 日内传达给争端方。若该争端的其他当事方决定进行"交叉上诉"，则需要在第一份上诉通知书提交后的 5 日内提交一份"其他上诉通知书"。

---

〔1〕 参见 https://www.wto.org/english/tratop_e/dispu_e/stats_e.htm，最后访问日期：2023 年 2 月 15 日。

（二）上诉审议

上诉方必须在提交上诉通知的同一日提交一份书面陈词,这份书面陈词应精确地陈述上诉理由,阐明专家组报告中的法律错误以及支持其主张的法律观点。在"交叉上诉"中,提交"其他上诉通知书"的争端方也需要提交一份上诉陈词。在上诉通知书提交后18日内,希望对专家组法律错误指控进行回应的当事方可以提交一份被上诉陈词,在其中准确阐明反驳依据。

根据《上诉审查工作程序》,上诉小组须在提交上诉通知后30日至45日内举行听证会,通过口头听证为争端方提供一个陈述和辩论的机会,从而对上诉审查的相关问题进行澄清。在听证过程中首先由当事方进行陈述,随后由上诉组成员针对所涉事宜进行提问,争端方进行作答。第三方可以参与听证环节并提出相关问题。在上诉机构审理实践中,听证会通常在2日至3日内完成,在个别复杂案件中,听证会曾持续8日至9日。

上诉小组根据当事方的陈词和举证对上诉审查的法律问题作出裁定,在其报告最终定稿之前,上诉组会就所涉及的问题与其他上诉机构成员进行意见交换,这体现了《上诉审查工作程序》中的上诉机构"共治原则"。交换意见后,上诉小组将继续讨论并起草上诉机构报告。

（三）上诉机构报告的通过

上诉机构报告定稿后,上诉组成员进行签字,随后报告会被翻译为WTO的三种工作语言,以公开形式提交所有WTO成员方传阅。上诉报告发布30日内,DSB通过上诉机构报告和被上诉机构报告所维持、修改或推翻的专家组报告,除非DSB形成一致不同意报告通过的合意。WTO成员方可以对上诉机构报告表达意见,成员方的观点将被记载于DSB会议之中。上诉机构报告通过后将对成员方产生法律约束作用。

四、裁决执行程序

由于缺少凌驾于主权国家之上的机构,裁决执行一直是国际法领域的突出问题。成员方执行WTO争端解决裁决是保证WTO有效运转的基础,DSU设置的执行程序加强了WTO规则的约束力。若专家组或上诉机构作出的裁决认为被诉争端方的行为和措施与WTO相关协定不符,则WTO争端解决机制进入最后的实施和执行环节。在专家组或上诉机构报告通过30日内,成员方必须将其实施裁决的意图通知 DSB。

在专家组或上诉机构报告通过后，被裁定违反《WTO 协定》义务的当事方应迅速地履行 DSB 的裁决或建议。在报告通过后 30 日举行的 DSB 会议上，争端方通报其履行裁决的意向，若立即履行裁决并不可行，则应当确定合理的履行期限，该期限应当为 DSB 许可的期限。若履行期限未经 DSB 许可，则争端方应在报告通过后的 45 日内就履行期限达成一致同意。若双方没有达成一致意见，则在报告通过后的 90 日内经由约束力的仲裁来决定执行期限的，这一期限最多不超过报告通过后的 15 个月。DSB 将在执行期限内对建议或裁决的执行进行监督，涉事成员需要向 DSB 提交执行的现状报告。根据 DSU 第 21 条的规定，如果争端方对于是否存在执行建议和裁决措施或执行建议和裁决的措施是否满足相关协议要求有分歧，该争端应诉诸争端解决程序，包括可能时求助原来的专家组。这种执行异议程序区别与原来的专家组程序。

如果争端当事方没有在合理期限内正确地执行 DSB 裁决或建议，若申诉方要求，则被诉方与申诉方通过谈判对补偿达成一致。如果自合理执行期限届满 20 日内未能达成补偿方案，则申诉方可以向 DSB 请求报复的授权。

第五节　世界贸易组织争端解决机制中的救济方式

根据联合国国际法委员会《国家对国际不法行为的责任条款草案》（Responsibility of States for International Wrongful Acts），受害国可以要求的救济方式包括：①恢复原状；②补偿；③抵偿；④不重犯的承诺和保证。DSU 对于"违法之诉"和"非违法之诉"进行了明确的区分。对于前者，DSU 设立了详细的救济措施以最终实现违反义务方确保其措施与 WTO 规则相符的要求，而对于后者，DSU 的要求则较为宽和。[1]关于"违法之诉"，在 WTO 争端解决规则下 DSU 规定了三种因违反《WTO 协定》下义务而使成员方利益受损时可采取的救济方式，包括撤销或修改与 WTO 规则不符的措施，补偿和报复，其中第一种是 WTO 规则下最终的救济方式，第二种和第三种则是临时性救济方式。

---

[1] John·H. Jackson, *Sovereignty, the WTO and Changing Fundamentals of International Law*, Cambridge University Press, 2006, p.196.

一、撤销或修改与 WTO 规则不符的措施

DSU 第 3 条第 7 款规定如果不能达成双方同意的解决方案，则争端解决机制的首要目标通常是保证成员方撤销被认为与协定规定不一致的相关措施。这是 WTO 法律体系下追求的最终救济目标。在 WTO 案件审理过程中，如果专家组认定争议措施与《WTO 协定》不符，则专家组应建议相关争端方修改该措施。被裁定违反 WTO 义务的成员则应迅速或立即地执行 DSB 的建议或裁决，对相关措施进行修改或撤销，这是 WTO 有效运作的基础，也是 WTO 成员方的一项主要义务。在具体案件中，被裁定违规的成员方会得到一个合理的裁决执行期限，在一些案件中这一期限可以通过争端方的一致同意而确定，根据 DSB 的实际运作经验来看，这一期限可以在 6 个月至 15 个月。

二、补偿

虽然 DSU 要求违反义务的成员自动执行裁定关于撤销或修改与协定不符措施的要求，但如果涉事成员在合理执行期限届满后仍未履行其义务，WTO 争端解决机制为保护成员方利益，规定了临时救济的方法。补偿通常是违规一方对争端中的申诉方有出口利益的特定产品给予临时性的额外市场准入减让。DSU 第 22 条所规定的补偿是自愿的，申诉方可以接受或拒绝接受。而且这种补偿仅仅针对申诉方未来会受到的损害，是一种后溯的救济方式。补偿的执行需要与《WTO 协定》的规则相符，通常需要建立在最惠国待遇基础上。在 WTO 争端解决实践中，这种救济方式较为鲜见。

三、报复

报复这种救济手段通常是 WTO 争端解决中的最后手段，根据 DSU 第 3 条第 7 款的规定，当合理执行期限结束后，争端方未能就补偿达成一致，此时申诉方可以要求 DSB 授权通过对违反 WTO 义务的成员中止减让或其他义务的方式进行报复。由于 DSB 反向协商一致的决策方式，通常申诉方对报复的授权请求相当于是自动获准的。DSU 第 22 条第 3 款规定：①申诉方应首先寻求中止对相同部门的减让或其他义务；②若这并非可行或有效，申诉方可以寻求相同协定中不同部门减让或其他义务的中止；③如果这也并非可行或有效，申诉方可以寻求在其他协定下的中止减让或其他义务。跨部门或跨协定的报

复也被称为"交叉报复",在实践中这种报复形式较少得到授权。报复这种救济方式意在敦促违规成员方履行其法律义务,其不得被解释为惩罚性措施,DSB 只能授权与 WTO 规则不符措施导致的利益减损程度相符的报复措施。需要注意的是,报复措施本身的性质是破坏贸易的,申诉方所施加这些措施对自身也可能产生不利影响,尤其是对于发展中国家成员而言,施加报复措施通常并非一个真正的选项。[1]

第六节 世界贸易组织争端解决机制的危机与应对

一、单边主义对 WTO 上诉机构造成严重冲击

当今世界正经历百年未有之大变局,经济全球化促进了商品、生产要素和服务在全球各国和各地区的自由流动,WTO 多边机制下贸易壁垒不断减少。但近年来,国际经贸投资活动势头放缓,民粹主义思潮滋生,全球化进入调整、转型和利益再平衡阶段。在此背景下,贸易保护主义、单边主义持续抬头,国际经贸格局进入动荡调整期。作为国际经贸治理领域重要的公共产品,WTO 争端解决机制在其成立后的 20 余年间运行良好。但在美国单边主义的侵扰下,WTO 争端解决机制陷入了严重危机。

WTO 争端解决机制的危机肇始于 2016 年,美国提出反对任期即将届满的张胜和连任,列举上诉机构在若干案件中的做法可能存在问题,并指出该成员没有能够履行上诉机构成员的职责。在 2017 年特朗普政府上台后,在其他上诉机构成员任期陆续到期或出现空缺的情况下,美国以上诉机构存在一系列体制性问题为由拒绝上诉机构成员的遴选。由于 WTO 采取协商一致的决策机制,在美国的阻挠下,上诉机构无法正常选任机构新成员,2020 年 11 月,上诉机构最后一名成员赵宏女士任期届满,上诉机构陷入瘫痪状态。

美国在《2018 年贸易政策规划及 2017 年贸易协议年度报告》中对其认为的 WTO 上诉机构存在的问题发表了集中意见。首先,美国认为专家组和上诉机构存在增加或减少《WTO 协定》的权利义务的"越权裁判问题"问题,在案件审理过程中过度"遵循先例",并且上诉机构没有清晰地区分事实问题与

---

[1] [比]彼得·范德博思、单文华:《世界贸易组织法原理》(上),尚宽、贺艳译,法律出版社 2020 年版,第 221 页。

法律问题，对国内法进行了不合理审查。此外，美国指出上诉机构在裁决中违规发表附带意见，属于造法行为，超出了上诉机构的权限。其次，美国指出上诉机构在案件审理过程中存在超越审理期限以及上诉机构成员超期服役等程序性缺陷。在美国所提出的问题中，有些比较复杂，属于国内国际司法机制常见问题，应该通过更长时间的司法实践磨合。有些比较简单，属于实践中的程序问题，可以通过澄清和完善制度加以解决。[1]

二、多方临时上诉仲裁安排的建立

在上诉机构瘫痪的情况下，任何向上诉机构提起上诉的案件均将陷入搁置状态，这将难以实现 DSU 规定的快速解决贸易争端的目标，也将影响成员在 WTO 规则下的贸易利益。为应对这一困境，2020 年 4 月 30 日，中国、欧盟和其他 17 个世贸组织成员正式向世贸组织提交通知，共同建立《多方临时上诉仲裁安排》（Multi-Party Interim Appeal Arbitration Arrangement，MPIA），目前这一上诉仲裁机制已开始生效运行，2022 年 7 月 WTO 公布了"土耳其药品案"（Turkey-Pharmaceutical Products，DS583）上诉仲裁裁决，这是第一份 WTO 上诉仲裁裁决。在此安排下，上诉机构停摆期间参加方将按照 DSU 第 25 条的规定以及根据该条款商定的上诉仲裁程序规则，处理参加方之间提起上诉的争端案件。目前 MPIA 的参加方包括澳大利亚、巴西、加拿大、中国、智利、哥伦比亚、哥斯达黎加、欧盟、危地马拉、冰岛、墨西哥、新西兰、挪威、巴基斯坦、新加坡、瑞士、乌克兰、乌拉圭等 WTO 成员方。

（一）多方临时上诉仲裁安排的法律基础

建立上诉仲裁安排的法律依据是 DSU 第 25 条关于仲裁的规定，具体内容如下：

（1）WTO 中的迅速仲裁作为争端解决的一个替代手段，能够便利解决涉及有关双方已明确界定问题的争端。

（2）除 DSU 另有规定外，诉诸仲裁需经各方同意，各方应议定将遵循的程序。诉诸仲裁的一致意见应在仲裁程序开始之前尽早通知各成员。

（3）只有经已同意诉诸仲裁的各方同意，其他成员方可成为仲裁程序的

---

[1] 参见杨国华："WTO 上诉机构危机中的法律问题"，载《国际法学刊》2019 年第 1 期，第 72~84 页。

一方。诉讼方应同意遵守仲裁裁决。仲裁裁决应通知 DSB 和任何有关适用协定的理事会或委员会,任何成员均可在此类机构中提出与之相关的任何问题。

(4) DSU 第 21 条和第 22 条在细节上必要作修改后应适用于仲裁裁决。

仲裁作为多边贸易体系的争端解决方式在 GATT1947 时代就曾经存在过,但几乎鲜有实践。而乌拉圭回合谈判中 WTO 将仲裁机制囊括进 DSU 中,这成为挽救 WTO 争端解决机制的重要工具。MPIA 设立完全符合 DSU 的争端解决程序规则,参加成员按照 DSU 第 25 条第 2 款的要求,并根据 DSU 第 17 条关于上诉审理在程序性和实体性方面的规定,通过 MPIA 附件一《仲裁的议定程序》,将拟定的仲裁协议适用于所有参加方,为参加方之间特定案件的上诉审理制定了统一的仲裁程序;同时,通过附件二《仲裁员库的组成》,明确了上诉审理仲裁员选任和仲裁庭组成的规则。这样的安排使得争端解决机制保留了专家组审查和上诉审理两级裁决,即两审终审制。设立常设上诉机构恰恰是 WTO 争端解决机制区别于 GATT 体制下争端解决框架的一个重要特征。所以,这项智慧性安排维护了 WTO 争端解决机制的权威性和稳定性。

(二) 多方临时上诉仲裁安排的特点

首先,MPIA 是临时性应急措施,而非取代 WTO 上诉机构的制度设计,它是为了应对争端解决机制上诉机构停摆而采取的临时替代方案。在上诉机构停摆期间,参加这个安排的所有成员同意通过该临时上诉仲裁安排审理他们之间的上诉案件。同时,所有参加方承诺,仍将致力于上诉机构的不断改进,推动尽早恢复上诉机构的正常运行。既然是临时性安排就会有不确定性,今后发生一些调整和变化也是不可避免的。

其次,MPIA 在法律性质上属于诸边协议,不同于 WTO 一揽子协定下的多边公约,其只对参加方成员产生法律效力。如果一个争端案件发生在参加方成员和非参加方成员之间,该上诉仲裁安排不能适用于它们之间的上诉案件。参加方成员将在上诉仲裁安排框架下,解决它们相互之间的上诉案件争端,包括裁决执行争端,以及上诉仲裁安排生效之日未决的争端。这个安排是开放性的,以后有意愿加入的成员仍可以加入这一诸边安排。

最后,MPIA 设立了新的程序规则。虽然这个安排仍是在 DSU 框架下,有些程序基本参照 DSU 的相关规定,但鉴于其产生背景,MPIA 设置了一些新的程序规则。例如，提出上诉的起算日期和截止日期；提交上诉通知是向WTO秘书处而不是争端解决机构秘书处；上诉审理的裁决期限为90日，按照仲裁员的建议，当事方可同意延长该期限；上诉审理裁决无须争端解决机构通过，而是通报争端解决机制和任何相关协定的理事会或委员会；在不影响MPIA文件所述原则的情况下，争端案件的当事方可一致同意偏离上诉仲裁协议中规定的程序。这些新的程序规则总体目的是提高上诉审理的效率，并考虑了仲裁当事人的意愿，可以理解为在一定程度上回应了包括美国在内的一些WTO成员对争端解决机制程序性问题与缺陷的关切，这也将为未来上诉机构的改革提供一定的经验。

第七节 世界贸易组织争端解决机制评述

一、WTO争端解决机制的主要特点

（一）统一性

DSU明确规定对于任一协定下产生的争议适用一个单一的争端解决机制，也就是说WTO争端解决机制统一适用于WTO"一揽子"协定和规则，无论是货物贸易规则、服务贸易规则还是知识产权规则，都须根据DSU所创设的统一争端解决程序来处理争议。这也是WTO争端解决机制区别于GATT1947下争端解决制度的重要特征，在GATT时代每一个相关协定都有其自身的争端解决机制，且每个机制的管辖权都被限定在特定范围之内。当然，DSU也规定了一些特殊或附加程序规则，与普通程序一起构成了综合整体化的争端解决机制，充分保证了多边贸易体制的稳定性和可预见性。

（二）强制性

裁决能否得到遵守和执行是考查一个法律体系中争端解决机制是否有效的重要标准，在国际法领域，争端解决机制往往在强制性管辖权和强制执行等问题上有所缺乏，而WTO争端解决机制则克服了这一缺陷，取得了"历史性突破"。WTO"一揽子承诺"的条约签署方式、"反向一致"的裁决报告通过方式和授权报复的救济方式等规则增强了WTO争端解决机制从管辖权确立到裁决执行过程中的强制性。具体而言，根据DSU的规则，如果一个WTO成

员就另一成员的贸易措施提出磋商请求，另一成员必须在规定时间内作出答复并开启磋商。如果其不予答复或不进行磋商，抑或在磋商中没有达成一致性解决方案，则申诉方可进一步向 DSB 提出成立专家组的请求，进入由专家组和上诉机构对案件事实和法律适用进行裁判的环节。对于专家组或上诉机构的裁决报告，除非 DSB 成员一致反对，否则报告将通过并对争端方产生约束力。败诉一方需要在 DSU 规定的时限内执行裁定，取消违反《WTO 协定》的措施。若败诉方拒不执行，则 DSB 可以授权申诉方对其中止减让或承诺。

（三）司法性

与国际经贸领域的仲裁或调解等争端解决模式相比较，以 DSU 规则为基础的 WTO 争端解决机制具有典型的司法性特征。考查 WTO 争端解决机制成立以来的实践，可以清晰看到它的成功因素所在：强制管辖权、明确的争端解决程序、严格而迅速的审理时限、集事实调查与裁判于一身的工作小组、可以就法律问题提出上诉、有效的履行保障措施等。这些特征不仅是司法化的重要表现，更是一个高度司法化争端解决机构不可或缺的条件。这与 GATT 1947 框架下成员方以实力来解决争议的方式截然不同。当然，在 WTO 争端解决规则中还存在一些非司法因素的影响，例如前置的磋商程序以及专家组和上诉机构报告并非一经作出即产生约束力等，但这并不能否定 WTO 争端解决机制总体上呈现出的司法特征。

二、中国参与 WTO 争端解决的概况

中国自 2001 年加入 WTO 以来，利用争端解决机制起诉、应诉并作为第三方参与案件，根据 WTO 实体和程序规则捍卫了自身的合法权益。中国加入 WTO 之初，经历了诸多困难和磨砺，通过对于 WTO 规则的探索和学习不断融入多边贸易体制。特别是对于 DSU 之下的争端解决规则逐渐掌握，诉讼经验迅速积累，在 20 年间从一个初学者转变为重要参与者，理性务实地处理各类案件，积极运用争端解决机制。中国认真遵守 WTO 规则，善意履行《WTO 协定》下义务，增强了在 WTO 争端解决机制中的话语权，同时积极维护和支持多边贸易体制的权威性。截至 2023 年初，中国作为申诉方参与的 WTO 案件数量共 23 件，作为被诉方参与的 WTO 案件数量共 49 件，作为第三方参与

的案件数量为192件。[1]特别是近十年来，中方在WTO争端解决机制下起诉和应诉的次数基本均位于WTO成员方的前十位，仅次于美国和欧盟等成员。[2]

入世以来，中国在外贸领域取得的成就举世瞩目，但与各贸易伙伴的贸易摩擦也在不断增多，因此中国作为当事方参与的案件也在不断增加，占WTO争端解决案件的比例不断攀升。在加入WTO初期，中国在WTO争端解决机制下的被诉案件数量较多，但随着中国参与争端解决的经验日益丰富，中国在WTO案件中逐渐呈现出攻防并举、进退有据的趋势。例如，2011年中国在中国诉美国反倾销反补贴案（DS379）、中国诉欧盟紧固件反倾销措施案（DS397）和中国诉欧盟皮鞋反倾销案（DS405）中获得全面胜诉。在2012年左右，涉及中国的WTO案件集中爆发，中国作为申诉方提起案件3起，作为被诉方案件高达5起，是中美和中欧在WTO争端解决机制下互动频繁的一年。自2013年起，中国则更加善于利用WTO实体和程序规则维护自身权益，针对美国、欧盟和加拿大等其他成员损害我国在《WTO协定》下利益的贸易措施提起诉讼，例如在2013年中国打包向WTO起诉美国商务部针对中国13类产品采取的反倾销措施，其中涉及目标倾销、单一税率推定、不利可获得事实推定等复杂的法律问题，涉案贸易额高达84亿美元。自2018年来，特朗普政府下美国单边主义和贸易保护主义盛行，肆意违反WTO规则，中国充分运用WTO争端解决机制进行反击。通过一个个WTO具体案件，中国认真对待自身《WTO协定》下的权利与义务，是多边贸易体制的坚定维护者。

（一）WTO争端解决对中国的作用与影响

1. 维护国家在《WTO协定》下的经贸利益

部分西方国家对中国产业政策和经济管理政策持有严重偏见，中国企业在贸易救济等领域曾长期遭受歧视性待遇，这些国家对中国企业采取不符合WTO规则的贸易救济措施，对中国出口商品征收高额的反倾销和反补贴税，给中国的正常经贸交往带来了严重影响。在加入WTO后，中国积极利用WTO争端解决机制，针对其他成员方持续性违规做法开展"打包诉讼"，积极维护

---

[1] 参见 https://www.wto.org/english/thewto_e/countries_e/china_e.htm，最后访问日期：2023年2月12日。

[2] 参见李咏箑主编：《支持和践行多边主义——中国参与WTO争端解决法律实践（2011—2020）》，商务印书馆2021年版，第7页。

自身的经贸利益，为系统性解决其他成员方违规做法奠定了坚实基础。

例如，在2012年至2013年间，中方在贸易救济领域将美国商务部17项反补贴措施（DS437案）、美国关税法修正案和20余项反倾销反补贴措施（DS447案）和美国13项反倾销措施中的违规做法（DS471案）诉至WTO，对于美国长期在反补贴措施下对公共机构和专向性的认定不合理问题、"双反"措施中的双重救济，目标倾销的"归零法"等问题进行了有力反击，中方的核心观点受到了WTO专家组和上诉机构的支持。在美方不愿执行WTO裁定的情况下，中方利用WTO争端解决机制下的授权报复程序维护了自身在协定下的合法利益。在中国诉欧盟紧固件反倾销案（DS397）中，经过专家组和上诉机构历时六年的审理，欧盟修改了其反倾销立法，删除了将中国企业视为"单一实体"并征收单一反倾销税的违规做法，并彻底取消了对中国紧固件产品的反倾销措施。在中国诉欧盟禽肉关税配额案（DS492案）中，经过磋商和专家组程序，欧盟最终对中国开放新的禽肉关税配额，为中国相关企业打开了欧盟禽肉市场。利用WTO争端解决机制，中国为业界争取到了实实在在的利益，为相关企业和产业发展带来了积极的效果。

2. 推动改革开放、法治建设和政策完善

在充分利用WTO争端解决机制维护自身合法利益的同时，中国参与的WTO争端解决案件，特别是一些被诉案件，也成了推动中国内部改革和发展的重要契机。首先，在中国参与WTO争端解决的过程中，通过与其他国家在DSU程序下的磋商与博弈，中国根据自己在《WTO协定》下的义务进一步开放国内市场，促进了中外企业的竞争与交流，便利了国民与国内消费者。在美国诉中国电子支付案（DS413案）中，虽然中方在跨境交付问题上取得了胜利，但通过这一案件，中国需要在电子支付领域根据GATS承诺表给予外国金融机构商业存在模式下的市场准入和国民待遇。为配合裁决的执行，有序推进信用卡清算市场的开放，国务院发布了《关于实施信用卡清算机构准入管理的决定》，其他相关部门也陆续出台了该领域的具体管理规则，从而保障在市场开放的同时防范金融市场风险。其次，为履行在《WTO协定》下的义务，中国遵照WTO规则和所作的承诺，系统全面地清理了经济领域的法律、行政法规和部门规章。在中国参与WTO争端解决的过程中，中国国内的法律体系也日趋完善，例如在知识产权领域的美国诉中国影响知识产权保护和实施措施案（DS362案）中，中国根据DSB裁决修改了《著作权法》，此后中国在知识产权领域的立法、执法和司法均取得巨大进步，内容之丰富、规则之先进以及知识产权保护力度的加大，令世人瞩目。[1]再次，在参与和运用WTO争端解决机制的过程中，中国的对外贸易管理政策不断调整完善，行政管理体制改革，按照发展市场经济的内在要求，进一步转变政府职能，实现政企分开，同时运用争端解决机制为对外贸易管理争取更多的政策空间。例如，在中国参与的WTO案件中，中国国有企业的性质成了中国与西方国家争议的焦点，其他WTO成员将中国国有企业认定为公共机构的做法将对补贴问题产生负面影响，在中国积极抗辩的同时，相关案件对于中国自身的国有企业改革也带来了许多重要启示。最后，中国参与WTO争端解决的实践经验也推动了WTO法律规则研究和法治人才培养的繁荣发展。

3. 回击单边主义和保护主义

近年来，特朗普政府下美国的对外经贸政策发生转变，单边主义和贸易保护主义横行，以WTO为核心的多边贸易体制遭到了严重挑战。2018年，美国根据其《1974年对外贸易法》中的"301条款"对中国的技术转让、知识产权、创新的立法、政策和做法进行调查，并认定中国的措施不合理、具有歧视性并且给美国商业造成负担或者限制，随后通过单边制裁措施对来自中国的价值500亿美元产品加征25%关税。早在1998年的DS152案中，欧共体就曾对美国301调查的单边行为合规性进行了质疑，WTO专家组要求美国遵守DSU第23条的要求，不得在未获得WTO授权的情况下对其他成员方进行单边制裁。而美国无视WTO关于最惠国待遇和关税约束等基石性规则，对多边贸易体制造成了严重危害。面对这一情形，中国积极利用WTO争端解决机制提起了中国诉美国"301条款"关税措施案（DS543），专家组最终裁定美国对华采取的"301条款"关税措施违反了GATT 1994第1条第1款、第2条第1款（a）项和（b）项，要求美国取消其违规措施。中方运用WTO争端解决机制，实现了既定的诉讼目标，从法律途径对美国的单边主义和贸易保护主义进行了有力回击。

（二）中国对WTO争端解决机制的贡献

在加入WTO的20余年间，中国逐渐成长为WTO争端解决机制的主要运

---

[1] 刘敬东："加入WTO，中国法治建设的重要推动力"，载《民主与法制周刊》2021年第45期，第31~33页。

用者，大量争端解决案件已充分展现了中国对 WTO 规则的尊重，对协定下承诺的认真践行和对多边贸易体制的高度维护。随着中国对 WTO 争端解决机制参与的日益深入，在保护自身经贸利益的同时，中国也展现出了大国担当，为 WTO 争端解决机制应对危机作出了贡献。

中国作为 WTO 重要成员，积极向 DSB 专家库和上诉机构推荐专业人选，为 WTO 争端解决机制提供了来自中国的思考维度和方案方法，贡献了中国智慧。[1]自 2004 年起，中国多次向 WTO 推荐专家，目前共有 18 名中国专家被列入世贸组织专家指示性名单。2007 年，张月姣女士成功当选并成为首位中国籍上诉机构成员，并于 2012 年成功连任，在其任职期间共参与审理上诉案件 40 件，并在 10 个案件中担任上诉庭主席。此后赵宏女士通过遴选成为上诉机构成员，在其任职期间，由于美国对上诉机构成员选任的阻挠，上诉机构最终陷入瘫痪状态，赵宏女士是 WTO 上诉机构停摆前最后一位成员。在 WTO 争端解决机制面临危机的情况下，为保证多边贸易体制的有效运转，中国同欧盟等成员立足现实，共同推进了《多方临时上诉仲裁安排》，来自清华大学的杨国华教授成功当选仲裁员。通过对《多方临时上诉仲裁安排》建设和运行的积极推进，中国和其他成员方一道，共同捍卫 WTO 争端解决机制的权威和效力，为国际经贸争端解决继续提供稳定性和可预测性。

---

[1] 参见李咏箑主编：《支持和践行多边主义——中国参与 WTO 争端解决法律实践（2011—2020）》，商务印书馆 2021 年版，第 27~28 页。

第七章

投资国际争端解决机制

第一节　投资国际争端解决机制概述

一、概念

国际投资是投资主体将其资本或资产投入在跨国流动中进行的以营利为目的经济行为,既包括投于国外的企业并对该企业的管理和经营进行控制的直接投资,也包括通过金融与投资工具展开的间接投资。[1]随着国际经济交往内容的不断丰富,各国投资活动频繁,投资争端数量也逐渐增长。在国际投资活动中产生的与投资行为密切相关的各种争议、纠纷,统称为国际投资争端。[2]从主体上看,国际投资争端有广义和狭义之分。广义的国际投资争端包括任何涉及两个或两个以上国籍的私人投资者(自然人或法人)或外国政府、外国公司机构之间因国际直接投资或国际间接投资关系而引起的投资争端,而狭义的国际投资争端仅涉及因私人直接投资活动而引起的各种争端。[3]其中,国际投资争端的案件主要是以外国私人投资者(自然人或法人)与东道国(政府、法人或自然人)之间发生的因直接投资问题引起的争端。

---

〔1〕 何盛明:《财经大辞典》,中国财政经济出版社1990年版。

〔2〕 郑雨霆:"国际投资争端解决机制与WTO争端解决机制的比较研究——以仲裁为出发点",载《法制博览(中旬刊)》2013年第3期,第103页。

〔3〕 史晓丽、祁欢:《国际投资法》,中国政法大学出版社2009年版,第244页。

根据联合国贸易和发展会议（United Nations Conference on Trade and Development，UNCTAD）数据统计，基于国际投资协定的国际投资争端案件呈快速增长态势。[1]截至2022年7月31日，已知投资争端案件达1229起，由于一些仲裁案件完全保密性，实际提交的争议数量可能会更高。仅2022年前7个月，已知投资者根据国际投资协定提起了至少23起投资者-国家间争端解决案件。[2]国际投资争端解决中心（ICSID），作为最重要的投资争端解决机构，截至2018年底共受理706起投资争议，仅2022年共登记40起新的争议案件。[3]随着国际投资争端数量的不断上升，妥善处理好这些争端是维护国际投资市场的重要保障。国际投资争端解决机制的运作及效果愈发成为国际投资活动各个参与方关注的重点。国际投资争端解决机制的完善，对维护世界经济发展与稳定有着极为重要的现实意义。

现行主要的国际投资争端解决机制有基于《关于解决国家和他国国民之间投资争端公约》（《ICSID公约》，也称《华盛顿公约》）建立的专门解决外国投资者与东道国政府之间投资争端的国际性仲裁机构ICSID，在GATT基础上建立与发展的WTO争端解决机制，[4]被普遍认为具有巨大影响力的区域性条约《北美自由贸易协定》的基础上更新的《美国-墨西哥-加拿大协定》的争端解决机制，以及尚未实现的《多边投资协定》（Multilateral Agreement on Investment，MAI），均为国际投资争端提供了解决途径。目前，主要的国际投资争端解决方式有协商、调解、东道国当地救济（行政或司法救济）、外国法院诉讼、国际投资仲裁等。[5]其中，仲裁是解决外国私人投资者与国家之间关于国际投资关系所引起的争端最主要的方式，也是大多数国际投资争端解决机制所提供的重要工具。

---

[1] 连俊雅："国际投资争端解决机制改革中的调解及中国因应"，载《北方法学》2022年第3期，第121页。

[2] UNCTAD, Investment Policy Hub, available at https://investmentpolicy.unctad.org/pages/1057/isds-navigator-about-and-methodology, last visited on May 31, 2023.

[3] 陶立锋："投资者与国家争端解决机制的变革发展及中国的选择"，载《当代法学》2019年第6期，第37页；ICSID, 2022 Year in Review, available at https://icsid.worldbank.org/2022-year-review, last visited on May 31, 2023.

[4] 本章WTO投资争端解决机制只针对投资部分展开讨论，涉及WTO争端解决机制的具体内容可参见第六章。

[5] 陶立锋："投资者与国家争端解决机制的变革发展及中国的选择"，载《当代法学》2019年第6期，第38页。

二、历史发展

早在二战后，随着世界经济逐渐开始复苏，国际投资活动愈发活跃，国际投资争端日益增多，建立在 GATT1947 第 22 条"协商"和第 23 条"利益的丧失与损害"基础上的 WTO 争端解决机制，是最早的解决国家与国家之间投资争端的法律机制。在 GATT 第九届大会后，形成了以专家组解决成员方之间的争端解决机制。随着国际经济交往日渐繁杂，为更好完善 WTO 争端解决机制，在 20 世纪 80 年代至 90 年代，以条文的形式将一系列为解决争端过程中所形成的程序、规则与惯例确定下来。例如，东京回合贸易谈判于 1979 年 11 月 28 日通过了《关于通知、磋商、争端解决与监督的谅解》，并于 1982 年 11 月 29 日对该规定进行了补充；1984 年 11 月 30 日通过了《就争端解决程序采取行动的决议》；1989 年 4 月通过了《关税及贸易总协定争端解决处理的规定及手续的改善》等。影响范围最为广泛的 WTO 争端解决机制自此确立下来。

由于 WTO 争端解决机制不适用于国际私人直接投资争端，为调整和处理外国私人投资者与东道国间的投资争端，国际复兴开发银行于 1962 年起草了《关于解决国家和他国国民之间投资争端公约（草案）》，并在 1965 年通过了正式版本（即《ICSID 公约》）。该公约于 1966 年 10 月 14 日正式生效，现有 159 个成员。国际投资争端解决中心（ICSID）是根据该《ICSID 公约》成立的第一个专门解决国家和他国投资争议的国际组织。

与此同时，为更好调整国际投资法律关系、规范国际投资行为、进一步促进国际资本的自由流动、公正解决国际投资争端，国际社会试图制定一个全面、统一的国际投资法典。在 20 世纪 60 年代，经济合作与发展组织（Organization for Economic Co-operation and Development，OECD）就致力于起草相关法典。经过多年的艰难谈判，OECD 部长级会议于 1995 年 5 月 26 日首先在各成员之间就 MAI 展开磋商，组建了"多边投资协定磋商小组"，专门负责研究和起草 MAI 草案。但因各谈判方之间存在诸多分歧，谈判于 1998 年 12 月终止，OECD 未能成功促成 MAI 草案生效。即便如此，MAI 草案因其涵盖内容全面，具有一定的先进性，对投资国际争端解决机制的发展与完善具有一定的借鉴意义。

除了以上关于投资争端解决机制的国际措施外，20 世纪 80 年代以来，在双边与多边投资活动迅猛发展的背景下，国与国之间逐渐开展双边协定乃至多边条约的谈判与缔结，在此阶段签订的数量大幅增加。其中，最具影响力的是美国、加拿大与墨西哥于1994年1月共同签订的《北美自由贸易协定》（North American Free Trade Agreement，NAFTA）。该协定旨在促进彼此之间的贸易与投资自由化、解决投资争端、更好推动三国之间的经济发展与交流。虽然NAFTA协定只适用于美、加、墨三国，但对之后的双边乃至多边投资协定的缔结产生了深刻影响。NAFTA建立的国际投资争端解决机制对于保护投资者的个体利益发挥了重要作用。2018年12月，《美国-墨西哥-加拿大协定》（The United States-Mexico-Canada Agreement，USMCA）取代了NAFTA。

第二节　投资国际争端解决机制的管辖权

一、ICSID争端解决机制

关于ICSID对外国投资者与东道国政府间投资争端案件的管辖权，《ICSID公约》第二章作出了明确规定。ICSID的管辖适用于缔约国（或缔约国向ICSID指定的该国的任何组成部分或机构）和另一缔约方国民之间直接因投资而产生并经双方书面同意提交给ICSID的任何法律争端。[1]具体来说，《ICSID公约》的缔约国和《ICSID公约》的其他缔约国的国民有权将其争端提交给ICSID解决，且争端一方必须在其争端被提交至ICSID时就已正式加入该公约。除缔约国外，其组成部分或机构在经该缔约国批准后，可被指派为启动或参与调解或仲裁的机构。[2]若投资者想要将其争议提交ICSID，必须确保对方的同意经过了缔约国的批准，或该缔约方明确通知ICSID不需要取得它的授权或批准。[3]作为争端另一方的主体必须是具有作为争端一方的国家以外的《ICSID公约》某一缔约国国籍的任何自然人和法人。[4]若作为争端一方缔约国国籍的法人受外国控制，双方同意为了本公约的目的应被看作是另

---

[1]　《ICSID公约》第25条第1款。
[2]　《ICSID公约》第25条第3款。
[3]　刘华："通过ICSID解决中非之间投资争端的研究"，载《政法论坛》2013年第2期，第173~179页。
[4]　《ICSID公约》第25条第2款。

一缔约国国民,也可被 ICSID 管辖。[1]

根据《ICSID 公约》的规定,ICSID 管辖的争端必须是直接因投资引起的法律争端,而法律之外的纯经济利益所产生的争端则不在 ICSID 管辖范围内。[2]《ICSID 公约》未对"投资"给出明确的定义,此种设计在实践中有利于对此作出扩大性解释,以此扩大公约的适用范围与 ICSID 的管辖权。《ICSID 公约》要求争端双方必须以书面方式同意将争端提交至 ICSID 管辖。此种同意包括缔约国将由 ICSID 管辖纳入其国内法的规定中,或在与他国签订的双边条约中表示,或在加入《ICSID 公约》时表示,或缔约国与另一缔约国国民在签订投资协议时选择 ICSID 管辖的适用条款。一旦争端双方同意根据《ICSID 公约》交付仲裁,则意味着双方同意排除任何其他救济方法,另有规定的情况除外。[3]这种管辖权的排他性规定使得 ICSID 管辖权独立于各缔约国国内法律。不过,公约也赋予东道国给外国投资者设定义务的权利,即,缔约国也可要求以用尽该国行政或司法救济作为其同意依据公约交付仲裁的前提条件。[4]在这种情况下,外国投资者应当先争取当地救济,未果后方可将其争端提交 ICSID。《ICSID 公约》还规定,若公约某一方缔约国的国民与另一缔约国同意将其争端交由 ICSID 管辖,则投资者母国不得为其国民给予外交保护或提出国际要求。[5]这种将政治方式排除出投资争端解决途径的原则性规定,是为了避免投资者母国介入私人投资者与东道国之间的争议中,避免引起投资者母国与东道国之间更为严重的冲突。需要注意的是,关于外交保护的规定并不包括纯粹为了促进争端的解决而进行的非正式的外交上的交往。[6]

二、WTO 投资争端解决机制

除了 ICSID 争端解决机制外,WTO 争端解决机制为协调处理各成员间的投资争端提供了解决平台。虽然建立 WTO 争端解决机制的初衷是为了解决各成员间的贸易争端,其中既包括了货物贸易、服务贸易以及知识产权相关的

---

[1] 《ICSID 公约》第 25 条第 2 款。
[2] 《ICSID 公约》第 25 条第 1 款。
[3] 《ICSID 公约》第 26 条。
[4] 《ICSID 公约》第 26 条。
[5] 《ICSID 公约》第 27 条第 1 款。
[6] 《ICSID 公约》第 27 条第 2 款。

贸易，也涵盖了一定范围内的成员国间因投资产生的争端。

《关于争端解决规则与程序的谅解》（The Dispute Settlement Understanding of the Rules and Procedures, DSU）是 WTO 争端解决机制的主要法律渊源，为解决 WTO 体制下的投资争端提供了重要的法律依据。根据 DSU 第 1 条的规定，WTO 争端解决机制的适用范围包括各成员间有关其在《WTO 协定》和 DSU 规定下的关于权利义务的磋商和争端解决，也包括适用《WTO 协定》的磋商和争端解决规定所提出的争端。[1]此外，当争端解决机制与其他适用协定发生冲突时，应当按照具体协议的规定优先适用，采取特殊优先的原则。[2]

从 DSU 的规定来看，WTO 争端解决机制具有一定的强制性。只要申诉一方将争端提交至争端解决机构（Dispute Settlement Body, DSB），被申诉一方就自动被纳入 WTO 争端解决机制的管辖，无论其是否同意。而 DSB 基于该争端案件作出的裁定和建议对争端各方均产生约束力。

三、MAI 投资争端解决机制

不同于 ICSID 争端解决机制解决的是外国投资者与东道国政府之间的投资争议，也不同于 WTO 争端解决机制解决的是各成员之间的争端，MAI 草案既提供了政府与政府之间的投资争端解决机制，又为外国投资者与东道国政府之间的投资争端提供了解决平台。从适用范围来看，MAI 草案为"投资"给出了明确的定义，将其界定为一种以资产为基础的、广义的、开放式的投资活动。这种宽泛的概念包含了各种形式的资产，比如间接投资、知识产权、特许协议、公共债务、不动产等，又涵盖了广大的投资者，如自然人、法人、其他依据缔约法规建立的实体，不论该主体是否以盈利为目的。[3]由此可见，MAI 草案扩大了争端解决机制的适用范围，旨在适用于各经济部门和各级政府，但这也是其遭到部分谈判方反对的因素之一。MAI 草案规定，通常情况下，缔约国签署 MAI 协定就视其无条件同意依据该协议提交争端解决机制。但是，MAI 协定允许缔约国对这种无条件的同意提出保留意见，即事先正式声明其是有条件地依据 MAI 协定提交争端解决，而此种条件是投资者通过书

---

[1] DSU 第 1 条第 1 款。
[2] DSU 第 1 条第 2 款。
[3] MAI Proposals and Propositions, An Analysis of the April 1998 text.

面形式表示其放弃其他争端解决程序对该争端的管辖，否则投资者可寻求多种途径解决其争端。

MAI 草案对于因不同原因引起的争端给出了不同的准据法的适用规定。如果该争端是因东道国违背其与投资者签订的合同义务而引起的，当事方均认可的法律规范应为首先适用的准据法；在缺乏法律规范可选择的情况下，如双方并未选定法律规范或所选定的法律规范并不存在，争端缔约国的法律应为可适用的准据法、双方协议的法律以及可适用的国际法规则。若该争端因缔约国违背 MAI 协定的义务所导致的，MAI 协定的相关规则应为可适用的准据法。若该争端因 MAI 协定的解释和适用问题而产生，则应适用关于条约的解释和适用相关的国际惯例。

四、USMCA 投资争端解决机制

USMCA 投资争端解决机制是在 NAFTA 投资争端解决机制基础上做出的最新实践，是对 NAFTA 内容的继承和完善。NAFTA 是第一个在自由贸易协定中全面纳入投资争端解决机制的协定，NAFTA 第 11 章对投资问题作出了专门规定。其中第 A 节规定适用于投资的实体规范，而第 B 节对缔约国与投资者之间的争端解决作出了规定。其中，第 1122 条规定各缔约国同意按照本协定所确定的程序向仲裁法庭提交请求。[1] 当缔约国违反其协定规定的义务时，投资者可选择有约束力的国际仲裁程序，只要该投资者以书面的形式递交仲裁申请，并放弃采用其他争端解决方式。这表明，投资争端发生后，各缔约国同意通过仲裁解决争端，无需投资者和缔约国在其具体的投资协议中事先明确仲裁条款或提前达成具体的仲裁协议，外国投资者可直接提起仲裁。NAFTA 并未建立一套系统的投资争端解决机制，而是借助其他投资争端解决的程序规则。如，投资者有权选择 ICSID 争端解决机制下的《国际解决投资争端中心仲裁规则》（Rules of Procedure for the Institution of Conciliation and Arbitration Proceedings, 以下简称《ICSID 仲裁规则》）、《ICSID 附加便利规则》与《UNCITRAL 仲裁规则》等其他争端解决规则解决其与该缔约国的纠纷。NAFTA 第 1116 条明确规定投资者在争端解决机制中的权利，仅受损害的投资者方能选择是否适用仲裁程序规则。该发起主体既能以投资者自身的名义申

---

[1] NAFTA 第 1122 条。

请仲裁，也可以由控制或拥有该投资者的位于东道国的企业的名义提请。[1]换言之，东道国政府不享有依据 NAFTA 而对投资者提起仲裁申请的权利主张。NAFTA 对投资者给予了更大的保护力度，只有投资者享有仲裁程序的发动权和仲裁程序规则的选择权。

NAFTA 第 1116 条规定受损的投资者可以直接将争议提交仲裁，而无须事前寻求传统的东道国当地救济或外交保护。这也意味着，NAFTA 争端解决机制未将用尽东道国当地救济作为提起仲裁的前提条件。而 NAFTA 第 1121 条指出，放弃或终止任何依照东道国国内法所进行的行政、司法救济或其争议解决程序，是投资者直接发起国际仲裁程序的前置条件。由此可见，不同于 ICSID 机制对用尽东道国救济的程序性要求，NAFTA 规定的投资者与东道国仲裁程序与东道国当地救济是相互排斥的。

虽然 USMCA 继承了 NAFTA 在投资争端解决机制方面的制度，但相较于 NAFTA，USMCA 的适用范围和适用程序更为狭窄。不同于 NAFTA 第 11 章第 B 节以专章的形式规定了外国投资者和东道国之间的投资争端解决规则，USMCA 删减了 NAFTA 该节的内容，并通过不同的附件协议来处理，分别由"遗留投资及正在进行的争端""墨西哥与美国的投资争端"及"墨西哥和美国与涵盖的政府合同相关的投资争端"三个独立附件所替代。[2]因加拿大退出 USMCA 投资争端解决机制，加拿大投资者与美国或墨西哥、以及美国或墨西哥投资者与加拿大之间的投资争端不能寻求 USMCA 投资争端解决机制予以解决。美国和墨西哥之间基于 USMCA 所引发的 "墨西哥与美国的投资争端"以及美国与墨西哥之间基于合同所引起的 "美国与墨西哥之间有关协定涵盖的政府合同之争议"可分别适用 USMCA 第 14 章附件 14-D 及 14-E。[3]加拿大投资者只有在符合附件 14-C 所规定的 "遗留投资及正在进行的争端"情形时方可适用该协定规则。除极少数情况外，东道国几乎所有违反 NAFTA 第 11 章 A 节义务的行为均可被投资者提起仲裁，而 USMCA 第 14 章附件 14-D 的规定仅适用于基于条约所引起的美国与墨西哥之间投资争端。只有当违反

---

〔1〕 史晓丽、祁欢：《国际投资法》，中国政法大学出版社 2009 年版，第 294 页。

〔2〕 United States-Mexico-Canada Agreement, Chapter 14, Annex 14-C: Legacy Investment Claims and Pending Claims; Annex 14-D: Mexico-United States Investment Disputes; Annex 14-E: Mexico-United States Investment Disputes Related to Covered Government Contracts.

〔3〕 USMCA 附件 14-D 第 2 条。

USMCA第14章国民待遇或最惠国待遇条款而引发的争端，或违反USMCA第14章"征收与补偿"条款的争端时，申请人方可提出仲裁。就仲裁规则的选择上，USMCA与NAFTA一样，规定争端投资者可以选择使用《ICSID公约》《ICSID附加便利规则》及《UNCITRAL仲裁规则》。但USMCA补充规定，经申请人和被申请人一致同意，可以适用其他任何仲裁机构或其他任何仲裁规则。[1]USMCA附件14-D第5款明确规定了提请仲裁的程序，采取的是国内途径优先的规定。投资者必须用尽东道国国内救济并得到最终裁决或启动国内救济超过30个月，方可提起投资争端解决的仲裁程序。申请人必须在知道或应当知道其权利遭受损害的四年内提出。不同于NAFTA申请时限的3年，实际上USMCA申请仲裁时限仅有18个月。[2]

第三节 投资国际争端解决机制的程序规范

一、ICSID投资争端解决机制

以《ICSID公约》为基础成立的ICSID争端解决机制建立了两个独立、平行的程序，分别是调解程序与仲裁程序。为了能有效地实施《ICSID公约》，ICSID制定了《ICSID仲裁规则》《ICSID附加便利规则》等。于2022年7月1日更新后的《ICSID仲裁规则》引入了新的调解和事实调查程序。

《ICSID公约》第三章对国家与他国国民投资争端解决的具体调解程序作出了专门规定。调解程序的启动是由希望将争端提交给ICSID调解的任何缔约国或缔约国的任何国民提出。提出交付调解程序的一方需就有关争端的事项、争端双方的身份以及双方同意依照交付ICSID调解程序规则等内容，以书面形式递交ICSID秘书处确定该争端是否属于ICSID管辖范围。对不属于ICSID管辖的案件，秘书长有权立即拒绝登记并及时通知争端双方。[3]对确属ICSID管辖范围的国际投资争端案件，秘书长须将该请求登记在册、告知双方，并立即组成调解委员会。[4]关于调解委员会的组成，该委员会可由经

---

[1] USMCA附件14-D第6条第1款。
[2] USMCA附件14-D第5条
[3] 《ICSID公约》第28条第3款。
[4] 《ICSID公约》第28条第3款、第29条第1款。

双方同意任命的独任调解员或者奇数的调解员组成。[1]若争端双方无法就调解员的人数和任命方法达成协议，该委员会应由三名调解员组成。每一方各任命调解员一名，第三名调解员由双方协议任命，并担任委员会主席。[2]自该争端案件在登记之日起的 90 日内或在双方可能同意的其他期限内，仍未组成委员会的，行政理事会主席可以经任何一方请求，并尽可能同双方磋商后，有权选定尚未任命的 1 名或者数名调解员。[3]除上述任命方法外，调解员也可以从调解员小组之外的人中任命。[4]关于调解程序，调解委员会有权决定其自身权限的享有。[5]一旦争端一方对该权限提出反对意见，认为该争端不属于 ICSID 管辖范围或因其他原因不属于委员会权限范围的，调解委员会都必须对该不同意见予以认真考虑，并决定能否将其作为先决问题处理，或与该争端的是非曲直一并处理。[6]除双方另有协议外，任何调解程序均应依照《ICSID 公约》第三章第三节调解程序、双方同意调解之日有效的调解规则进行。对于与该调解程序、调解规则或双方同意的任何规则未作规定的程序问题，应由调解委员会作出决定。[7]调解委员会的职责包括明确争端双方发生争议的问题，并尽可能推动双方达成一个均可接受的协议。[8]在调解程序进行的任何阶段中，调解委员会都可以向争端双方提出解决争议的条件。与此同时，争端双方也必须与调解委员会积极配合，认真考虑调解委员会提供的意见，协助调解委员会履行其职责。[9]若争端双方可就其争议达成一致协议的，调解委员会须起草一份报告，指明发生争端的问题并载明达成协议的内容。在调解程序进行的任何阶段，调解委员会若认为双方无法达成协议，则应立即终止调解程序，并起草一份报告说明争端已调解但双方未能达成一致意见。当争端一方未能出庭或参与调解程序时，委员会也应立即结束此项程

---

〔1〕《ICSID 公约》第 29 条第 2 款。
〔2〕《ICSID 公约》第 29 条第 2 款。
〔3〕《ICSID 公约》第 30 条。
〔4〕《ICSID 公约》第 31 条第 1 款。
〔5〕《ICSID 公约》第 32 条第 1 款。
〔6〕《ICSID 公约》第 32 条第 2 款。
〔7〕《ICSID 公约》第 33 条。
〔8〕《ICSID 公约》第 34 条第 1 款。
〔9〕《ICSID 公约》第 34 条第 1 款。

序，并起草一份报告说明该方缺席的情形。[1]

除了调解程序，ICSID 争端解决机制也规定了专门的仲裁程序。《ICSID 公约》第四章对 ICSID 的仲裁程序给出了明确的规定。关于仲裁程序的启动、仲裁庭的组成、争端方对仲裁庭权限的意见等方面与调解程序中的规定并无明显区别。仲裁程序的启动由希望采取仲裁程序的任何缔约国或缔约国的任何国民提出。[2]提出交付仲裁程序的一方需就有关争端的事项、争端双方的身份以及双方同意依照交付 ICSID 仲裁的程序规则等内容，以书面形式递交 ICSID 秘书处确定该争端是否属于 ICSID 管辖范围。[3]同调解程序一样，对不属于 ICSID 管辖的案件，秘书长有权立即拒绝登记并及时通知争端双方。对确属 ICSID 管辖范围的国际投资争端案件，秘书长须将该请求登记在册、告知双方，并立即组成仲裁庭。[4]关于仲裁庭的组成，可由经双方同意任命的独任仲裁员或者奇数的仲裁员构成。[5]若争端双方无法就仲裁员的人数和任命方法达成一致意见，则该仲裁庭将由三名仲裁员组成，由每一方各任命仲裁员一名，第三名仲裁员为首席仲裁员，由双方协议任命。[6]一般情况下，仲裁员的多数不得为争端一方的缔约国国民和其国民是争端一方的缔约国的国民，但该项原则规定不适用于独任仲裁员或仲裁庭的每一成员经双方协议任命的情况。

若在该争端案件登记后的 90 日内或在双方可能同意的其他期限内，仍未能组成仲裁庭的，主席有权经任何一方请求，并尽可能同双方磋商后，有权选定尚未任命的仲裁员或数名仲裁员。[7]除上述任命方法外，仲裁员也可在仲裁员小组以外的人中选任。[8]关于仲裁程序，仲裁庭有权决定其自身权限的享有。[9]不论争端的哪一方，只要其对该权限提出反对意见，认为 ICSID 无权管辖或因其他原因该争端不属于仲裁庭权限范围的，仲裁庭都必须对该

---

[1]《ICSID 公约》第 34 条第 2 款。
[2]《ICSID 公约》第 36 条第 1 款。
[3]《ICSID 公约》第 36 条第 2 款。
[4]《ICSID 公约》第 36 条第 3 款、第 37 条第 1 款。
[5]《ICSID 公约》第 37 条第 2 款。
[6]《ICSID 公约》第 37 条第 2 款。
[7]《ICSID 公约》第 38 条。
[8]《ICSID 公约》第 40 条第 1 款。
[9]《ICSID 公约》第 41 条第 1 款。

不同意见给予认真考虑，并决定能否将其作为先决问题处理，或与该争端的是非曲直一并处理。[1]在法律适用上，《ICSID 公约》要求仲裁庭遵循意思自治原则，仲裁庭必须按照争端双方可能同意的法律规范作出裁决，若双方没有协商选定适用的法律规则，则仲裁庭须适用作为争端一方的缔约国的法律（包含其冲突规范）以及可能适用的国际法规范。[2]仲裁庭不能以"法无明文规定"或"含义不清"为由推迟作出裁决。[3]仲裁庭有权按照争端双方均同意的公允及善良原则对争端作出裁决。[4]

在案件审理过程中，除非争端双方另有协议约定，仲裁庭可在其认为必要的任何程序阶段，要求各争端方提交文件或有关证据，有权访问与争端相关的场地并开展适当的调查工作。与调解程序有明显不同的是，当争端一方未出庭参与仲裁时，仲裁庭不能立即终止仲裁程序，而是要在作出裁决前给予一定的宽限期，除非仲裁庭能够确定未出庭或未陈述案情的一方不愿参与仲裁程序。在程序的任何阶段未出庭或未陈述案情的争端当事一方不被视为接受另一方的主张，但另一方可请求仲裁庭处理向其提出的问题并作出裁决，仲裁庭在作出裁决前，应告知未出庭一方。[5]为了有效保护争端各方的合法权益，仲裁庭有权在其认为在必要情况下建议采取临时性措施，双方另有约定的情况除外。[6]

二、WTO 投资争端解决机制

DSU 是 WTO 体制下关于争端解决的最基本的法律文件，确立了 WTO 争端解决机制程序规范，主要包括专家组的审理和上诉机构的复审。争端的各方当事人在任何时候均可以要求斡旋、调解和调停，并可随时开始启动或决定终止。一旦斡旋、调解和调停程序终止，起诉方可立即提起设立专家组的请求。[7] DSU 第 6 条对专家组的建立给出了明确的规定。只要争端一方以书面形式提出设立专家组的请求，并阐明其是否已经进行磋商，确认争端中意

---

[1] 《ICSID 公约》第 41 条第 2 款。
[2] 《ICSID 公约》第 42 条第 1 款。
[3] 《ICSID 公约》第 42 条第 2 款。
[4] 《ICSID 公约》第 42 条第 3 款。
[5] 《ICSID 公约》第 45 条。
[6] 《ICSID 公约》第 47 条。
[7] DSU 第 5 条第 3 款。

见一致的各项具体措施,提出一份简要概述明确说明该项投诉的法律依据,或包括建议专家组具有标准职责外的职责内容,就可成立专家组,而争端相对方无权阻止专家组的成立。[1]专家组有权对争端的各当事方列举的任何有关协议中的各项规定进行审议并提出建议。[2]关于专家组的成员,其选定应保证成员的独立性,并拥有多种不同的背景和丰富的经验,可由称职的政府官员或非政府人士担任。通常由WTO秘书处法律部主任提名,再由DSB选任。[3]原则上专家组应保证允许其官员作为专家组成员提供服务。[4]但专家组成员应以个人身份而非作为政府组织的代表提供该服务,因此各成员不得就专家组面临的事务下达指示,也不得试图对该个人成员施加影响。[5]就通常情况下,专家组由3名专家成员构成,除非争端各当事方在该专家组设立的10日内同意其由5名成员组成,并应立即将该专家组的组成情况通知各成员。[6]争端双方不得就秘书处对专家组的任命提出反对意见,有不可抗力的理由除外。[7]如在专家组设立之日起20日内未能就专家组的成员达成协议,只要争端一方提出请求,WTO总干事应与DSB主席及有关委员会或者理事会主席磋商,在与争端各方磋商后,便可决定专家组的组成,所任命的专家为总干事认为依照争端中所争论的适用协定的任何有关特殊或附加规则和程序最适当的成员。DSB主席须在当事方提出要求后10日内,将该专家组组成的决定通知各当事方。[8]若存在争端当事方以外的第三方利益,专家组在工作期间也应给予充分考虑并允许第三方参与到WTO争端解决程序中。[9]

在专家组审理阶段,DSU第12条作出了专门的规定。专家组应当协助DSB履行职责,客观评判争端事项,完成有关调查报告,以便最终裁决的作出。DSU强调了争端解决的高效率,要求专家组在组成一周内尽快完成工作进程时间表的制定,一般情况下专家组应该在6个月内完成工作;在紧急情

---

[1] DSU第6条。
[2] DSU第7条第1款。
[3] DSU第8条第2款。
[4] DSU第8条第8款。
[5] DSU第8条第9款。
[6] DSU第8条第5款。
[7] DSU第8条第6款。
[8] DSU第8条第7款。
[9] DSU第10条。

况下，如涉及易腐货物的案件，专家组应该在3个月内完成报告。[1]在确定专家组程序的时间表时，专家组应给予争端各方提供充分的时间准备陈述，明确设定各方提供书面陈述的最终期限，而各方应遵守此期限。[2]若专家组无法在规定的时间内提交报告，则应以书面形式通知DSB迟延的原因和提交报告的估计期限。[3]专家组自设立起9个月内必须提交报告，将报告散发给各成员。[4]然而在实践中，9个月内完成审理较为困难，因此DSU允许专家组可随时应起诉方请求中止工作，期限为12个月。若专家组的工作已中止超过12个月，则设立专家组的授权也将终止。[5]DSU要求专家组对其审议的事项作出客观评估，包括对该案件事实及有关适用协定的适用性和一致性的客观评估，但评估的标准是较为灵活的。[6]因此，专家组首先就争议事项听取当事方的陈述，对事实进行法律上的判断。专家组有权向其认为适当的任何个人或机构寻求信息和技术建议，也可向任何有关来源寻求信息，并与专家进行磋商并获得他们对该事项某些方面的意见。[7]在整个调查期间，专家组一般是通过召开秘密性会议从事调查，对其审议的情况保密，匿名表述个人意见。[8]同时，DSU又规定了中期审议阶段，在考虑书面辩驳和口头辩论后，专家组应向争端各方提交其报告草案中的事实和论据部分，在专家组设定的期限内，各方也应提交其书面意见。[9]专家组在收到争端各方书面意见后，应向各方提交一份中期报告，既包括事实和论据的描述部分也包括专家组的调查结果和结论。[10]争端各方可就该中期报告提出请求，专家组应对其所确认的问题，与各方再次召开会议。若争端各方没有提出请求，该中期报告可被视为最终报告散发给各成员。[11]最终报告的调查结果包括了中期审议阶段

---

[1] DSU第12条第3款、第8款。
[2] DSU第12条第4款、第5款。
[3] DSU第12条第9款。
[4] DSU第12条第9款。
[5] DSU第12条第12款。
[6] DSU第11条。
[7] DSU第13条。
[8] DSU第14条。
[9] DSU第15条第1款。
[10] DSU第15条第2款。
[11] DSU第15条第2款。

对论据的讨论。[1]根据 DSU 第 16 条关于专家组报告采纳的规定,在最终报告发给各成员后 20 日起,DSB 可开始考虑是否予以采纳,这给予各成员充足的时间审议专家组报告。[2]在 DSB 组织召开会议的前 10 日,对报告持反对意见的争端方应当以书面形式提交其反对意见并给出解释。[3]争端各方均有权全面参与 DSB 对专家组报告的审议,并发表自己的观点。[4]DSB 应当在专家组向各成员方分发完报告后 60 日内作出采纳决定,除非争端当事方提出上诉或 DSB 经协商一致决定不通过该报告。若争端一方提起上诉,则 DSB 只能等上诉完毕后再考虑是否采纳报告。[5]在上诉机构复审阶段,上诉机构可以复审对专家组报告的上诉,也可以统一解释各协定、条约的含义。DSB 设立由 7 人组成的常设上诉机构,任期 4 年,每人可连任一次,任何一个案件由其中 3 人组成。[6]上诉机构成员必须是具有公认权威并在法律、国际贸易和各适用协定所涉及的主题方面具备专业知识并能熟悉解决投资争端案件,不依附于任何政府,广泛代表 WTO 成员资格。[7]只有争端当事方才能对专家组报告提起上诉,第三方不享有上诉权利,当事方上诉的内容仅限于报告触及的法律问题及其法律解释。[8]若第三方认为自己在某一争端中具有实质利益,只有在通知了 DSB 后才能以书面形式向上诉机构提出陈述,而 DSB 也应给予听取其意见的机会。[9]

争端方应于专家组散发其报告之日起 60 日内向上诉机构递交其上诉决定,具体包括提出上诉的争端方、被上诉的专家组报告名称、专家组报告涉及的法律问题以及争端方的联系地址、联系电话等。上诉机构必须在争端方提交上诉通知之日起 60 日内完成案件审理并提交报告,否则应该书面通知 DSB 迟延的原因及提交报告的估计期限。上诉机构提出报告的最长期限为 90

---

[1] DSU 第 15 条第 3 款。
[2] DSU 第 16 条第 1 款。
[3] DSU 第 16 条第 2 款。
[4] DSU 第 16 条第 3 款。
[5] DSU 第 16 条第 4 款。
[6] DSU 第 17 条第 1 款、第 2 款。
[7] DSU 第 17 条第 3 款。
[8] DSU 第 17 条第 4 款。
[9] DSU 第 17 条第 4 款。

日。[1]上诉机构可在规定期限内作出维持、修改或撤销专家组的法律调查结果和结论。[2]不同于专家组报告的采纳，上诉机构报告的采纳则更为顺畅，各成员方在接收到 DSB 的报告 30 日内，若非协商一致决定不采纳的，则上诉机构报告就会被 DSB 通过，争端当事方必须无条件接受。这种通过程序并不剥夺各成员对上诉机构报告发表意见的权利。[3]

三、MAI 投资争端解决机制

MAI 草案既规定了处于平等主体地位上的政府与政府之间的投资争端解决机制，也规定了外国投资者与东道国政府之间的投资争端解决机制。就该类争端的解决途径包括磋商、多边磋商、斡旋、调停和仲裁。关于前者的争端，MAI 草案对磋商开始的时间作出了明确规定，在特殊情况下不允许采用磋商，以避免争端各方滥用磋商程序。争端当事方可以书面形式向所有缔约方提出进行多边磋商的请求，说明理由和法律依据，而全部缔约方要在收到该请求后的 60 日内对属于 MAI 管辖内的请求事项提出意见并作出结论。若磋商失败，争端当事方还可以采取斡旋调停的方式解决争端。MAI 草案也规定了仲裁程序，但要求仲裁程序在磋商程序之后才能启动。争端当事方在向对方提出磋商请求且对方收到请求之日起至少 60 日后方可提起仲裁。提交申请的争端方可在 30 日内协商选定 3 名仲裁员，其中 1 名为仲裁庭主席；若协商未果，则争端任何一方均可请求 ICSID 秘书长指定仲裁员，秘书长在接到该请求后的 30 日内与各方磋商并最终指定仲裁员。无论是争端当事方还是 ICSID 秘书长，都须从缔约方全体通过的仲裁员名单中选定仲裁员。仲裁庭自成立之日起 180 日内必须作出临时裁决，各当事方在 30 日内就该裁决提出书面意见，仲裁庭必须在 30 日届满后的 15 日内作出最终裁决，包括对争端事实的认定、法律认定及解释内容。

关于处于不平等地位上的外国投资者与东道国政府之间的投资争端，MAI 草案规定的解决途径包括磋商、诉讼和仲裁。与政府与政府之间的投资争端解决机制一样，磋商程序也是这类投资争端解决的前置程序。换言之，其他

---

[1] DSU 第 17 条第 5 款。
[2] DSU 第 17 条第 12 款。
[3] DSU 第 17 条第 14 款。

程序只有在磋商完成后才能启动。当磋商程序未能解决投资争端，外国投资者有权在东道国法院提起诉讼或将其争端提交仲裁。通常情况下，仲裁庭由三名仲裁员组成，争端当事方各指定一名仲裁员，第三名仲裁员由各方共同协商选定，作为仲裁庭主席。若提出仲裁请求之日起的 90 日内未组成仲裁庭的，ICSID 秘书长、国际商会仲裁院（International Chamber Of Commerce, ICC）或其他机构经任何一个争端当事方的请求有权在 MAI 仲裁员名册中指定仲裁员。若争端案件涉及专业性较强的领域，也可不从该名册中选定。MAI 草案没有规定专门的仲裁程序，而是选择适用已有的 ICC、UNCITRAL 和 ICSID 的仲裁规则，其中，《ICSID 仲裁规则》是 MAI 优先适用的投资争端解决规则。仲裁庭审理后的裁决具有终局性，包括了事实与法律的认定及其解释。

四、USMCA 投资争端解决机制

NAFTA 投资争端解决机制主要指的是外国投资者与东道国政府之间的仲裁。根据 NAFTA 第 1118 条的规定，争端当事方应先寻求磋商或谈判的方式解决，给予争议方至少 90 日的磋商或谈判时间。只有在争端发生的 6 个月后，且须提前 90 日先向争端缔约方以书面的形式提交仲裁意图通知，争端投资者只有满足规定的条件才能提交仲裁请求。[1] 一般情况下，当投资者提出仲裁时，不论其是否就该争端提出其他救济方式解决，投资者都有权依据 NAFTA 第 11 章第 B 节提出仲裁，只要其按规定书面表示放弃依据任何一方法律在国内行政法庭或法院或其他争端解决程序提出或继续进行解决争议的权利。[2] 关于缔约国对仲裁的同意，每一缔约方同意按照 NAFTA 所列程序向仲裁庭提交请求，这种同意是永久性的、不可变更的，对任何涉及 NAFTA 第 11 章的案件均有效。关于仲裁庭的组成，除非争端当事方另有约定的，仲裁庭应由 3 名仲裁员组成，其中两名分别由当事方指定，第三名仲裁员由双方共同指定，为首席仲裁员。如仲裁庭未能在规定期限内成立或争端双方未能就首席仲裁员达成一致意见，则由 ICSID 秘书长指定仲裁员。NAFTA 缔约国制定了一个包含 45 名国际法和投资问题的专家名单，秘书长指定首席仲裁员

---

[1] NAFTA 第 1120 条第 1 款、第 1121 条。

[2] NAFTA 第 1121 条。

时应从该名单中挑选，但所指定的仲裁员不能具有争议一方的国籍。若该名单中确无适合的仲裁人选，则可从 ICSID 专家名单中选定。[1]

同 MAI 草案一样，NAFTA 并未设立一套全新的仲裁规则，而是规定投资者可从《ICSID 仲裁规则》《ICSID 附加便利仲裁规则》或《UNCITRAL 仲裁规则》选择适用。[2]仲裁庭作出裁决所适用的法律应为 NAFTA 条约本身及可适用的国际法规则，但 NAFTA 并未对可适用的国际法规则作出明确的界定，而是交由仲裁庭解释和决定。

就一般程序规则而言，USMCA 关于"诉求提请仲裁意向的通知""同意仲裁""仲裁地点""合并仲裁""适用法律""裁决""文件的送达"等程序规则的规定基本与 NAFTA 保持一致。USMCA 关于仲裁员的人数和任命方法的规定与 NAFTA 大体保持一致。[3]但 USMCA 附件 14-D 明确规定，仲裁庭及争端各方应努力以迅速和符合成本效率的方式进行仲裁，以进一步提高 USMCA 投资争端解决机制的仲裁效率。[4]为确保投资争端解决的各个环节快速、顺利的进行，避免因拖延引发的不必要损失，USMCA 严格规定了争端解决程序的时间限制，进一步缩短仲裁过程中的等待时间。例如，USMCA 和 WTO 都允许成员方通过斡旋、调解或调停的方式解决争端，其中 DSU 规定了 60 日的时限，[5]而 USMCA 取消了这一强制性时限要求。[6]在仲裁庭组成方面，秘书长指定仲裁员需要等待的期限由原来的 90 日缩短至 75 日。[7]若仲裁庭在争端提交仲裁之日起 75 日内仍未能组成的，秘书长应根据争端当事方的请求，酌情指定一名或多名仲裁员，但是，秘书长不能指定任何争端当事方的国民担任首席仲裁员，除非争端当事方另有约定。[8]在仲裁庭办案时效方面，对仲裁庭决定或裁决被申请人异议的期限限定在 150 日内，且最多只能延长 30 日。关于仲裁程序终止，USMCA 明确规定各方提交仲裁请求后超过 150 日未采取任何行动，且仲裁庭通知各方后 30 日内仍未采取任何行动的

---

[1] NAFTA 第 1124 条。
[2] NAFTA 第 1120 条第 1 款。
[3] USMCA 附件 14-D 第 2 条。
[4] USMCA 附件 14-D 第 6 条第 7 款。
[5] DSU 第 5 条第 4 款。
[6] USMCA 附件 14-D 第 2 条第 1 款。
[7] USMCA 附件 14-D 第 6 条第 3 款。
[8] USMCA 附件 14-D 第 6 条第 3 款。

情形下，仲裁程序终止。就仲裁庭答复时限而言，USMCA 规定争端各方对仲裁庭决定或裁决 60 日的答复期，仲裁庭应在答复期届满后 45 日内对争端各方的答复意见作出决定或裁决。相较于 NAFTA，USMCA 对仲裁员的选任资质也提出了更加具体的要求，为仲裁庭的行为提供更为清晰的指导，以确保仲裁裁决的科学性与公正性。[1]

第四节 投资国际争端解决机制的执行与救济

一、ICSID 投资争端解决机制

《ICSID 公约》第六节对 ICSID 裁决的承认和执行作出了明确规定。裁决对争端各方均具有约束力，缔约国应在其领土内履行该裁决所附加的财政义务。如同该裁决为该国最后判决一样，不允许对裁决提起任何上诉或采取《ICSID 公约》规定以外的其他补救方法。[2]换言之，《ICSID 公约》允许对裁决采取一定的补救措施是基于公约规定的条款。[3]具有联邦宪法的缔约国可在联邦法院或通过该法院执行裁决，并规定联邦法院应把该裁决视为组成联邦的某一邦法院作出的最后判决。[4]要求在某一缔约国领土内予以承认或执行裁决的一方，应向该缔约国指定的主管法院或其他专门机构提供一份经由秘书长核证无误的裁决副本。各缔约国均有义务将其本国专门负责承认或执行裁决的法院或机构通知秘书长，并将任何变动情况及时通知秘书长。[5]裁决一旦被某一缔约国承认，其执行就必须受到该国领土内该国关于执行判决的现行法律的管辖。[6]任何缔约国现行的关于该国或任何外国执行豁免的法律，都不能违背。[7]

《ICSID 公约》也对裁决的解释与修改作了规定。在执行程序过程中，若争端双方就裁决的意义或范围发生争议，任何一方都有权以书面形式向秘书

---

[1] USMCA 附件 14-D 第 6 条。
[2] 《ICSID 公约》第 53 条第 1 款、第 54 条第 1 款。
[3] 《ICSID 公约》第 53 条第 1 款。
[4] 《ICSID 公约》第 54 条第 1 款。
[5] 《ICSID 公约》第 54 条第 2 款。
[6] 《ICSID 公约》第 54 条第 3 款。
[7] 《ICSID 公约》第 55 条。

长提出解释或修改的申请。如有可能，应将该项要求提交作出裁决的仲裁庭，或组织新的仲裁庭。仲裁庭认为确有需要的，可在作出决定前停止执行该裁决。[1]任何争端一方可根据其发现的某项对裁决具有决定性影响的事实，向秘书长提出书面申请要求修改裁决，但这种修改的请求必须以在作出裁决时仲裁庭和申请人都不了解该事实为前提条件，且申请人对于该事实的不知晓并非由于疏忽造成。[2]若争端一方提出停止执行裁决的书面申请，则该裁决须暂停执行，直至对该申请作出决定为止。争端任何一方可向秘书长提出书面申请要求撤销裁决。[3]若仲裁庭认为裁决应当撤销，在其作出撤销决定前，有权停止执行裁决。[4]仲裁一旦被撤销，争端任何一方均可将争端提交至依《ICSID 公约》新成立的仲裁庭重新解决。[5]

二、WTO 投资争端解决机制

DSU 第 21 条和第 22 条对执行与救济作出了明确规定。出于保护各成员方的利益、有效解决争端的目的，DSB 的建议或裁决应当迅速执行。[6]DSU 规定，对已通过的专家组或上诉机构的报告，当事各方应予执行。当事方应在报告通过后 30 日内通知 DSB 关于其执行 DSB 建议和裁决的意向。如不能立即遵守建议和裁决的，有关成员应提供合理的执行期限。[7]一般情况下，该延迟期限不得超过专家组或上诉机构报告通过之日起的 15 个月，但也可随具体情况缩短或延长。[8]如在是否存就为遵守建议和裁决所采取的措施或此类措施是否与适用协定相一致的问题方面存在分歧，则该争端也应通过援引争端解决程序加以决定。[9]DSB 对已通过的建议和裁决的执行享有监督的职责。当各项建议或裁决被通过之后，任何成员可随时向 DSB 提出有关执行的问题。除非 DSB 另有决定的，一般情况下执行建议或裁决的问题应在确定合

---

[1] 《ICSID 公约》第 50 条。
[2] 《ICSID 公约》第 51 条第 1 款。
[3] 《ICSID 公约》第 52 条第 1 款。
[4] 《ICSID 公约》第 52 条第 5 款。
[5] 《ICSID 公约》第 52 条第 6 款。
[6] DSU 第 21 条第 1 款。
[7] DSU 第 21 条第 3 款。
[8] DSU 第 21 条第 3 款第（c）项。
[9] DSU 第 21 条第 5 款。

理期限之日起6个月内列入DSB会议议程,并保留在该议程上直至解决。有关成员应在DSB每次会议召开前至少10日内向DSB提交一份书面报告说明执行建议或裁决进展的情况。[1]

当败诉方在超过建议和裁决合理期限仍未执行的,DSU第22条规定了补偿和中止减让或其他义务的临时措施。[2]争端各方可通过磋商手段寻求一致认可的补偿方案,该补偿是自愿的,且一旦给予也应与有关适用协定相一致;也可请求DSB批准对败诉方实行中止减让的义务。补偿应在合理期限届满前由当事方协商决定,但若在合理期限届满后20日内仍未能达成令当事方满意的补偿方案的,援引争端解决程序的任何一方就可向DSB请求授权中止对有关成员实施适用协定项下的减让或其他义务。[3]这种DSB授权的中止减让或其他义务的程度与利益丧失或减损的程度一致,是对未执行建议或裁决的败诉方的报复举措。若当事方对此提出异议,或认为中止减让措施未能正确地遵照执行时,也有权提交仲裁。[4]这种减让或其他义务的中止是临时性的,一旦被认定与适用协定不一致的措施已取消或必须执行建议或裁决的成员对利益丧失或减损已提供解决办法,则该减让或其他义务的中止应该结束。[5]但若某类适用协定禁止中止,则DSB不得授权中止减让或其他义务的救济行为。[6]

三、MAI投资争端解决机制

MAI草案规定,在政府与政府之间的投资争端解决和外国投资者与东道国政府之间的投资争端解决机制中,仲裁庭在裁决中所能做出的救济措施包括宣布缔约方履行条约义务、金钱赔偿、恢复原状或其他救济方式。其中,裁定给付金钱赔偿也包括了利息。若作出了裁定恢复原状的裁决内容,则涉及无法恢复的将以金钱补偿。在国际投资仲裁中,根据当事人请求的内容,仲裁庭既可以作出涵盖金钱性救济的裁决,也可以作出涵盖非金钱性救济的

---

[1] DSU第21条第6款。
[2] DSU第22条第1款。
[3] DSU第22条第2款。
[4] DSU第22条第7款。
[5] DSU第22条第8款。
[6] DSU第22条第5款。

裁决。自国际投资仲裁机制建立以来，金钱性救济一直发挥着较为重要的救济作用。

四、USMCA 投资争端解决机制

在投资争端解决机制的执行与救济方面，USMCA 与 NAFTA 大体保持一致。根据 NAFTA 规定，争端各方当事人在收到专家仲裁小组发出的最终报告后经过协商达成争端解决的方案。这种方案必须符合专家仲裁小组报告中所作出的决定或意见，并将解决方案告知自由贸易区秘书处。如果专家仲裁小组报告中的某项措施被认为损害了其他当事争端方的合法权益，争端方有权在最终决议中决定不予执行或对该项措施提出撤销的要求，或有权向获利方索取一定的补偿。若争端各方未能在收到专家仲裁小组发出的最终报告的 30 日内达成一致的解决方案，无法就补偿事宜达成协商一致，则申诉一方的当事人可以采取一定的补救措施作为报复，如中止争端相对方获得同等利益。这种报复措施的采用不需要经过专家仲裁小组或自由贸易区的统一，可由申诉方自行决定并采取行动。但若在采用报复措施后，达成了解决方案，则申诉一方当事人应该立即停止先前的报复措施。

USMCA 投资争端解决机制的执行与救济制度与 NAFTA 大体保持一致，但是给出了更为具体的规定。当仲裁庭做出最终裁决时，仲裁庭仅可就金钱损失和任何使用的利息，或在申请人可以支付金钱损害赔偿金和任何适用的利息来代替归还财产的情况下，可以单独或合并裁决。[1]仲裁庭还可裁定争议各方在仲裁程序中产生的费用和律师费，并应根据附件 14-D 和适用的仲裁规则确定费用的支付方式和支付人。根据附件 14-D 第 3 条第 1 款的争端提交仲裁，将作出有利于企业的裁决，即，归还的财产应归还企业，金钱损害赔偿和任何使用利息的裁决应向企业支付，且在不损害任何人根据适用的国内法对裁决中提供的救济可能享有的任何权利的情况下作出裁决。[2]仲裁庭不得裁定惩罚性赔偿。[3]仲裁庭作出的裁决除在争议各方之间和就特定案件作出的裁决外，不具有约束力。[4]在不违反附件 14-D 第 13 条第 9 款和临时裁

---

[1] USMCA 附件 14-D 第 13 条第 1 款。
[2] USMCA 附件 14-D 第 13 条第 5 款。
[3] USMCA 附件 14-D 第 13 条第 6 款。
[4] USMCA 附件 14-D 第 13 条第 7 款。

决适用的复审程序的情况下，争议一方应毫不拖延地遵守和遵守裁决。[1]各附件缔约方均应规定在其领土内执行裁决。[2]若被申请方不遵守最终裁决，可在申请方提出请求时设立小组，申请方可寻求以下两种途径：一是认定未能遵守最终裁决或裁决不符合USMCA的义务；二是根据协定第31条第17款的专家组报告的内容，建议被申请方遵守最终裁决。

第五节　投资国际争端解决机制评述

经过长期的发展演变，目前国际投资争端解决机制包括ICSID争端解决机制、WTO争端解决机制、双边或多边投资协定中的争端解决机制等。虽然MAI协定尚未生效，但其对于其他国际投资争端解决机制的影响与改革发挥了重要的作用。

在国际投资自由化的要求下，国际社会似乎更倾向于选择司法解决的方法解决争议，摆脱国家利益冲突和政治因素对争端解决的不利影响、避免商业性争议的政治化和复杂化，以便于创设一个稳定、透明、中立的争端解决环境。ICSID投资争端解决机制由此应运而生，并发挥了极为重要的作用。ICISD有固定的争端解决地点、专门的行政人员、完整的程序规则，是实践中解决投资者与国家争端最常用的程序规范。ICSID机制为不断增长的国际投资活动提供了强有力保障，有效缓解了外国私人投资者与东道国之间的矛盾。ICSID作为解决争端的机构，在适用法律方面包含了众多的法律原则，如当事人意思自治原则、使用东道国法律或可适用的国际法规范、禁止拒绝裁判原则、公平正义原则。其中，当事人意思自治原则要求当事人以自身的意愿选择法律规则的适用。东道国的法律可以和国际法接轨，但也要适用ICSID的法律原则。ICSID在进行裁决时要坚持公平正义的裁决准则，不能损害双方的公平原则，必须征得双方的同意才能对争端作出判定。《ICSID公约》属于国际公约，具有国际法上的法律效力，对依据公约及其规则作出的裁决必须得到缔约国的遵守、履行、承认与执行。这种对裁决具有拘束力的规定有力地保护了处于相对弱势的外国私人投资者，公约缔约国必须依据ICSID作出的

---

[1] USMCA附件14-D第13条第8款。

[2] USMCA附件14-D第14条第10款。

裁决执行，而不得通过其他途径改变裁决。虽然《ICSID 公约》允许裁决可以被解释、修正或撤销，但实现条件是极为严格的，且这三种补救措施只能适用在 ICSID 依据《ICSID 公约》规定进行，而不能在各国国内法院执行。

ICSID 投资争端机制提供了调解和仲裁的程序规则，以便于外国私人投资者与东道国借助非政治方式解决其投资争端，具有一定的稳定性与可预测性。ICSID 对于用尽当地救济的原则要求也更好地平衡了外国私人投资者与东道国的利益，有效降低了投资者母国以外交保护为由对东道国进行干预，从而导致国与国之间的冲突，避免了投资争端政治化。不同于缔约国国内法律规范中关于投资争端解决程序，ICSID 投资争端机制所规定的程序规则具有独立性，适用的法律具有一定的自主性。ICSID 能更好地在案件审理中保持公平、中立的地位，客观评估外国投资者与东道国政府之间的投资争端。但 ICSID 并未规定完全具有司法性质的投资争端解决机制，仅仅规定了仲裁和调解的解决途径，使得外国私人投资者与东道国政府无法采取诉讼的形式直接进入法院解决争端。

近年来，国际投资仲裁的案件迅速增加，在这些案件的处理中也暴露了 ICSID 投资争端解决机制的一系列问题，如仲裁程序的不透明、第三方资助的过多干预、撤销裁决的缺陷、仲裁成本过高等问题。[1]例如，在实践中，争端当事方对 ICSID 的仲裁支付的费用过高，远超于当事人的预期，与其选择仲裁方式这种更为高效、便捷、经济的初衷相违背，增加了当事方的成本负担，不利于在国际投资争议中当事方对于 ICSID 争端解决机制的选择。[2]也有观点认为，ICSID 在实践中过多地损害了东道国的公共利益。[3]ICSID 投资争端解决机制存在着一定的缺陷，如何更好地平衡外国私人投资者与东道国权益保护之间的关系是国际投资争端解决机制亟待解决的问题。ICSID 的程序规则也为此作出了相应的变化，如引入新的事实调查和调解规则、更广泛地

---

〔1〕 曾诚："国际投资争端适用 WTO 争端解决机制的可行性分析"，载《全球化时代的国际经济法：中国的视角国际研讨会论文集》（上）2008 年，第 222 页；郑雨霆："国际投资争端解决机制与 WTO 争端解决机制的比较研究——以仲裁为出发点"，载《法制博览（中旬刊）》2013 年第 3 期，第 104 页。

〔2〕 龚柏华、朱嘉程："ICSID 投资仲裁机制新近改革与中国立场研究"，载《上海经济》2022 年第 6 期，第 59 页。

〔3〕 Andreas Kulick, "Article 60 ICJ Statute, Interpretation Proceedings, and the Competing Contents of Res Judicata", *Leiden Journal of International Law*, Vol. 8, No. 1, 2015, pp. 73-89.

使用 ICSID 的附加便利规则、制定新的快速仲裁规则、描述索赔人的所有权和控制权以及披露第三方资助的要求，以及新增关于仲裁员资格取消、提前解雇、发布命令和裁决的强制时限、费用担保和透明度的规定等，有助于为争端各方提供更为广泛的争端解决工具。[1]

WTO 争端解决机制适用于国家与国家之间与投资相关的争议，具有一定的统一性，成员可以使用 GATT1994 第 22 条和第 23 条，以及有关争端解决的专门的程序性规定。WTO 争端解决机制关于争端案件解决程序的启动具有一定的自主性，只要申诉方提起的因 WTO 框架下所适用的协议而发生的投资争端的解决程序请求，即对被诉的成员方具有强制管辖权，则被诉方将自动纳入投资争端解决程序。从磋商到专家组、上诉机构直至最后的执行监督程序，在各个环节中，只要申诉方发起推动程序的进行，则该程序便可开展，而其他成员无权阻止该程序的进程。根据 DSU 第 16 条第 4 款、第 17 条第 14 款和第 22 条第 6 款，专家组和上诉机构报告的通告以及后续争端解决对中止减让和其他义务的授权规定，均采用"反向一致"原则，即只要不是全体成员一致否决，则报告和授权可立即通过。这种事实上的自动通过也极大地提高了 WTO 争端解决机制的效率。

该机制建立了具有强制管辖权的统一机构——DSB，设计了关于执行与监督的规定，有助于督促败诉方及时履行义务，使得专家组和上诉机构的裁决对争端当事方具有强制约束力。WTO 争端解决机制创设了交叉报复的途径，当申请报复一方在同一部门或同一协定下对败诉方采取平行报复手段仍不能迫使败诉方履行义务时，有权跨部门或跨协定地对败诉方实施报复手段。通过报复形式，保障专家组或上诉机构的报告最终强有效的实施。WTO 争端解决机制规定了专家组和上诉机构的两级审理的准司法体系，使其争端解决更趋向司法化。其中，专家组就争端的事实和法律问题进行审理与裁决，若争端当事方对专家组作出报告的裁决不服可以上诉，由上诉机构再次就法律问题予以审理和裁决。WTO 争端解决机制为国际投资争议解决提供了一个良好的平台，将国际投资关系纳入多边贸易体制的规范轨道，使其依托一个中立的国际机构，依据完备的程序法规则，在严格的时限内和强有力的执行制度

---

[1] 漆彤："投资争端解决机制现代化改革的重要里程碑——评 2022 年 ICSID 新规则"，载《国际经济评论》2023 年第 3 期，第 51~67 页。

下公平合理地解决争端，具有一定的可预测性与稳定性，有利于解决未来实践中的国际投资争议。

MAI 草案旨在为国际投资争端提供一个内容全面、保护标准较高的多边投资协议。因此，该协议在充分参考主要的 ICSID 争端解决机制、WTO 争端解决机制、NAFTA 争端解决机制的基础上，作出了系统的规定，对于保护私人投资者方面设计了行之有效的规定。MAI 草案虽然涵盖内容全面，但并没有设计明显具有创新性的与投资有关的规则，而是吸纳了 NAFTA 规则或 WTO、ICSID 已有的规则。更为重要的是，由于 OECD 的谈判失败，MAI 协定未能生效，使其争端解决机制的程序规则并无法发挥实质的效力。

同 MAI 草案类似，NAFTA 并未创设一套新的投资争端解决的规则，而是借助已有的其他解决程序规则。NAFTA 投资争端解决的程序启动并不要求争端当事双方达成仲裁协议，外国投资者可以直接提起仲裁。但是对于发起仲裁请求的主体是有限制的，该主体必须是实质利益受到损害的投资者，也是受损的投资者有权选择是否使用仲裁程序解决其争端。虽然 NAFTA 规定了投资者享有的权利，但对于投资者应承担的义务仍是空白。这也导致投资者获得的保护过大，不可避免地损害了东道国政府的利益，会给东道国政府带来更多的障碍。不同于 ICSID 投资争端解决机制，NAFTA 排除了用尽东道国当地救济的原则，并未把其作为提起仲裁的前提条件。换言之，受损害的投资者无需事先寻求东道国当地的救济和外交保护，而是可以直接提交其与东道国政府的争端。然而，NAFTA 也规定，投资者发起国际仲裁程序前，需要放弃或结束东道国依据国内法所开展的行政、司法或其他救济程序。NAFTA 争端解决机制也不同于 WTO 争端解决机制，没有类似于司法性质或准司法性质的约束力。该机制作出的报告或裁决从本质上更像是一种建议，不具有强制执行力。

USMCA 投资争端解决机制是对 NAFTA 中投资争端解决机制存在问题的回应，体现了美国、加拿大、墨西哥三国各自的立场和态度。加拿大退出 USMCA 投资争端解决机制也表明以美国主导的国际投资仲裁规则的地位日益下降。虽然 USMCA 投资争端解决机制主要针对美国和墨西哥，但由于美国的缔约实践对国际投资争端机制的发展仍产生重要影响，USMCA 投资争端解决机制中对适格投资者的认定涉及了"非市场经济国家"，将会给被认定为非市场经济的国家带来挑战。USMCA 的投资争端解决机制在适用范围上的缩小和

国际争端解决

适用程序上强化了"用尽当地救济"等前置性要求等改革,体现了当前国际社会对东道国国内规制权力的重视,反映了"卡尔沃主义"的回归。一方面,这体现出浓厚的"美国优先"的单边主义色彩,另一方面其涉及仲裁程序的安排也顺应了国际投资仲裁的发展,对未来其他投资协定中争端解决机制的发展与完善提供了参考。USMCA投资争端解决机制用以解决不同缔约方对投资争议解决的需求的适用模式,在一定程度上表明,未来不同国家基于不同程度的贸易伙伴关系,因利益诉求的不同,在实践中可能会更多地采用灵活的缔约模式以维护自身利益,而非一味追求对投资者的保护。随着USMCA的进一步实施与影响,国际投资争端解决机制碎片化的情形会可能会日益增多,这将使得投资国际争端解决的统一化进程变得更为困难。

区域篇

第八章

欧洲联盟争端解决机制

司法机构是法律实施与执行的最重要机构，欧洲联盟法（以下简称"欧盟法"）也是如此。欧洲联盟（以下简称"欧盟"）是由27个成员国构成的"超国家"组织。但是，这并不等于说欧盟法是凌驾于成员国主权之上的法律。因为，欧盟不是一个联邦国家，而是构成国际法中"自成一派（sui genesis）"的国家联合体。欧盟自身的独特性决定了欧盟争端解决机制有其自身的特点与路径。欧盟争端解决机制主要反映在欧盟法院（The Court of Justice of the European Union）的司法运作过程中。近年来，欧盟法院也积极发挥司法能动性，通过法律解释丰富和发展欧盟法，不断参与法律全球化的活动中。因此，了解和掌握欧盟法院的争端解决机制对于理解欧盟法有着重要意义。本章共分为四节，第一节主要论述欧盟法院的机构及各自的职能。第二节论述欧盟法院的司法管辖权，包括"诉讼管辖权"与"非诉讼管辖权"。第三节厘清欧盟法院的诉讼程序规则。第四节论述欧盟争端解决机制的特点。

第一节 欧盟法院的历史、组成与职能

欧盟法院的前身成立于1952年，位于卢森堡。作为欧盟七大机构之一以及最重要的司法机关，欧盟法院负责解决欧盟内部与对外行动产生的法律争端。基于成员国一致同意的原则，欧盟基础条约明确了欧盟法院的组成、职能与管辖等事项。

一、欧盟法院的历史

欧盟法院的产生与发展是欧洲一体化的结果。1951年4月，欧洲六国（法国、德国、意大利、荷兰、比利时与卢森堡）签订了《欧洲煤钢共同体条约》。同年12月，欧洲成立了欧洲煤钢共同体法院。1957年，六国签订了《罗马条约》建立了欧洲经济共同体和欧洲原子能共同体，同时签署了《关于欧洲共同体的某些共同机构的条约》，该条约规定了欧洲煤炭共同体法院作为三大共同体共同的法院即"欧共体法院"。欧共体法院成立后面临着大量案件无法及时处理的情况。为此，欧共体成员分别在1986年2月、1997年10月和2001年2月签署了《单一欧洲法令》《阿姆斯特丹条约》和《尼斯条约》对欧共体法院作了改革。改革后的欧共体法院共设置了两个级别审理机构和三个审判组织的机构，被统称为"欧洲法院"。2009年12月1日，生效后的《里斯本条约》正式将欧盟取代欧共体。《欧盟条约》将欧共体法院正式更名为欧盟法院。在欧盟法院的判例库中，有时经常出现"欧共体法院"或"欧洲法院"作出的裁判。其实这些都是欧盟法院的历史称谓。

二、欧盟法院的组成与职能

欧盟两大基础条约——《欧盟条约》和《欧盟运行条约》以及《欧盟法院规约》[1]明确规定了欧盟法院的组成方式和职能。欧盟法院是欧洲一体化的产物，随着法院司法活动不断增加，欧盟法院按照受理的案件类型和各自的职权范围，确立三个级别审理机制和三个审判组织的格局。

（一）欧盟法院的组成

根据《欧盟条约》第19条第1款，欧盟法院由法院（Court of Justice）、综合法庭或称普通法院（General Court）和专门法庭（Specialized Courts）三部分构成。《欧盟运行条约》第3号协定——《欧盟法院规约》进一步规定了欧盟法院的运作机制。

1. 法院

法院通常由"法官""佐审官（Advocates-General）"和"书记官（Reg-

---

[1] "Statute of the Court of Justice of the European Union", OJ L 111, 2019, 25/4.

istrar)"组成。《欧盟条约》第 19 条第 2 款规定,法院的法官以"一国一名"的数量构成。目前,法院共有 27 名法官。其中包括院长和副院长各一名,由全体法官内部选举产生。院长和副院长的任期为 3 年,任期结束前也可以重新得到任命。《欧盟运行条约》第 253 条规定,法官须经各成员国政府一致同意后任命,任期一般为 6 年,任期结束前可以重新获得任命一次。法官应是各成员国原最高法院成员,或是能公正执法且能力十分出色的律师。佐审官的任期与产生方式和法官相同。和法官不同的是,佐审官虽然也是法院的组成人员,可以就介入的案件发表自身的法律观点,并提交具有充分意见与理由的意见书,但该意见书不具有法律效力,即便法官与佐审官的意见完全相左。换言之,法官的裁判才是决定案件结果的唯一权威来源。但是,不能说佐审官的法律意见毫无价值,至少在解释欧盟法方面其有深远的影响力。[1] 佐审官的数量并不遵循"一国一名"的原则。《欧盟运行条约》第 252 条设置了 8 名佐审官来协助法官的工作。2013 年法院经过改革,将佐审官的数量增至 11 名。除德国、法国、意大利和西班牙这四个人口数量最大的成员国各自固定推选 1 名佐审官外,其余 7 名佐审官在其他成员国轮流推选。法院的审判一般由 3 人或 5 人组成。当成员国或欧盟机构作为案件的当事方或者根据案件具有一定的重要性,案件的审理由 15 人组成大审判庭(Grand Chamber)。极特殊情况下,甚至全体法官出席审判。此外,法院设书记官 1 名,主要负责法院的日常文书工作,如登记案件及传递文书等。除了法官、佐审官和书记官外,法院院长在具体案件中还会指定一个法官作为"报告员(Rapporteur)"负责审判庭的调查准备和汇报工作。由于法院审级高且案件影响力大,审判庭还可能进一步指定"助理报告员"负责法院院长和法官报告员的工作。

2. 综合法庭

综合法庭一般由"法官"和 1 名"书记官"组成。由于近些年来受理的案件数量急剧增长,综合法庭的法官数量自 2015 年开始,先后进行了三次大的增幅。根据《欧盟法院规约》第 48 条,自 2019 年 9 月 1 日之后,每个成员国各推选 2 名法官在综合法庭任职。因此,综合法庭的法官数量目前为 54 名。综合法庭不专门设佐审官,但是法院成员可临时承担佐审官的角色。综

---

〔1〕 K Mortelmans, "The Court under the Influence of Its Advocates General: An Analysis of the Case Law on the Functioning of the Internal Market", *Yearbook of European Law*, Vol. 24, 2007, p.127.

合法庭要在法官内部推选庭长和副庭长各一名。综合法庭的庭长对外代表整个法庭，指导法庭的审判和行政事务。副庭长一般协助庭长履职。庭长与副庭长的任命均为3年，也可再任命一次。综合法庭一般以3名或5名法官组成审判庭，在某些案件中可出现大审判庭（15名法官组成）或全体出席或独任制三种审判形式。各个审判庭同时选任一名庭长，庭长任期一般为3年。其中，5名法官组成的审判庭庭长任期结束后可以再被任命一次。法庭受理每起案件后，审判庭庭长还任命一名法官作为"报告员（Rapporteur）"，法官报告员主要负责案件的调查和汇报工作。在独任制的案件中，法官报告员同时也是裁决案件的法官。

3. 专门法庭

《欧盟运行条约》第257条赋予了欧洲议会和欧盟理事会根据普通立法程序，在综合法庭下设立若干专门法庭的权力。专门法庭的设立目的主要就某些特定领域相关的特种诉讼或程序进行初步审理。如果当事人不服，可就法律问题向综合法庭提起上诉。如果专门法庭的条例明确允许当事人就事实问题进行上诉，综合法庭也可以受理。专门法庭的法官及议事规则由欧盟理事会一致任命和批准。

截至2023年，欧盟立法机构设立了唯一一个专门法庭——欧盟公务员法庭（Civil Service Tribunal）。该法庭主要处理欧盟机构与其雇员的法律争端。法庭设立7名法官。法官任期一般为6年，退休法官可以再次获得任命。法庭设立1名庭长，庭长从法官中推举产生，任期为3年，任期结束后可再次获得任命。

4. 法院、综合法庭与专门法庭的权限划分

法院、综合法庭和专门法庭共同组成了欧盟法院的裁判机构。在具体案件受理和管辖层级上，三个机构存在区分。首先，根据《欧盟运行条约》第269条、第275条和第276条以及《欧盟条约》第2条，除了欧洲理事会或欧盟理事会审查专属于成员国内部事务、欧盟"共同外交与安全"框架内事务外，法院对绝大多数争议事项有管辖权。另外，法院对非诉讼案件即初步裁决案件有专属的管辖权。[1]根据《法院程序规则》[2]，法院还是综合法庭

---

〔1〕 有关"初步裁决"的管辖权，本章第二节"欧盟法院的管辖权"有专门论述。

〔2〕 "Rules of Procedure of the Court of Justice", OJ〔2012〕L 265/1.

的上诉机构，综合法庭是专门法庭的上诉机构。换句话说，如果争议方对综合法庭的裁判不服，可以向法院提起上诉。若争议方对专门法庭的裁判不服，可以向综合法庭提起上诉。但是，争议方对综合法庭的上诉裁判仍不服，无权就案件进一步向法院提起再审。另外，法院或综合法庭在审理上诉案件时，只审理法律问题。

（二）欧盟法院的职能

欧洲一体化进程之初之所以设立一个统一的司法机构，其根本目的是要保证欧洲法能得到成员国的普遍遵守。欧盟法院有依法解释和适用欧盟法律的职责，还通过其裁判对成员国产生法律执行力。《欧盟条约》第 19 条第 1 款规定："……欧盟法院应确保在解释和适用两大基础条约时遵守法律。成员国应提供充分的救济以保证欧盟法涵盖的领域内确保有效的法律保护。"《欧盟条约》第 19 条第 3 款进一步确定了欧盟法院的三项职责：

（1）对成员国、机构、自然人或法人提起的诉讼作出裁决。

（2）经成员国法院或法庭请求，就欧盟法的解释或者欧盟机构通过的法令（acts）的有效性作出初步裁决（preliminary rulings）。

（3）基础条约规定的其他案件类型。

由此可见，欧盟法院的职责和欧盟法紧密关联，不仅涉及基础条约和欧盟其他法律规范的解释，还对欧盟各机构的法律文件、成员国行为、机构行为和个体行为进行合法性审查，以保证欧盟法的统一适用。

第二节 欧盟法院的管辖权

欧盟法院的职责决定了其管辖的事项和对象。在欧盟法当中，欧盟法院的管辖权通常被视为"司法保护"。[1]这种观念意在说明，欧盟法院并非国内法或国际法意义上的争端解决机构，而是欧盟内部维护欧盟法权威的司法机构。欧盟法院解决的法律争端是有限的，不仅不包括成员国内部的法律问题，甚至在涉及欧盟外交与政策的法律问题上也没有管辖权。即便如此，欧盟法院并非"宣告法律"的机构。在多年的司法实践中，欧盟法院在有限的

---

〔1〕 Albertina Albors-Liorens, "Judicial Protection before the Court of Justice of the European Union", in Catherine Barnard & Steve Peers eds., *European Union Law*, Oxford University Press, 2020, p.283.

管辖事项中发挥了解释和澄清欧盟法的司法功能。一般而言，欧盟法院（法院与综合法庭）的管辖分为"诉讼管辖"与"非诉讼管辖"两类。

一、诉讼管辖权

诉讼管辖权也称"直接行为"（direct actions）的管辖权，是指欧盟法院就成员国、机构、自然人或法人直接提起的诉讼进行管辖。该管辖权直接来源于《欧盟条约》第19条第3款规定的第一项职责。根据《欧盟运行条约》，"直接行为"管辖事项主要包括"违约之诉"（第258条）、"无效之诉"（第263条与第264条）、"不作为之诉"（第265条与第266条）"损害赔偿之诉"（第268条与第340条）这四种类型案件。

（一）违约之诉

《欧盟运行条约》第258条至第259条规定了提起"违约之诉"的情形。所谓"违约之诉"指的是因欧盟成员国违反两大基础条约义务产生的诉讼。因此，此类诉讼仅能以成员国为被告向欧盟法院提起诉讼。成员国的范围不仅包括成员国政府的公共权力机关如立法、行政和司法机构，还包括受公权力机构控制的私人。"违约"的表现不仅包括"作为"，还包括"不作为"。欧共体法院在1997年的"草莓案（欧委会诉法国）"中裁定，法国政府未制止法国农民在长达10年间损害西班牙和比利时的农产品，法国政府的不作为违反了欧共体的货物自由规则，由此承担不作为的法律后果。[1]

"违约之诉"的提起方有两类：欧盟委员会和成员国。无论是欧盟委员会还是成员国提起的诉讼，都要满足一定的前置程序，具体包括两类情况：①如果欧盟委员会发现成员国存在违约情况，应赋予违约国在一定期限内陈述观点的权利。在违约国陈述观点的基础上，欧盟委员会应发表附有理由的意见（reasoned opinion）。如果违约国未在期限内陈述观点，那么欧盟委员会可以直接向欧盟法院提起诉讼。②当某一成员国认为另一成员国未能履行《欧盟条约》，应首先将争议事项交予欧盟委员会，在成员国互相发表口头和书面意见后，欧盟委员会应发表附有理由的意见。若欧盟委员会在争议事项向其提请之日起3个月内未发表意见，成员国可以直接向欧盟法院提起诉讼。

---

[1] Case C-265/95 [1997] ECR I-6959.

设置诉讼前置程序的目的是确定争议成员国的权利、厘清诉讼标的和范围。[1] 欧盟委员会在理由意见书中要考虑成员国提交的意见，以便欧盟法院在裁判案件时能确定成员国究竟违反了何种法律义务。如果欧盟委员会未在理由意见书中考虑争议成员国的意见，那么欧盟法院将裁定不受理欧盟委员会提起的诉讼请求。

（二）无效之诉

无效之诉又称为无效法律之诉。《欧盟运行条约》第263条规定，欧盟法院有权审查立法性法令，欧盟理事会、欧盟委员会和欧洲中央银行通过的除建议和意见之外的法令以及欧洲议会和欧盟理事会通过的对第三方产生法律效力的法令的合法性。欧盟法院还有权审查各个团体、机关或办事机构指定的，对第三方产生法律效力法令的合法性。因此，欧盟法院可基于"缺乏权能""违反程序""违反条约规则""滥用权利"等拥有司法管辖权。《欧盟运行条约》第264条规定了无效之诉的后果，即欧盟法院宣布相关法令直接无效。

无效之诉的申请者包括"特权"与"非特权"两种。"特权申请者"指的是在诉讼中无须证明与诉讼案件存在任何特定利益关系的申请人。此类申请人的出庭资格不受到任何限制。根据《欧盟运行条约》第263条，欧盟成员国、欧盟委员会、欧盟理事会、欧洲议会和欧洲中央银行、欧洲审计院属于特权申请者。"非特权申请者"是指除"特权申请者"之外的主体，主要指的是自然人和法人。和"特权申请者"相比，"非特权申请者"提起诉讼必须要证明自身利益与欧盟法律存在"直接和个别的关联（direct and individual concern）"。

1. 非特权申请者的"法令"

《欧盟运行条约》第263条第4款规定，自然人或法人只能就针对自身的决定提出无效之诉。在欧盟法的法律体系中，决定（decision）通常是一种执行性措施，具有明确的指向性特点。决定主要针对特定的成员国、公司或个人，只对特定的对象发生法律约束力。因此，一般情况下，"条例（regulation）"和"指令（directive）"这些具有普遍性的法令不能构成"非特权申

---

[1] 张彤主编：《欧盟法概论》，中国人民大学出版社2011年版，第129页。

请者"提起无效之诉的理由。

2. 直接与个别的关联

在欧盟法中,虽然有些决定没有针对某个自然人或公司,但在实施过程中对该自然人或公司产生了直接利益上的损害。为此,欧盟法院在判例中确立了"直接与个别的关联"这一判定标准,要求起诉人对未针对自身的法令提出无效之诉时应提供三项证明。其一,该法令应该或者实质上是一个决定;其二,该法令对自身产生了利益;其三,法令的利益和自身具有直接和个别的联系。只有满足这三项证明要件,欧盟法院才会受理案件。

然而,并非只有表现为决定形式的法令才是法院审理的对象。法院在司法实践中的认定标准并不是机械的,而要看某项欧盟法是否在实质上产生了个别联系。在1982年Alusuisse案[1]中,欧洲法院认为欧洲议会和欧盟委员会通过的反倾销措施,虽然以条例的形式,但实际具体指向了个别企业,所以措施的本质是决定性的,因而具有可受理性。1996年Codorniu案中,欧洲法院认为一项具有普遍适用的条例,只要申请人与该条例直接和个别相关,申请人也能提起无效之诉。[2]

"直接与个别的关联"标准最初通过欧共体法院在1963年"普劳曼公司诉欧洲经济共同体委员会案(Plaumann)"确立的。[3]该案起因于欧洲经济共同体委员会通过决定拒绝联邦德国政府提出的,将本国进口自欧共体之外国家的克莱门氏小柑橘的关税税率从欧共体统一税率13%变为适用联邦德国自身10%的税率的请求。位于汉堡的普劳曼公司认为委员会这一决定是错误的,便向当时的欧共体法院提起诉讼,请求法院宣告中止委员会作出的拒绝决定,判定被告有义务授权联邦德国就进口新鲜克莱门氏小柑橘适用10%的税率,判决被告向其支付因拒绝授权请求造成的损失。作为被告的欧洲经济共同体委员会认为其作出的决定针对的是联邦德国而非原告,只有联邦德国有权针对该决定提起诉讼。对此,法院审查了原告是否和被告的决定存在"关联性"。法院在裁决中承认了《欧洲经济共同体条约》第189条和第191条确立的"直接与个人关联性"是个人在欧共体法院提起无效之诉的受理条

---

[1] Case 307/81 Aluauisse v. Council and Commission, 1982, ECR 3463.

[2] Case 309/89 Codorniu v. Council, 1994, ECR I-183.

[3] Case 25/62, Plaumann v Commission, 1963, ECR 95.

件，并首次对"直接与个人关联性"进行了解释，确立了"特定指向"与"特定因素"两个要素作为个人案件可受理性标准。法院认为："特定指向"就是争议的欧盟法律必须只针对某个人或某些人。一旦满足该要素，那么就可以判定存在"直接与个人关联性"，即案件存在可受理性。若不满足"特定指向"要素，法院需进一步判定是否存在"特定因素"，即当欧盟法律未针对特定个人的情况下，是否存在法律借助某种特定背景或因素产生适用的效力，而该背景或因素是某类人或某个人特有的，并使之区别于其他人。在 Plaumann 案中，欧共体法院认为原告既不是被告拒绝授权决定的特定人，也不存在特定因素。因为原告只是众多受影响进口新鲜克莱门氏小柑橘的进口商之一，而且任何人均可以从事此类进口商业活动。原告不存在和其他人相互区分的特定背景或因素，最终裁定本案不具有可受理性。

（三）不作为之诉

"不作为之诉"指的是当事人向欧盟法院提出的，针对欧盟机构应为而不为的行为产生的诉讼。《欧盟运行条约》第 265 条第 1 款规定，若欧洲议会、欧洲理事会、欧盟理事会、欧盟委员会或者欧洲中央银行违反了欧盟两大基础条约，未能采取行动，则成员国或欧盟其他机构可以向欧盟法院提起不作为之诉。该款同样适用于不作为的团体、机关和办事机构。"不作为之诉"设置了诉讼前置程序。《欧盟运行条约》第 265 条第 2 款规定："只有首先要求相关机构、团体、机关和办事机构采取行动后，欧盟法院才能受理诉讼。若提出要求后的二个月内，相关机构、团体、机关和办事机构未明确立场的话，当事人可以在此后的两个月内提起诉讼。"

与提起"无效之诉"的主体相同，"不作为之诉"的主体也包括"特权"与"非特权"两类。特权申请者包括成员国和欧盟其他机构，非特权申请者是指自然人和法人。但是和"无效之诉"不同的是，"不作为之诉"中的非特权申请者可以就未能依据除建议或意见之外的法令采取行动向法院提起诉讼。另外，《欧盟条约》也未规定此类诉讼需要满足"直接和个别的关联"要件。

（四）损害赔偿之诉

《欧盟运行条约》第 268 条确定了欧盟法院对条约第 340 条有关损害赔偿争端具有管辖权。第 340 条对损害赔偿案件的具体表述为"非合同责任"（non-contractual liability）。"损害赔偿之诉"涉及申请人（成员国或自然人或法人）因欧盟机构或工作人员的非法行为导致的损害或损失提起的诉讼。此类诉讼和"违约之诉""无效之诉"和"不作为之诉"最大的区别在于其不是一个宣告类或声明类的诉讼。[1] 损害赔偿诉讼没有诉讼前置程序。根据《欧盟法院规约》第46条，提起损害赔偿诉讼的期限应在事实产生之日起5年内，否则法院将不予受理。

《欧盟条约》既没有限制自然人或法人提起损害赔偿诉讼的条件，也没有规定赔偿责任成立的要件。为了体现损害赔偿案件的特殊性，欧共体法院在1971年的"Lütticke案"中初步规定了三个赔偿责任成立的要件。[2] 首先，非法行为应归咎于欧盟机构或欧盟机构的工作人员。其次，申请人遭受了实质上的损害。最后，非法行为和申请人的损害存在因果关系。欧共体法院在1991年"Francovich案"进一步确立了"赋权（confer rights）"标准。[3] 此案的原告Francovich是意大利维琴察一家企业的工人。因企业未足额支付薪水向维琴察地区法院提起了对雇主的诉讼，要求法院判定被告支付大约600万里拉的金额。法院任命的执行官认为原告有义务向从赔偿金中返还一定数额的金钱。原告随后向维琴察地区法院起诉，认为意大利未将欧共体第80/987号指令转变为本国法律，致使其无法获得指令所规定的劳工权利保障，请求法院判决向其支付赔偿金。维琴察地区法院根据欧共体条约，向欧共体法院请求对案件进行初步裁决。欧共体法院在本案中指出，当个人认为成员国违反欧共体指令，并以成员国为被告提起赔偿诉讼需要同时满足三个要素。其一，欧共体指令赋予了个人某项权利；其二，权利的内容可以通过指令的相关条款予以确定；其三，成员国的违法行为与原告的损失之间存在因果关系。[4] Francovich案确定的三要素得到了法院后续判例的支持，比如2000年Bergaderm案[5]和2013年Ledra案[6]等。

---

［1］ Case C-131-03 RJ Reynolds Tobacco Holdings, 2006, ECR I-7795.

［2］ Case 4/69 Lütticke v. Commission, 1971, ECR 325, para. 10.

［3］ Case C-6/90 and 9/90 Andrea Francovich and Danila Bonifaci and others v. Italian Republic, 1991, ECLI：EU：C：1991：428.

［4］ Case C-6/90 and 9/90, para. 40.

［5］ Case C-352/98P Laboratoires pharmaceutiques Bergaderm SA and Jean-Jacques Goupil v. Commission, 2000, ECR I-5291.

［6］ Case C-8/15P Ledra Advertising Ltd and Others v. Commission and European Central Bank (ECB), EU：C：2016：701.

二、非诉讼管辖权——初步裁决制度

欧盟法院的"非诉讼管辖权"特指《欧盟运行条约》第 267 条规定的"初步裁决或先予裁决"（preliminary ruling）。"初步裁决"是欧盟法院极具特色的管辖权制度，具体指欧盟成员国法院或法庭在审理案件过程中，出现了欧盟法的解释或欧盟法的有效性疑难问题，进而由法院或法庭将该异议问题交予欧盟法院进行初步裁决，然后由该法院或法庭将初步裁决的结果适用于其案件审理的制度。《欧盟运行条约》第 267 条规定了欧盟法院在两类事项拥有初步裁决权：①欧盟两大基础条约即《欧盟条约》和《欧盟运行条约》的解释；②欧盟机构、机关、团体或办事机构法令的有效性及其解释。

（一）初步裁决的目的与性质

初步裁决制度的设立目的是保证欧盟法的解释与适用实现统一化，避免同一项欧盟法律规则在不同成员国的法院或法庭有不同的解释与适用。欧盟法院的初步裁决结果对成员国法院或法庭有法律拘束力，成员国法院或法庭有义务将结果运用于正在受理的案件中。在实践中，初步裁决的结果对未提请的法院或法庭来说，具有法律解释的权威地位。[1]

初步裁决不是欧盟法院对成员国司法管辖的干涉，而是一种管辖权分享机制。这是因为欧盟法院既无权主动启动初步裁决，也无权根据案件事实在具体案件中适用《欧盟条约》，更不能在案件中发表意见。真正有权裁判案件的主体只能是成员国法院。初步裁决也不是一种上诉制度，而是成员国在裁判案件时可能启动的中间程序。成员国法院在整个诉讼期间享有完全的管辖权。即便提请初步裁决，成员国法院也可以在欧盟法院作出裁决前，撤出初步裁决的请求。[2] 这就是为何欧盟法院的"初步裁决"是一种非诉讼管辖，因为"初步裁决"不直接解决案件争议。

（二）提起初步裁决的主体

成员国的法院或法庭才是提请主体。但是在欧洲法律的观念和实践中，

---

[1] Jointed Cases 28-30/62 Da Costa v. Nederlandse Belastingadministratie, 1963, ECR 31, 38.
[2] 张英："论欧洲法院的初步裁决程序"，载《法商研究（中南政法学院学报）》2001 年第 4 期，第 105 页。

法院或法庭并非仅仅指的是一国的审判权力机关,有权作出有约束力决定并在实际上行使法院或法庭职能的机构,也可被视为《欧盟运行条约》第267条指的法院或法庭。此类机构要被视为法院或法庭需要同时满足六项标准:①依据法律建立的;②有常设机关;③行使强制管辖权;④必须有内部的程序规则;⑤应依法裁判;⑥独立地位。[1] 在实践层面,可能还有如下提请主体的有关情形:

(1) 提请初步裁决的成员国法院或法庭的层级不受限制。虽然一国的最高法院通常是当事人实现权利救济的最后手段,但是这并不等于说级别较低的法院或法庭无权提请初步裁决。因为如果限制下级法院提请的权限,就会导致该案件因为不断上诉久拖不决。与此同时,欧盟法院的法官数量较少,无力承担日益增多的初步裁决请求。因此,成员国最高法院的判例可被下级法院用来作为先例处理案件。这样的话,既保证了成员国各层级法院或法庭的提请权限,还减轻了欧盟法院的裁判压力。

(2) 第三国法院和跨国法院的提请。通常来说,非成员国的法院或法庭以及跨国法院如欧洲人权法院和国际法院都无权向欧盟法院提请初步裁决。但是,有两种例外情况:其一,欧洲自由经济贸易区国家(EFTA)根据欧洲经济区协议的规定,可在遇到有关欧洲经济区法律规则的解释问题时有权提请初步裁决;[2] 其二,比荷卢法院(Benelux Court of Justice)在遇到需要解释欧盟法问题时,也有提请初步裁决的权利。[3]

(3) 具备解决争端职能的机构。欧洲法院在著名的"凡·甘公司案(Van Gend en Loos)"中认定,荷兰阿姆斯特丹关税委员会是裁决关税争议的最高权威机构且裁决是终局的。[4] 在本案中,即便关税委员会不是法院,

---

[1] Catherine Barnard & Steve Peers eds., *European Union Law*, Oxford University Press, 2020, pp.317-318.

[2] 《欧洲经济区协议》(The Agreement on the European Economic Area, EEA)是欧盟成员国和三个欧洲自由贸易区国家(冰岛、列支敦士顿和挪威)共同订立的旨在建立一个欧洲单一市场。协议生效日期为1994年1月1日。该协议第34号议定书第1条规定了,若涉及协议条款的解释问题,且该问题本质上属于《欧盟条约》的事项,协议成员国法院或法庭可以请求欧盟法院作出初步裁决。有关该条的内容详情见:https://www.efta.int/sites/default/files/documents/legal-texts/eea/the-eea-agreement/Protocols%20to%20the%20Agreement/protocol34.pdf,最后访问日期:2023年3月15日。

[3] 比荷卢法院成立于1965年3月31日,依据比利时、荷兰和卢森堡三国组成的"比荷卢联盟条约"建立。该法院主要就三国最高法院就联盟相关法律问题作出初步裁决。

[4] Case 26/62 Van Gend en Loos v. Nederlandse Adminitratie der Belastingen [1963] E.C.R.1.

但仍具备提请初步裁决的权利。欧洲法院在 1981 年 "C Broekmeulen 诉 Huisarts Registratie Commissie 案"中认为,即便医生登记协会设立的上诉委员会是一个私人团体组织,但该委员会得到荷兰法律的承认,并且委员会采取了对抗辩论程序,对案件有强制管辖权有终局性效力。[1] 因此,该上诉委员会可以被视为法院或法庭。除行政机构和专业团体外,满足上文提到的 6 项要素的仲裁机构也可被视为法院或法庭,商业仲裁机构除外。因为,商业仲裁机构绝非政府公共权力部分,其管辖权来源于当事人合意,因而在性质上不被视为具有强制性。

(三) 提起初步裁决的条件

《欧盟运行条约》第 267 条规定了成员国法院提起初步裁决的基本条件。除此之外,欧盟法院还在司法实践中丰富了其他条件:其一,争议应该是真实的。直言之,成员国法院或法庭在提交初步裁决时应有真实的纠纷,而非虚构或想象的。其二,应该是未决的争议。如果成员国法院或法庭在提起初步裁决的时候,司法程序不能业已终结。若案件已进入终审阶段,欧盟法院也会要求成员国法院或法庭改判或撤销已经作出的判决。其三,问题应有"关联性"。"关联性"指的是成员国法院或法庭向欧盟法院提请的问题,必须确保与欧盟法的解释存在关联性。如果不存在关联性,提请的初步裁决请求会面临被全部或部分驳回的后果。其四,法院或法庭需阐明所提请的初步裁决问题。在初步裁决程序启动后一直到裁决前,欧盟法院对案件涉及的事实与法律问题远不如成员国法院或法庭清楚。若提请问题不清,欧盟法院在有必要时有权要求成员国法院或法庭修改问题。否则,欧盟法院将不能作出有意义的裁判。为避免此类情况,欧盟法院在判例中设定了三项限制性条件,即只有当成员国法院或法庭明确阐述案件事实属于欧盟事务,欧盟法院的初步裁决如何有助于成员国法院裁判以及初步裁决作出后如何适用案情,成员国才能向欧盟法院提起初步裁决。但是,成员国法院或法庭未能对案件事实及法律问题作出详细阐述,欧盟法院能通过其他途径比如卷宗等案件索引找到相关信息满足初步裁决的提请条件,那么该案件仍然是可以被受理的。

---

[1] Case 246/80 C. Broekmeulen v Huisarts Registratie Commissie [1981] ECLI:EU:C:1981:218.

(四) 提起初步裁决的免除

所谓免除初步裁决的提请，是指成员国法院或法庭在某些情况下无需将所有涉及欧盟法解释的问题提交给欧盟法院，防止重复解释导致的司法资源浪费。免除的情况主要有两类：第一类指有先例可循。欧盟法院有遵循先例的传统，如果先前就有关类似的问题作出过初步裁决，那么成员国法院或法庭可以免除提请初步裁决。此外，为了减轻法院的工作压力以进一步节约司法资源，欧盟法院认定，即便先例与现有案情不完全相似，但是先例裁决足以提供解决办法，那么成员国也可以免除提起初步裁决的义务。第二类是指规则明确无疑。如果案件涉及的欧盟法律规定得非常明确或者毫无疑问时，成员国法院或法庭才可以免除提交初步裁决的义务。为了防止成员国滥用"明确无疑"这条规则，欧盟法院规定了十分严格的条件，即除非一项欧盟法律十分明确，并且成员国法院或法庭应当确定欧盟法院和其他成员国法院会作出相同判决时，才可以自行解释无须提请欧盟法院作出初步裁决。

(五) 初步裁决的法律效力

毫无疑问，欧盟法院作出的初步裁决对提请的成员国法院或法庭具有法律约束力。原则上，初步裁决的法律效力只对个案有效。与此同时，在符合条件的情况下，其他成员国法院或法庭也可以适用裁决有关的法律解释。此外，如果欧盟法院在初步裁决中确认欧盟机构的一项行为或措施无效的话，那么该裁决具有普遍的法律效力。虽然欧盟法院深受大陆法系的影响，但是在初步裁决方面，越发显示出先例的权威地位。因此，初步裁决的法律效力不仅适用个案，还会对其他案件有约束力。

第三节 欧盟法院的诉讼程序规则

虽然欧盟法院对外以一个整体的形象出现，但在具体案件中，法院、综合法庭和专门法庭都有属于自己的运作规则。因此，欧盟法院不存在一个统一的程序规则。在《欧盟法院规约》的基础上，法院和综合法庭分别制定了《法院程序规则》和《综合法庭程序规则》[1]。《欧盟法院规约》第三部分和

---

[1] "Rules of Procedure of the General Court of 4 March 2015", OJ [2015] L 105.

第四部分一般性规定了欧盟法院裁判一项争议或非争议案件包括应诉、答辩、审理与裁判等步骤。由于法院和综合法庭的人员组成及管辖事项有很大差别，这导致了法院和综合法庭的诉讼规则在具体细节上有较大差异。

一、法院的诉讼规则

（一）诉讼代理人

《欧盟法院规约》第 19 条具体规定了诉讼主体的代理人制度。成员国和欧盟机构在每件案件中应有一个代理人（agent），代理人可以聘请一名顾问或者律师。此类规定同样适用于诉讼一方为欧盟经济区的成员和欧洲经济自由贸易区监管机构的初步裁决案件。自然人或法人为诉讼方必须由一名律师代理案件。

（二）普通程序

法院的普通程序包含"书面审理"和"口头审理"两个部分。"口头审理"并非必经程序。书面程序主要指法院依据原被告双方提交的书面意见、欧盟机构通过的属于案件争议相关的法令、案情、答辩状和陈述意见和答复等一切和案件争议有关的文件进行审理。《欧盟法院规约》第 21 条明确规定"任何向欧盟法院起诉的案件必须首先应向书记官提交一份申请书（written application）"。申请书应包含原告的姓名、固定住址及签名、被告的姓名、争议事项、诉讼请求以及法律依据。在原告提起"无效之诉"的案件中，申请书还应当附有证明文件，文件载明"欧盟机构行为的发出日期及行为依据的法律"。若原告在提交申请书未附此类证明文件，书记官应指定一个合理期限允许原告补交。原告未在指定期限内补交，也不意味着原告在后续程序中丧失提交证明文件的权利。案件受理后，除了通知当事人外，所有的通知要在发出后 6 周至 8 周内在欧盟公报上刊登。

书面程序结束后，有可能启动口头程序。口头程序一般指的是原被告双方的代理人、顾问或律师在法庭上进行的口头辩论、证据开示等庭审事项。在欧盟法院的实践中，有两种情形会导致口头程序的启动。其一，法院依职权启动。法院将根据法官的意见决定是否由合议庭审理以及是否需要开预备庭。在最后的诉讼材料收到后或开预备庭后，由审判长决定开庭日期。承办法官要起草案件报告，报告应对案件涉及的法律、当事人主张的事实与案件的争议焦点进行综述。其二，当事方主动启动。书面程序结束后，当事方可以在3周内向法院说明他们是否以及为何要进行口头程序。这个步骤被称为"预备询问"（preparatory inquires）。法院在收到当事方请求后，在阅读完法官和佐审官的意见后，决定是否需要进行预备询问，案件的分配以及是否举行口头辩论。

一旦法院决定"口头审理"，案件的当事方需要在法官和佐审官面前进行口头辩论，口头审理采取公开的方式。和书面程序不同的是，口头程序一般需要佐审官和法官一同听取双方当事人的辩论意见。法官和佐审官可以向当事方提出他们认为适当的任何问题。庭审结束后，佐审官应提交书面的法律意见。但是，佐审官的书面意见并非必须的。《欧盟法院规约》第20条第5款规定："法官在听取佐审官口头意见后，若案件没有出现新的法律问题，可以在没有佐审官提交书面意见的情况下裁判案件。"口头程序经常涉及专家证据问题。专家证据可以由争议方主动提供，也可以由欧盟法院依照职权调取。《欧盟法院规约》第25条规定："欧盟法院可以在任何时候要求任何个人、单位、机构、机关、委员会或其他组织提供专家意见。"

书面程序和口头程序结束后，案件的承办法官起草裁判书，合议庭成员就起草的裁判书进行评议。评议过程中法官的意见是保密的。裁判依据少数服从多数的原则作出，裁判书必须载明理由，并包含所有合议庭成员的署名。裁判书和佐审官的意见书一般要有所有欧盟成员国的官方语言文本，并于宣判之日公布在欧盟法院的官方网站以及《欧盟法院公报》上。[1] 法院的裁判不收取任何费用。当事方在聘请代理人或律师时若无法支付费用，可以寻求法律援助。

（三）初步裁决的诉讼规则

根据《欧盟运行条约》第267条启动的请求欧盟法院受理的初步裁决案件，成员国法院或法庭应将本国暂停审理案件的决定通知给欧盟法院。根据《欧盟法院规约》第23条的规定，成员国法院或法庭通知后，欧盟法院的书记官负责将欧盟法院受理初步裁决的决定通知给成员国、欧盟委员会以及其他欧盟机构或机关，因它们通过了案件争议涉及的法令。书记官发出通知后

---

〔1〕欧盟法院的英文版官方网址为：https://curia.europa.eu/jcms/jcms/j_6/en/，最后访问日期：2023年3月1日。

的 2 个月内，案件争议各方、成员国、欧盟委员会以及通过案件涉及法令的相关欧盟机构或机关，应向欧盟法院提交书面声明或立场。

除此之外，《欧盟法院规约》第 23 条第 3 款和第 4 款还规定了两个特别情形：其一，如果案件争议方是也是《欧洲自由贸易协定》的缔约方，且案件属于该协定适用范围，那么协定的监管机构应在收到书记官通知 2 个月内向欧盟法院提交书面声明或立场。其二，如果欧盟理事会和非欧盟成员国就某个事项达成了一项协定。协定规定了非成员国有权在成员国法院或法庭向欧盟法院提交初步裁决的前提下，就争议涉及的协定规定事项向欧盟法院提交书面声明或立场。在此类情况下，考虑到非成员国可能因未充分关注成员国司法实践丧失发表意见的权利，《欧盟法院规约》还要求成员国法院或法庭应将提交初步裁决的决定通知给非成员国，以便其在发出通知 2 个月内向欧盟法院提交书面声明或立场。

（四）特别程序

在普通程序或初步裁决程序中，《欧盟法院规约》还规定了两个特别程序：简易程序（simplified procedure）与快速程序（the expedited procedure）。

（1）简易程序。简易程序只适用于初步裁决案件。如果成员国法院或法庭提交的初步裁决问题与法院已裁决的问题相同，或者如果对该问题的答案没有合理的疑问，抑或可以从现有的判例法中清楚地推断出来，法院可以在听取佐审官的意见后，通过引用与该问题有关的先前判决或相关判例法的做法，作出有说明理由的命令（reasoned order）据以裁断案件。

（2）快速程序。快速程序指的是法院在涉及自由、安全和司法三个领域（民事与刑事中的警察与司法合作，以及签证、庇护、移民和其他与人员自由流动有关的政策）的争议案件中，以及佐审官未提交书面意见的案件中迅速作出裁决，尽可能缩短时限，并给予这些案件绝对的优先权。经一方申请，法院院长可根据法官的建议，在听取佐审官和其他当事方的意见后，决定案件是否需要使用快速程序。这种程序也可用于初步裁决的案件。在初步裁决案件中，是否采取快速程序是由寻求初步裁决的成员国法院或法庭提出，且必须在申请中说明就提交给法院作出初步裁决问题本身属于特别紧急的情况。当初步裁决案件适用快速程序时，案件将由 5 名被指定的法官以组成分庭的方式进行，主要通过电子方式进行书面审理。

（五）上诉规则

《法院程序规则》第 167 条第 1 款规定："上诉应向法院或综合法庭的登记处提出申请上诉。"如果当事方向综合法庭提出上诉，综合法庭的登记处应立即向法院的登记处转交一审案件的卷宗。根据《法院程序规则》第 168 条第 1 款，上诉书一般应包括："上诉人的姓名和地址；综合法庭的裁判；其他当事人的姓名；上诉所依据的法律及请求以及诉请的摘要和上诉人寻求的法律救济形式。"如果上诉书不满足前述要求，法院的书记官应给予上诉人合理的期间补充。若上诉人未能提供，法院在听取法官和佐审官的意见后决定是否不予受理。当法院决定受理上诉时，上诉书将由法院送达案件的其他当事人，上诉书送达后 2 个月内，被送达人应向法院提交答复书（response）。根据《法院程序规则》第 173 条第 1 款，答复书应包括"答复人的姓名与地址；收到上诉书的日期；法律观点与依据，以及答复的请求"。上诉人在收到答复书 7 日内向法院申请，经法院院长允许在上诉人和被上诉人之间进行答辩（reply）和复辩（rejoinder）的程序，答辩与复辩程序主要就答复书中新出现的事项陈述观点进行辩论。

《法院程序规则》第 176 条至 180 条规定了"交叉上诉制度（cross-appeal）"。交叉上诉制度常见于英美法系国家的诉讼程序，即被上诉人可在一定时间内对上诉人的上诉提出反请求。《法院程序规则》第 177 条规定交叉上诉书应包含："提请人的姓名与地址；上诉书的送达日期；交叉上诉的依据的法律抗辩与依据，以及交叉请求。"被上诉人的交叉请求，可以撤销综合法庭的部分或全部裁决结果，也可以要求撤销综合法庭作出的受理案件的决定。为充分体现交叉上诉的"反请求"特点，《法院程序规则》第 178 条规定，交叉上诉的法律依据应准确地对综合法庭的裁决理由提出异议，并且该异议依据的法律抗辩和依据不仅不同于综合法庭的判决依据，还要和答复书中的法律抗辩区分开来。被提出交叉上诉的当事方可以在交叉上诉书到达之日起 2 个月内提交交叉上诉的答复书。如同一般的上诉程序一样，交叉上诉程序也可能存在"答辩"和"复辩"，具体步骤和上诉程序相同。

当法院决定受理上诉案件后，法院将组成一个由 5 名法官构成的分庭对综合法庭的裁判进行审查，并应将审查的决定送达当事人。当事人在收到送达的一个月内，可以就审查的问题陈述意见。一旦作出审查综合法庭裁决的决定，分庭在听取佐审官的意见后对案件作出实质判决。

二、综合法庭的诉讼规则

（一）一般诉讼规则

1. 初步反对规则

初步反对规则（Preliminary objections）是一项管辖权异议，具体指被告以书面形式，在综合法庭未对案件实质问题进行审理时提出的法庭对案件不具有受理性（admissibility）或者缺乏权限的制度。对被告来说，利用初步反对规则是阻断原告诉求和法庭裁判的首要手段。根据《综合法庭程序规则》第 130 条的规定，被告提出初步反对规则应说明诉讼目的不存在的理由。被告提出初步反对意见后，庭长应确定一个时间要求原告就被告提出的初步反对意见，必须说明诉求依据的法律和观点以及任何支持诉求的文件资料，也可以要求原告就初步反对意见提交书面观点。

初步反对程序启动后，法庭可以决定是否启动口头程序。如果当事方提交的材料文件充分，被告的初步反对意见属实，综合法庭应尽快作出不受理的裁定。如果案件属于法院的管辖事项，法庭可以将案件交给法院管辖。

2. 普通程序规则

综合法庭的诉讼代理人制度和法院相同。综合法庭的审理也分为"书面程序"和"口头程序"。法庭裁定受理案件后，会通知原告将起诉书等案件材料上传至法庭的电子系统 e-Curia。《综合法庭程序规则》第 76 条规定了原告的申请材料应包含："原告的姓名和地址；原告代理人的名称和地址；诉讼针对的主要当事方的名称；诉讼事由、法律依据和理由；原告寻求的命令形式，以及提供或出示的任何证据。"一旦原告提交起诉的一系列文件后，相关信息会登记在《欧盟官方公报》中。原告的起诉书可以通过 e-Curia 方式送达给被告。如果无法送达，也可以通过邮寄送达。

根据《综合法庭程序规则》第 81 条第 1 款，被告应在起诉书送达后的两个月内提交应诉书，应诉书中应载明"被告的姓名和地址；原告代理人的名称和地址；应诉的法律依据和主张；被告寻求的命令形式以及提供或出示的任何证据"。被告提交应诉书后，综合法庭必须将原告的起诉书副本和被告的应诉书副本送达非案件当事方的欧洲议会、欧盟理事会或欧盟委员会。诉讼开始后，原告和被告均可以通过提交第二次诉状，即"答辩状"和"复辩状"的方式补充"起诉书"和"应诉书"的内容，除非综合法庭认为此类补充方式是没有必要的。综合法庭作出无须提交"答辩状"和"复辩状"的决定，但在收到决定之日起 2 周内提出合理的请求，要求补充卷宗材料，法庭也可以允许补充相关材料。

案件当事方在提交起诉书和应诉书时应尽量一次性提出全部诉讼请求和法律抗辩的事实理由和法律依据。《综合法庭程序规则》第 84 条第 1 款和第 2 款规定："除非当事方在诉讼过程中发现新的法律或事实，否则在诉讼过程中无权提出新的法律主张。如果当事方在第二次诉状交换中才知道新的法律或事实的话，应在第二次诉状交换中提出新的法律主张。其他当事方在知悉新的法律主张后，应立即提出新的法律抗辩。"在证据开示和交换制度上，当事方在口头程序结束前或者经综合法庭允许可以提交新证据，只要能证明新证据的提交存在合理性。

当事方提交书面程序所需的材料和文书后，进入法庭的书面审理阶段。《综合法庭程序规则》第 5 章和第 6 章规定了法庭书面审理包括"法庭报告"与"法庭调查"两个部分。"法庭报告"主要指法官报告员在争议各方提供的材料和文书基础上，就案件的事实与法律问题、审判庭的组成与法庭调查方式，是否需要口头程序等内容向法庭提交初步报告。综合法庭根据初步报告的内容决定后续程序。在法庭调查阶段，法庭一般要求争议各方出庭听取各方意见，并出示书面或口头的证据材料等，当事人在法庭的主持下可以对对方的证据材料提出反驳。法庭也可以通过传唤证人（包括专家证人）的方式对案件事实进一步认定。如果当事人对证人证言提出诸如证人不具有资格等反对意见，应该在法庭发出传唤证人或指定专家的命令送达后 2 周内提出。反对必须列明反对理由，并说明提供任何证据的性质。

《综合法庭程序规则》第 8 章规定了法庭的口头审理规则。口头审理并非综合法庭的必经程序，是否决定口头审理取决于当事方是否申请听证及法庭认定书面材料是否充分。综合法庭的口头审理包括"听证（第 106 条至第 107 条）""缺席审理（第 108 条）"和"不公开审理（第 109 条）"。《综合法庭程序规则》第 106 条规定："法庭可以依职权或者依当事方申请在口头审理之前进行听证。如果是当事方提出听证请求的话，必须要在书面审理结束的通知送达各方 3 周内提出，并说明要求听证的理由……"同时，本条规定了当事方未提出听证的前提下，法庭若认为已经从书面材料中获得充分的信息，可以直接对案件进行裁判，不进行口头审理。如果法庭决定口头审理，庭长将确定口头审理的日期。在特殊情况下，庭长可以主动或在当事方合理要求下，推迟口头审理的日期。

当法庭决定口头审理后，存在当事方缺席的情况。无论是当事方主动通知还是无故缺席，法庭一般仍对案件进行审理；但是，如果该缺席的当事方是案件的主要当事方，那么庭长可以直接决定是否终止口头审理。口头审理一般是公开的，除非法庭决定或当事方申请不公开。当事方申请不公开必须说明不公开的事由。

口头审理由庭长主持，当事方可以自己出庭，也可以由委托代理人出庭。在审理过程中，法官和佐审官有权要求代理人回答与案件有关的问题。在涉及"欧盟机构和雇员"的争议案件中，法官和佐审官可以邀请当事方就案件具体问题发表观点。如果案件在审理过程中出现法官组成人数不足的情况，法庭应该再次启动口头程序。《综合法庭程序规则》第113条第2款还规定了重启口头程序的情形：①法庭认为缺乏充分材料；②案件争议的某个问题属于裁判的事项，但未得到当事方辩论；③主要当事方依据的事实对裁决起决定作用，但因为口头程序结束导致该事实未得到确认。

口头程序结束后，综合法庭将通知当事方具体作出裁判的日期，裁判书的内容除了载明当事方及其代理人、法官、佐审官（如有）及书记官相关信息外，还要载明案件的裁判经过、裁判依据的事实与法律等。综合法庭应公开裁判结果，并存放在登记处，裁判文书应公布在《欧盟公报》，文书的副本送达至当事方。

3. 诉讼参加人制度

《综合法庭程序规则》第14章专门规定了"诉讼参加人"制度。在欧盟司法实践中，诉讼参加人一般指的是部分或全部支持当事方实质主张的人。对程序性权利的全部支持或部分支持不构成诉讼参加人。既然是诉讼参加人，意味着必然存在一个主诉。直言之，如果被告提起的初步反对意见被法院承认或者法院认为诉讼目的不存在，裁定对主诉无管辖权从而撤销案件，那么任何人无法以诉讼参加人的身份参与案件。对此，《综合法庭程序规则》第144条第3款规定"如果被告提出初步反对意见，法庭暂停同意诉讼参加人是否加入案件，除非初步反对意见被否定"。

《综合法庭程序规则》第 143 条规定诉讼参加人的申请必须在案件在《欧盟公报》公布后的 6 周内提出。申请书应该包含"案情""主要当事方情况""参加人的姓名与地址""参加人代理人姓名与地址""支持或部分支持当事方的主张范围"以及"阐明诉讼参加的具体情形",申请书也应送达给当事方。为防止诉讼参加人引起的诉讼复杂性,庭长应给予主要当事方就诉讼参加人提交书面或口头意见的机会。如果诉讼参加的请求被驳回,庭长必须说明驳回的理由。如果法庭认可诉讼参加的请求,诉讼参加人应该收到主要当事方受送达的一切程序性文件副本,除非文件涉及机密。诉讼参加人一般通过提交意见的方式参与诉讼,意见除了载明"参加人支持的诉求"和"意见的法律依据与观点"外,还可以提交相关证据供法庭采信。

4. 友好协商机制与案件撤销程序

考虑到当事方可能寻求法庭之外的方法解决争端的可能性,《综合法庭程序规则》在第 12 章专门规定当事方自行友好解决从而撤销案件的途径,具体有四个条件:其一,在法庭作出裁决前,主要当事方可以寻求友好解决;其二,主要当事方将寻求友好解决并放弃司法解决的决定通知法庭;其三,庭长向登记处发出指令以撤销案件;其四,"不作为之诉"和"无效之诉"不适用于友好解决机制。

除了当事方寻求友好解决外,法庭也可以主动启动该机制。《综合法庭程序规则》第 125a 条规定了综合法庭在诉讼的每个阶段都可以审查当事方是否存在友好解决全部或部分争端的可能性。在书记官的协助下,法院应指示法官报告员寻求友好解决的办法。报告员可提出一种或多种办法,并为执行目的邀请当事方提供资料、文件或信息,邀请当事方或其代理人友好协商达成协议,甚至在当事方同意的前提下互相单独会面以达成合意。如果主要当事方在法官报告员提出友好解决方法之前已经达成和解协议,主要当事方可以要求和解协议的条款记录在报告员和书记官签发的文件中,该文件送达至当事方并记录在公报中。当事方达成和解协议后,庭长作出理由的指令从登记处撤销案件,和解协议的内容也要记录在指令中。

5. 裁判的解释与修改

根据《欧盟法院规约》第 43 条的规定,如果当事方对一项判决或命令的含义与范围有疑问,法庭有义务对判决或命令进行解释。《综合法庭程序规则》第 168 条第 2 款规定:"当事方可以在判决或命令作出后 2 年内向法庭提出解释的申请。"申请应以书面形式作出，内容应包括"待解释的判决"和"获取解释的途径"。对判决或命令的解释会影响其他当事方的法律利益，因此请求解释方的申请书也要送达给其他当事方以便其发表书面意见，是否发表书面意见完全是自愿的。如果其他当事方选择发表书面意见，法庭则在书面意见发表后作出解释的决定。

法庭的裁判作出后，有可能法庭无法得知的新出现的事实，但是该事实对案件结果起决定作用。此种情况下，当事方可以申请改变原判决或裁定。《欧盟法院规约》第44条第3款和《综合法庭程序规则》第169条第2款规定，案件裁决作出后10年内，申请人在知悉事实之日起三个月内应向法庭提起修改裁判的申请。提出修改裁判的申请书应包括："存疑的判决或命令""依据的事实""证明该事实与修改判决或命令之间的关系"。申请书也应送达给其他当事方，以便在庭长指定的期限内提交意见。其他当事方自愿提交意见后，法庭通过裁定受理的方式对案件实质问题进行裁决，修改裁决的决定及修改后的裁决书应附加在初始的裁决书中。

（二）对公务员专门法庭裁判的上诉规则

综合法庭作为专门法庭的上诉机构，受理"公务员专门法庭"裁决的上诉案件，具体规定在《综合法庭程序规则》的第5部分中。综合法庭受理上诉案件采取的程序规则和法庭受理上诉案件大致相同，也可以分为"书面审理"与"口头审理"。

（1）上诉书的提交与送达。上诉书应包含："上诉人的姓名和地址""上诉人代理人的身份与地址""被提起上诉的公务员法庭作出的具体裁决""公务员法庭的其他当事方""上诉依据的法律和观点，以及上诉请求的摘要""原审裁判送达给上诉人的具体时间""上诉人寻求的救济形式"。上诉书应附有其他证明材料。上诉书应送达给原审裁判的其他当事人。即便上诉书未指明"原审裁判送达时间"以及"未附有其他材料"，只要综合法庭认为上诉可以受理或者上诉已经登记，那么上诉书应立即送达其他当事人。其他当事人收到上诉书后的2个月内可以向法庭提交答复书。

（2）答辩、复辩与交叉上诉。在审理公务员案件的上诉程序中，答辩和复辩同样不是必经的步骤。《综合法庭程序规则》第201条规定，上诉书和答复书可以分别附有答辩书和复辩书。其中，答辩书自上诉人收到答复书7日内提交，规则对复辩书的提交时间没有明确规定。被上诉人如果对上诉有独立的反请求，可以根据《综合法庭程序规则》第205条和第206条的规定，通过提交"交叉上诉书"的方式启动交叉上诉程序。交叉上诉程序同样有"答复"和"答辩与复辩"两个规则。

（3）口头审理。上诉人可以向法庭提出口头审理的请求，请求必须在书面审理结束的通知到达当事方的3周内提出，且必须有充分的理由。如果报告员提议，法庭认为有足够的材料与信息，可以不经口头审理径直作出裁判。

此外，上诉程序中还存在诉讼参加人制度。《综合法庭程序规则》第214条明确规定，法庭的上诉规则参照适用法院相关规则。

（三）重新审判规则

法院是综合法庭的上诉机构。法院在审理对综合法庭裁判不服进行上诉的案件时既可以自己审理，也可将案件发回综合法庭重审。《综合法庭程序规则》第220条规定："法院将受理的上诉案件交予综合法庭重审，综合法庭一般应另行组成审判庭，除非该案件的一审裁判由大审判庭作出。"综合法庭收到重审的裁定的1个月内，可以邀请原审当事方就案件发表书面意见，也可以举行听证。相比普通审理和上诉案件审理，重新审判规则显然要简单得多。

第四节 欧盟法律争端解决机制评述

欧盟法院是欧洲一体化的产物。欧盟法院的职能和管辖的依据基于成员国一致同意原则，其依据国际条约建立的司法审查和初步裁决，不仅充分借鉴了欧盟成员国的司法审查模式，还实现了欧盟法对成员国法的"穿透"。同欧盟法一样，欧盟法院的争端解决机制同样也是"自成一体"的。本节将结合前三节的内容，简述欧盟法院争端解决机制的主要特点，并对其作出相关评述。

一、欧盟法律争端解决机制的主要特点

欧盟法院的司法路径与争议对象，争议事项与管辖权分配有着紧密关联。欧盟法院的争端解决机制至少有三个主要特点：

(一) 公法性质的争端解决

无论是诉讼管辖还是非诉讼管辖，欧盟法院不解决私人间直接发生的法律纠纷，解决的是欧盟法在解释和适用过程中的合法性与正当性问题。无论是"违约之诉""无效之诉"还是"不作为之诉"，本质上都是维护欧盟法的权威性。即便"损害赔偿之诉"体现了对私主体的利益保护，但是"赋权"这一强制性要件排斥了该类型诉讼作为侵权责任案件的可能性。因此，欧盟法院的争端解决具有纯粹的公法性质，没有任何私法性质。

(二) 专门性与普通性相结合

在欧盟法中，"违约之诉""无效之诉""不作为之诉"和"损害赔偿之诉"是欧盟法院专门处理的案件，但是欧盟法院并不是通过立法机构来实现对司法审查案件管辖的目的，而是借助普通诉讼的方式对案件进行审理，进而充分强化了争端各方在法庭面前进行辩论对抗的过程。欧盟法院既实现了司法审查案件的专属管辖，也采取了普通诉讼方式实现了司法审查的目的。但是，欧盟法院不是专门的司法审查机构，也不是各成员国的最高普通法院。

(三) 直接管辖与间接管辖相结合

欧盟法院作为欧盟的司法机构决定了欧盟司法案件以诉讼的方式进行，即欧盟法院借助普通诉讼程序审查了欧盟机构的行为合法性，具体包括了确认欧盟机构的不作为和非法行为或法律。初步裁决制度虽然是欧盟法院和成员国法院的中间程序，从表面上体现了欧盟法院对成员国法院或法庭司法自主的尊重。然而，欧盟法院正是通过"非侵入"的方式对欧盟法的解释和适用进行了权威性界定，并且借助"先例可循"和"明确无疑"两个规则，保证了欧盟法在成员国的权威地位，也实现了欧盟法与成员国法的司法管辖划分。

二、欧盟法律争端解决机制的相关评述

在欧盟法中，欧盟法院的裁判结果被视为法律渊源。欧盟法院具有造法的功能。欧盟法院借助初步裁决制度，充当了欧盟成员国法院的受托机构。更确切地说，欧盟法院已然成为"信托型"的争端解决机构。通过"法院造法"以及"受托裁判"，欧盟法院的争端解决机制不仅树立了法院的权威，也维护了欧盟法解释与适用的完整性。欧盟法院之所以能发挥积极的作用，反映了法律一体化在欧盟内部达成了共识。

第一，欧盟法为欧盟法院促进欧洲法律一体化提供了坚实的法律基础。《欧盟条约》确立了"直接效力"原则。该原则明确了欧盟立法机构通过的次级法律应是清晰的和不含糊的。这样，法院在裁判具体案件时，尽量可以绕开对法律起草意图的解释工作，而是将解释建立在法律文本本身，最大限度地提高了法院裁判的效果。

第二，欧盟成员国让渡了本国法院对欧盟法的能动解释权。欧盟成员国创设欧盟法院的目的之一是为互相监督实施欧盟法设立有效的手段。欧盟成员国并没有完全遵循国际公法争端解决机制的"意定管辖"模式，而是将主权国家内部司法机构对欧盟法的解释权让渡给了欧盟法院，这使得欧盟法院通过间接行使司法管辖的方式对成员国法院正在审理的案件所涉及的欧盟法进行了权威解释。

第三，欧盟法院具有持续造法的能力。虽然欧盟法院对外否定"遵循先例"，但在具体案件的审理中，法院不断援引先前的判决作为判案依据，从不明确推翻先例，这在实际上确立了先例的法律约束力。通过长期的司法实践，欧盟法院实现了司法造法的功能。

从某种程度上，欧盟司法制度是法律区域化乃至法律全球化的一个积极的例证。但是，至少在今天看来，欧盟法律争端机制仍未达到超越主权国家之上的、真正意义上的解决法律争议的全球模范。毕竟，欧盟法院的权限仍来源于主权国家，只不过是成员国为实现一体化所做的妥协。但是，我们必须承认的事实是：欧盟法及其争端解决机制是最早和最成功实现区域法律一体化的制度。

第九章

《美国-墨西哥-加拿大协定》（USMCA）争端解决机制

《美国-墨西哥-加拿大协定》（United States-Mexico-Canada Agreement，USMCA）于2020年7月1日生效，取代1994年生效的《北美自由贸易协定》（North American Free Trade Agreement，NAFTA）。NAFTA签署的20多年，对促进北美地区的自由贸易和经济发展起到了重要的推动和保障作用。自2017年4月起，美国、墨西哥和加拿大开启对NAFTA的重新谈判；2018年9月，美国与墨西哥和加拿大先后完成双边谈判；三国于2018年11月共同签署了《美国-墨西哥-加拿大协定》。

第一节　USMCA争端解决机制概述

USMCA保留了NAFTA的基本框架，并借鉴了《跨太平洋伙伴关系协定》（Trans-Pacific Partnership Agreement，TPP）中多项章节和规定。USMCA在两个协定的基础上，针对部分章节进行了补充和调整。从整体文本来看，USMCA的34个章节以及一些附加协议和官方信函，与NAFTA的22个章节和TPP的30个章节以及它们各自的一些附件和官方信函，在名称和内容上具有高度类似性。

一、USMCA基本内容

USMCA中的初始条款与一般定义、国民待遇与市场准入、农业、原产地规则、原产地程序、纺织品与服装、海关管理与贸易便利化、承认墨西哥对碳氢化合物的所有权、卫生和植物检疫标准、贸易救济、贸易技术堡垒、政府采购、投资、跨境服务贸易、商务人士临时入境、金融服务、电信、知识产权、竞争政策、国有企业与指定垄断企业、公布与实施、管理与机构条款、争端解决、例外与一般规定、最后条款等共 25 个章节，均能在 NAFTA 找到相对应章节。[1]

通过重新谈判，美国在以汽车为代表的制造业、中小企业、乳制品和农业领域取得了较大收益。根据美国贸易代表处的官网信息，USMCA 的要点包括：为美国工人创造一个更公平的竞争环境，包括改进汽车、卡车、其他产品的原产地规则，以及货币操纵的纪律；通过现代化和加强北美的粮食和农业贸易，使美国农民、牧场主和农业综合企业受益；通过对美国知识产权的新保护，支持 21 世纪经济，并确保美国服务贸易的机会；涵盖数字贸易、反腐败和良好监管实践的新章节，以及专门用于确保中小企业从该协议中受益的章节。[2]

二、NAFTA 争端解决机制的基本结构

NAFTA 时期已经在争端解决领域确定了多元调整模式。按照章节顺序，NAFTA 分别规定了投资争端解决机制（第 11 章），金融案件争端解决机制（第 14 章），反倾销与反补贴税事项的审查与争端解决机制（第 19 章），一般争端解决机制（第 20 章）以及环境案件争端解决机制（《北美环境合作协定》）和劳工案件争端解决机制（《北美劳工合作协定》）。[3]

NAFTA 是第一个在自由贸易协定中全面纳入投资争端解决机制内容的诸边协定。[4]其第 11 章第 B 节名为"一国与另一国投资者的争端解决"，共 24 条，详细规定了投资争端解决机制的具体内容。第 14 章金融案件的争端解决机制，并没有规定单独机制，但规定了处理金融案件的两种路径：①适用第 20 章的一般争端解决机制解决金融争端；②当争议涉及征收或转移时，适用

---

[1] 张小波、李成："论《美国-墨西哥-加拿大协定》背景、新变化及对中国的影响"，载《社会科学》2019 年第 5 期，第 33 页。

[2] https://www.trade.gov/usmca, available on 30th April 2023.

[3] https://www.trade.gov/north-american-free-trade-agreement-nafta, available on 30th April 2023.

[4] 伍穗龙、陈子雷："从 NAFTA 到 USMCA：投资争端解决机制的变化、成因及启示"，载《国际展望》2021 年第 3 期，第 60 页。

第 11 章的投资争端解决机制。第 19 章针对反倾销与反补贴纠纷，规定可由争端两国组成五人专家小组，审查另一缔约国的国内立法是否违反 GATT，以及另一缔约国作出的最后行政决定是否违反相应标准。同时本章规定了特别异议程序，并确立专家组审查保障制度。NAFTA 第 20 章为一般争端解决机制，由自由贸易委员会领导，自由贸易委员会由内阁级别官员组成，主要通过磋商与专家组解决争议，同时也规定了由原告的内国法院处理争议的可能性。一般争端的解决流程为争议双方先进行谈判磋商，如果不成功则由自由贸易委员会召开全体会议，进行斡旋调解，如若再不成功则组成仲裁庭进行审理。

NAFTA 针对环境保护和劳工保护分别制定了单独协定，并在协定中各自规定了争议解决机制。针对环境案件纠纷，由环境合作委员会下的秘书处受理，争议双方进行磋商，磋商未果任意一方可以召集理事会，最后争议可由仲裁专家组审理。针对劳工案件纠纷，由各缔约国的国内进行审议，由部长级会议进行协商，协商未果可由专家委员会评审，最后可由专家组进行仲裁。

三、USMCA 争端解决机制的基本结构

USMCA 在继承 NAFTA 多元争端解决机制的基础上，进一步细化了各类贸易投资争端，针对 USMCA 的具体内容，将争端解决机制细化在各章节之中，按照章节顺序包括：①反倾销及反补贴争端解决机制（第 10 章）；②投资争端解决机制（第 14 章）；③金融服务争端解决机制（第 17 章）；④电信争端解决机制（第 18 章）；⑤劳工争端解决机制（第 23 章）；⑥环境争端解决机制（第 24 章）；⑦反腐败争端解决机制（第 27 章）；⑧良好监管实践争端解决机制（第 28 章）；⑨一般争端解决机制（第 31 章）；⑩宏观经济政策与汇率事项（第 33 章）。下文将针对 USMCA 中各类争端解决机制进行具体介绍和分析。

第二节　USMCA 一般争端解决机制

USMCA 第 31 章为协定的争端解决章节，其规定具有普遍性，在其他章节没有特殊规定时，围绕该协定产生的争议均应依照第 31 章处理。本章规定了一般争端解决机制的运作流程，并对争议事项、管辖范围等内容作出明确规定。

国际争端解决

一、管辖事项和管辖机构

协定认为当事方应尽力就协定的适用和解释达成一致，并对可能影响协定实施或适用的事项尽可能通过合作或咨询的方式达成满意的解决方式。在无法达成一致的情况下，本章规定了受理争议的范围：关于协定的解释和适用；一方认为另一方采取的行为与协定规定的义务不相符，或另一方未能履行协定规定的义务；一方认为其根据协定第2章（国民待遇与货物的市场准入）、第3章（农业）、第4章（原产地）、第5章（原产地程序）、第6章（纺织品和服装）、第7章（海关管理和贸易便利化）、第9章（卫生和植物检疫）、第11章（贸易技术壁垒）、第13章（政府采购）、第15章（跨境服务贸易）、第20章（知识产权）所期待获得的利益，因另一方所采取的与协定不符的措施而未实现或受到损失。[1]

如果争议的双方同时也是其他贸易协定的缔约方，比如WTO的缔约方，针对两个协定均约束的争议事项，争议提起方可以选择解决争议的机构。如果争议提起方根据本协定组建了专家组，或根据其他协定组建了专家组或仲裁庭，则该选择被认为是具有排他性的。[2]

二、争议解决流程

（一）磋商

一缔约方可以针对本章规定的争议范围向另一方提起磋商。磋商应当以书面形式提出，同时应列明申请理由、要磋商的具体行为和申请的法律依据。申请方应当通过秘书处的国家部门向其他当事方提出请求。第三方若认为其对磋商内容有实质利益，可以在磋商请求发送后的7日内通过秘书处的国家部门向磋商双方提出书面通知。第三方应当对实质利益进行解释。

争议双方应当在提出磋商申请的15日内（针对易腐烂货物）或30日内（针对其他事项）进行磋商。为了通过磋商尽力达成满意的结果，争议双方应当：提供足够的信息来判断争议行为如何实施或适用协定；争议双方应当对磋商过程中交换的信息进行保密；争议双方应避免达成损害第三方利益的解

---

[1] USMCA, article 31.2: Scope.
[2] USMCA, Article 31.3: Choice of Forum.

第九章　《美国–墨西哥–加拿大协定》(USMCA) 争端解决机制

决方式。

磋商的方式可以面对面进行，也可以通过技术传输手段进行。除非当事人另有约定，如果磋商采取面对面的方式，则应当在被提起磋商的当事方所在国的首都进行。磋商一方可要求另一方提供政府部门中具有相关争议专业知识的人员出席。磋商应当保密，并且不能损害当事方在其他程序中的权利。[1]

（二）斡旋、调停和调解

争议方可以在任何时候主动采取替代性的争议解决方式，如斡旋、调停或调解。这类争议解决方式应当保密并且不得损害当事方在其他程序中的权利。参与调解的当事方可以暂停或终止该程序。争议双方可以决定在争议提交专家组解决时继续进行调解程序。[2]

（三）专家组的组成

1. 专家组

如果磋商当事方未能在提出磋商请求的 75 日之内（针对易腐烂货物为 30 日之内）解决争议，则任何一方可以向秘书处的国家部门提出书面请求组建专家组。申请方应当同时将书面请求发送对方。书面请求应包含争议事项以及对于诉请的法律依据的简单摘要。请求一经发出，专家组即告成立。

第三方当事方若认为其对争议事项具有实质性利益，可以书面申请加入。第三方应当在组建专家组的申请发出后 7 日内申请加入。

除非当事方另有约定，专家组应当按照本章以及程序规则的要求履行职责。如果不同当事方针对同一事项申请组建专家组，则在可行情况下可只设立一个专家组进行审理。

2. 争议范围书

在组建专家组的申请提交的 20 日内，应当审查争议范围书中提交专家组审议的事项，并根据专家组报告的要求说明相关调查结果、决定以及任何共同要求的建议。如果争议一方声称某行为在争议范围内损害某利益，争议范围书也应如此标明。如果争议一方希望专家组调查对方行为造成的不利于贸

---

[1] USMCA, Article 31.4: Consultations.
[2] USMCA, Article 31.5: Good Offices, Conciliation, and Mediation.

易的影响程度，争议范围书也应如此标明。

3. 专家组成员名册和资格

自协定生效之日起，缔约方应当建立30人以内的专家组名册。每一缔约方应指定10名以内专家。争议方应尽量对专家组的任命达成合意。若在协定生效后一个月内仍旧无法达成合意，则专家名册应由指定的个人组成。名册应至少在3年内保持有效，或在缔约方制定新名册之前保持有效。若一方未能指定专家，发生争议时当事方仍旧可以请求组成专家组。程序规则，应当在协定生效时制定，并应规定在这种情况下如何组成专家组。名册中的专家可以再次任命。当一名专家不能或不愿继续担任名册专家，相关缔约方可以指定一名替代专家。缔约方应尽力就专家任命达成合意。如缔约方无法在替代任命作出的一个月内达成合意，则替代任命生效。

专家组名册成员应当：①在国际法、国际贸易以及协定规定的其他事项上具有专业知识，或者在国际贸易争端领域内具有专业知识；②在客观、可靠和合理判断的基础上进行选择；③保持独立，不隶属于任一缔约方或接受其指示；④遵守委员会建立的行为准则。

因劳工或环境产生的争议，争议方在选任专家时除需满足上述要求，还应当：①因劳工产生的争议，主席以外的专家组成员应当具备劳动法或实践方面的专业知识或经验；②因环境产生的争议，主席以外的专家组成员应当具备环境法或实践方面的专业知识或经验。

除了劳工和环境争议，争议方也应当保证专家组内有具有必要专业知识的成员。参与了协商、斡旋、调停、调解的个人不得在同一个争议中再担任专家组成员。

4. 专家组的组成规则

若争议方为双方，应遵守如下规则：①除非争议方同意专家组由3名专家组成，否则专家组应当由5名专家组成；②争端双方应尽力在组建专家组的请求发出后15日内决定主席人选，如果不能在规定时间内达成一致意见，则由抽签选中的一方在5日内决定主席人选，同时主席人选不能是该方国民；③若被申请方拒绝参与或未能参与抽签选择程序，则申请方应从专家名册中选择一名非本国国民的专家担任主席，申请方应最晚在主席人选确定的第二个工作日通知被申请方；④争议双方应当在确定主席人选的15日内各自选择2名专家，专家应为对方国家国民；⑤如果争议方未能在规定时间内选出专家,则采用抽签的方式选出2名对方国家国民的专家;⑥如果被申请方拒绝参与或未能参与抽签选择程序,则申请方应从专家名册中选择2名本国专家,申请方应当最晚在选定专家的第二个工作日通知被申请方。

如果争议主体不止两方,则应适用下列程序:①除非争议方同意专家组由3名专家组成,否则专家组应当由5名专家组成;②争端各方应尽力在组建专家组的请求发出后15日内决定主席人选,如果不能在规定时间内达成一致意见,则由抽签选中的一方在5日内决定主席人选,同时主席人选不能是该方国民;③若被申请方拒绝参与或未能参与抽签选择程序,则申请方或被选为代表他们的申请方应在专家名册中选择一名非申请方国民的专家担任主席。申请方应最晚在主席人选确定的第二个工作日通知被申请方;④在确定主席人选的15日内,被申请方应当选择2名专家,一名是申请方国家国民,一名是另一申请方国家国民。申请方应当选择2名被申请方国家国民的专家;⑤若某一争端方未能在规定时间内选出专家,则专家应采取抽签方式选出;⑥如果被申请方拒绝参与或未能参与抽签选择程序,则申请方或被选择代表他们的申请方应当从专家名册中选出1名为申请方国家国民的专家。申请方应当最晚在选定专家的第二个工作日通知被申请方。

专家组成员一般应在名册中选择。争端一方可以针对不在专家名册中的提名专家,在其被提名的15日内提出强制质疑。强制质疑只有在现有名册中没有具备特殊专业知识的专家时才能提出。若并非上述情况,则争端一方可以提出专家组成员不符合第31章第8条第2款相关要求的担忧。若争端一方认为专家组成员违反了行为准则,则争端各方应当进行磋商,如果同意,应当罢免该专家组成员,并根据本条规定选择新的专家组成员。

5. 专家的替换

如果专家组成员辞职、被移除或不能继续提供服务,则在替代者任命之前应当暂停相关程序,在替换者任命之后应当延长相应时间。如果专家组成员辞职、被移除或不能继续提供服务,替代者应当采用相同的方式选任并且应当在15日内完成任命。如果争端一方认为某名专家组成员违反了行为准则,争端各方应当进行磋商,若均同意则可移除该专家组成员,并依照相关规定重新选任专家组成员。

6. 专家组的程序规则

程序规则依照委员会职责进行制定,应确保:①争端各方拥有至少一次开庭权利，每一方能够口头陈述其观点；②在遵守保密规则的前提下，开庭应当向公众公开，除非争端方另有决定；③争端各方均有权提交一份初始书面意见和一份反驳书面意见；④在遵守保密规则的前提下，任一争端方的书面意见、口头陈述的书面记录、对于专家组询问或问题的书面回应，均应在提交后尽快向公众公开；⑤专家组应当考虑位于争端一方所在国的非政府机构针对争议提出的书面意见，以协助专家组评估争端各方的意见和争论；⑥保密信息受到保护；⑦除非当事方另有约定，书面意见和口头辩论应当采用争端一方的语言；⑧除非当事方另有约定，开庭应当在被申请方的首都举行。

程序规则应当包含证据规则，应当确保：①争端各方有权亲自或通过声明、宣誓、报告、电话会议或视频会议提交证词，争端各方和专家组均有权检验此类证词的真实性；②争端各方在恰当的情况下有权提交匿名证言和经过编辑的证据；③专家组可自行或经对方请求，要求争议一方提供与争议相关的材料或信息，并可在其决定中考虑不遵守专家组要求的情况；④专家组应当在开庭前接受争端方的共同意见。

7. 专家组的功能

专家组的功能就是对提交的争议事项作出客观的评估并给出包含以下信息的报告：①查证的事实；②针对以下事项的决定：争议行为是否违反了协定义务，缔约一方是否未能履行协定对其规定的义务，争议行为是否导致争议范围内的无效或损害，其他在争议范围书中提及的事项；③如果争端方共同请求，对于争端解决提出的建议；④调查结果和决定的原因。

调查结果、决定和建议均不应增加或减损本协定赋予当事方的权利和义务。除非当事人另有约定，专家组应当遵照本章规定和程序规则履行职责。专家组应当依据《维也纳条约法公约》第31条和第32条的规定，依据解释国际公法的习惯规则解释本协定。专家组应当通过一致意见作出决定，除非不能取得一致意见，可以通过投票多数作出决定。专家组应当依据本协定相关条款、争议各方的材料和观点以及专家提供的信息或建议作出报告。专家组应当在没有缔约方在场的情况下起草其报告。专家组成员可以提出不同意见，但不应披露某位成员的意见属于多数意见还是少数意见。

8. 第三方参与

非争端方的第三方有权在向争端双方的秘书处的国家部门提交书面通知，并将该通知发送给本国部门后，参与任何开庭、向专家组提交书面或口头意见、接收争端方的书面材料。第三方应当在申请组建专家组的请求发出后的 10 日以内提出书面通知。

9. 专家的信息获取

专家组可以应争端方要求，也可自主决定从其认为适合的个人或组织获取信息或技术建议，只要争端方同意并且符合争端方共同决定的任何条款或条件。争端各方均有权就专家给出的信息或建议进行评价。

10. 程序的暂停或终止

专家组可以应申请方要求，在任何阶段暂停其工作，但暂停时间不得超过连续 12 个月。如果争端各方共同要求，专家组也可以在任何阶段暂停其工作。暂停期间的时间应当往后顺延。如果专家组的工作暂停超过了连续 12 个月，则除非当事方另有约定，专家组的程序即告失效。如果争端各方共同要求，专家组应当终止其工作程序。

11. 专家组报告

专家组应当在任命最后一名专家之后的 150 日内向争端方提交初步报告。如果争议涉及易腐货物，专家组应尽量在任命最后一名专家之后的 120 日内提交初步报告。在特殊情况下，如果专家组不能在上述时间发布初步报告，则应向争端各方提供书面理由，并预估发布报告的时间。除非当事方另有约定，延迟时间不得超过 30 日。

争端方可以在初步报告发布之后 15 日内向专家组提交书面评价，或在争端各方约定的其他时间内提交书面评价。在考察评价之后，专家组可自行或依争端一方的请求，要求某缔约方提供意见、重新考虑其报告或者进行更进一步的检查。

专家组应当在提交初步报告后的 30 日内提交最终报告，包括针对争端方未能一致同意的事项的不同观点。在采取步骤保护保密信息之后，争端方应在专家组提交最终报告后 15 日内向公众开放最终报告。

三、专家意见的执行

在收到最终报告的 45 日内，且报告涉及：争议行为与一缔约方的义务不符；某缔约方未能履行协定义务或者争议行为导致争议范围内的无效或损害，则争议各方应尽量就争议的解决达成一致。争议的解决可以包括对不符行为或无效、损害行为的消除，如果可能，还应包含双方都能接受的补偿。[1]

如果争端方在收到最终报告的 45 日内不能就争端的解决达成一致，则申请方就可以暂停其向被申请方提供的福利，直到争端各方就争端解决达成一致意见。在考虑应当赞同何种福利时：申请方应当首先考虑在争议事项的相同领域暂停福利；如果申请方认为暂停在同一部门的福利不具有可操作性或不够有效，则可以暂停本协定中其他部门的福利。[2]

如果被申请方认为暂停福利的程度明显超过限度或其已经消除专家组认定的不符行为或无效、损害，则被申请方可以请求专家组重新开会审议此事。被申请方应当向申请方发送其书面申请。专家组应当在发送申请后尽快重新审议，针对暂停福利的程度或不符行为的消除问题，应当在开始重新审议后的 90 日内作出决定。如果同时针对暂停福利的程度和不符行为的消除问题，则应当在开始重新审议后的 120 日内作出决定。如果专家组认为申请方打算暂停的福利明显超出必要限度，则应当给出其认为具有同等效果的福利水平。如果专家组认为被申请方没有消除相关行为，则申请方可以将暂停的福利水平提升至专家组决定的水平。

四、国内救济程序和商事仲裁程序

如果一个对协定的解释或适用问题在一个缔约方的国内司法或行政机构产生，且该缔约方认为值得干预，或者一国法院或行政机关征求某缔约方的意见，则该缔约方应当通知其他缔约方以及他们的国家部门。委员会应当尽力对合适的回应尽快达成一致意见。法院或行政机构所在国的缔约方应当按照法院相关规则向法院或行政机构提交委员会的商定解释。如果委员会无法达成一致，则缔约方可以按照法院相关规则将自己的观点提交法院或行政机构。[3]

本章同时规定了替代性争议解决机制。[4]其规定各方应尽可能通过教育鼓励、便利和促进仲裁、调解、在线争议解决和其他程序的使用。预防和解

---

[1] USMCA, Article 31.18：Implementation of Final Report.
[2] USMCA, Article 31.19：Non-Implementation-Suspension of Benefits.
[3] USMCA, Article 31.20：Referrals of Matters from Judicial or Administrative Proceedings.
[4] USMCA, Article 31.22：Alternative Dispute Resolution.

决自由贸易区内私人当事方之间的国际商事纠纷。为此,各方应提供适当的程序,以确保仲裁协议得到遵守,承认和执行这些争议中的仲裁裁决和和解协议,并促进和鼓励调解程序。如果一缔约方是 1958 年《承认与执行外国仲裁裁决公约》(以下简称《纽约公约》)的缔约方并遵守该公约,则该缔约方应被视为遵守了上一款的规定。

委员会应建立并维持一个私人商业纠纷咨询委员会,由在解决国际私人商业纠纷方面具有专门知识或经验的人员组成。咨询委员会应尽可能通过教育鼓励、便利和促进使用仲裁、调解、在线争议解决和其他程序来预防和解决自由贸易区私人当事方之间的国际商业争端。

咨询委员会应就有关仲裁、调解、在线争端解决和其他争议程序的可用性、使用和有效性的一般问题向委员会报告和建议,以预防和解决在自由贸易区产生的这些争议。

第三节　USMCA 投资争端解决机制

USMCA 第 14 章规定了投资相关问题,较之 NAFTA 出现了较大变化。[1] 结构上,USMCA 第 14 章本身没有包含投资争端解决条款,而是在其项下的三个附件中规定因投资产生的争端解决问题。附件 14-C 规定了遗留投资争议和待决争议,附件 14-D 规定了墨西哥-美国投资争议,附件 14-E 规定了美国-墨西哥与特定经济部门的政府合同(Covered Government Contract)有关的投资争议。在内容上,USMCA 在投资争议领域针对不同国家设置了不同的争端解决机制。

一、遗留投资争议的处理

附件 14-C 规定了如何处理 NAFTA 时期的遗留投资争议。[2] 附件 14-C 第 6 段针对何为"遗留投资"进行了解释,即投资的设立或取得在 NAFTA 生效之日和终止之日之间,且在 USMCA 生效时仍存在。针对遗留投资产生的问题就是,由此产生的投资争端应当依据 NAFTA 还是 USMCA 解决。附件 14-C 第 1 条规定,缔约国同意根据 NAFTA 投资章节和本附件的规定将遗留问题提

---

[1] 关于 USMCA 对 NAFTA 在投资争端解决的发展,详见本书第七章。
[2] USMCA, ANNEX 14-C LEGACY INVESTMENT CLAIMS AND PENDING CLAIMS.

交仲裁解决。附件14-C同时规定当事方应当在NAFTA终止后的3年内提起仲裁，只要按照要求在规定时间内提起仲裁，仲裁庭就应当根据NAFTA投资章节的规定继续仲裁直到作出最终裁决，其裁决根据NAFTA的规定具有终局性和可执行性。上述规定意味着属于遗留投资的争议，即使发生在美国或墨西哥的投资者和作为东道国的加拿大之间，投资者也可以向加拿大提起投资仲裁，但要注意3年的时效限制。同时，附件14-C第2条规定提交仲裁必须符合：①《ICSID公约》第2条关于中心管辖权的规定，以及《ICSID附加便利规则》项下当事人的书面合意；②《纽约公约》关于书面协议的要求；③《美洲国际商事仲裁公约》关于协议的要求。

二、投资争端解决的具体流程

附件14-D规定了墨西哥和美国之间的投资争端解决方式。[1]该投资争端的解决较之NAFTA有了较大变动。下面先就争端解决流程进行介绍：

（一）管辖范围和管辖机构

附件14-D规定，如果发生了投资争端，双方应当首先通过咨询或协商的方式尝试解决争议，方法包括但不限于斡旋、调解。若争议不能通过咨询或协商解决，则申请方可以提起仲裁申请，申请内容包括：①被申请方违反国民待遇条款或最惠国待遇条款项下义务，但不包括投资的设立或取得方面的争端；征收和补偿条款项下的义务，但不包括间接征收。②申请方由此遭受的损失。申请方应在提交投资仲裁的至少90日前书面通知被申请方。申请方可以选择《ICSID公约》和《ICSID仲裁规则》或《ICSID附加便利规则》或《UNCITRAL仲裁规则》或者双方共同选择的任何其他仲裁机构或仲裁规则。

该附件当事方被视为同意将争议提交仲裁，同时该合意应当符合《ICSID公约》的管辖规则、《ICSID附加便利规则》的书面规则、《纽约公约》的书面协议要求以及《美洲国际商事仲裁公约》的协议要求。

（二）仲裁前置程序

申请方在提起仲裁前，必须向被申请方所在国有管辖权的法院或行政法庭针对被申请方违反上述义务的行为提起诉讼，申请方在取得法院的最终判

---

[1] USMCA, ANNEX 14-D MEXICO-UNITED STATES INVESTMENT DISPUTES.

决后或在提起诉讼的 30 个月后，才能提交仲裁。申请方应当在首次发现或应当发现被申请方违反相关义务以及自己遭受损失的 4 年内提起仲裁。

（三）仲裁的进行

除非双方另有约定，仲裁庭应当由 3 名仲裁员组成，争端双方各任命一名仲裁员，首席仲裁员由争端双方共同任命。如果在提出仲裁申请后的 75 日内仍未能组庭，则由 ICSID 秘书长应争端方请求进行任命。

争端双方可以约定仲裁地点，若没有约定，可由仲裁庭根据仲裁规则指定，选定的仲裁地点所在国应为《纽约公约》的成员国。非争议方也可针对 USMCA 向仲裁庭提交口头或书面的陈述。仲裁庭在与争端方协商之后，可以接受或考虑法庭之友就争议范围内的事实或法律提出的意见，以协助仲裁庭评估争端双方的陈述和论点。仲裁庭应当向争议双方提供回应法庭之友意见的机会，同时仲裁庭应当保证法庭之友的意见不会扰乱或阻碍仲裁程序的进行，或损害争议一方的利益。

仲裁庭可以针对初步问题进行处理，如被申请方提出的争议超出仲裁庭职权范围的异议，包括对仲裁庭管辖权的异议。同时，仲裁庭可以将被申请方提出的下列异议当作初步问题处理：申请方的请求得不到法律上的支持，或者申请显然缺乏法律依据。

被申请方在仲裁庭组庭后的 45 日内提出初步问题的异议，仲裁庭应当快速处理该异议。仲裁庭应当停止针对实体问题的审理，并在被申请方提出异议后的 150 日之内针对该问题作出决定或裁定。如果争端方要求对此初步问题进行开庭审理，则仲裁庭可获得 30 日的延长期限。不论是否进行开庭审理，仲裁庭只有在极特殊的情况下才能将作出决定或裁定的时间延长，但延长时间不得超过 30 日。

仲裁庭和争端双方都应以快速和经济的方式进行仲裁。如果争端各方超过 150 日未在仲裁程序中采取任何步骤，仲裁庭将通知争议各方他们被视为中止仲裁程序，若争议各方未在收到通知后 30 日内采取行动，则仲裁庭会发布中止程序的命令。

经争议一方要求，仲裁庭应当在发布有关责任承担的决定或裁定前，将该决定或裁定转发争端各方。争端各方应当在收到决定或裁定后的 60 日内向仲裁庭提交有关该决定或裁定的书面意见。仲裁庭应当考虑该书面意见，并在 60 日期限届满后的 45 日内发布最终决定或裁定。

被申请方应当在收到仲裁意向通知、仲裁通知、仲裁相关的请求、诉状等书面材料、仲裁庭开庭审理的记录以及仲裁庭作出的命令、裁决或决定后，及时发送给非争议方，同时使公众知悉。仲裁庭的庭审应向公众公开，如果庭审中涉及争议一方指定的受保护的信息，则仲裁庭应当作出相应安排，如针对该受保护信息进行讨论时不予公开。

当争议提交仲裁时，仲裁庭应当依据该协定和应当适用的国际法律规则决定争议事项。自由贸易委员会针对 USMCA 作出的任何决定对于仲裁庭具有约束力，仲裁庭作出的任何裁定和决定必须和委员会作出的决定相一致。

如果被申请方辩称申请方所称违约行为属于协定附件中的不符措施，则应被申请方要求，仲裁庭应当要求自由贸易委员会针对这一问题进行解释。自由贸易委员会应当在仲裁庭提交申请后的 90 日内针对解释作出书面决定。委员会决定对仲裁庭具有约束力，仲裁庭作出的决定或裁决应当与委员会决定相一致。如果自由贸易委员会未能在 90 日内作出决定，仲裁庭有权决定该事项。

仲裁庭可以依一方当事人申请或主动任命（除非当事人反对）一名或多名专家针对争端一方在仲裁程序中提出的事实问题作出书面报告。如果有两项或两项以上的申请分别提交仲裁，并且这些申请具有共同的法律或事实问题，且基于相同的情况产生，则任何争议方均可向仲裁庭申请合并仲裁的命令。

（四）仲裁裁决的作出与执行

仲裁庭作出的最终裁决只能针对金钱损失和由此产生的利息，以及财产的归还。若仲裁庭针对财产归还作出裁决，则可以裁定被申请人承担金钱损害赔偿和由此产生的利息以代替恢复原状。投资者申请的损失或损害只能依据令人信服的证据，而非推定的证据。同时，投资者只能获赔其作为投资者身份而产生的损失。

仲裁庭也可以针对仲裁费用和律师费进行裁决，并应决定仲裁费用和律师费用如何支付和由谁支付。仲裁庭不能针对惩罚性损失进行裁决。仲裁裁决仅针对具体争议各方具有约束力。除特殊情况，争议方应当立即遵守裁决。

争议一方应在下列情况时限期满之后再申请裁决的执行：①根据《ICSID

公约》作出的裁决，裁决发布 120 日后且争议方没有申请撤销裁决，或者申请撤销仲裁裁决的程序已经结束；②根据《ICSID 附加便利规则》《UNCITRAL 仲裁规则》或争议方选择的其他规则作出的裁决，仲裁裁决发布 90 日后且争议方没有申请撤销仲裁裁决，或者法院已经针对裁决的撤销申请作出最终裁判。

如果被申请方拒绝履行仲裁裁决，则经申请方申请，应当依据 USMCA 第 31 条第 6 款的规定组成专家组。经申请方请求，专家组可以作出被申请方不履行该协定义务的决定，也可以通过专家报告建议被申请方遵守最终裁定。申请方可以根据《ICSID 公约》《纽约公约》《美洲国际商事仲裁公约》寻求裁决的执行，组成专家组的请求不影响对仲裁裁决执行的申请。

三、与特定经济部门的政府合同有关的投资争议

附件 14-E 规定了美国-墨西哥与特定经济部门的政府合同有关的投资争议。其针对附件 14-D 非常严格的投资争端解决机制规定了例外情况。该附件 14-E 第 6 段对于何为"特定经济部门"（covered sector）进行了列举，即石油和天然气相关活动、电力供应、电信服务、交通运输服务以及公路、铁路、桥梁、隧道的所有权和管理权。所谓"特定经济部门的政府合同"（covered government contract）即指附加缔约方的国家当局与另一缔约方的投资者签订的协议，以获得在特定经济部门的投资资格。针对与特定经济部门的政府合同产生的投资争议，投资者可以不进行咨询或协商，在争端发生后的 6 个月后直接提交仲裁。附件 14-E 同时规定了，投资者应当在知道或者应当知道其遭受损失的 3 年之内提起仲裁。

四、投资争端解决机制的变化

加拿大在 USMCA 的谈判过程中，拒绝将投资争议提交仲裁解决，这与加拿大在 NAFTA 时期作为东道国被频繁提起投资仲裁不无关系。据统计，自 1994 年 NAFTA 生效以来，加拿大作为东道国被提起的投资仲裁数量高达 20 起，另外有 5 起争端被撤回，截至目前仍在审理的投资仲裁案件还有 4 起，这使得加拿大成为 NAFTA 中被诉次数最多的国家。[1] 近年来围绕投资协定的

---

〔1〕 See https://www.international.gc.ca/trade-agreements-accords-commerciaux/topics-domaines/disp-diff/gov.aspx？lang=eng, available on March 30th 2023.

国际争端解决

重要议题之一就是如何在保护外国投资者和维护东道国管制权之间取得平衡。加拿大早在商定 USMCA 之前就在与欧盟签订的《综合经济贸易协定》（Comprehensive Economic and Trade Agreement，CETA）中体现了立场的转变。该协定并未采用投资仲裁这一争端解决方式，而是选择投资法庭的方式解决争议。在 USMCA 的文本中，加拿大明确拒绝了投资仲裁这一争议解决模式，对于其与美国或墨西哥之间的投资争端，不适用第 14 章规定的投资仲裁解决。如何解决此类争端，USMCA 并未作出明确规定。如果未来发生争议，加拿大和另外两缔约国之间的投资争端可以通过国内法院或其他共同签署的投资贸易协定予以处理。[1]

此外，就美国和墨西哥而言，根据附件 14-D 与 14-E 的规定，这些争端仍可通过仲裁解决。相较于 NFATA 投资争议解决机制的规定，USMCA 主要呈现出两个特征：

第一，USMCA 对于投资争端的范围规定较之 NAFTA 更为狭窄。附件 14-D 通过正面举例的方式，仅列举两类可以提交投资仲裁的争议。其中第一类为违反国民待遇和最惠国待遇条款的争端，但不包括关于投资设立和投资准入的相关争议。第二类为违反征收及补偿条款的争端，同时明确排除涉及间接征收的争议。

近些年虽然投资保护仍是投资谈判的核心问题，但越来越多的国家将重心前移至投资准入阶段。美国传统的双边投资协定中，投资争议基本涉及投资准入，但 USMCA 仅在第 14 章正文规定了投资准入的相关内容，在附件的争端解决领域中将其排除在外，使得争端方针对投资准入产生的争议不具有可仲裁性。缔约方就此产生的争议只能通过政治手段或通过缔约国国内司法机构进行解决。

第二，USMCA 规定了较 NAFTA 更为严格的仲裁前置程序。根据 NAFTA 的规定，投资者满足特定的时间要求，如在权利受损的 3 年内提出仲裁，在提出仲裁之前的 90 日内向对方发出书面仲裁意向书，则可以提出针对东道国的投资仲裁。USMCA 则为投资者提出仲裁申请设置了层层关卡，其规定投资者必须在提起仲裁前向有管辖权的东道国法院针对东道国的行为提起诉讼。

---

[1] 例如，加拿大和墨西哥均为《全面与进步跨太平洋伙伴关系协定》（CPTPP）的缔约国，该协定采用的也是投资仲裁的争端解决方式，必要时可以作为一种替代性争议解决模式。

同时投资者只有在国内诉讼的终审程序结束之后或在诉讼提起的 30 个月后才能提出投资仲裁。这一必须经过东道国国内法院的前置程序无疑为投资者维护自身权利设置了障碍。

第四节　USMCA 其他争议解决机制

USMCA 在一般争端解决机制和投资争端解决机制之外，同时针对各种不同的贸易类型规定了不同的争端解决机制。通过对比分析，基本可以归纳为以下两大类型：

一、基本遵照第 31 章的规定，同时结合行业特征进行调整

在第 17 章的金融服务章节，第 21 条规定了争议解决相关内容，其称：①第 31 章（争端解决）经本条修改后适用于解决根据本章产生的争议；②根据第 17 章产生的争议或者由缔约方适用例外条款产生的争议，在选择专家组成员时，应确保专家组主席在金融服务法律或实务领域具有专业知识或经验并符合专家选任要求，每方各自选择的专家组成员也应当在金融服务法律或实务领域具有专业知识或经验或者符合专家选任要求；③如果争端一方根据第 31 章第 19 条的规定，寻求在金融服务领域暂停福利，重新召开会议就暂停福利作出决定的专家组必要时应征求金融服务专家的意见；④尽管有第 31 章第 19 条的规定，当专家组决定时，一方的行为与协定不符，如果该行为只影响了其他部门则申请方不能在金融服务领域暂停福利。如果该行为影响了金融服务部门以及其他部门，则申请方不得在对金融服务领域的影响之外暂停福利。[1]

第 18 章的电信章节中，第 23 条规定了争端解决。[2]该条规定：除了要遵守第 29 章（公布与实施）第 3 条的实施程序和第 4 条的审查和上诉之外，缔约方还应当保证：企业可诉诸缔约方电信监管机构，以解决与公共电信服务提供者就缔约方第 18 条第 3 款至第 13 款所述事项采取的措施的争议。

第 27 章反腐败章节，第 8 条规定第 31 章（争端解决）经本条修改后适

---

[1]　USMCA, Article 17.21: Dispute Settlement.
[2]　USMCA, Article 18.23: Resolution of Disputes.

用于解决根据本章产生的争议。[1]一缔约方只有在认为另一缔约方的措施与本章规定的义务不一致，或另一缔约方未能履行本章规定的义务，影响缔约方之间的贸易或投资时，才可诉诸本条和第31章（争端解决）规定的程序。任何一方均不得就本章第6条（反腐败法的适用和执行）或第9条（合作）引起的事项诉诸本条或第31章（争端解决）的争端解决程序。

第28章良好监管实施章节，第20条规定争议解决的适用：认识到在诉诸争端解决之外往往可以找到双方都能接受的解决办法，缔约方应判断根据第31章（争端解决）诉诸争端解决是否富有成效。第31章（争端解决）应自本协定对被申请方生效之日起一年后适用于该方。任何一方均不得就本章项下产生的事项诉诸第31章（争端解决）下的争端解决程序，除非涉及与本章规定不一致的持续或反复采取的行动或不行动。[2]

第33章宏观经济政策与汇率事项，其第8条规定，一方只能根据经本条修改的第31章（争端解决）诉诸争端解决，但仅限于一方未能以经常性或持续性方式履行透明度和报告义务，并且在主要代表磋商期间未纠正该失误的主张。[3]

二、针对特殊领域的争议解决机制

在第10章贸易救济章节中，第四节专门针对反倾销反补贴这一贸易救济措施规定了争端解决机制。[4]该章采取了双边专家组复审机制，该机制延续NAFTA的规定，针对缔约国国内反倾销法和反补贴法的修正案进行复审，以及对反倾销和反补贴的最终裁决进行复审。同时本章还设置了磋商程序和特别秘书处以保障双边专家组复审机制的顺利实施。

在第21章（竞争政策章节）中，允许缔约方就在该领域产生的问题进行磋商，但第7条明确规定，任何缔约方不得依据USMCA第14章（投资）和第31章（争端解决）处理根据本章产生的争议。[5]

---

〔1〕 USMCA, Article 27.8：Dispute Settlement.
〔2〕 USMCA, Article 28.20：Application of Dispute Settlement.
〔3〕 USMCA, Article 33.8：Dispute Settlement.
〔4〕 USMCA, Chapter 10 SECTION D：REVIEW AND DISPUTE SETTLEMENT IN ANTIDUMPING ANDCOUNTERVAILING DUTY MATTERS.
〔5〕 USMCA, Article 21.7：Non-Application of Dispute Settlement.

第九章 《美国-墨西哥-加拿大协定》（USMCA）争端解决机制

第23章（劳工章节）规定了与该领域有关的争端解决机制。[1]其规定一缔约方可要求与另一缔约方就本章下产生的任何事项进行对话。缔约双方设立劳工委员会，由各缔约方指定的贸易部和劳工部的部级或其他级别的高级政府代表组成。各缔约方应在本协定生效之日起60日内指定其劳工部或同等实体内的办公室或官员作为联络点，以处理与本章有关的事项。各缔约方应建立或维持国家劳动咨询机构或类似机制，并与之协商，供公众成员，包括劳工和商业组织代表，就有关本章的事项提供意见。缔约双方应尽一切努力通过合作和对话，就本章项下产生的任何问题达成双方满意的解决方案。

第24章（环境章节）同样规定了特殊的争端解决机制。[2]其规定缔约双方应始终努力就本章的解释和适用达成一致，并应尽一切努力通过对话、磋商、信息交流，并在适当情况下进行合作，以解决可能影响本章运作的任何事项。如果缔约方未能根据磋商解决该问题，任一方可要求环境委员会代表审议该事项。如果缔约方未能通过高级代表磋商解决该事项，缔约方可将该事项提交相关部长，后者应寻求解决问题。如果缔约方在收到磋商请求后的75日之内，通过磋商、高级代表磋商、部长级磋商都未解决问题，则可申请根据第31章的规定建立专家组。

第25章（中小型企业章节）明确规定，任何缔约方不得依据第31章（争端解决）处理根据本章产生的争议。[3]第26章（竞争章节）明确规定，任何缔约方不得依据第31章（争端解决）处理根据本章产生的争议。[4]第29章（公布与实施章节）规定，任何缔约方不得依据第31章（争端解决）处理根据本章产生的争议。[5]

第五节 USMCA争端解决机制的救济方式

USMCA在第10章规定了三种因违反相关义务而使缔约方利益受损时可采取的贸易救济措施，分别为保障措施、反倾销和反补贴以及防止逃税的

---

[1] USMCA, Chapter 23 LABOR.
[2] USMCA, Chapter 24 ENVIRONMENT.
[3] USMCA, Article 25.7: Non-Application of Dispute Settlement.
[4] USMCA, Article 26.3: Non-Application of Dispute Settlement.
[5] USMCA, Article 29.10: Non-Application of Dispute Settlement.

合作。

一、保障措施

USMCA第10章第1节规定了保障措施这一贸易救济措施。[1]根据本节规定，各缔约方有权保留GATT1994年第19条和《保障协定》（Agreement on Safeguards）项下的权利和义务，但与协定不符的权利义务除外。缔约方根据GATT1994年第19条和《保障协定》采取紧急行动时，应将从另一缔约方的货物进口排除在行动之外，除非：来自另一缔约方的进口占进口总额的很大一部分；或者来自另一缔约方或多个缔约方的进口对进口造成严重损害或严重损害威胁。

在判断来自缔约方的进口是否占进口总额的很大一部分时，如该缔约方不是按近三年的进口份额衡量的所涉货物的五大供应商之一，则这些进口通常不应被视为占进口总额的很大一部分。在判断另一缔约方或多个缔约方的进口是否对进口造成严重损害或严重损害威胁时，主观调查机关应当考虑各缔约方进口份额的变化，以及各缔约方的进口水平和进口水平的变化。如果一缔约方在进口有害激增期间的进口增长率明显低于同期所有进口来源总额的增长率，则不应将其进口视为造成了严重损害或严重损害威胁。

采取行动的缔约方在调查机关认定来自另一缔约方的货物进口激增破坏了该行动的有效性时，有权随后将该货物纳入该行动中。缔约方应立即向其他缔约方发出书面通知，说明可能采取紧急行动的调查。任何缔约方不得在没有事先书面通知委员会，以及没有与缔约方进行协商的情况下对货物施加限制。

采取行动的缔约方应向行动所针对的缔约方提供共同商定的贸易自由化补偿。如有关缔约方不能就赔偿问题达成一致，行动所针对的缔约方可以采取具有同等贸易影响的行动。

二、反倾销和反补贴

USMCA第10章第2节规定了反倾销和反补贴税的救济措施。[2]根据本

---

[1] USMCA, CHAPTER 10 TRADE REMEDIES, Section A: Safeguards.
[2] USMCA, CHAPTER 10 TRADE REMEDIES, Section B: Antidumping and Countervailing Duties.

节规定，各缔约方有权保留 GATT1994 第 6 条、《反倾销协定》（Agreement on Anti-dumping）和《补贴与反补贴措施协定》（Agreement on Subsidies and Countervailing Measures，SCM Agreement）项下的权利和义务。除附件 10-A（与反倾销和反补贴调查相关的做法）的规定外，本协定不得解释为就反倾销或反补贴调查程序或根据 GATT1994 第 6 条、《反倾销协定》或《补贴与反补贴措施协定》采取的措施，赋予缔约方任何权利或施加任何义务。任何缔约方不得就本节或附件 10-A（与反倾销和反补贴调查相关的做法）项下产生的任何事项诉诸本协议的争端解决程序。

三、防止逃税的合作

USMCA 第 10 章第 3 节规定了防止逃税的合作这一救济措施。[1]该节规定，各缔约方认识到对反倾销、反补贴和保障关税等逃税行为的共同关切，以及开展包括信息共享在内的合作打击逃税的重要性。缔约方同意加强和扩大其在与逃税有关事项上的海关和贸易执法努力，并加强防止逃税的合作。

各缔约方应根据其法律与其他缔约方合作，以执行或协助执行各自的逃税措施。各缔约方应与其他缔约方共享有关进出口和过境交易的海关信息，以帮助缔约方打击逃税行为并对涉嫌逃税的行为进行联合或协调分析和调查。此外各缔约方应维持一种机制，使其可以与其他缔约方共享可能涉及逃避反倾销、反补贴或保障税的入境信息。

各缔约方应向请求方提供其收集的与进口、出口和过境有关的信息，以及其拥有或可以合理获得的其他相关信息，以帮助请求方确定进入其境内的物品是否受到请求方征收的反倾销、反补贴或保障措施的影响。相关信息请求应由请求方海关以书面形式通过电子手段或任何其他可接受的方法向应诉方海关提出，并应包括足够的信息，以便应诉方作出答复。

各缔约方可书面要求另一缔约方在其领土内进行逃税核实，使请求方能够确定进入其领土的某一特定货物是否受到其征收的反倾销税、反补贴或保障关税的影响。被请求方应迅速回应请求，无论如何不得迟于收到请求之日起 30 日。如缔约方不打算进行逃税核实，答复中必须注明拒绝的依据。如缔

---

〔1〕 USMCA, CHAPTER 10 TRADE REMEDIES, Section C: Cooperation on Preventing Duty Evasion of Trade Remedy Laws.

约方将进行逃税核实,答复中必须注明预期时间和其他相关细节。

第六节　USMCA 争端解决机制评述

USMCA 的争端解决机制大致可以分为三大类:第一类为一般争议解决机制;第二类为投资争议解决机制;第三类为具体贸易领域的争议解决机制。整体上看,首先,USMCA 的争端解决机制仍旧重视通过磋商、调解、调停和斡旋等前置手段解决纠纷;其次,通过设立双边或多边专家组、仲裁庭的方式解决争议,并强调对专家组、仲裁庭成员的专业培训;最后,设立"菜单式"的争端解决机制,针对不同领域的纠纷设置具体的争端解决机制。相较 NAFTA 而言,新协定针对第一类和第三类争议解决机制的变化不大,针对第二类争议解决机制则产生了较为明显的变化。

一、一般争端解决机制的特征

虽然 NAFTA 的缔约方很少运用一般争端解决机制处理纠纷,但只要进入专家小组程序,均为原理性极强的案件。同时 USMCA 第 31 章一般争议解决机制作为一种"兜底"条款,在具体贸易领域发生争议而无可用条文,或相关争议条文不完备时,避免了争端机制出现漏洞的可能性,具有普遍性和灵活性的特征。

二、投资争端解决机制的特征

USMCA 对投资争端解决机制的变化体现了"美国优先"的外交政策导向,以更好地保护美国投资者在海外的利益,并更好地维护美国作为东道国时对投资的管制权。首先,投资争端解决机制的国别差异化适用。美国与加拿大、加拿大与墨西哥之间不再适用投资者东道国争端解决机制,仅在美国与墨西哥之间适用该机制。其次,美国与墨西哥之间适用的投资者东道国争端解决机制的范围也大大限缩。USMCA 列举的争端范围仅涉及投资保护领域,不包括投资的设立和取得等投资准入领域。USMCA 虽在投资章节的实体部分规定了投资准入,但在争端领域却将其排除在外,如果美墨之间就投资准入问题发生纠纷,只能通过政治手段或国内司法予以解决。同时,USMCA 排除了"间接征收"和"公平公正待遇"的可仲裁性,体现了国际投资治理中"去国家化"的倾向。最后，设置了远高于 NAFTA 的仲裁前置性程序要求，发生争议后要求投资者在提起仲裁前必须向享有管辖权的东道国法院提起诉讼，且只能在国内诉讼结束后或在诉讼提起的 30 个月后方可提起仲裁。

三、争议解决机制碎片化程度加强

USMCA 针对更多具体领域设置了特殊的争端解决机制，拥有单独争议解决机制的章节较 NAFTA 时期出现成倍的增长。通过投资争端解决机制的菜单式适用模式以解决不同缔约方对投资争端解决机制的需求，在一定程度上表明，美国曾奉为圭臬并极力推崇的"代表国际先进生产关系"的投资争端解决模式的理念已不复存在。[1]未来 USMCA 在各个领域中对于争端解决模式菜单式的适用将可能得到急速扩展，针对不同的贸易伙伴、面对不同的利益诉求，可能会采取更为灵活多变的争端解决机制以维护本国利益。

四、USMCA 的争端解决机制对中国的影响

纵览 USMCA 全文，不难发现其中一些实体权利义务条文似乎有意针对中国，如"毒丸条款"、知识产权、国有企业与指定垄断、宏观政策和汇率、投资等章节中都有明显体现出美国对华政策的转向。例如，USMCA 第 32 章例外与一般规定章节中的"毒丸条款"（非市场经济自由贸易协定条款）规定，若一缔约方与非市场经济国家谈判自由贸易协定，那么应将条文提交其他缔约方，其他缔约方有权终止现有协定。[2]还有专门针对非市场经济国家的条款，即如果来自非市场经济体的投资者控制了缔约方的一家企业，如果此时这家企业与另一缔约方发生了投资争议，则该企业不能运用投资者东道国争端解决机制进行救济。此外，USMCA 第 22 章（国有企业和垄断章节）也有规制中国行为的意味。该章通过修改国有企业界定和非商业支持条款，加强了对国有企业的规制，其力度明显高于 TPP。

USMCA 的争端解决条款变化较大，尤其是投资争端领域，不仅缩窄了争端范围，而且其仲裁前置程序远高于 NAFTA 时期的要求。特别考虑到国际社

---

〔1〕 伍穗龙、陈子雷："从 NAFTA 到 USMCA：投资争端解决机制的变化、成因及启示"，载《国际展望》2021 年第 3 期，第 72 页。

〔2〕 USMCA, Article 32.10: Non-Market Country FTA.

会目前正处于投资争端解决机制改革与重构的关键时期，联合国贸易法委员会于2017年设立第三工作组就此问题进行专门研究，中国于2019年7月向第三工作组提交了《投资者与国家间争端解决制度可能的改革》这一意见书。意见书中指出了目前投资仲裁中遇到的问题，强调了投资争端机制改革既要维护东道国合法的监管权，又要保护投资者权利这一观点，表明了中国积极推进投资争端解决机制改革的决心。[1]现今国际投资协定网络的密集性和关联性显著增强，USMCA的相关规定，特别是其对NAFTA所作的改变极可能产生超出美国、墨西哥及加拿大的"溢出效应"，从而造成全球影响。[2]

USMCA制定专门章节规定一般争端解决机制的同时，又在超过一半的具体部门规定了特殊的争端解决方式。其结构之复杂、内容之繁琐让对于该协定争端解决机制的总结和归纳变得非常困难。虽然目前国际贸易协定的趋势是"精细化"，但USMCA中的争端解决机制的设计已经偏向"繁琐化"。中国在商讨签订相关争端解决条款时应当注意区分不同贸易投资领域的特性，以及对应的争端解决模式，但同时应当宏观把握争端解决机制的整体结构，使得相关条款得到真正便捷的适用。

---

〔1〕 https://documents-dds-ny.un.org/doc/UNDOC/LTD/V19/073/85/PDF/V1907385.pdf?OpenElement, available on 30th April 2023.

〔2〕 池漫郊："《美墨加协定》投资争端解决之'三国四制'：表象、成因及启示"，载《经贸法律评论》2019年第4期，第15页。

第十章

《区域全面经济伙伴关系协定》（RCEP）争端解决机制

《区域全面经济伙伴关系协定》（Regional Comprehensive Economic Partnership，RCEP）是由东盟（Association of Southeast Asian Nations，ASEAN）10国[1]于2012年发起的以发展中经济体为中心的区域自由贸易协定（Regional Trade Agreement，RTA）。2020年11月15日，历时八年，东盟10国以及中国、日本、韩国、澳大利亚、新西兰共15个国家正式签署RCEP，协定于2022年1月1日正式生效。2023年6月2日，RCEP对菲律宾正式生效，至此，RCEP对15个签署国全面生效。RCEP的全面生效标志着全球规模最大的自由贸易区进入全面实施的新阶段，对维护多边贸易体制、深化区域经济一体化、稳定全球经济具有标志性意义。

RCEP由序言、20个章节（包括初始条款和一般定义、货物贸易、原产地规则、海关程序和贸易便利化、卫生和植物卫生措施、标准、技术法规和合格评定程序、贸易救济、服务贸易、自然人临时移动、投资、知识产权、电子商务、竞争、中小企业、经济技术合作、政府采购、一般条款和例外、机构条款、争端解决、最终条款章节）、4部分市场准入附件共56个承诺表（关税承诺表、服务具体承诺表、投资保留及不符措施承诺表、自然人临时移动具体承诺表）组成，是一个全面、现代、高质量和互惠的大型区域自由贸易协定。

而为解决RCEP项下产生的争端提供有效、高效和透明的规则与程序，

---

[1] 文莱、柬埔寨、印度尼西亚、老挝、马来西亚、缅甸、菲律宾、新加坡、泰国以及越南。

该协定第 19 章专章规定了"争端解决",[1]形成 RCEP 争端解决机制。RCEP 第 19 章共 21 条,涵盖专业术语定义、目标、适用范围、一般原则、场所选择、磋商、斡旋、调解或调停、专家组相关程序、补偿和中止减让或其他义务、特殊与差别待遇、费用、联络点以及语言等具体内容。此外,RCEP 还在其他章节对不同领域的争端解决进行了个性化规定,最终形成了一般规则与特殊规则相结合、争端解决与争端预防相协调的争端解决机制。

第一节 RCEP 争端解决机制概述

纵观国际实践,区域自由贸易协定争端解决机制主要分为政治解决模式、司法解决模式及混合解决模式三类。政治解决模式主要通过外交途径解决争端,包括磋商、斡旋、调解与调停,因此又被称为外交解决模式。司法解决模式指在区域自由贸易协定框架下设立国际常设司法机构,该机构以法律方法解决成员间贸易争端并作出具有法律约束力的判决,是法律化程度最高的争端解决方法。混合解决模式则是区域自由贸易协定较常采用的一种综合政治方法和法律方法的争端解决模式,争端各方可先采用磋商与斡旋、调停、调解等非争讼性争端解决方法,在此类方法未获成功时设立仲裁庭或成立专家组进行裁定,因此又被称为"准司法"争端解决方法。[2]在充分考虑谈判方数量、提交管辖的意愿以及谈判方间经济联系程度、相对实力差距等因素的基础上,[3]RCEP 争端解决机制最终采取了混合解决模式。

一、RCEP 的产生背景与发展历程

在国际经贸领域,世界贸易组织(WTO)是具有权威性和代表性的国际组织。多年来,WTO 推动了经济全球化与贸易自由化的发展,减少了各种形式的贸易壁垒,包括关税和非关税壁垒,同时促进了贸易争端解决机制的建立健全。然而,"多哈发展议程"的艰难进展阻碍了全球贸易和投资自由化进

---

[1] RCEP 第 19 章第 2 条。

[2] 参见钟立国:"论区域贸易协定争端解决机制的模式及其选择",载《法学评论》2012 年第 3 期,第 58~61 页。

[3] 参见王茜、高锦涵:"RCEP 争端解决机制构建研究",载《国际展望》2018 年第 2 期,第 138~141 页。

第十章　《区域全面经济伙伴关系协定》(RCEP)争端解决机制

程。后危机时代，在国内经济压力及多边自由贸易体制弊端逐渐暴露的双重作用下，各国贸易保护主义加剧，国际贸易争端增多，多边贸易体系受到持续冲击。在 WTO 自身面临改革压力以及贸易保护主义向区域化和集团化方向发展的趋势更加明显的双重背景下，自由贸易协定得到长足发展并成为 WTO 框架下重要的补充安排，[1]世界主要经济体之间的区域贸易协定朝着跨地区、跨大陆、跨大洋的方向迅猛发展。[2]

而 1997 年爆发的亚洲金融危机则推动了亚太地区的区域经济合作。多国意识到全球经济一体化过程在带来经济快速增长和国际竞争优势的同时，也可能蕴含巨大风险和挑战，仅靠自身力量难以防止危机的深化和蔓延。为促进市场开放，实现经济复苏，东亚各国开始寻求区域经济合作并意图建立长效机制。同年，东盟与中日韩领导人非正式会议在马来西亚首都吉隆坡举行，东盟与中日韩合作进程正式启动，东盟与中日韩"10+3"模式应运而生，这也是 RCEP 的最早构想。2011 年 2 月，在缅甸首都内比都举办的第 18 次东盟经济部长会议通过了组建 RCEP 草案，以应对东亚区域经济一体化的需要以及《跨太平洋伙伴关系协定》(Trans-Pacific Partnership Agreement，TPP)所带来的冲击。至此，RCEP 进入实质性构建阶段。同年 11 月，第 19 次东盟领导人会议通过了《RCEP 东盟框架》，正式批准建设 RCEP，并获得中国、日本、韩国、印度、澳大利亚和新西兰等六国的支持。2012 年 11 月，在柬埔寨首都金边举行的第 21 届东盟峰会期间，16 国领导人共同发布《启动 RCEP 谈判的联合声明》，并通过了《RCEP 谈判指导原则和目标》，全球规模最大、最具经济潜力的自由贸易区建设正式启动。

根据建设 RCEP 的最初构想，谈判以东盟与中国、日本、韩国、印度、澳大利亚和新西兰分别签订的"10+1"自由贸易协定为基础进行整合，旨在构建一个涵盖 16 国[3]的高质量、全面、现代和互利互惠的区域自由贸易协定，以应对经济全球化和区域经济一体化的发展。自 2013 年 5 月 9 日 RCEP 第一轮谈判开始至 2020 年 11 月 15 日 15 国经贸部长在第四次 RCEP 领导人会

---

[1]　根据 GATT1994 第 24 条第 4 款和第 5 款，成员之间可缔结更加紧密的经济一体化协议以增加贸易自由，如关税同盟（customs union）和自由贸易协定。

[2]　参见曾令良："区域贸易协定的最新趋势及其对多哈发展议程的负面影响"，载《法学研究》2004 年第 5 期，第 117 页。

[3]　彼时 16 国除东盟十国与中国、日本、韩国、澳大利亚、新西兰外，还包括印度。

305

议上以视频方式正式签署 RCEP，[1]共举行了 4 次领导人会议、23 次部长级会议以及 31 轮正式谈判。至此，覆盖亚太地区的全球规模最大的自由贸易协定正式达成。RCEP 的建立有利于平衡亚太地区各方势力，整合区域内大量存在且相互交叉的自由贸易协定，[2]并为缔约方之间的交往提供规则保障。

二、构建 RCEP 争端解决机制的价值考量

无论是《WTO 协定》还是自由贸易协定，成员之间在协定实施的过程中，难免产生贸易摩擦与争端，如一成员采取的措施阻碍协定目标的实现或对其他成员在协定下享有的利益造成损害、成员间因对协定条款的解释及适用发生分歧而产生冲突等，[3]且基于主体、内容、诉因、性质的差异，争端种类也呈多元化样态。贸易摩擦与争端的存在客观上需要与之相适应的争端解决机制，以维护多边贸易体制或自贸区的良好运行并促进发展。然而，是否在自由贸易协定中设置争端解决机制，尚存在不同的认识。一方面，多数自由贸易协定缔约方也是 WTO 成员方，其完全可以将争端诉诸 WTO 争端解决机制。且争端解决机制的设置、运行和维护成本不菲，真正运用争端解决机制解决成员间贸易争端也并不多见。另一方面，自由贸易协定的有效实施需要争端解决机制作为保障及后盾。自由贸易协定争端解决机制有利于维护自贸区内贸易秩序，满足国际社会对法治的需求，也可突破区域外双边或多边方式的局限性，避免争端解决的单边主义倾向以及高昂的成本负担。而由实践观之，争端解决机制几乎已是自由贸易协定的标配。

对于 RCEP 而言，设置争端解决机制除为发挥上述积极功能外，也有基于现实因素的考量。一方面，WTO 争端解决机制无法完全解决 RCEP 项下国际争端。RCEP 所涵盖的电子商务、竞争、中小企业、经济与技术合作等事项并未被《WTO 协定》覆盖，临时保障措施、过渡性保障措施及反倾销中禁止

---

[1] 印度于 2019 年 11 月 4 日第三次 RCEP 领导人会议上宣布退出谈判，放弃其创始成员国身份。

[2] 如东盟"10+1"自贸区系列，即东盟—中国自贸区（CAFTA）、东盟—韩国自贸区（KAFTA）、东盟—日本自贸区（JAFTA）、东盟—印度自贸区（IAFTA）、东盟—澳新自贸区（AANZFTA）。此外，还包括日本与印度、澳大利亚签署的自由贸易协定，韩国与中国、印度、澳大利亚、新西兰签署的自由贸易协定，以及中国与新西兰、澳大利亚签署的自由贸易协定等。

[3] 参见钟立国：《区域贸易协定争端解决机制：理论及其条约法实践》，上海人民出版社 2014 年版，第 11 页。

第十章 《区域全面经济伙伴关系协定》(RCEP)争端解决机制

归零等义务也均超出 WTO 规定的义务。WTO 上诉机构于 2019 年底"停摆"的客观现实也导致 WTO 专家组和上诉机构两级争端解决机制陷入瘫痪。另一方面,东盟争端解决机制可提供借鉴。如前所述,RCEP 由东盟倡议并主导,旨在通过整合东盟与其他缔约方签订的"10+1"自由贸易协定以构建一个高质量、全面、现代和互利互惠的区域自由贸易协定,RCEP 是否设置争端解决机制自然受到东盟实践的广泛影响。东盟于 1996 年出台《争端解决机制议定书》以改进其先前依赖政治解决的争端解决模式。为进一步细化争端解决程序并提高裁决报告的效力,东盟于 2004 年签署《促进争端解决机制议定书》,该议定书在内容方面效仿 WTO 争端解决机制,通过采取"反向协商一致"决策方法、设置常设上诉机构等做法提升东盟争端解决机制的司法化程度。[1]2010 年出台的《东盟宪章争端解决机制议定书》更是详细规定了斡旋、调解、磋商、仲裁等争端解决方式,以规则导向的制度设计满足全球治理对争端解决机制提出的更高要求。[2]实际上,三份议定书与各东盟"10+1"自由贸易协定已然共同构成 RCEP 争端解决机制的基础。[3]因此,RCEP 单独构建争端解决机制是必行之策,既顺应了国际发展趋势,也符合成员间通过建立稳定有序的法律框架创设良好经贸环境及实现区域经济一体化的初衷。

三、争端解决的一般原则

RCEP 第 19 章第 4 条对争端解决的一般原则作出规定,具体可归纳为五项要求:

第一,RCEP 应当依照国际公法解释的习惯规则进行解释,即依据《维也纳条约法公约》第 31 条与第 32 条规定的解释规则进行解释。同时,第 18 章第 3 条第 1 款第 3 项对该项要求作出补充规定,即 RCEP 联合委员会作为常设机构能够讨论解释或适用协定时可能出现的分歧,并在其认为适当和必要的情况下发布对 RCEP 条款的解释。

---

[1] 参见王茜、高锦涵:"RCEP 争端解决机制构建研究",载《国际展望》2018 年第 2 期,第 137 页。

[2] 参见孙志煜:"东盟争端解决机制的兴起、演进与启示",载《东南亚研究》2014 年第 6 期,第 31 页。

[3] 参见孔庆江:"RCEP 争端解决机制:为亚洲打造的自贸区争端解决机制",载《当代法学》2021 年第 2 期,第 41 页。

第二，对于纳入 RCEP 的《WTO 协定》的条款，依据 RCEP 成立的专家组应考虑 WTO 专家组报告和 WTO 上诉机构报告对相关规定作出的解释。事实上，RCEP 落地时间较短，缺乏判例参考，因此 RCEP 的实施与具有丰富案例积累的 WTO 保持一致十分必要。

第三，鼓励争端各方通过合作和磋商达成一致的争端解决办法。如达成，争端各方应将达成一致的条款与条件共同通报其他缔约方。根据争端解决章节作出的所有通报、请求和答复应采用书面形式。易言之，RCEP 重视非争讼性争端解决方式的适用以及争端解决程序的透明度。

第四，在不损害第 19 章第 10 条规定的第三方权利的情况下，争端各方同意后可修改争端解决章节规定的任何期限。易言之，RCEP 项下的争端方被赋予较大的自主权。

第五，在一缔约方认为其在 RCEP 项下直接或间接获得的任何利益正在因另一缔约方采取的措施而减损的情况下，应迅速解决此类争端以保证 RCEP 的有效运作以及缔约方权利和义务的平衡，即保证争端解决程序的高效性。

第二节 RCEP 争端解决机制的管辖权

一、适用范围

RCEP 从一般规定与例外条款两方面确定了争议解决机制的适用范围，相较于其他自由贸易协定，RCEP 争端解决机制的适用范围相对有限。

（一）一般规定

根据 RCEP 第 19 章第 3 条第 1 款，争端解决机制适用于缔约方之间与 RCEP 解释和适用相关的争端解决以及一缔约方认为另一缔约方的措施与 RCEP 项下的义务不相符或者另一缔约方未履行 RCEP 项下的义务。易言之，RCEP 现阶段争议解决机制仅限于处理缔约国之间的违反之诉（violation complaint）。[1]

---

[1] 与 WTO 争端解决机制不同，RCEP 争端解决机制并未涵盖非违反之诉（non-violation complaint）。根据 GATT 第 23 条及 DSU 第 26 条，非违反之诉，指自由贸易协定的一缔约方实施的"任何措施"使另一缔约方根据有关协定直接或间接获得的利益受到抵消或减损，无论该措施是否与该协定的规定抵触，利益受到抵消或减损的缔约方有权依照该协定争端解决程序提起申诉。

（二）例外条款

RCEP 第 19 章争端解决在适用时也会受到一定的限制，协定诸多章节均设置有"任何缔约方不得将本章项下产生的任何事项诉诸第 19 章（争端解决）的争端解决"的适用例外条款。

1. 卫生与植物卫生措施

RCEP 第 5 章"卫生与植物卫生措施"以《实施卫生与植物卫生措施协定》（Agreement on the Application of Sanitary and Phytosanitary Measures，SPS 协定）为基础，确立了为保护人类、动物或植物的生命或健康而制定、采取和实施卫生与植物卫生措施的基本框架，同时通过相关措施尽量减少对缔约方之间贸易直接或间接的消极影响，并确保在相同或相似情形下相关措施的实施不会在 RCEP 成员方之间构成不合理歧视。

关于卫生与植物卫生措施相关争议的解决，第 5 章第 17 条排除了 RCEP 争端解决机制的可适用性，并规定在 RCEP 生效之日起 2 年后审议第 19 章对第 5 章内容的全部或部分适用，RCEP 生效之日起 3 年内应完成审议。届时，做好准备的缔约方之间应适用第 19 章处理第 5 章项下的争端，而未做好准备的缔约方将与其他缔约方磋商，待其未来成为承担类似义务的协定缔约方时，适用第 19 章处理第 5 章项下的争端。

2. 标准、技术法规和合格评定程序

根据《技术性贸易壁垒协定》（Agreement on Technical Barriers to Trade，TBT 协定）的相关规定，"标准"是指为了通用或反复使用的目的，由公认机构批准的描述产品的或其加工和生产方法的规则、指南或特性的非强制性文件；"技术法规"是指强制执行的规定产品特性或相应加工和生产方法的，包括可适用的行政管理规定在内的文件；"合格评定程序"是指直接或间接用来确定是否满足技术法规或标准相应规定的技术程序。RCEP 第 6 章以 TBT 协定为基础并进行了确认与细化，适用于所有对缔约方之间货物贸易可能有直接或间接影响的中央政府机构的标准、技术法规和合格评定程序，但不包括政府采购以及和卫生与植物卫生有关的措施，并推动缔约方在承认标准、技术法规和合格评定程序中减少不必要的技术性贸易壁垒，鼓励各方的标准化机构加强标准、技术法规以及合格评定程序方面的信息交流与合作。

对于该章项下产生的争端，第 6 章第 14 条排除了第 19 章的可适用性，并

规定缔约方应当在 RCEP 生效之日起 2 年后审查第 19 章对第 6 章内容的全部或部分适用，RCEP 生效之日起 3 年内应完成审议。

3. 反倾销和反补贴税以及反倾销和反补贴调查相关的做法的争端

反倾销税旨在抵消不公平低价销售的进口产品对本国产业造成的不利影响，反补贴税则旨在抵消外国政府补贴对本国产业造成的不利影响。RCEP 第 7 章（贸易救济）重申缔约方在 WTO 相关协定中的权利和义务，并制订了附件一"与反倾销和反补贴调查相关的做法"，促进提升贸易救济调查的透明度和正当程序。

对于反倾销和反补贴税及调查相关做法的争端，第 7 章第 2 节 "反倾销和反补贴税" 第 16 条规定，缔约方不得就该节或附件一 "与反倾销和反补贴调查相关的做法" 项下产生的任何事项诉诸第 19 章的争端解决。争端解决机制对 "反倾销和反补贴税" 的适用性将根据第 20 章第 8 条进行一般性审查，即在未有约定的情况下，缔约方应在 RCEP 生效 5 年后，并在此后每 5 年对 RCEP 具体内容进行一般性审查以根据实际情况更新和完善。

4. 由透明度清单产生的争端或与解释有关的事项

RCEP 第 8 章（服务贸易）第 10 条规定了透明度清单制度，根据第 10 条第 5 款之规定，任何缔约方不得就由一透明度清单产生的任何争端或与解释有关的事项援引第 19 章项下的争端解决。

5. 由服务贸易章节补贴引起的争端

根据 RCEP 第 8 章（服务贸易）第 2 条第 3 款第 2 项，该章并不适用于由一缔约方提供的补贴或赠款，或者为获得或持续获得该补贴或赠款所附的条件提供的补贴或赠款，包括政府支持的贷款、担保和保险，无论该补贴或赠款是否仅提供给国内的服务、服务消费者或服务提供者。该章第 22 条第 2 款规定，一缔约方如认为受到与另一缔约方服务贸易相关的补贴的不利影响，则可以请求与该缔约方就此类事项进行磋商。而第 3 款规定，任何缔约方不得就根据第 22 条提出的任何请求或进行的磋商，或者根据该条产生的任何其他争端诉诸第 19 章（争端解决）。

6. 自然人临时移动

自然人临时移动（Temporary Movement of Natural Persons）指一成员方的自然人（服务提供者）到任何其他成员方境内提供短期或临时服务的贸易方式，是《服务贸易总协定》（GATS）规定的四种国际服务贸易模式之一。RCEP 各缔约方分别在附件四《自然人临时移动具体承诺表》中列明了允许临时入境的自然人的类别、资质要求及移民手续等内容,[1]标准透明且手续简便。

对于自然人临时移动相关事项的争端解决,第9章第9条规定,RCEP缔约方应致力于通过磋商解决自然人临时移动章节实施中出现的任何分歧,任何缔约方不得就拒绝临时入境诉诸本协定项下的争端解决机制,除非具体事项涉及一种习惯做法以及受影响的自然人对该事项已经用尽所有行政救济。

7. 有关投资便利化的争端

RCEP第10章(投资)是在东盟"10+1"自由贸易协定投资规则基础上进行的整合与升级,旨在为区域内投资者创造一个更加稳定、开放、透明和便利的投资环境,主要包括投资自由化、投资保护、投资促进和投资便利化措施。

关于投资争端的解决,通常包括国家-国家争端解决机制(State-State Dispute Settlement, SSDS)和投资者-东道国争端解决机制(Investor-State Dispute Settlement, ISDS)。然而,RCEP第10章第17条第5款明确了缔约方间有关投资便利化的争端不受第19章的约束或影响,并在第18条规定缔约方在不损害其各自立场的前提下,不迟于RCEP生效之日后2年讨论投资者与东道国间的投资争端解决,讨论应于开始后3年内结束,结果须经所有缔约方同意。

8. 在电子商务、竞争、中小企业、经济技术合作以及政府采购章节项下产生的任何事项

对于电子商务争端的解决,RCEP第12章第17条规定,如缔约方就该章的解释和适用存在任何分歧,有关缔约方应当首先善意地进行磋商,尽最大努力达成共同满意的解决方案。如磋商未能解决分歧,参与磋商的缔约方可根据第18章第3条将该事项提交至RCEP联合委员会。缔约方不得就该章项下的争议诉诸第19章的争端解决,但可根据第20章第8条,在缔约方未有约定的情况下,于RCEP生效5年后每5年对第19章的可适用性进行一般性审查。

对于竞争、中小企业、经济技术合作及政府采购争端的解决,RCEP均规

---

[1] RCEP第9章第1条:移民手续指准予临时入境的签证、许可、通行证、其他文件或者电子授权;一缔约方的自然人指第8章第1条第10款中定义的一缔约方的自然人;临时入境指本章涵盖的一缔约方的自然人入境,并且没有永久居留之意图。

定缔约方不得将相关事项诉诸第 19 章项下的争端解决。[1]此外，对于竞争争端的解决，RCEP 第 13 章第 8 条还单独规定了磋商程序。

9. 一般条款和例外

RCEP 第 17 章规定了适用于整个 RCEP 的总则，包括缔约方法律、法规、程序和普遍适用的行政裁定的透明度、就每一缔约方行政程序建立适当的审查与上诉机制、保护保密信息、协定的地理适用范围等。缔约方可以采取其认为保护其基本安全利益所必需的行动或措施，也被允许在面临严重的收支平衡失衡、外部财政困难或受到威胁的情况下采取某些措施。

第 17 章第 11 条规定，由一缔约方主管机关（包括外国投资机关）作出的是否批准或承认外国投资建议的决定，以及对批准或承认投资所必须满足的任何条件或要求的执行所产生的争端，均不适用第 19 章解决。第 16 条还将对《怀唐伊条约》（Treaty of Waitangi）的解释，包括对其项下产生的权利和义务性质的解释，排除在 RCEP 争端解决机制的适用范围之外。[2]

事实上，上述事项排除 RCEP 争端解决机制的适用，从缔约方构成及协定内容方面分析，可能是因为《WTO 协定》涉及上述部分内容的多项条款已被纳入 RCEP，可直接诉诸 WTO 争端解决机制；[3]从约定将来讨论和一般性审查的措辞方面分析，可能是因为谈判时存在分歧且当下纳入的时机并不成熟，各缔约方意图在未来通过谈判协商的方式逐步缩小争端解决机制适用例外的范围。

二、场所的选择

场所的选择（choice of forum），又称为选择法院。考虑到 RCEP 不同缔约方之间签订有一定数量的双边协定或多边协定的客观现实，且这些协定大多也设置有各自的争端解决机制，对于 RCEP 争端解决机制与其他协定项下争

---

[1] RCEP 第 13 章第 9 条、第 14 章第 5 条、第 15 章第 7 条和第 16 章第 8 条。

[2] 《怀唐伊条约》（Treaty of Waitangi），又译《威坦哲条约》，是英国王室与毛利人于 1840 年签署的一项协议，确认了毛利人对土地和文化的所有权。该条约被公认为新西兰的建国文献，仍现行有效。根据 RCEP 第 16 条第 1 款，RCEP 不得阻止新西兰采取其认为必要的措施，就协定涵盖的事项给予毛利人更优惠的待遇，包括履行其在《怀唐伊条约》项下的义务。该条也被视为保护性条款，以促进最不发达国家和地区与其他缔约方的合作。

[3] 参见孔庆江："RCEP 争端解决机制：为亚洲打造的自贸区争端解决机制"，载《当代法学》2021 年第 2 期，第 35~36 页。

端解决机制的重叠问题，RCEP第19章第5条第1款规定，当争端涉及RCEP项下和争端各方均为缔约方的另一国际贸易或投资协定项下实质相等的权利和义务时，起诉方可以选择解决争端的"场所"，即自由选择由哪一协定项下的争端解决机制管辖争端。起诉方选择使用该场所的同时，其他场所即被排除。第19章第3条第2款也明确，在遵循第19章第5条的情况下，RCEP争端解决章节不得损害缔约方将争端诉诸其作为其他协定缔约方的争端解决机制的权利。

此外，如果起诉方根据第19章第8条请求设立专家组，或者根据其他国际贸易或投资协定请求成立专家组或裁判庭，起诉方应当被认为已经选择了解决争端的场所。[1]如果争端各方以书面形式同意第19章第5条不得适用于某一特殊争端，则该条不得适用，[2]即争端各方可协议排除RCEP争端解决机制的适用。

第三节　RCEP争端解决机制的基本程序

一、磋商

RCEP重视通过非争讼性争端解决方式解决相关争端，因此对磋商程序进行了专门规定。根据第19章第6条，一缔约方可就第19章第3条第1款规定的任何争端与另一缔约方进行磋商。

（一）起诉方的义务

起诉方（请求方）提出磋商请求时应说明请求理由，并在确认案件所涉争议措施的基础上，阐明起诉的事实和法律基础。[3]此外，起诉方应向其他缔约方提供一份磋商请求的副本。[4]

（二）被诉方的义务

被诉方（被请求方）应立即向该起诉方以通报的方式确认收到起诉方提出的磋商请求，并指明收到请求的日期，否则提出请求的日期应当被视为被

---

[1] RCEP第19章第5条第2款。
[2] RCEP第19章第5条第3款。
[3] RCEP第19章第6条第2款。
[4] RCEP第19章第6条第3款。

诉方收到请求的日期。被诉方同样需要向其他缔约方提供一份通报的副本。[1]被诉方应在收到磋商请求后7日内答复，并向其他缔约方提供一份该答复的副本。[2]

一般情况下，被诉方应在提出磋商请求后30日内进行磋商。如果遇及紧急情况，如涉及易腐货物，则应在提出磋商请求后15日内进行磋商。[3]

（三）磋商要求

争端各方应善意磋商并达成一致的解决办法。具体要求如下：在磋商过程中提供充分的信息以便全面审查，包括所涉的措施如何影响RCEP的实施与适用；磋商程序应当保密，包括磋商过程中交换的任何保密和专有信息，且不得损害任何争端方在未来或其他程序中的权利；尽可能派出对争端专门负责或拥有专业知识的政府机关或其他管理机构的人员参与磋商。

（四）第三方参与磋商

除争端各方外，任一缔约方如果认为其在磋商中具有实质贸易利益，该缔约方即可在收到起诉方磋商请求副本之日起7日内将其参加磋商的请求通报争端各方，并向其他缔约方提供一份通报的副本，争端各方同意即可加入磋商。

二、斡旋、调解或调停

为促进争议的友好解决，RCEP允许争端各方可在任何时候同意自愿采取斡旋、调解或调停等争端解决的替代方式，这一点与WTO争端解决机制类似。斡旋、调解或调停程序可随时开始，且可由任一争端方随时终止。[4]即使争端已交专家组审查，若争端各方同意，斡旋、调解或调停程序可以继续进行。[5]

斡旋、调解或调停程序应当保密，且不得损害任何争端方在未来或其他

---

[1] RCEP第19章第6条第4款。
[2] RCEP第19章第6条第5款。
[3] RCEP第19章第6条第6款。
[4] RCEP第19章第7条第1款。
[5] RCEP第19章第7条第2款。

程序中的权利。[1]

三、专家组相关程序

RCEP 在磋商、斡旋、调解或调停等方式之外，还创立了专家组审查程序这一"准司法"争端解决方式。与 WTO 争端解决机制不同，为迅速解决争端，RCEP 争端解决机制的专家组审查实行一审终审制，即专家组作出的裁定和决定对争端各方具有终局效力，[2]上诉机制被排除适用。

（一）请求成立专家组

如果被诉方没有在 7 日内对磋商请求作出答复，或虽然作出答复但未能在 30 日内进行磋商（紧急情况下 15 日内），又或磋商未能在提出磋商请求之日起 60 日内解决争端（紧急情况下 20 日内），起诉方可以通报被诉方，请求设立专家组审查争议事项。[3]

设立专家组的请求应当确定由专家组处理的特定争议措施，并且载明起诉事实和法律基础的细节以清晰陈述具体问题，包括 RCEP 相关条款。[4]起诉方应在请求设立专家组的同时向其他缔约方提供请求的副本。[5]被诉方应立即以通报的形式向起诉方确认收到设立专家组的请求，并向其他缔约方提供通报的副本。通报应指明收到请求的日期，否则起诉方提出该请求的日期应被视为被诉方收到请求的日期。[6]

（二）成立专家组

若起诉方申请成立专家组，应按照 RCEP 第 19 章第 11 条"专家组的设立与重新召集"之规定设立。[7]

1. 专家组组成

除非争端方另有约定，专家组一般由 3 名专家组成。[8]专家组的设立日

---

[1] RCEP 第 19 章第 7 条第 3 款。
[2] RCEP 第 19 章第 15 条第 1 款。
[3] RCEP 第 19 章第 8 条第 1 款。
[4] RCEP 第 19 章第 8 条第 2 款。
[5] RCEP 第 19 章第 8 条第 3 款。
[6] RCEP 第 19 章第 8 条第 4 款。
[7] RCEP 第 19 章第 8 条第 5 款和第 11 条第 1 款。
[8] RCEP 第 19 章第 11 条第 2 款。

期应当为最后一名专家组成员被任命的日期。[1]

自收到设立专家组请求之日起10日内，争端各方应当进行磋商，同时考虑争端的事实、技术和法律方面，以就专家组的组成程序达成一致。[2]

如果争端各方自收到请求之日起20日内未能就专家组的组成程序达成同意，任何争端方可在其后的任何时间通报另一争端方根据以下程序设立专家组：首先，起诉方与被诉方各自任命一位专家组成员。起诉方应在收到通报之日起10日内任命一位专家组成员，被诉方应在收到通报之日起20日内任命一位专家组成员，争端一方对专家组成员的任命应通报另一方；其次，起诉方与被诉方合意任命第三位专家组成员，也即专家组主席。为促进此类合意的达成，争端一方可向另一方提供一份最多三位专家组主席的被提名人名单。[3]

如果在收到通报之日起35日内未任命任何专家组成员，任一争端方可在其后的25日内请求WTO总干事在提出此类请求之日起30日内任命其余专家组成员，并向WTO总干事提供前述被提名人名单以作参考。[4]

如果WTO总干事向争端各方通报其不能履行，或其在争端方提出请求之日起30日内没有任命其余专家组成员，争端方可请求常设仲裁法院秘书长迅速任命其余专家组成员并提供前述被提名人名单以作参考。[5]除非争端各方另有约定，常设仲裁法院秘书长应将包括至少三位专家组成员被提名人的相同名单通报争端各方，争端方在收到名单之日起15日内可删除其反对的被提名人并对其余被提名人的位次编序，将调整后名单交还秘书长以供任命参考。常设仲裁法院秘书长也可在未能依照前述规定的程序任命其余专家组成员的情况下依照第19章之规定自行任命。[6]

如果任命的专家组成员辞职或不能履行职责，继任专家组成员应以与任命原专家组成员相同的方式任命，且应拥有原专家组成员的所有权力和职责。

---

[1] RCEP第19章第11条第9款。

[2] RCEP第19章第11条第3款。

[3] RCEP第19章第11条第4款、第5款和第6款。

[4] RCEP第19章第11条第7款。

[5] RCEP第19章第11条第8款。

[6] RCEP第19章第11条第12款。值得注意的是，联合国国际贸易法委员会（UNCITRAL）仲裁规则不得用于任命专家组成员。

继任专家组成员被任命前，专家组的工作应中止，专家组程序的相关期限也应中止。[1]在可行的情况下，据第19章第16条或第17条重新召集的专家组应当与原专家组成员相同；在不可行的情况下，替换的专家组成员应以与任命原专家组成员相同的方式任命，且应拥有原专家组成员所有的权力和职责。[2]争端各方对于继任专家组成员的任命与专家组的重新召集等两项事宜应达成一致同意。[3]

2. 专家资格条件

（1）专家组成员

对于专家组成员的资格条件，根据选任情形的不同也有所差异。

一般而言，通过争端方任命的专家组成员需符合下述条件：①具有法律、国际贸易、RCEP涵盖的其他事项或者国际贸易协定项下的争端解决的专业知识或经验；②客观、可靠并具有合理的判断力；③独立且不与任何缔约方关联或接受任何缔约方的指示或影响；④未以任何身份处理过该事项；⑤向争端各方披露可能引起对其独立性或公正性产生合理怀疑的信息；⑥遵守RCEP联合委员会通过的《专家组程序规则》所附的《行为准则》；⑦以个人身份任职，不得作为政府代表，也不得作为任何组织的代表。[4]

而若由WTO总干事或常设仲裁法院秘书长任命，则还需满足以下两项条件：①具有国际公法、国际贸易以及国际贸易协定争端解决等法律专业知识；②是一位资深的政府或非政府人员，包括曾在WTO专家组或WTO上诉机构或WTO秘书处任职，曾讲授或出版国际贸易法或政策著作，或曾担任WTO成员高级贸易政策官员。[5]

（2）专家组主席

除满足专家组成员的资格条件外，专家组主席应尽可能在WTO专家组或者WTO上诉机构任过职并具有与争端中的事项相关的专业知识或经验。[6]此外，非争端各方另有约定，主席不得为任何争端方或者第三方的国民，并且

---

[1] RCEP第19章第11条第15款。
[2] RCEP第19章第11条第16款。
[3] RCEP第19章第11条第3款。
[4] RCEP第19章第11条第10款和第14款。
[5] RCEP第19章第11条第11款第1项和第2项。
[6] RCEP第19章第11条第11款第3项。

不得在任何争端方拥有经常居住地。[1]

3. 专家组权限

根据 RCEP 之规定，专家组权限可由争端各方在专家组设立之日起 20 日内进行约定。如未约定，专家组则在"根据 RCEP 相关条款审查设立专家组请求中提及的事项并作出裁定和决定"范围内行使职权。[2]

具体而言，专家组应在其报告中列明以下事项：①对争端各方和第三方论点描述部分的概述；②其对案件事实和 RCEP 条款适用性的裁定；③其对争议措施与本协定项下的义务是否不一致或被诉方是否未履行其在 RCEP 项下的义务的决定；④阐述具体裁定和决定的理由；[3]⑤争端各方联合请求的或其职权范围中规定的关于争端的任何其他裁定和决定以及；⑥对被诉方如何执行裁定和决定的建议。[4]

值得注意的是，上述职能范围并不适用于重新召集的专家组。[5]此外，除非争端各方另有约定，专家组报告应以 RCEP 相关条款、争端各方的陈述和论点以及其收到的任何信息或技术建议作为基础。[6]

对于专家组的裁定和决定而言，为防止专家组越权作出"立法行为"，RCEP 下专家组的裁定和决定不得增加或减少 RCEP 项下的权利和义务。[7]为提高争端解决效率，专家组还应定期与争端各方进行磋商，并为争端各方提供充分机会以制定一致同意的解决办法。[8]在专家组发布最终报告前，其可在争端解决程序的任何阶段建议争端各方友好地解决争端。[9]

（三）专家组程序

根据 RCEP 之规定，除非争端各方另有约定，专家组应当遵守 RECP 第

---

[1] RCEP 第 19 章第 11 条第 13 款。
[2] RCEP 第 19 章第 12 条第 2 款。
[3] RCEP 第 19 章第 12 条第 3 款。
[4] RCEP 第 19 章第 12 条第 4 款。
[5] RCEP 第 19 章第 12 条第 10 款。
[6] RCEP 第 19 章第 12 条第 5 款。关于"收到的任何信息或技术建议"，具体参见 RCEP 第 19 章第 13 条第 12 款和第 13 款。
[7] RCEP 第 19 章第 12 条第 8 款。
[8] RCEP 第 19 章第 12 条第 9 款。
[9] RCEP 第 19 章第 14 条第 3 款。

19章及《专家组程序规则》。[1]

1. 审理时间表

为保证争端解决的效率，一般情况下，专家组应尽可能在设立之日起15日内确定专家组程序的时间表，并自专家组设立之日起7个月内向争端各方提交最终报告。[2]而在重新召集专家组的情况下，专家组则应尽可能在重新召集之日起15日内确定执行审查程序的时间表，同时考虑执行审查条款中规定的期限。[3]

2. 程序要求

（1）审理的程序要求

为遵守正当程序要求，争端方应有机会以书面形式陈述其案件事实、论点和反驳论点。专家组确定的时间表应包括争端各方和第三方提交陈述的准确的最后期限，也应为争端各方提供至少一次向专家组陈述其案件的听证会。除特殊情况外，时间表中不得提供超过两次听证会。[4]

向专家组提交的书面陈述应当按保密资料处理，但争端各方应可获得，第三方在特定情况下也可获得。专家组的审议应保密，争端各方和第三方应仅在专家组邀请时出席会议，且不得与专家组单方面沟通正在审查的事项。争端各方、第三方和专家组应对争端方或第三方提交给专家组的指定为保密的信息保密，但不应阻止争端方或第三方向公众披露关于其自身立场的非保密陈述。[5]

（2）决策的程序要求

专家组应以协商一致的方式作出裁定和决定。如不能得出一致意见，则可以多数投票的方式作出裁定和决定。专家组成员可对未协商一致的事项提出不同意见或单独意见，报告中专家组成员个人发表的意见应当匿名。[6]

3. 专家组报告的发布、执行与审查

（1）发布

为保证争端解决的高效性，RCEP要求专家组原则上应自其设立之日起

---

[1] RCEP第19章第13条第1款。
[2] RCEP第19章第13条第4款。
[3] RCEP第19章第13条第5款。
[4] RCEP第19章第13条第9款和第10款。
[5] RCEP第19章第13条第7款、第8款和第11款。
[6] RCEP第19章第13条第6款。

150 日内向争端各方发布中期报告,紧急情况下专家组应努力在其设立之日起 90 日内发布中期报告。[1]例外情况下延迟不得超过 30 日,并通报争端各方原因及预计期限。[2]

争端方可在收到中期报告之日起 15 日内向专家组提交对中期报告的书面意见。专家组在考虑争端各方对中期报告提出的书面意见后,可适当审查并修改其中期报告。专家组应当在中期报告发出之日起 30 日内向争端各方发布最终报告,并在向争端各方发布最终报告之日起 7 日内向其他缔约方发布最终报告。[3]

在保护最终报告中有关保密信息的情况下,争端方可公开最终报告,但专家组的中期报告和最终报告应在该争端各方不在场的情况下起草。[4]

（2）执行

专家组的裁定和决定对争端各方具有终局效力,被诉方应予执行。[5]

被诉方在专家组向争端各方发布最终报告之日起 30 日内,通报起诉方其关于执行专家组最终报告的意愿。若被诉方认为其采取的相关措施符合 RCEP 的规定或已履行 RCEP 项下义务,应立即通报起诉方并在通报中注明其已实现合规的具体措施;若被诉方认为最终报告载明的义务在规定的期限内无法履行,应立即通报起诉方其所需的合理期限,并在通报中说明其为实现对该义务的遵守而可能采取的行动。[6]

（3）审查

RCEP 第 19 章第 16 条就专家组最终报告的执行专门设置了审查机制。如果争端各方对执行专家组报告而采取的措施是否存在或该措施是否与 RCEP 一致存在分歧,作为解决措施,起诉方可通报被诉方,请求重新召集执行审查

---

[1] RCEP 第 19 章第 13 条第 14 款。
[2] RCEP 第 19 章第 13 条第 15 款。
[3] RCEP 第 19 章第 13 条第 16 款、第 17 款和第 19 款。
[4] RCEP 第 19 章第 13 条第 18 款和第 19 款。
[5] RCEP 第 19 章第 15 条第 1 款。
[6] 合理期限应由争端各方约定。争端各方若不能在专家组向争端各方发布最终报告之日起 45 日内就合理期限达成一致,争端一方可通过通报专家组主席和另一争端方的方式,请求专家组主席确定合理期限。此类请求应在专家组向争端各方发布最终报告之日起 120 日内提出。专家组主席应在其收到请求之日起 45 日内向争端各方提交合理期限的决定和作出该决定的理由。由专家组主席确定的合理期限不得超过自专家组向争端各方发布最终报告之日起 15 个月,但此类合理期限可根据特殊情况缩短或延长。参见 RCEP 第 19 章第 15 条第 2 款、第 3 款、第 4 款、第 5 款、第 6 款和第 7 款。

专家组以客观评估，同时向其他缔约方提供请求副本。[1]重新召集执行审查专家组的程序不要求进行磋商。

一般情况下，执行审查专家组应在收到请求之日起 15 日内重新召集，并尽可能在重新召集之日起 90 日内向争端各方发布中期报告，在其后 30 日向争端各方发布最终报告。例外情况下，执行审查专家组如果认为在相关期限内不能发布两份报告中的任何一份，其应通报争端各方迟延的原因和预计发布报告的期限。从提出重新召集执行审查专家组请求之日起至执行审查专家组提交最终报告之日止的期限不得超过 150 日。[2]

4. 程序的中止与终止

争端各方可随时同意专家组中止其工作，中止期限自达成此类同意之日起不超过 12 个月。在此期限内，经任何争端方请求，中止的专家组程序应当恢复，专家组程序的相关期限应随中止工作的期限而相应延长。除非各方另行约定，专家组如果连续中止工作超过 12 个月，则设立专家组的授权应当终止。[3]在达成一致同意的解决办法的情况下，争端各方可同意终止专家组程序并共同通报专家组主席。[4]中止、恢复与终止程序均应由争端各方共同通报其他缔约方。[5]

5. 第三方参与

为充分考虑争端各方及其他缔约方的利益，RCEP 允许对专家组审查之事项有实质利益的缔约方以第三方的身份参与专家组程序，享有第三方的权利并承担第三方的义务。该第三方可在提出设立专家组请求、执行审查请求以及补偿和中止减让或其他义务之后 10 日内将其利益通报争端各方，并向其他缔约方提供通报副本。[6]

四、补偿和中止减让或其他义务

补偿和中止减让或其他义务是在被诉方明确拒绝履行最终报告、未在合

---

〔1〕 重新召集执行审查专家组的请求仅可在最终报告执行确定的合理期限届满或被诉方通报其已实现合规的具体措施中较早的日期后提出。参见 RCEP 第 19 章第 16 条第 1 款、第 2 款和第 3 款。

〔2〕 RCEP 第 19 章第 16 条第 5 款和第 6 款。

〔3〕 RCEP 第 19 章第 14 条第 1 款。

〔4〕 RCEP 第 19 章第 14 条第 2 款。

〔5〕 RCEP 第 19 章第 14 条第 4 款。

〔6〕 RCEP 第 19 章第 10 条和第 12 条第 7 款。

理期限通报起诉方以及被执行审查专家组确定未能履行 RCEP 项下义务的情况下可适用的临时措施,[1]也是 RCEP 项下主要的救济手段。

在上述情况下,起诉方提出谈判请求,被诉方应积极配合,尽可能达成一致同意的补偿。若谈判未能达成一致,起诉方有权中止适用针对被诉方的减让或其他与丧失或减损水平相等的义务,该措施应通报被诉方与其他缔约方并于收到通报之日后 30 日开始实施。若被诉方不予认可,其可在收到通报之日起 30 日内以通报方式请求起诉方重新召集专家组进行审查。专家组应当在提出请求之日起 15 日内重新召集,并应在其重新召集之日起 45 日内将其决定提供给争端各方。

补偿具有自愿性且应与 RCEP 相一致,而中止减让或其他义务则具有临时性。无论补偿还是中止减让或其他义务均不优先于 RCEP 项下应履行的义务。

此外,为便利 RCEP 争端解决机制的运行,缔约方应在协定对其生效之日起 30 日内指定负责争端解决的联络点,与争端解决程序相关的任何通报、请求、答复、书面陈述或其他文件应通过其指定的联络点交付给相关缔约方,相关缔约方应通过其指定的联络点以书面形式确认收到此类文件。联络点的详细联系方式以及变动情况应通报其他缔约方。[2]

第四节 RCEP 争端解决机制评述

RCEP 的生效实施,能够较好地对冲贸易保护主义、单边主义等全球化逆流,为世界经济发展增添动力与信心,有利于亚太经济一体化,与"构建人类命运共同体"理念高度契合。[3]RCEP 各缔约方在谈判时充分考虑到本区域不同国家的实际情况,并将其反映在协定的具体条款中。RCEP 最终采用的混合式争端解决机制也同样反映出其从争议解决的本质出发,兼顾与平衡同属 WTO 成员但具有不同历史文化背景及经济发展水平的缔约方对于争端解决的实际需求。

---

〔1〕 RCEP 第 19 章第 17 条第 1 款和第 2 款。
〔2〕 RCEP 第 19 章第 20 条。
〔3〕 参见李鸿阶:"《区域全面经济伙伴关系协定》签署及中国的策略选择",载《东北亚论坛》2020 年第 3 期,第 123 页。

第十章 《区域全面经济伙伴关系协定》(RCEP)争端解决机制

一、RCEP 争端解决机制的特点

(一) 以规则为导向

在国际争端解决领域,"权力导向"(power oriented)和"规则导向"(rule oriented)往往被视为和平解决国际争端的两种主要类型,尤其是国际贸易争端。两种类型的根本区别在于法律化因素的实践程度,"权力导向"模式主要基于争端双方权力对比的具体情况,而"规则导向"模式主要基于争端双方已达成的规则或规范。[1]

有学者将国际争端解决机制领域内"规则导向"模式的特征总结为以下四点:其一,有既存的规则和规范;其二,既存规则和规范相对明确且能界定当事人行为是否合法;其三,由独立的第三方(司法机关、仲裁机构或其他组织)实施上述规则和规范;其四,由相应机构或机制执行由第三方机构作出的裁决,对国内法产生直接作用。[2]通过上述对 RCEP 争端解决机制的介绍可知,其符合前三项特征并无争议。而鉴于 RCEP 明确规定有专家组审查程序与争端方补偿、中止减让或其他义务等救济手段,可达到与第四项基本类似的效果,因此 RCEP 争端解决机制可被视为"以规则为导向"的争端解决机制。[3]

(二) 赋予缔约方充分的自主权

RCEP 争端解决机制赋予了缔约方充分的自主权,在以下诸多方面均有表现。

第一,RCEP 争端解决机制并不影响缔约国将争端诉诸其作为其他协定缔约方的争端解决机制,起诉方可选择争端解决的场所,在使用该场所的同时排除其他场所。此外,缔约国也可以书面形式约定排除适用 RCEP 争端解决机制。

第二,缔约方可就其争端要求与另一缔约方进行磋商。争端各方也可在任何时间达成采用斡旋、调解或调停等替代方法解决争端的合意,扩大替代性纠纷解决方式的适用。

---

[1] See John H. Jackson, "Governmental Disputes in International Trade Relations: A Proposal in the Context of GATT", *Journal of World Trade*, Vol. 13, No. 1., 1979, pp. 3-4.

[2] 孙志煜:"'规则导向'的理论疏解:以区域贸易协定争端解决机制为例",载《暨南学报(哲学社会科学版)》2017 年第 7 期,第 96 页。

[3] 参见孔庆江:"RCEP 争端解决机制:为亚洲打造的自贸区争端解决机制",载《当代法学》2021 年第 2 期,第 42 页。

第三，虽然专家组对争议事项审议是保密的，争端各方提交的书面陈述及口头陈述也均保密，但争端一方或第三方可自愿披露其自身立场的陈述。

第四，争端各方可就专家组职能范围、组成及程序、工作中止、费用分担[1]以及执行合理期限、第三方参与磋商等事项进行约定。

(三) 重视与《WTO 协定》的一致性

根据 RCEP 相关规定，RCEP 是依据 GATT 第 24 条和 GATS 第 5 条建立的，以《WTO 协定》的权利和义务为基础并与之共存的自由贸易协定，其适用范围与成员在《WTO 协定》项下所承担义务的地理范围相同。[2]因此，RCEP 为 WTO 规则所允许且受其约束。虽然 RCEP 也具有与 WTO 规则不同的独特内容，可能产生一定冲突，但从本质而言两者具有一致性，且在 RCEP 与 WTO 条款解释和适用不一致时可诉诸 RCEP 争端解决程序。

RCEP 在争端解决章节也多次提到了其与 WTO 争端解决程序的关系，彰显其重视与《WTO 协定》的一致性。[3]就争端解决机制的适用范围而言，因 WTO 项下部分事项已被纳入 RCEP，故此类争端可直接诉诸 WTO 争端解决机制而无需专门诉诸 RCEP 争端解决机制；就争端解决机制实施的一般原则而言，对于纳入 RCEP 的 WTO 条款，专家组应参考 WTO 专家组报告和 WTO 上诉机构报告对相关规定作出的解释，既可保证裁决的连续性和一致性，也可解决因落地时间短而缺乏判例参照的问题；就专家组成员的选任而言，出于专业、高效、公正解决争端的考虑，专家组成员可来自 WTO 秘书处、专家组或上诉机构人员，专家组主席尽可能曾任职于 WTO 专家组或上诉机构，争端方可请求 WTO 总干事任命空缺的专家组成员。

(四) 高效且灵活

不同于 WTO 争端解决机制，RCEP 排除了上诉程序且缩短了争端解决各个阶段的具体期限，提高了争端解决程序的效率。磋商及专家组程序的相关期限较《WTO 协定》均有所缩短。专家组的裁定和决定为终局性，即遵循一裁终局原则。

---

[1] RCEP 第 19 章第 19 条。
[2] RCEP 序言、第 1 章第 1 条、第 17 章第 2 条以及第 20 章第 2 条。
[3] 参见杨国华：" 论 RCEP 与 WTO 规则的关系"，载《国际商务研究》2021 年第 5 期，第 9 页。

就灵活性而言，RCEP 第 19 章第 13 条第 3 款明确规定，专家组程序应该提供足够的灵活性，以保证高质量的报告，同时不对专家组程序造成不适当的延误。

RCEP 争端解决机制的灵活性在投资争端解决方面也有所体现。现阶段 RCEP 争端解决机制虽仅适用于缔约方之间因协定投资事宜产生的争议，但对投资者与东道国间投资争议的排除只是暂时性而非永久性的。事实上，RCEP 谈判期间正是以投资仲裁为核心的 ISDS 机制遭遇正当性及合法性危机的关键时期，许多发展中国家和西方发达国家纷纷加入改革、限制、废除或者取代传统机制的行列，[1] 其中也包括部分参与 RCEP 谈判的国家。此外，RCEP 各缔约方对外所签署投资条约中的 ISDS 机制呈现碎片化状态，缔约方对待 ISDS 机制也未形成一体化立场。[2] 因此，对 ISDS 机制的暂时搁置既能缓解 RCEP 谈判各方的分歧，又可为后续 ISDS 机制的纳入或革新留出空间，反映出 RCEP 争端解决机制的灵活性特点。

RCEP 争端解决机制的灵活性还体现在平衡与协调各方利益方面。作为首个在争端解决机制中设置特殊和差别待遇条款的区域自由贸易协定，RCEP 争端解决机制兼顾了缔约方中发达国家、发展中国家及最不发达国家发展水平的巨大差异，缔约方与专家组在涉及最不发达国家缔约方的争端解决事项时应保持适当克制，同时特别考虑此类缔约方的特殊情况并给予优待，[3] 不仅维护了最不发达国家的切身利益，也充分体现了公平正义、包容互利的发展精神。特殊和差别待遇条款的单独设置也将促进 RCEP 的良性发展，并有效推动 WTO 特殊与差别待遇规则的改革以及公正、合理、有效的国际经济新秩序的建立。[4]

二、RCEP 争端解决机制的后续谈判与运行

RCEP 争端解决机制虽在制度设计方面较之 WTO 争端解决机制更加高效，

---

[1] 参见王彦志："RCEP 背景下中国-东盟投资争端解决机制"，载《政法论丛》2022 年第 6 期，第 86~87 页。

[2] 参见赵玉意、董子晖："RCEP 投资争端解决机制的选项及中国的政策选择"，载《国际贸易》2022 年第 8 期，第 81 页。

[3] RCEP 第 19 章第 18 条。

[4] 参见娄卫阳："RCEP 争端解决机制中特殊与差别待遇条款：意义、挑战与路径"，载《太平洋学报》2021 年第 11 期，第 29 页。

但仍旧存在诸多亟待完善之处，如其适用范围相对有限。各缔约方应对谈判时未达成一致的相关事宜以及协定争端解决机制实际运行过程中可能产生的问题保持密切及持续的关注，并尽可能加快后续谈判与完善的进程，深化区域一体化并实现更高标准的贸易与投资自由化、便利化。

对于谈判时未达成一致的相关事宜，即投资领域 ISDS 机制的设置以及其他目前暂时被排除适用 RCEP 争端解决机制的事项的纳入问题，各缔约方应在规定期限内尽快完成谈判并达成一致意见。

对于协定争端解决机制实际运行过程中可能产生的问题，则需逐一完善。对于 RCEP 规则在缔约方之间的差异性理解，应强化联合委员会依职权解释 RCEP 条款的作用，推进各缔约方针对 RCEP 规则理解的趋同化和一致化，各缔约方也应以此为契机，在坚持基本原则、基本立场的基础上，深化国内法改革，完善相关标准以与国际接轨。对于因 RCEP 缔约方逐渐增多而可能产生的运行及协调压力问题，可考虑依托秘书处，由其负责提供一份可供选择的仲裁员名册，[1]方便争端各方、WTO 干事或常设仲裁法院秘书长对专家组成员及主席的选任，提高争端解决的效率。

中国作为 RCEP 缔约方之一，首先应充分发挥自身在争端解决机制优化以及未来谈判中的主导及协调作用，推动 RCEP 争端解决机制向着高效的方向发展，同时服务国家战略，维护自身利益。其次，中国于 2021 年 9 月 16 日正式申请加入《全面与进步跨太平洋伙伴关系协定》（CPTPP），面对 RCEP 与 CPTPP 这一更高水平自由贸易协定之间因地域和缔约方重叠而导致的竞争问题，中国应在推动 RCEP 深化合作的基础上主动对接 CPTPP 的高标准，构建与发达国家制度、规则和标准相协调的高质量市场经济体制。[2]最后，中国应在促进 RCEP 争端解决机制建设中推进相关人才的培养，综合提高国际争端解决能力，并为中国坚持和推进高水平对外开放提供智力支持。

---

[1] 参见王茜、高锦涵："RCEP 争端解决机制构建研究"，载《国际展望》2018 年第 2 期，第 146~147 页。

[2] 参见全毅、高军行："CPTPP 与 RCEP 的竞争及中国的应对策略"，载《东南亚研究》2022 年第 2 期，第 48 页。

第十一章

《全面与进步跨太平洋伙伴关系协定》（CPTPP）争端解决机制

CPTPP 争端解决机制是依据 CPTPP 协定构建的最新的区域争端解决机制。缔约方基于"合作与磋商"理念构建了 CPTPP 争端解决机制，旨在弥补现有争端解决机制的不足，打造国际贸易争端解决机制的新典范。CPTPP 争端解决机制主要包括适用范围、场所选择、外交程序、专家组程序、执行程序以及关于私人商事主体的替代性争议解决的制度设计。具有强司法性、高透明度及效率优先的特点。虽然其一度被认为是最具创新性和改革突破性的争端解决机制，但是，由于存在诸多限制因素，该争端解决机制在未来的实施中不可避免地面临挑战。目前，我国已正式提交加入 CPTPP 的申请书，因此，我国应提前筹划构建与 CPTPP 争端解决机制接轨的方案。

第一节 CPTPP 争端解决机制概述

CPTPP 争端解决机制保留了 TPP 关于争端解决机制的主要内容。其中，CPTPP 协定第 28 章规定了一般性争端解决机制，第 9 章第 B 节对投资争端解决机制作出了规定。此外，"合作原则"作为基本准则，适用于 CPTPP 缔约方争端解决的各个阶段。

一、从 TPP 到 CPTPP

《全面与进步跨太平洋伙伴关系协定》（Comprehensive Progressive Trans-

Pacific Partnership，CPTPP）的前身是《跨太平洋伙伴关系协定》（Trans-Pacific Partnership Agreement，TPP），早期的 TPP 是由新西兰、新加坡、智利和文莱四国发起，立足于促进亚太地区经贸发展的地区性经贸协议。2008 年 3 月，美国加入并开始主导这一协议的谈判，2011 年后，加拿大、日本、墨西哥等国相继加入谈判。2015 年 10 月 4 日，TPP 协议谈判成功，包括美国在内的 12 个缔约国签订了协议。[1] TPP 协议文本共 30 章，包含贸易及相关议题，TPP 协议不仅升级了此前的 WTO 及自由贸易协定（Free Trade Agreement，FTA）中的传统议题，还增加了新的议题与综合性议题，如与互联网、数字经济相关的议题、国企参与国际经贸活动、中小企业从 FTA 中的获益能力等。TPP 在现有贸易与投资规则基础上扩展提升，拓展了覆盖范围，提高了规则标准，是现有国际贸易与投资规则的"集大成者"，更代表了其未来趋势和方向，可以看作是 WTO 和现行 FTA 的"升级版"国际经贸协议。[2]

TPP 被称为奥巴马总统任内的重要成就之一，但是，特朗普总统上台后秉持着"逢奥必反"的原则，其在 2017 年 1 月 23 日签署了退出 TPP 的行政令，TPP 一度不知何去何从。后在日本等国的主导下，TPP 剩下的 11 个缔约国于 2018 年 3 月签署了 CPTPP。CPTPP 托生于 TPP，但由于美国的临时退出，TPP 剩下的 11 个缔约国选择冻结美国力主的部分内容，保留原 TPP 协议 95%的内容。具体而言，11 个缔约国冻结了 TPP 中知识产权、投资者争端解决、快递服务便利通关等内容，并就马来西亚、越南、加拿大等国关注的国有企业、劳工权利和文化例外问题作了调整，但 TPP 的实质内容和主旨精神仍得以保留，不妨碍其覆盖范围的宽领域和标准的高水平。CPTPP 的创设建立于 WTO 法律原则之上，是 WTO 关于区域贸易例外规定的体现和落实，其建立及运行需遵守 WTO 多边贸易体制规则。定义条款、正文条款中也多处引入 WTO 相关规定。GATT 和 GATS 理事会有权审查 CPTPP 是否符合 WTO 规定。[3] 根据 CPTPP 的条约生效规定，协定于 2018 年 12 月 30 日正式生效。CPTPP 协

---

〔1〕 张晗：《跨太平洋伙伴关系协定（TPP）与中国：贸易与投资》，对外经济贸易大学出版社 2016 年版，第 39~40 页。

〔2〕 姚铸："TPP 争端解决机制及启示"，载《暨南学报（哲学社会科学版）》2017 年第 1 期，第 114~115 页。

〔3〕 中国法学会 WTO 法研究会 CPTPP 课题组："加入 CPTPP，中国需要做什么"，载《武大国际法评论》2021 年第 5 期，第 4 页。

议除序言和附件外涵盖 30 章内容，其中第 28 章和第 9 章第 B 节集中规定了争端解决制度。

二、CPTPP 争端解决机制的条约依据

CPTPP 争端解决机制（CPTPP Dispute Settlement Mechanism），是指 CPTPP 法律体系中设立的解决缔约方间争端的一系列原则、规则和规范所构成的法律机制。CPTPP 争端解决机制是 CPTPP 自由贸易区有效运行的重要保障。CPTPP 第 28 章第 A 节"争端解决"、第 B 节"国内程序与私人商事争议解决"分别对争端解决机制、替代性争议解决机制作出规定，第 9 章第 B 节"投资者—国家争端解决"对投资争端解决机制作出规定，形成了功能互补、程序衔接的纠纷解决体系，为缔约方提供符合其利益诉求与偏好的、可供选择的争端解决方式。相对于 CPTPP 实体规定而言，CPTPP 争端解决机制属于保障 CPTPP 实体权利与义务得以实现的程序性规则。CPTPP 第 28 章第 5 条、第 28 章第 6 条规定了磋商及斡旋、调解和调停程序，如果这些传统磋商协调方式无法解决问题，则将案件提交专家组程序。在总结借鉴 WTO 争端解决经验的基础上，CPTPP 争端解决机制对其法律方式或"规则导向"作了进一步的强化和完善。CPTPP 对强制管辖制度的引入就充分体现了"规则导向"，是其司法特征的重要体现。专家组制度的完善也进一步强化了 CPTPP 争端解决机制的"规则导向"。CPTPP 要求其专家组成员，拥有法律、国际贸易、CPTPP 涵盖的其他事项或国际贸易协定项下，争端解决的专业知识或经验，依据安全性、可靠性和合理的判断力严格筛选。此外，专家组成员应独立于且不与任一缔约方关联或接受任一缔约方的指示。专家组须遵照相关程序规则行事，其裁决程序的时效性、各个程序环节的衔接性、规范性、及公开性都有具体规定。专家组审查案件事实、CPTPP 的适用性以及争议事项与 CPTPP 的一致性，须遵照《维也纳条约法公约》（1969 年）第 31 条和第 32 条的规定，并参考 WTO 法理解释 CPTPP，最后依照其职权范围要求和为解决争议作出认定、决定和建议。专家组先通过"协商一致"原则作出决定，如果未能达成一致，则采用多数票决方式。CPTPP 争端解决机制无疑进一步强化和完善了其规范性和制度化，更加突出了其"规则导向"和司法特性。同时，CPTPP 专家组的最终裁定和结论对各争端方直接生效，具备有效的执行力，也表明 CPTPP 争端解决机制具有明显的"规则导向"。此外，为了确保专家

329

组裁决的执行力,CPTPP 规定了补偿、中止利益及货币赔偿三项执行救济措施,督促败诉方切实履行义务。总之,尽管 CPTPP 并未完全放弃外交方式和法律方式"两条腿走路"的争端解决传统,甚至强调,各缔约方应尽一切努力通过合作和磋商解决争端,但其重心在向"规则导向"的争端解决方式倾斜,即便是磋商及斡旋、调解和调停等外交方式,也尽量将其纳入 CPTPP 法律轨道,使得 CPTPP 争端解决更加具有权威性、稳定性和可预期性,这是国际贸易争端解决机制的必然发展方向。

三、CPTPP 争端解决机制的基本原则

CPTPP 争端解决机制的原则是争端解决过程中所要普遍遵守、具有指导意义的基本准则。但是,CPTPP 第 28 章"争端解决"的所有条款并没有关于 CPTPP 争端解决机制基本原则的明确表述,也没有类似于 DSU 第 3 条"总则"的规定,但为了指导争端解决的立法和实施,仍确立了一些具有指导意义的原则性规定,如第 28 章第 2 条"合作"条款。CPTPP 第 28 章第 2 条"合作"条款规定:"各缔约方应始终努力对本协定的解释和适用达成一致,并尽一切努力通过合作和磋商就可能影响协定运行的任何事项达成双方满意的解决方案。"[1]从文义上看,该条款强调缔约各方通过"合作和磋商",就争端达成双方满意的解决方案,以确保各缔约方在 CPTPP 这个区域贸易协定中实现权利与义务的平衡。"合作"条款处于第 28 章第 1 条"定义"条款之后,可以说,其主导意涵已经渗透到整个 CPTPP 争端解决机制中,是各缔约方在解决争端中必须首先考虑的因素。因此,第 28 章第 2 条"合作条款"在整个 CPTPP 争端解决机制中发挥着指导原则或基本准则的作用。

作为基本准则,"合作原则"适用于 CPTPP 各缔约方及争端解决的所有程序。在磋商及斡旋、调解和调停程序中,缔约各方彼此相互配合、相互妥协,即便在裁决、执行等对抗性较强的"规则导向"的程序中,也强调和鼓励争端各方通过"合作和磋商"解决争议。比起国内法院作出的判决,国际贸易争端解决机构所作的裁决毕竟没有同等的强制性和执行力,尤其是对像美国这样的大国,国际争端解决机构的裁决对其单边行为常常没有强制约束力。因此,在国际争端解决规则和程序中,调解与规劝性色彩比较浓厚。具

---

[1] 参见 CPTPP 第 28 章第 2 条。

体而言，在进入专家组程序后，各争端方可以通过协调一致的方式改变相关程序规则，可以说，"合作和磋商"是贯穿于整个争端解决程序的。如CPTPP第28章第8条第1款规定："除非各争端方……另有议定，否则职权范围应为……"[1]第28章第9条第2款规定："除非争端各方另有议定，否则在组成专家组时应适用下列程序……"[2]第28章第17条第5款规定：专家组初步报告发布的时限"迟延不得超过30日额外期限，除非争端各方另有议定"。[3]第28章第20条第1款规定："如一个或多个起诉方提出请求，则应诉方应不迟于收到该请求后15日与该一个或多个起诉方进行谈判，以期制定双方可接受的补偿……"[4]CPTPP第28章中体现"合作和磋商"理念的规定达16项之多。可见，"合作和磋商"是贯穿于CPTPP争端解决程序全过程的理念。

第二节　CPTPP争端解决机制的管辖权

CPTPP第28章第3条"范围"、第28章第4条"场所的选择"规定了其争端解决机制的管辖范围及性质等问题。

一、CPTPP争端解决机制的适用范围

CPTPP第28章第3条规定了CPTPP争端解决机制的适用范围，也明确了CPTPP纠纷解决的主要类型，具体可分为四类：[5]

（1）"法律之诉"，指的是"缔约方间有关本协定的解释或适用的所有争端"。

（2）"违反之诉"，指的是"一缔约方认为另一缔约方的实际措施或拟议措施与本协定规定的义务不一致或将会出现不一致的情况，或另一缔约方在其他方面未能履行本协定项下的义务"而引发的争端。

（3）"非违反之诉"，指的是一缔约方认为，虽然另一缔约方实施了与

---

[1] 参见CPTPP第28章第8条第1款。
[2] 参见CPTPP第28章第9条第2款。
[3] 参见CPTPP第28章第17条第5款。
[4] 参见CPTPP第28章第20条第1款。
[5] 参见CPTPP第28章第3条。

CPTPP 协定不相抵触的措施，但其依据货物的国民待遇和市场准入、原产地规则和原产地程序等条款，可合理预期的利益正在丧失或减损而引发的争端。与第 1 项、第 2 项争端类型相比，"非违反之诉"呈现出"选择性适用"特点，这在以往的 FTA 争端解决机制中不常出现。

（4）"有关的法律文件之诉"，指的是两个或多个缔约方达成的与 CPTPP 的缔结有关的法律文件，符合一定前提条件时，可就该文件项下所产生的争端诉诸 CPTPP 第 28 章争端解决程序。也就是说，CPTPP 争端解决机制不仅用于解决关于 CPTPP 的权利与义务的相关争端，而且可用于全体或部分 CPTPP 缔约方之间达成的其他国际经济贸易安排的争端。显然，这样的条款设置无限扩大了 CPTPP 争端解决机制的适用范围。

CPTPP 第 28 章第 3 条第 1 款规定其争端解决机制涵盖基于 CPTPP 的解释或适用引起的所有争端。与 WTO 相比，CPTPP 在内容和范围上大幅扩张，涉及货物贸易、知识产权、投资、农业、电信、金融、环境和劳工等领域，乃至竞争政策和反腐败措施。CPTPP 还将涉及劳工、环境、金融即透明度和反腐败规则的争端纳入其争端解决机制统一规制，确保"贸易价值取向"条款和"非贸易价值取向"条款得以同等实施。CPTPP 将环保、劳工即透明度和反腐败问题统一纳入其争端解决机制管辖范围，弱化行政管理职能，强化争端解决功能，删繁就简，避免争端解决机制过于分散、职责过于庞杂的情况。此外，CPTPP 对争端解决规则的进一步整合，为 CPTPP 树立规则权威提供了基础，也提高了规则实施的便利性。

当然，CPTPP 争端解决机制并未实现"全覆盖"，呈现出一种"半开放"特征，主要体现在对部分事项的排除适用。在组成 CPTPP 的 30 章中，除第 9 章的 ISDS 机制外，排除在争端解决程序之外的有 7 章。之所以被排除于 CPTPP 争端解决机制之外，一是适用规则的问题，如 CPTPP 第 6 章第 8 条规定各缔约方保留其在 GATT1994 第 6 条、《反倾销协定》和《补贴与反补贴措施协定》项下的权利和义务。可理解为涉及此类问题的争端应适用 DSU 及相关的特殊或附加规则。二是无具体可执行的权利义务，如"发展""竞争政策""竞争力与商业促进"及"中小企业"等贯穿于其他问题的"横向问题"，该类问题多以倡导性内容为主，缺乏明确的可执行义务，不易纳入争端解决机制。有的议题即使适用 CPTPP 争端解决机制，也存在一些限制。这些限制有的基于条款内容，如 CPTPP 第 8 章"技术性贸易壁垒"对涉及 WTO

第十一章 《全面与进步跨太平洋伙伴关系协定》（CPTPP）争端解决机制

下的 TBT 协定的条款予以排除；有的基于 CPTPP 缔约方自身原因，如第 14 章"电子商务"允许马来西亚、越南暂时排除适用涉及数字产品和跨境数据流动的特定条款。CPTPP 的 ISDS 机制对烟草控制措施也有例外规定，即对于可能危害公共健康的烟草问题，有关内容不得受到 ISDS 项下私人投资者的挑战。这些特殊的规则与 CPTPP 的一般规则共同构成了 CPTPP "统一的争端解决机制"。其实，CPTPP 这种安排是妥协的产物，因为不同缔约方对各条款的关注程度不同。CPTPP 第 28 章第 3 条第 1 款第（c）项规定的内容，是原产地规则、纺织品与服装、国民待遇等各方观点比较接近的领域。这些内容，经过 WTO 的实践证明各方分歧不大。而"超 WTO 事项"则是各方分歧点所在，而在这些领域采取"选择性适用"的方式，有利于平衡各方利益，确保 CPTPP 在多个新领域能为缔约各方接受。

此外，私人主体间的贸易争端也可能发展成为国家间争端，CPTPP 对此也作了专门规定。在重申私人主体不能在国内法庭或国际法庭起诉外国政府的同时，要求缔约方尽量鼓励和便利使用"国内诉讼程序和民间商事争端解决"自贸区内的私人间的国际商事争议，且"缔约方应提供适当的程序，以确保有关提起仲裁的协议得以遵守，并确保仲裁裁决的承认与执行"。CPTPP 允许一方投资者以自己的名义就与东道国之间产生的投资争端申请仲裁，只要仲裁事项属于签署协议的缔约方已经规定并承认的事项。CPTPP 的 ISDS 机制在选择适用 ICSID 的仲裁程序规则、ICSID 附加设施规则和 UNCITRAL 仲裁规则的同时，还制定了自己的仲裁规则，供投资方选择适用。而且，该 ISDS 机制并不排斥第 28 章的争端解决程序，协定项下投资争端发生时可由投资者选择适用。与 WTO 争端解决将私人主体排除适用的安排不同，CPTPP 致力于促进公法性质与私法性质的争端解决机制的衔接融合，不排除私人主体通过国内法院解决争端的可能性，是更合理的国际争端解决发展趋势。

二、CPTPP 争端解决的场所选择

（一）国际争端解决机制场所选择类型

当前，自贸协定提供的争端解决机制场所选择类型有三种：一是优先考虑该自贸协定规定的争端解决程序。如 NAFTA 规定，当原告声称，该标的物应根据 NAFTA 所规定的环境规则、SPS 规则和 TBT 协定解决时，则优先适用

333

NAFTA 的相关争端解决程序。二是优先考虑 DSU。如欧共体—智利 FTA 规定，当 WTO 协议适用于争议的标的物时，DSU 应予优先考虑。三是由申请人选择适用的程序。争端方可自由选择 WTO 或自贸协定的争端解决程序，条件是一旦选择了一个程序，就不能再选择其他程序，除非自贸协定对该争端拥有排他的司法权，大多数的自贸协定都采用这种方式。

（二）CPTPP 争端解决机制的场所选择类型

CPTPP 采取了第三种方式，通过 CPTPP 第 28 章第 4 条"场所的选择"条款对争端解决的场所进行协调。一般来说，磋商的提起不被视为争端方选择了争端解决场所，只有在将争端提交专家组或仲裁庭的情况下，才被视为起诉方选定了场所。根据 CPTPP 第 28 章第 4 条第 1 款，如果 CPTPP 某缔约方主张，另一缔约方的做法既违背了 CPTPP 项下所承担的义务，同时违背其在 WTO 协定所承诺的义务，则起诉方可在 CPTPP 与 WTO 二者的争端解决机制中选择其一适用。可见，CPTPP 充分尊重起诉方的意愿以避免冲突，这可视为是对缔约方主权的尊重。在场所选择的基础上，CPTPP 第 28 章第 4 条第 2 款设置了排他性条款，引入"排他性争端解决场所选择"方式，即争议一旦提交给某一选定的争端解决程序，即排除其他可能提起的程序。该法理应同样适用于 CPTPP 的 ISDS 机制与第 9 章第 19 条第 4 款规定的四种仲裁程序，由投资者选择且排他适用任一仲裁程序。这样可避免一事两诉的问题，体现了司法经济原则和礼让原则。[1]

然而，从场所选择的效力上看，CPTPP 第 28 章第 4 条"场所的选择"文义上具有双边排除效果，实际上却是单向的，即仅能排除 CPTPP 争端解决机制自身的管辖权，对 WTO 争端解决机制的管辖权并不产生排除效力。当然，由于 CPTPP 不只是专注于贸易事务，也专注于投资、环境、劳工和反腐败等诸多议题，就这些超 WTO 领域的纠纷，还是需要通过由 CPTPP 争端解决机制加以解决。

---

〔1〕 徐朝雨："美国主导下国际经贸协议争端解决机制的演进"，载《大连海事大学学报（社会科学版）》2021 年第 2 期，第 23 页。

第十一章 《全面与进步跨太平洋伙伴关系协定》(CPTPP) 争端解决机制

第三节 CPTPP 争端解决机制的程序

CPTPP 虽然确立了"规则导向"的争端解决机制，但仍保留了磋商、斡旋、调解和调停等传统的外交方式，并将其作为争端解决机制的优先程序。从这个意义上说，所谓"规则导向"，只是"规则导向"相对于"实力导向"占主导地位而已，并未否定磋商、斡旋、调解和调停等外交方式的普遍适用性和强大生命力。CPTPP 并非国际组织，只是一份区域性贸易协议，在其第 28 章规定的争端解决机制，没有类似于 DSB 的常设争端解决机构，其相关职能由自贸协定委员会、专门委员会和专家组或仲裁庭承担。而对于案件的具体审理即 CPTPP 争端解决机制的法律程序则是由 CPTPP 专家组负责，专家组须依据 CPTPP 相关规定，澄清事实，作出裁决，提出建议，并说明理由。

一、CPTPP 争端解决机制的外交程序

(一) 磋商程序

CPTPP 第 28 章第 5 条规定了磋商程序，共有 8 个条款，内容详尽具体，虽然较 DSU 第 4 条磋商程序规定的 11 个条款略有减少，但其仍传承了 WTO 的磋商机制，具有明显的外交（政治）色彩。但与传统国际法中的不加限制的外交方式并不完全一致，CPTPP 规定的磋商包括斡旋、调解和调停，要受到 CPTPP 法律框架的约束，各争端方应及时、善意、保密地进行磋商，尽量通过磋商就争端事项达成解决方案，这样的规定类似于 DSU。

1. 磋商的提起

CPTPP 借鉴了 WTO 争端解决机制将磋商设置为优先程序。CPTPP 第 28 章第 5 条规定，"任何缔约方可书面请求与其他任何缔约方就 28.3 条（范围）所述的任何事项进行磋商……"虽然这里采用的是"可……请求……磋商"的表述，但结合 CPTPP 第 28 章第 7 条第 1 款"……请求磋商的缔约方可……请求设立专家组，如磋商各方未能在下列期限内解决争议……"的规定，可见，与 GATT 第 23 条、DSU 一致，CPTPP 也通过赋予磋商相较于其他程序更加优先的地位，以显示对磋商这种方式的偏好。需要注意的是，磋商所体现的协商合作，应当被理解成是一个连续的过程，即便在专家程序或其他程序

335

进行期间，随情势的发展或当事方观念的转变，争端各方仍可以保持对话，仍可就整个争端及争端解决中涉及的相关期限、选择专家组程序、专家组职权范围、专家组主席名册人数、专家组程序规则、听证会语言及地点、寻求专家的支持等事项"另行议定"，通过协商合作解决争端或解决争端程序中的特定事项，达成争端各方满意的解决方案。

2. 磋商请求的内容

CPTPP 第 28 章第 5 条第 1 款规定："任何缔约方可书面请求与其他任何缔约方就第 28 章第 3 条（范围）所述的任何事项进行磋商。在磋商请求中，请求方应列出提出磋商请求的原因，包括指明实际措施或拟议措施或其他争议事项，并说明起诉的法律依据。请求方应将请求根据第 27 章第 5 条第 1 款（联络点）所指定的联络点同时散发其他缔约方。"上述关于磋商内容的规定与 DSU 的规定大体一致，都要求采用书面形式，需包含请求的理由、争议措施、法律依据等。同时，CPTPP 第 28 章第 7 条第 3 款规定："起诉方应在设立专家组的请求中包括对争议措施或其他争议事项的确认，并包括一份足以清晰陈述关于起诉的法律根据的摘要。"[1]第 28 章第 12 条第 1 款规定："专家组的职能是对向其提交的事项作出客观评估，包括对事实、本协定的适用性及与本协定的一致性进行的审查，并作出其职权范围所要求的和为解决争端所需要的调查结果、决定和建议。"[2]结合这两条规定，可发现，除拟议措施不进入专家组程序外，磋商请求书的内容与设立专家组的请求书中的内容及专家组的职权是相通相同的。需要注意的是，CPTPP 规定所指的"争议措施"包含"实际措施、拟议措施或其他争议事项"，比 DSU 规定的"争议措施"更加详尽具体，便于理解和操作。可见，CPTPP 允许对"拟议措施"提出磋商请求，与 DSU 的规定相比，扩大了磋商请求的范围，前置了争端解决的时间，可防止拟议措施变成实施措施所造成的损失，更加注重争端的预防。

3. 磋商的时限

CPTPP 第 28 章第 5 条第 2 款规定："被请求磋商的缔约方应自收到请求之日后 7 日内以书面形式进行答复，除非磋商各方另有议定……"[3]第 4 款

---

[1] 参见 CPTPP 第 28 章第 7 条第 3 款。
[2] 参见 CPTPP 第 28 章第 12 条第 1 款。
[3] 参见 CPTPP 第 28 章第 5 条第 2 款。

规定:"除非磋商各方另有议定,否则各方应在不超过下列时限内进行磋商:(a) 在涉及易腐败货物的情况下,自收到磋商请求之日后 15 日;或 (b) 在涉及所有其他事项的情况下,自收到磋商请求之日后 30 日。"上述时限规定与 DSU 相比均有所缩减,体现了 CPTPP 高效解决争端的优先考虑。CPTPP 第 28 章第 7 条第 1 款规定:"根据第 28 章第 5 条第 1 款请求磋商的缔约方可通过向应诉方提供书面通知的方式请求设立专家组,如磋商各方未能在下列期限内解决争议:(a) 在收到第 28 章第 5 条第 1 款下的磋商请求之日后 60 日;(b) 在涉及易腐货物,在收到第 28 章第 5 条第 1 款下的磋商请求之日后 30 日;或 (c) 磋商各方可能同意的其他期限。"[1]可见,CPTPP 的规定部分体现了上述建议的精神,对于通常情况,仍设置 60 日的磋商期间,而对易腐货物设置 30 日的磋商期间,而且明确了磋商各方可协商期限,强化了意思自治原则。

4. 磋商中的第三方参与制度

磋商事项可能会影响到磋商方或被请求磋商方以外的一缔约方利益,CPTPP 磋商程序也规定了第三方参与制度。CPTPP 第 28 章第 5 条第 3 款规定:"如请求磋商方或被请求磋商方以外的一缔约方认为其对该事项具有实质利益,可在磋商请求递交之日起 7 日内通过向其他缔约方递交书面通知的方式参与磋商。该缔约方应在其通知中说明其对该事项的实质性利益。"[2]显然,CPTPP 磋商程序中第三方参与须具备四个要件:①第三方属于缔约方而非争端方;②第三方对磋商事项具有实质利益;③在磋商请求递交之日起 7 日内向各争端方递交书面通知;④第三方以向其他缔约方递交书面通知的方式参与磋商,无需原磋商方同意。

5. 磋商的保障

由于 CPTPP 无常设机构对其争端解决事务进行管理,所以,CPTPP 对磋商的通知、方式、地点及专业知识的提供均作出了规定,以保障磋商程序顺利进行。

(二) 斡旋、调解与调停程序

与磋商不同的是,斡旋、调解与调停需要第三方的介入,CPTPP 没有分别就斡旋人、调解人与调停人作出规定,但依惯例,WTO 总干事、CPTPP 自

---

[1] 参见 CPTPP 第 28 章第 7 条第 1 款。
[2] 参见 CPTPP 第 28 章第 5 条第 3 款。

贸委员会主席应担当此项工作。实践中，很难严格区分斡旋、调解和调停。因此，WTO 和 CPTPP 都将三者列在一起，作统一表述。总体上看，调解、斡旋和调停强调"自愿原则"。参与磋商的各缔约方可随时中止或终止该程序。如争端各方同意，专家组程序中的争端，仍可继续进行斡旋、调解和调停。CPTPP 规定的调解、调停和斡旋与磋商的前置性和强制性不同，其适用甚为灵活，可在任何阶段提起，且是否适用也无强制性规定。GATT/WTO 争端解决实践表明，斡旋、调解和调停的成功率并不乐观。CPTPP 规定的斡旋、调解和调停程序，其实际效果如何，同样不容乐观。

二、CPTPP 争端解决机制的专家组程序

（一）CPTPP 专家组的设立与组建

专家组的设立与组建是专家组程序的第一步。与传统的 FTA 相比，CPTPP 规定了更为严格的专家组遴选程序与专家组成员资格，以确保专家组成员可胜任、公正和独立，以及有效化解被诉方的消极推诿导致的专家组无法组建或者不当拖延的机制。

1. 专家组的设立

CPTPP 第 28 章第 7 条（专家组的设立）有 7 个款项，分别规定了专家组设立的期限、方式、请求事项、合并审查等。其中，专家组设立的时间点和相同事项请求的审查为重点。

（1）专家组设立的时间点。CPTPP 第 28 章第 7 条第 4 款规定："专家组自请求递交之日起设立。"规定得很明确，自起诉方递交设立专家组的请求之日起，从法律效果上就视为专家组得以设立，而不论被诉方是否同意。CPTPP 第 28 章第 7 条第 4 款的规定体现了上述意见，简洁明了，便于操作，杜绝了抵制和拖延专家组成立的可能性。该规定加快了专家组的设立，体现了对效率价值的追求，也考虑到了发展中成员方的特殊性，符合照顾发展中国家的原则。

（2）相同事项请求的审查。CPTPP 第 28 章第 7 条第 6 款规定："如就一事项已设立专家组且另一缔约方就相同事项请求设立专家组，只要可行，应设立一单一专家组审查有关起诉。"[1]该条款规定了争端主体不同而争端客体

---

[1] 参见 CPTPP 第 28 章第 7 条第 6 款。

属同一事项的审查问题，CPTPP 在一定程度上实行诉的强制合并。这样的处理，类似于国内诉讼中的诉的合并，给予诉讼标的同一性或牵连性，将两个以上的独立的诉合并到同一个诉讼程序中予以解决，体现了司法经济原则。

2. 专家组的组成

CPTPP 第 28 章第 9 条"专家组的组成"有 10 个条款。第 28 章第 9 条第 1 款规定，专家组应由 3 名成员组成。第 2 款非常详细地规定了选择专家组成员的规则，具有如下特点：

（1）严密的程序规则。专家组的组成事关案件的公正审理，常常是各方争议的焦点。CPTPP 首先要求争端双方的充分参与，尽量协商一致，以此保证专家组成员的中立、公正和可接受性，这也是程序正义原则的体现。当然，如果仅仅依靠争端各方的协商一致，无疑给了被起诉方推诿阻碍的机会，可能导致专家组无法组建或者不当拖延的僵局。CPTPP 通过严密的制度安排来解决此问题，确保如期任命专家组成员。CPTPP 第 28 章第 9 条第 2 款第（c）项规定，如被诉方未在规定的时限内任命一名专家组成员，则该未任命的专家组成员应由起诉方以下列方式选择：自应诉方根据第 28 章第 11 条第 9 款建立的名单中选择；如应诉方尚未根据第 28 章第 11 条第 9 款建立名单，则自根据第 28 章第 11 条建立的专家组主席名册中选择；或如未设立专家组主席名册，则从起诉方提名的 3 名候选人中随机挑选。可见，在被诉方消极任命专家组成员时，实际上赋予起诉方可以依一定规则单方任命另一名专家组成员的权利。对于专家组主席的任命，也有类似的制度安排。CPTPP 第 28 章第 9 条第 2 款第（d）项规定，如两名专家组成员未能在规定时间任命专家组主席，则各争端方应从专家组主席名册中随机挑选任命；或者两名专家组成员没有在规定时间任命专家组主席，经争端各方联合请求，任一争端方可推举一名独立第三方依据专家组主席名册作出任命；如果尚未设立专家组主席名册，则起诉方、被诉方可提名 3 名候选人，从中随机挑选专家组主席。可见，CPTPP 构建专家组成员任命机制的思路是，先是尽量通过各争端方协商一致解决，一旦协商不成，则通过相关程序直接作出任命，防范和杜绝被诉方抵制或拖延专家组组建的情形。

（2）专家组成员选择的开放性。CPTPP 不再采用 WTO 那套"封闭性"的专家组成员选择方式，转而采用一种"开放性"的选择方式。其开放性主要体现在：一是专家组成员不限于缔约方公民。按 CPTPP 第 28 章第 11 条第

3款、第4款、第5款规定，专家组主席名册一般不超过15人，每个缔约方最多可推荐2名候选人，最多可包含任一缔约国国民，各缔约方协商一致的名册中，也是最多可包含任一缔约国国民。也就是说，15名专家组主席中，至少有3人要来自非CPTPP缔约方。这种开放式机制兼顾了CPTPP缔约方的平等，也考虑到争端解决议题的专业性、复杂性。CPTPP第28章第11条第10款规定，缔约方特定指示性名单可包含该缔约方的国民或非该国国民。从专业人才储备看，CPTPP借鉴了WTO的规定，在资源分配及重大事项决策方面，实行缔约方平等原则，以更好地吸引那些经济实力与美日相差悬殊的国家。同样，选择非缔约方公民担任专家组成员，尤其是专家组主席，也有助于提升缔约方对争端解决公正性的期待。二是名册之外的专家可参与争端解决。CPTPP第28章第11条第3款规定的15人名册只是一个参考名册，就CPTPP涵盖的领域而言，即使每一位候选人都有过硬的专业背景，也难以应对议题如此丰富的争议。因此，如果认为名册中的人选无法胜任，争端方也可替换人选，而且，CPTPP第28章第9条第4款、第5款、第6款还规定，在涉及环境、劳工、透明度与反腐败议题时，还必须从所涉领域的专家中挑选专家组成员。在任命程序上，排除了CPTPP第28章第9条第2款第（d）项（V）目及（V之二）的适用，即不从专家组主席名册中任命第三名专家组成员，以扩大选人视野和领域，这种广邀社会各界参与争端解决的做法在国际条约中并不多见。三是本国公民担任专家组成员。CPTPP第28章第9条第2款第（a）项规定，起诉方与被诉方"应各任命一名专家组成员"，且没有设置专家组成员不能审理本国为争端方的案件的"回避制度"，各争端方出于维护自身利益的考虑，应当会倾向于任命本国公民担任专家组成员，这样的规定，保留了仲裁员任命的色彩，也是CPTPP契约性的体现。四是限缩第三方参与任命的范围。CPTPP专家组成员的任命，主要由起诉方和被诉方实施，而限制第三方的介入，仅在CPTPP第28章第9条第2款第（d）项（V之二）、（Ⅷ之二）规定，如两名专家组成员，或争端双方未能任命主席，则经争端方联合提出，任一争端方可推举独立第三方任命专家组主席。

（3）明确的时限要求。作为一套程序性制度，效率是CPTPP争端解决机制的重要价值考量。如争端解决耗时过长，或程序过于繁琐，或费用过高，此种争端解决无疑是低效的。CPTPP争端解决机制的主要程序，如磋商程序、专家组程序、执行程序等都规定了明确的时限。磋商阶段，除非另有议定，被请求磋商的缔约方应自收到请求之日后 7 日内答复，自收到磋商请求之日后 30 日内（涉及易腐货物的情况下自收到磋商请求之日后 15 日）进行磋商；专家组程序中，除非另有议定，专家组应在最后一名专家组成员任命后的 150 日内提交初步报告（如有涉及易腐货物等紧急情况则为 120 日），例外情况可延迟 30 日，应在初步报告提交之日起 30 日内提交最终报告。该制度各个程序环环相扣、紧密衔接，防止和杜绝争端方因时限规定不明而故意拖延。其中，规定得最为详尽的是专家组的组成时限。CPTPP 专家组的设立更多需要争端双方的协商，尽量达成一致，为防止在专家组成员组成上因意见分歧导致过度拖延，CPTPP 第 28 章第 9 条第 2 款在规定相关程序时，对其适用时限也作出了明确规定。争端各方在规定时限内达成协议，即转入下一个环节，确保 CPTPP 争端解决机制处理案件的效率，也体现程序公正。

（二）专家组成员的任命

1. 专家组成员资格

CPTPP 延续了 WTO 关于专家组成员专业性和独立性的规定。比如，为保证专家组及其成员的中立与公正，专家组成员不是政府官员或任何组织的代表，而是以个人身份工作，作为缔约方或其他任何组织，不得对专家组成员作出指示，也不得谋求不当影响等。此外，CPTPP 专家组成员存在三个改进之处：①专家组成员的法律专业素质和经验。拥有高水平专业素质的裁决者是司法性的首要因素和"规则导向"的重要保障，CPTPP 要求所有专家组成员应拥有法律方面的专业知识或经验。②专家组成员的特殊专业素质和经验。对于专家组成员的特殊专业素质和经验，CPTPP 第 28 章第 9 条有 3 个条款作出规定。在涉及劳工、环境、透明度和反腐败领域的争端，每一争端方应努力挑选拥有与争端事项相关专业知识或经验的专家组成员。可见，CPTPP 敦促各争端方尽量选择在争端事项上富有经验或专长的专家组成员，尤其对于环境、劳工、透明度与反腐败争端，要求专家组成员必须具有环境法、劳动法、反腐败法方面的理论或实务经验专长。总之，CPTPP 对专家组成员的专家素质提出了更明确的要求和标准，以强化专业性保障。③专家名册制度。CPTPP 建立了两个名册：其一，"专家组主席名册"。CPTPP 第 28 章第 11 条关于"专家组主席名册"的规定有 8 款，非常详尽。首先由各缔约方按规定的要求和程序提名，并经协商一致确定；如各缔约方未能在规定时限内设立名册，则由 CPTPP 自贸协定委员会通过会议方式决定设立名册，以确保专家组主席名册如期设立；名册有效期至少 3 年，名册中的成员可再次任命。其二，"缔约方特定指示性名单"。也就是"专家组名单"，CPTPP 第 28 章第 11 条第 9 款规定："在本协定生效之日后，一缔约方可随时建立一份意愿且有能力在专家组任职的人员名单。"[1]CPTPP 备有可作专家组成员的"名册"供各案需要选用，载入名册的专家有固定职业，担任某案专家组成员具有临时性，不具有常设性和专职性。

2. 专家组成员的回避、补选、替换及去除

CPTPP 第 28 章第 10 条第 2 款规定："根据第 28 章第 6 条（斡旋、调解和调停）而参与争端解决的个人不应担任专家组成员。"[2]主要是相关争端的斡旋人、调解人和调停人在组建专家组时应当回避，避免先入为主，以确保专家组成员的中立性和独立性。而且，专家组程序进行中，经各争端方同意，可继续进行斡旋、调解和调停，如参与斡旋、调解和调停的个人同时担任专家组成员，也会导致程序混淆和角色模糊。对于专家组成员的补选与替换，CPTPP 第 28 章第 9 条有 5 个条款作出规定。第 6 款到第 9 款要求专家组成员的补选与替换均需遵守原专家组选择程序，但对于时限有新的要求。关于专家组成员的替换，CPTPP 第 28 章第 9 条第 9 款规定，如果名册中一成员不再愿意或无暇履行职责，各缔约方则应在 15 日内依照第 6 款、第 7 款和第 8 款任命替代专家组成员。CPTPP 第 28 章第 9 条第 10 款规定了专家组成员的去除，即，如一争端方确信一专家组成员违反……规定的行为准则，由各争端方磋商一致将其去除专家组，而非由某常设机构确定。

（三）专家组职权范围和职能

1. 专家组的职权范围

CPTPP 赋予专家组对审理争端的强制管辖权，但对专家组的管辖范围，或职权范围有着严格的限制。CPTPP 第 28 章第 8 条规定的"职权范围"，主要依起诉方诉求的事项与法律根据而定。第 28 章第 8 条有两个条款，第 1 款规定了 CPTPP 专家组对一般争端的审理，可称为审理常规争端的职权；第 2 款规定了 CPTPP 专家组对不违法之诉的审理职权，可称为审理不违法之诉的

---

[1] 参见 CPTPP 第 28 章第 11 条第 9 款。
[2] 参见 CPTPP 第 28 章第 10 条第 2 款。

职权。第28章第14条规定了CPTPP专家组可以寻求或考虑法庭之友提供信息、资料的职权。第28章第19条第5款、第28章第20条第1款两个条款授予专家组监督执行的职权。此外，第28章第7条第7款规定："不得设立专家组审查一项拟议措施。"换言之，一缔约方的拟议措施不在专家组职权范围之内。

2. 专家组的职能

CPTPP第28章中，规定了专家组权力的有两个平行的条款：一个是第8条的"职权范围"，另一个是第12条的"专家组的职能"。CPTPP第28章第12条有4个条款，分别规定了客观评审、法律适用、法律解释、争端裁决四个方面的内容，从其行使效果上看，可视为专家组履行职权的方式、手段和保障。因为CPTPP没有常设争端解决机构，其专家组是临时组成的，纠纷解决后即行解散，每一个专家组作出的裁决对其他专家组也没有法律约束力，评审标准、法律适用、法律解释及决策方式的原则与规则对临时组建的专家组履行职责，确保其裁决的稳定性和可预见性，具有重要意义。具体而言，按照CPTPP第28章第12条第3款的规定，CPTPP专家组在履行解决争端职责时不仅要考虑"本章规则和《程序规则》"，还要依照《维也纳条约法公约》（1969年）第31条、第32条所规定的国际公法的解释规则。但是，专家组的裁决不得增加或减少本协定项下各缔约方的权利和义务。专家组采用协调一致或多数决的决策方式。

（四）专家组的运行程序

1. 专家组程序的一般规则

CPTPP有两个条款明确了专家组审案的一般规定，较为简略。

（1）专家组听证程序。专家组听证程序类似于"庭审"，是专家组审案程序的核心。根据CPTPP第28章第13条第1款规定，包括以下流程：①听证。专家组至少举行一次听证会，由于CPTPP争端解决无固定场所，听证会原则上在被诉方首都举行，类似于国内诉讼中的"原告就被告原则"。为保障听证会顺利进行，在哪里审案，就由相应的缔约国提供相关支持和保障。关于听证地点和保障的规定，也充分体现了CPTPP"契约性"而非国际法人的特征。②陈述。CPTPP关于争端各方陈述的规定比较简单，但指导思想和基本原则很清楚。一是对等陈述，强调平等保障争端双方的陈述、质证、辩驳的权利，这是正当程序原则的要求。二是陈述形式，书面陈述与口头陈述相结合。每一争端方的首轮陈述和反驳要采用书面形式，类似于国内法规定的起诉书与答辩状；在听证会上，每一争端方可以口头方式陈述其观点。三是陈述语言，原则上采用英语，当然，各争端方可以另行议定采用其他的语言。

（2）专家组程序的中止与终止。CPTPP第28章第16条规定了"程序的中止与终止"，在WTO相关规定的基础上作了进一步完善，主要体现于：①CPTPP增加授予了被起诉方提出终止请求的权利。不仅起诉方提出请求时专家组可随时中止工作，且被诉方提出中止请求时，专家组也有义务中止工作，而不是"可"中止程序。可见，被诉方提出中止请求的效力更强，更加利于诉讼攻防平衡。②CPTPP设立了终止专家组程序的制度。CPTPP正式引入终止专家组程序制度，实现了对DSU相关规定的完善。此外，CPTPP第28章第12条第2款规定了，经争端各方协商一致，可变更专家组相关程序规则，从而另行确定与CPTPP第28章规定和程序规则不一致的专家组履职方式，体现了缔约国意思自治原则。

（3）一裁终局。CPTPP专家组审理程序没有上诉审的制度设计，这类似于仲裁制度中的一裁终局，CPTPP争端解决机制也没有设置特别异议程序，程序更为简便、迅捷。但上诉程序的缺失，容易招致对裁决公正性的质疑和诟病。

2. 专家组报告

CPTPP第28章第17条规定初步报告，第28章第18条规定最终报告。在规定时限内，争端各方可对初步报告提交书面评论，专家组可修改报告，还可开展进一步审查，以纠正其中可能出现的错误，在此基础上作出最终报告。

（1）报告起草。CPTPP第28章第17条第1款规定专家组报告的起草应满足保密性要求。第2款规定了起草专家组报告的事实和法律依据。关于事实依据，主要是各争端方的陈述和辩论，以及专家组向个人和机构寻求的信息和技术。当然，如争端各方联合请求，可提出解决争端的建议。关于法律依据，原则上除CPTPP法律文本外，专家组不能直接适用其他法律规则裁决争端。但是CPTPP协议也不是一个完全意义上的"封闭体系"，也要受到国际法制约。具体而言，专家组在争端解决中依据的法律主要有以下几种：CPTPP法律文本、有关的法律文件、并入的条约以及其他国际法规则。比如，

《维也纳条约法公约》（1969年）第31条和第32条的规定已被明确并入CPTPP，用以解释CPTPP具体条款。

（2）报告提交。CPTPP机制设置始终把"迅速解决争端"作为优先考虑，因此，详细地规定了专家组提交报告及争端方发布意见的时限，以确保争端解决的效率。CPTPP第28章第17条第3款规定："专家组应在最后一名专家组成员任命后的150日内向各争端方提交初步报告。如出现紧急情况……专家组应努力在最后一名专家组成员任命后的120日内提交初步报告。"[1]第5款规定："在例外情况下，如专家组认为其在150日内或紧急情况下120日内无法提交初步报告……任何延迟不得超过另外30日时限，除非各争端方另有议定。"[2]第7款规定："争端一方可在初步报告散发之日起15日内，或在各争端方同意的时限内，向专家组提交其对初步报告的书面评论。"[3]第28章第18条第1款规定："除非各争端方另行议定，否则专家组应在初步报告提交之日起30日内向各争端方提交最终报告……"[4]由于CPTPP没有批准程序和上诉程序的设计，其在效率方面更具优势，主要体现在两个方面：一是延期时限更短；二是CPTPP专家组发布最终报告即生效。理论上，CPTPP争端解决机制比WTO争端解决机制要缩短近一半时间，变得简易便捷，更加利于提高争端解决的效率。

（3）报告评议。CPTPP专家组发布的初步报告相当于WTO专家组发布的中期报告，都设置了报告审查制度，目的在于给各争端方再次沟通的机会，同时，各争端方对初步报告提出的书面评议，增加澄清模糊问题和纠正错误问题的可能性，有利于确保专家组报告的质量。

（4）报告内容。CPTPP第28章第17条第4款规定了初步报告应包括的内容，可概括为认定、决定、建议和理由。CPTPP对专家组报告的内容作出规定，有利于规范专家组报告内容，同时与磋商请求书、专家组职权范围的规定保持了一致。实际上，CPTPP争端解决机制下，专家组的最终报告内容与初步报告是一致的，只是专家组审查争端方对初步报告提出的评议后，对相关内容的再次确定。

---

[1] 参见CPTPP第28章第17条第3款。
[2] 参见CPTPP第28章第17条第5款。
[3] 参见CPTPP第28章第17条第7款。
[4] 参见CPTPP第28章第18条第1款。

（5）专家组程序的其他问题。CPTPP第28章第13条第1款还对专家组审案程序的透明度、保密性及第三方参与作出了相关规定。CPTPP专家组审理程序引入比较彻底的透明度原则，如听证须向公众公开，争端方尽量公布书状、开庭陈述、书面问答等材料，正式引入法庭之友制度等。当然，CPTPP也对当事企业或争端方政府确需保密的信息及专家组报告的起草等提出明确的保密要求。此外，CPTPP明确规定了第三方拥有参与所有听证会、提交书面陈述、向专家组进行口头陈述及接受各争端方的书面陈述四项权利，全面保障了第三方的知情权和参与权。

第四节　CPTPP争端解决机制的执行程序

CPTPP争端解决机制突出特点之一是裁决结果更具执行力，主要原因是其执行程序设置了严格的执行保障和执行审查条款。

一、执行机制概述。

CPTPP争端解决机制未设立具有强制执行力的执行机构，CPTPP专家组裁决的执行，需要依靠败诉缔约方的国内机构。因此，CPTPP争端解决机制主要规定了执行机制中包含的执行标的和执行期限问题。

（1）执行标的。CPTPP专家组的最终报告一经"提交"，其裁决即产生法律效力，争端各方均受其约束，进入裁决执行阶段。CPTPP争端解决机制中执行程序所涉及的执行标的仅有专家组的报告。

（2）执行期限。CPTPP对执行期限规定了两种情况：迅速执行和合理期限。CPTPP争端解决机制将迅速执行专家组裁决确立为执行程序的一项重要原则，并将其作为败诉方在CPTPP争端解决机制中的一项基本义务。而在败诉方无法立即执行的情况下，才被赋予一个执行的合理期限，为避免败诉方拖延执行，CPTPP规定自专家组向各争端方提交最终报告起，并在法定期限内裁决，最长不得超过"15月+90日"。当然，争端双方也可以通过协议确定最终的合理执行期限。此外，如果争端方在专家组提交最终报告45日内无法就合理期限达成一致，则任一争端方可在专家组报告提交60日内，提请专家组主席通过仲裁来确定合理期限。

第十一章 《全面与进步跨太平洋伙伴关系协定》(CPTPP) 争端解决机制

二、执行救济

CPTPP 争端解决机制设置了执行救济制度，以确保 CPTPP 专家组裁决的强制执行效力。具体而言，CPTPP 为胜诉方规定了补偿、中止利益及货币赔偿三种救济方式。

（一）补偿

CPTPP 争端解决机制下的补偿具有临时性、自愿性、优先性，但对其具体形式缺少明确的规定。

（二）中止利益

除补偿外，CPTPP 规定，在合理期限内如未能就补偿达成令人满意的协议，或补偿协议未得到实施，起诉方可通知被诉方中止利益。①中止利益的条件是先行谈判，只有先行启动补偿谈判而未达成协议，或起诉方认为被诉方未遵守已达成的协议时，才可提出中止利益，补偿与中止利益的关系不是平行的而是先后的，正如前文所述，补偿是具有优先性的救济方式。②中止利益的启动。中止利益的启动包含前后衔接的两个程序：书面通知和实施中止利益。书面通知指的是由起诉方书面通知被起诉方，通知应明确的内容为：①起诉方将中止对被诉方所适用的具有同等影响的利益；②起诉方提议中止利益的水平。起诉方可根据相关规定在通知之日或专家组提交决定之日中较晚的日期后 30 日起中止利益。③中止利益的原则和程序。包括平行中止和交叉中止。根据 CPTPP 第 28 章第 20 条第 4 款第（a）项，起诉方应首先寻求中止与专家组裁定的不符之处或利益丧失或减损所在的同一事项下的利益，也即所谓的平行中止。同时，根据 CPTPP 第 28 章第 20 条第 4 款第（b）项，如起诉方认为就同一事项中止利益不可行或无效果，且情况足够严重，起诉方可中止不同事项下的利益。④中止利益的水平。根据 CPTPP 第 28 章第 20 条第 3 款的规定以及根据第 28 章第 18 条第 1 款发布的最终报告中确定存在的、第 28 章第 3 条第 1 款第（c）项范围内的不符之处、利益丧失或减损，利益的中止适用"同等影响"和"对等影响"的要求，起诉方对被诉方中止利益的水平应符合比例性和相适性原则。⑤中止利益之诉。为了平衡起诉方单方中止利益的权利，CPTPP 第 28 章第 20 条第 5 款授予败诉方请求重新召集专家组审议该事项，也即中止利益之诉。CPTPP 中止利益之诉为报复措施

347

的实施设置了一个审查机制,以避免报复措施的滥用及偏离法律轨道。

(三) 货币赔偿

CPTPP 将货币赔偿设置为与补偿、中止利益并列的三种救济方式之一,建立了规范化、制度化的货币赔偿制度。货币赔偿制度的引入,丰富了救济措施,明确了补偿形式,有助于提升救济实效。

第一,货币赔偿的提出。根据 CPTPP 第 28 章第 20 条第 7 款的规定,货币赔偿的提出主体为被诉方,提出的方式为书面通知。产生的效果有两个方面:一是货币赔偿的书面通知一经提出,起诉方则不可中止利益,即起到阻却起诉方采取利益中止措施的效果;二是各争端方应在递交通知书后 10 日内进行磋商,以确定货币赔偿的金额,即货币赔偿的金额由起诉方和被诉方磋商决定。

第二,货币赔偿的支付。①支付数额。原则上,货币赔偿的金额通过磋商确定,如不能达成一致,则适用"法定"金额,而"法定"补偿水平也受到比例原则的规制。根据 CPTPP 第 28 章第 20 条第 7 款的相关规定,货币赔偿的支付数额的确定有两个标准:一是等同于专家组依据中止利益之诉确定的具有同等影响的利益水平的 50%;二是等同于起诉方依据第 2 款提议的中止水平的 50%。②支付方式。关于支付币种,以美元或以被诉方货币或各争端方同意的其他货币等值金额支付;关于支付时间,应自被诉方发出拟支付货币赔偿的意愿通知后 60 日起支付,最多不超过 12 个月;关于支付进度,可等额、按季度分期支付。

第三,货币赔偿的优先性。CPTPP 赋予败诉方优先选择支付货币赔偿的权利。只要被诉方提出支付货币赔偿或使用基金,就可采取支付货币赔偿或使用基金的方式。起诉方可就货币赔偿的金额、货币、期限以及基金的使用等与被诉方进行协商,没有拒绝货币赔偿或使用基金的权利。此外,败诉方向胜诉方支付货币赔偿的同时,还需"消除不符之处或利益丧失或减损",两者并非替代关系,从性质上看,这里的货币赔偿相当于延迟履行金,具有一定的惩罚性。

第四,基金。为方便货币赔偿的确定和支付,CPTPP 建立了基金制度,相当于保证金。基金的指定需各争端方共同决定,目的在于"便利各争端方贸易往来的相关倡议"。使用基金需要各争端方在被诉方发出通知之日起 3 个月或达成一致的延长期限内协商确定。否则，被诉方可选择支付货币赔偿。使用基金对于支付货币赔偿具有替代性，如不能在规定时限内就基金使用达成一致，就恢复为支付货币赔偿。虽然使用基金具有替代性，起诉方也不能对被诉方发出的关于使用基金的提议不回应，而应积极考虑基金的使用。

三、执行审查

败诉缔约方负有恢复违规措施法律符合性的义务，但有权选择执行专家组裁决的具体方式，也就是可能不像胜诉方所希望的那样做。因此，对于败诉方是否已履行义务、所采取措施是否合适、是否符合 CPTPP 等问题，胜诉方和败诉方可能再生争议。因此，CPTPP 争端解决机制设置了执行审查机制。

第一，提起时间。提起执行审查程序的时间，是在执行的合理期限届满之前。

第二，提起主体。CPTPP 第 28 章第 21 条规定被诉方而非起诉方提起执行审查程序。一方面，CPTPP 赋予起诉方单方实施中止利益的权利；另一方面，又赋予败诉方单方提起中止利益之诉以作抗衡，并且中止利益之诉具有阻却起诉方实施中止利益的效力，起诉方只能等专家组裁决作出后，并按符合专家组裁决的方式中止利益。那么，CPTPP 对败诉方赋予单方提交专家组进行执行审查的权利，可以避免争端双方分别提起相关执行程序导致程序上的交叉冲突。

第三，使用程序。CPTPP 第 28 章第 21 条第 1 款规定，将该事项提交专家组，那么该事项应适用专家组程序，但是该条款省略了磋商程序，进而要求被诉方通过向起诉方提供书面通知的方式将该事项提交专家组，实现了程序的简化，便于实施。

第四，审查范围。CPTPP 第 28 章第 21 条第 2 款规定，如专家组裁定被诉方已消除不符之处或利益丧失或减损，起诉方应尽快恢复其所中止的利益。可理解为，专家组审理的是，被诉方是否已经消除不符之处或利益丧失或减损。

第五，审查次数。CPTPP 并未明确规定提起执行审查的次数。CPTPP 第 28 章第 21 条执行审查程序暗含一个前提，即第 28 章第 20 条（不执行—补偿与中止利益）程序已得以实施，因此起诉方已经"中止利益"，所以执行审查只能由败诉方提起。当然，如果专家组裁定败诉方没有消除不符之处或利益丧失或减损，起诉方应保持其报复措施。之后，败诉方又采取新的执行措施，应可再次提起审查程序，直至"专家组裁定被诉方已经消除不符之处或利益丧失或减损"为止。所以，理论上讲，执行审查程序也可多次提起。也应通过实践调整，避免执行审查程序的滥用。

第五节　CPTPP投资争端解决机制

与TPP相比，CPTPP在投资者—国家间争端解决机制（Investor-State Dispute Settlement，ISDS）方面的变化较大。它允许成员方通过"冻结条款"和换文等方式进一步限制可以提交投资仲裁的争议范围。CPTPP冻结的条款主要集中在知识产权和投资争端解决机制两方面。冻结的条款多为美国在参加TPP谈判时主导设置的，但其他成员方却很难实行。CPTPP除冻结了投资争端的不符条款外，增加了换文机制来限制投资仲裁的争议范围。CPTPP针对ISDS机制的改革回应了国际投资争端解决机制长久以来存在的弊病，即仲裁程序和仲裁结果的合法性危机。在此基础上，CPTPP保留了TPP关于ISDS机制的主体内容，其机制设置代表了ISDS发展的新趋势。

一、CPTPP中ISDS机制概述

CPTPP关于ISDS机制的部分见于第9章第B节，附件部分为各国接受仲裁通知的地址以及所列的负面清单。第B节部分对ISDS机制进行了全面规定，具体内容如下：

（一）适用范围

第一，适用与缔约一方对以下所实行或维持之措施：①另一缔约方投资人；②适用本章之投资；及③就第9章第10条（业绩要求）及第9章第16条（投资与环境、卫生和其他监管目标）的适用，该缔约方领土内的所有投资。

第二，缔约一方在第9章的义务应适用于由下列主体所实行或维持的措施：①该缔约方的中央、区域、地方政府或机关；及②获该缔约方的中央、区域或地方政府或机关授权的任何人，包括，代表行使政府公权力时的国家企业或其他机构。

第十一章 《全面与进步跨太平洋伙伴关系协定》(CPTPP) 争端解决机制

第三，第 9 章对缔约一方就有关本协议对该缔约方生效前已发生或已不存在的行为或事实，不具有拘束力。

（二）排除适用范围

CPTPP 第 9 章第 B 部分详细规定了 ISDS 机制排除适用的范围：

第一，马来西亚在附件 9—K 中要求，在不影响原告可依据第 9 章第 19 条（提交仲裁请求）提出其他主张的权利的前提下，CPTPP 对马来西亚生效后的前三年内，就投资者与马来西亚之间发生的政府采购协议的适用问题上，对于争议金额低于 1 500 000 特别提款权的货品和低于 2 000 000 个特别提款权的服务以及低于 63 000 000 个特别提款权的工程，马来西亚保留对此三项内容的国内司法管辖权。

第二，在 CPTPP 第 9 章内容以及文本与其他章的条款存在不一致的情况下，文本其他章节的条款优先于第 9 章内容的表述。

第三，若缔约一方所实行或维持的措施是第 11 章（金融服务）所规定的，则不适用第 9 章的规定。

第四，CPTPP 第 9 章第 21 条第 1 款规定，投资者自知晓或应当知晓其涉嫌违约之日起 3 年零 6 个月内不得提出索赔。与 2012 年美国双边投资协定和之前的主要国际投资协定（如《北美自由贸易协定》（NAFTA））相比，CPTPP 为投资者提供了 6 个月的延期。

第五，B 部分关于国际投资争端的程序和机制中不包括最惠国待遇条款（第 9 章第 5 条第 3 项）。

第六，在附件 9—H 部分，新西兰、加拿大、澳大利亚、墨西哥四国得依据本国法治建设之需要，就外资准入问题，保留国内行政及司法行为的权力。

（三）磋商与谈判程序

磋商与谈判在 ISDS 机制中被设置为先决程序，其内容涵盖斡旋、调解及调停等，前述行为并不当然具有法律强制力。申请人应将磋商请求以书面形式交付于被申请人，其中应包括与争端有关的事实的简要说明，与此同时，磋商与谈判的展开不应被解释为承认该仲裁庭之管辖权。其中的附件 9—D 详细列了成员方对于第 B 节（投资人与东道国之争端解决）缔约方的文件送达的机构和地址。

（四）仲裁程序

CPTPP 中 ISDS 机制的仲裁程序包括以下部分：

第一，提交仲裁请求。若投资争端无法于被申请人收到申请人发出的书面磋商请求起 6 个月内得到妥善解决，则投资者有权就该争端提请仲裁。在启动仲裁程序前，投资者需提前 90 日向东道国交付仲裁意向书等必要文件。

第二，各方同意的条件和限制。CPTPP 的正式生效表明 11 个成员方同意协定的内容要求。其中关于 ISDS 机制的仲裁方面的规定，应与《ICSID 公约》的规定相符。但是，投资者自知道或应当知道 CPTPP 第 9 章第 1 条项下，东道国因违反投资协议或投资授权而遭受损失或损害之时起已逾 3 年 6 个月，不得将该请求提交仲裁。为避免平行诉讼，投资者应以书面形式同意按照 CPTPP 中 ISDS 程序提交仲裁，这表明，外国投资者主动放弃了通过东道国国内司法或行政救济程序以及其他任何争议解决程序进行救济的权利。

第三，仲裁员的选任。CPTPP 规定仲裁庭应包含三位仲裁员，争端一方有权各自指定一位仲裁员，并通过协商共同指定第三位仲裁员作为首席仲裁员。若仲裁庭未能于提交仲裁之日起 75 日内组成，作为仲裁庭的官方指派机关，ICSID 秘书长可根据实际情况，结合当事人的要求，及时确定悬而未决的仲裁员。依据回避原则，首席仲裁员的人选在国籍上不得与争端任何一方有关，除非争端双方对此达成共识。具体到仲裁员的任职资格与标准问题，应严格参照《ICSID 公约》附加规则在此问题的表述，候选人的法律专门知识和有关经验应作为选任的重要参考，同时应注意仲裁员是否存在对该案件的偏见倾向。如存在偏见，争端当事一方可以以国籍以外的理由对仲裁员的任命提出异议。

第四，法庭之友。CPTPP 第 9 章第 23 条对"法庭之友"作出规定，非争端方得就本协定之解释向仲裁庭提交口头或书面意见。经与争端双方磋商后，仲裁庭得接受并考虑来自非争端方之人或实体，且与该仲裁程序具有重大利害关系的法庭之友的书面意见。

第五，仲裁程序的透明度。作为争端一方的东道国在参与仲裁程序的过程中，在不违反第 9 章第 24 条第 2 项及第 4 项规定的情况下，应在收到意向通知书、仲裁通知书、仲裁庭开庭记录或笔录、仲裁庭的命令、判断及裁决等文件时，立即将该等文件交付非争端的缔约方，并予以公告。仲裁庭还应就仲裁的进展和事项举行听证会。

第六，仲裁裁决与执行。仲裁的败诉一方除应承担损害赔偿责任之外，应恢复另一方的财产原状。仲裁庭有权依据 CPTPP 第 9 章和《ICSID 公约》的规定，对当事双方应承担的仲裁费用和律师费用的比例作出裁决。若东道国败诉，且存在不遵守仲裁裁决或故意迟延履行的情况，则外国投资者的母国政府可以 CPTPP 第 9 章的规定为据，向作出原裁决的仲裁庭提出申请，成立专家组来督促东道国政府履行裁决中的义务。

二、CPTPP 中 ISDS 机制存在的问题与完善

（一）CPTPP 中 ISDS 机制存在的问题

CPTPP 中摒弃了"用尽当地救济"原则，存在损害国家司法主权的隐患。贸易协定在保护标准上给予外国投资较国内投资者更优的待遇，这容易造成境内外投资者待遇不平等问题。此外，仲裁裁决不同于诉讼，一裁终局的特性无法保证后续仲裁遵循先例，这常导致仲裁裁决的一致性无法得到保障。

（二）CPTPP 中 ISDS 机制的完善

针对 ISDS 机制存在的问题，CPTPP 也从多方面进行了完善。包括强化东道国的主体地位以减轻现有机制对东道国司法主权的冲击；明确相关定义避免扩大解释；完善仲裁员的选任标准和行为准则，提升仲裁透明度；建立上诉机制、小额索赔程序和投资者—国家争端咨询中心。致力于打造亚太地区规模最大、标准最高的投资争端解决机制。

第六节 CPTPP 争端解决机制评述

CPTPP 是区域争端解决机制的最新模式之一，其从不同方面升级了传统的区域争端解决机制，并回应了 WTO 在实践中产生的问题。CPTPP 完善了专家组程序的时间表，更多地赋予争端方意思自治权，并促进了裁决的执行。与传统的区域争端解决机制相比，CPTPP 争端解决机制具有强司法性、高透明度和效率优先的优势。但是，目前仍缺少利用 CPTPP 争端解决机制解决各缔约国争端的实际案例，无论是通过磋商程序还是通过专家组程序，关于

CPTPP争端解决机制的实际运行效果仍有待观察。考察其机制设计，不可否认，其在未来的运行将是创新与挑战并存的进程。我国已正式申请加入CPTPP，在这一背景下，我国应提前完善与CPTPP争端解决机制接轨的配套制度。

一、CPTPP争端解决机制的创新优势

（一）强司法性

CPTPP争端解决机制对于败诉方未予执行的，允许胜诉一方求偿和实施报复，当然这均为临时措施，不得取代对于败诉方判定的违规情形本身的取缔。虽然上诉程序的缺失，也令人质疑该机制。但是，一个中立的第三方裁决过程是否具有鲜明的司法性，上诉审的设置并非唯一衡量标准。其他重要的衡量标准，至少应包括程序的正当性、裁决者的资格和操守。这恰是CPTPP常规争端机制大力强化的部分。CPTPP常规争端机制下的专家组程序在程序方面的三大突破，大大增强了审理的透明度，包括：公开审理、公布材料、纳入法庭之友制度等。其次在裁决者的资格上，CPTPP协定专门规定了专家组成员的资质以及遴选程序，除沿用WTO争端机制中的"专家组成员指示性名单"制度之外，新设了"专家组主席候选名册"制度。裁决者的专业素质被高度强调，不仅从总体上要求"所有的专家组成员须在法律、国际贸易或与CPTPP协定相关的其他事项中，或在国际贸易协定之争端解决上富有经验或专长"，而且将这一专业要求扩展至专家组组成环节，敦促争端方尽力选择在争端事项上富有经验或专长的专家组成员，尤其对于环境和劳工争端，要求相关专家组成员必须具有环境法、劳动法方面的理论或实务经验专长。综上，CPTPP常规争端机制的司法性或许比WTO争端机制更鲜明。

（二）高透明度

CPTPP协定在透明度方面取得了巨大的进展。CPTPP常规争端机制下的专家组程序，与WTO争端解决一审中的专家组程序相似，但又有相当的改进。主要体现在程序方面的三大突破，大大增强了审理的透明度，包括：①规定庭审必须公开，除非争端一方反对；②要求争端方尽最大努力公布其诉讼材料，如书状、开庭陈述、书面问答等，但保密资料除外；③要求专家组在评估争端方的控辩理由时，应当考虑来自后者的非官方团体提交的相关书面

意见。事实上，这基本是对 WTO 争端解决机制现存问题的修补。与 WTO 相比，CPTPP 成员较少，更容易解决争端解决的透明度问题。而公众的参与使公众在解决争议各方之间的纠纷过程中发挥更重要的作用，使 CPTPP 具有公平、公正的原则。

（三）效率优先

CPTPP 争端解决机制的设置处处都体现着效率优先的特点。依照 CPTPP 第 28 章的规定，争端解决始于当事成员方提起磋商，60 日未果之下得请求设立专家组进行审理（或在涉及易腐货物情况下 30 日），专家组须在其最后一名成员确立之日起 150 日（或在紧急情况下 120 日）之内作出初步报告供争端各方评论，并在随后的 30 日内作出最终报告，以便争端方在接下来的 15 日内向公众发布（保密信息除外）。整个审理过程比 WTO 争端解决中的初审专家组审理缩减了数月。此外，裁决的执行流程也进行了极大的简化。依照第 28 章第 18 条，最终裁决经公开发布生效后，败诉方可在 45 日内请求协商一个合理执行期间（不得超过 15 个月），协商不成则由专家组主席在 90 日内通过仲裁裁决。显然，高效的争端解决速度是 CPTPP 争端解决机制的一大亮点。

二、CPTPP 争端解决机制面临的挑战

（一）"三无"机制下裁决的一致性和稳定面临挑战

CPTPP 的争端解决是基于一套松散的组织机制，也没有沿用判例法的传统。各评审团成员都是临时组成的，纠纷解决后即行解散。评审团之间没有关联性，每一个评审团作出的裁决对其他评审团也没有约束力。相比之下，WTO 争端解决机制内各个环节的关联性更明显。虽然 WTO 争端解决机制也是沿用大陆法系传统，但是在一套相对完整的机制内，各专家组对于之前相关争议专家组作出的裁决不会视而不见。与评审团相比，WTO 上诉机构更加注重已有的类似裁决。

（二）争端解决适用范围无限扩大的挑战

作为 CPTPP 协议的核心内容，争端解决条款没有拘泥于构建一套"自给自足"的封闭式制度，而是根据缔约方的实际意愿，能够纳入多少领域，就规定多大的适用范围。这样的宽松机制有利于缔约方尽快在一些分歧较大的议题上达成共识，因为一旦这些议题引发争议，他们还可以援引其他机制解决，这就消除了缔约方在谈判中的顾虑。[1]但是，CPTPP 无限扩大的适用范围将会导致争端解决案件积压，争端解决进度缓慢问题不可避免。

（三）执行救济的有效性挑战

CPTPP 争端解决机制规定败诉方为提出货币赔偿的主体，货币赔偿的提出可以起到阻却胜诉方中止利益的作用。且货币赔偿的金额和支付，需要争议方协商一致或专家组裁定在超过时限后裁定。此外，CPTPP 规定由败诉方提请执行审查，且未规定执行审查的次数。因此，败诉方有可能借货币赔偿和多次执行审查，来拖延执行救济的进程和降低执行救济的有效性。

三、完善我国国际贸易争端解决机制的配套制度

对于 CPTPP 争端解决机制的创新，我国对外签署的自贸协定，虽未达到 CPTPP 协定的推进力度，但已或多或少有所体现。例如，所有涉华自贸协定之下的常规争端机制均为"一局终裁"，且多通过"仲裁庭"（《中澳自贸协定》）、"仲裁小组"（《中冰自贸协定》）或者"专家组"（《中韩自贸协定》）实现——同样简约的还有裁决的执行程序。然而，CPTPP 争端解决机制对审理透明度的强化以及对裁判者资质、遴选的严格要求，我国签署的自贸协定尚无法达到，需要加强完善。此外，中国自贸协定下的常规争端机制，并不乏对"私人权利"的关注。在中国先后与智利、秘鲁、哥斯达黎加、冰岛和韩国签署的自贸协定中，都对此有专款规定，只是内容无一例外地局限于否定私人主体在自贸协定项下的诉权，而未能像 CPTPP 那样前进一步，要求成员方为涉外商事纠纷的解决提供制度保障。综上可见，当前的区域贸易争端规则已呈现趋同之势。在构建此类规则的全球博弈中，我国与 CPTPP 成员、非 CPTPP 成员相比差距并不突出。[2]基于此，我国应在当前国际贸易机制基础上，提高透明度要求，加强裁决执行的法律确定性以及积极参与争端

---

[1] 胡加祥："TPP 争端解决机制研究——以 WTO 争端解决机制为比较视角"，载《上海交通大学学报（哲学社会科学版）》2017 年第 2 期，第 55 页。

[2] 龚红柳："TPP 协定下的常规争端解决机制：文本评析与启示"，载《国家行政学院学报》2016 年第 1 期，第 92 页。

第十一章 《全面与进步跨太平洋伙伴关系协定》(CPTPP)争端解决机制

解决机制的谈判。鉴于 CPTPP 争端解决机制在国际贸易争端解决机制改革中的重要价值，在借鉴国际社会有益经验基础上，我国应在国际贸易协定中完善争端解决的规定，并在此基础上推动公平公正、专业高效的区域贸易争端解决机制的建立，完善国际贸易争端解决的国内配套制度，为 CPTPP 争端解决机制的发展完善提供中国方案。